阿拉贡的凯瑟琳

王室联姻、废后风波与英格兰宗教改革大风暴

〔英〕詹姆斯·安东尼·弗劳德 著　曾晔 译

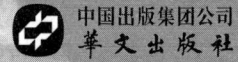
华文出版社

图书在版编目（CIP）数据

阿拉贡的凯瑟琳：王室联姻、废后风波与英格兰宗教改革大风暴 /（英）詹姆斯·安东尼·弗劳德著；曾晔译. -- 北京：华文出版社，2021.6

（华文全球史）

ISBN 978-7-5075-4763-4

Ⅰ.①阿… Ⅱ.①詹… ②曾… Ⅲ.①宗教改革—研究—英国—16世纪 Ⅳ.①K561.33

中国版本图书馆CIP数据核字(2021)第072537号

阿拉贡的凯瑟琳：王室联姻、废后风波与英格兰宗教改革大风暴

作　　者：	[英]詹姆斯·安东尼·弗劳德
译　　者：	曾晔
选题策划：	华文盛世
插图供应：	029-85504182
责任编辑：	杨荣刚　张磐
出版发行：	华文出版社
社　　址：	北京市西城区广外大街305号8区2号楼
邮政编码：	100055
网　　址：	http://www.hwcbs.com.cn
电　　话：	总编室010—58336239 发行部010—58336212
经　　销：	新华书店
印　　刷：	三河市燕春印务有限公司
开　　本：	710×1000　1/16
印　　张：	32
字　　数：	408千字
版　　次：	2021年6月第1版
印　　次：	2021年6月第1次印刷
标准书号：	ISBN 978-7-5075-4763-4
定　　价：	115.00元

版权所有　侵权必究

出版前言

随着中国开放的大门越开越大,关注世界各国尤其是西方国家文明的源流、发展和未来已经成为当下世界史研究的一个热点。为了成系统地推出一套强调"史源性"且在现有世界史出版物中具有拾遗补阙价值的作品,我们经过认真论证,推出了"华文全球史"系列,首次出版约一百个品种。

"华文全球史"系列从书目选择到译者的确定,从书稿中图片的采用到人名地名的规范,都有比较严格的遴选规定、编审要求和成稿检查,目的就是要奉献给读者一套具有学术性、权威性和高质量的世界史系列图书。

书目的选择。本系列图书重视世界史学科建设,视角宽阔,层级明晰,数量均衡,有所突出。计划出版的"华文全球史"中,既有通史,也有专题史,还有回忆录,基本上是世界历史著作中的上乘之作,填补了国内同类作品出版的空白。

人名地名规范。本系列图书中人名地名,翻译规范,重视专业性。在人名翻译方面,我们坚持"姓名皆全"的原则,加大考据力度,从而实现了有姓必有名,有名必有姓,方便了读者的使用。在注释方面,书中既有原书注,完整地保留了原著中的注释;也有译者注,体现了译者的研究性成果。

书中的插图。本系列图书的一个重要特点是书中都有功能性插图,这些插图全方位、多层次、宽视角反映当时重大历史事件,或与事件的场景密切相关,涉及政治、军事、经济、社会、外交、人物、地理、民俗、生活等方面的绘画作品与摄影作品。功能性插图与文字结合，赋予文字视觉的艺术，丰富了文字的内涵。

译者的确定。本系列图书的翻译主要凭借的是一个以大学教师为主的翻译团队，团队中不乏知名教授和相关领域的资深人士。他们治学严谨，译笔优美，为确保质量奉献良多。

"华文全球史"系列作为一套具有较高学术价值的优秀的世界历史丛书，对增加读者的知识，开阔读者的视野，具有积极的意义。同时要看到，一方面很多西方历史学家的观点符合事实，另一方面不少西方历史学家的观点是错误的，对于这些，我们希望读者不要不加分析地全盘接受或全盘否定，而是要批判地吸收外国文化中有益的东西。

华文出版社

2019年8月

引 言

历史记录不可能没有虚构成分。世界舞台上的那些风云人物,身边不仅有朋友对他们心怀倾慕,也有失意的对手和政治敌人对他们满怀怨恨。那些风云人物的所说所做无不带有传奇色彩。他们的故事,有些是杜撰的,有些是与事实不符的,极少有或根本没有准确事实。因为风云人物外在的行为是公开的,所以相关记录不会完全是错的,但他们的动机只有他们自己知道,那就只能任由他人想象了。人们喜欢相信邪恶的东西,而不是良善的。因此,这些风云人物的形象会因叙述人对他们的认同度不同而不同,但关于他们的记载极少有非常正面的。一个人越突出,谈论他的人就会越多。关于他一生的故事都有时下最新的版本,有最权威的专家明确担保,内容贴切,言之凿凿,有精确的时间、地点、场景,只不过大部分都是恶意的谎言罢了。这些故事如果写成书面文字,在之后一百年的传记中反复出现,就可能以假乱真,或者至少几乎被当成真的了。这些故事里就算没有恶意的谎言,也会有作者丰富的想象。人们信或不信,讲给别人听或不讲给别人听,全凭他们自己的意愿。死亡能结束小人物的纷争,也能解除权力的约束,让人们可以对大人物评头论足。君主是最大的受害者。活着时,他们只能听到奉承的话,一旦离世,报复性的丑化描述便会随之而来。越杰出的君主,人们对他的弱点阐述得越细致入微。伏尔泰说:"这是难以言喻的乐趣,因为君主活着时,我们不能发表不利于他们的言论,否则会掉耳朵。"君主们虽然已经驾崩很久,他们的是非功过却留了下来。对君主们来说,别人怎么评说他们的性情,是没有什么影响的。对像尤里乌斯·恺撒或拿破仑·波拿巴这样的人来说,世人对他们所作所为的评判,无关紧要。更重要的是,从历史的伦理价值来评判,邪恶的行为就应受到应有的惩罚,促进人类福祉的行为就应该得到应有的荣誉,而不是个人的真正性情是否被准确了解。完全准确地了解某个人是不可能的,哪怕大概了解一个人都很难。国家的统治者行事有公开的理由,这些理由在当时是可以理解的,是获得了允许的。随着时间的流逝,新的利益关系出现了,能解释统治者所作所为的环境不复存在。于是,研究者只有在骄傲、野心、恐惧、贪婪、嫉妒或肉欲等因素中寻找解释,出于自己满意、憎恨或嘲笑的目的寻找别的动机,以此来自圆其说。只要研究者的道德判断是基本正确的,他就不会造成伤害,也不会遭受任何痛苦。残忍和欲望正是遭人憎恶的对象。在研究塔西佗笔下的提比略时,研究者学会了憎恶提比略的残忍和欲望,尽管提比略可能只是因为塔西佗这个伟大的罗马历史学家仇恨古罗马贵族而创造出来的。荷兰国王"沉默者威廉"的宣言也不过是对敌人——西班牙国王腓力二世的诽谤。但在新教传统信仰中,腓力二世是欧洲天主教迫害精神的典型代表。现在争论这些也没什么用了。历史的趋势是,无论这些看法准确与否,都必须遵循良好的道德底线。干涉叙述者无害的幻想以纠正谬误,可能会导致更大的谬误。君主因被指控犯下罪行而接受历史这一特别法庭的审判。有时,他们被指控的罪行会被证明根本不是罪行,这些罪行中的受害者理应承受这样的命运。为了某些伟大、有价值的目的,严厉的惩罚是有益的,是必不可少的。在读者看来,为读者认定的残暴行为解释,就是为暴政辩护。读者一门心思寻找可以让自己接受的解释,却发现一些事迹能为他已认定要憎恶的行为开脱。对读者来说,了解到这些即便是无关紧要的事情,也会让他的是非观受到重创。洗白传统观念中的恶棍被当作是浪费心思,因为这种洗白如果成功了,其价值观也是有瑕疵的;如果失败了,就是枉花了心思,应该受到谴责。时间太宝贵了，不能浪费在悖论上。君主们已经驾崩，他们的事迹得以流传下来，世人的责难写就他们的墓志铭。至于真正的是非功过，自有人来评判。

  一个人在世间功德圆满，寿终正寝后，除那些间接的和无形的影响之外，他对世界再没有直接的和实际的影响，他的功过册已经合上，对他的判决已经宣布，他可以自此安息了，这是常识性的裁断。但如果逝者生前的所作所为仍然在产生影响，他们的法则和他们行为的影响依然活跃，依然在发挥作用，人们对他们发起的运动仍然争论不休，情况就不一样了。有时，浩大的革命可以归因于某个人的意志和决心，当这个人离世后，革命仍在继续。那么将这个人的性情作为攻击他或维护他的论据就具有本质上的重要性。仍然有人不断地激烈谴责或维护英格兰国王亨利八世的改革；这场似乎已经盖棺定论的改革再次死灰复燃；亨利八世是一个什么样的人，站在他旁边帮助他重塑英格兰王国宪法的政治家和神职人员是什么样的人，成了20世纪具有实际意义的问题。什么样的树结什么样的果，好树不会结恶果，坏树也结不出好果。罗马天主教教徒从批判亨利八世及其追随者的行为到批判他们个人，又从批判他们个人到批判他们的行为，说宗教改革是反抗上帝为统治世界而指定的权威，宗教改革本身就是一种邪恶的行为。反抗基督教会的恶念只可能源自堕落的心灵。因此，改革的发起者想必是邪恶的，很有可能早就有人对他们的行为做过最坏的解释了。他们还会反过来，说亨利八世的罪孽与罪行是公认的历史事实，说得好像很有道理一样；说在这么坏的人手里，什么好的事情都不会发生；说亨利八世就是看得见的魔鬼之仆，在英格兰的宗教改革中，他不过是个工具，而一切都是魔鬼的杰作。如果与亨利八世同时期的天主教教徒对他形象的刻画是准确的，那么随之而来的各种推断就不可避免了。然而，这个形象是由那些被他伤害了信仰、触动了利益的人描绘出来的。因此，这个形象值得怀疑。在诽谤的土壤中，宗教仇恨根深叶茂，因为这些诽谤一开始就假定每一项指控都极有可能是真的，与被指控罪行的严重程度成正比。在负责指控像亨利八世一样危险的对手时，天主教作家会很轻易相信亨利八世邪恶的一面。不过，天主教教徒并不是亨利八世唯一的指责者，各教派、各教区联合起来一起谴责亨利八世。英格兰王国高教会派对亨利八世的怨恨就像天主教枢机主教雷金纳德·波尔对他的怨恨一样深。高教会派教士承认并支持英格兰教会与罗马天主教教会决裂，这一决裂是亨利八世帮他们实现的。但他们痛恨宗教改革的内在原则，就像雷金纳德·波尔或天主教神父约翰·林加德一样。他们讨厌神职人员受世俗权力控制，要求恢复被亨利八世和英格兰议会剥夺的宗教特权，渴望恢复教会的独立性。因此，他们同样满怀胜利的喜悦揭露亨利八世性格中的污点，并且用现有记录中能找到的每一项对他的指控加深这些污点的印象，无论这些指控是经过证实的还是未经证实的。在他们看来，当时这些指控证据充足，他们有权把这些指控当作事实。

新教教徒作家同样决绝无情、迫不及待地将自己的事业与亨利八世这个声名狼藉的盟友分离。在伊丽莎白一世统治时期，相信她母亲安妮·博林的清白是一种荣誉与忠诚。如果当时有人利用伪造或虚假证据陷害安妮·博林，好让她为简·西摩让路，那必然会很明显。我们都清楚的事，亨利八世和议会自然更清楚。在亨利八世这个"暴君"犯下的一切可恶罪行中，再没有比判安妮·博林死刑更体现他卑鄙、懦弱的了。新教教徒作家坚持认为安妮·博林是无辜的，一致谴责亨利八世、大臣和议会。除发现亨利八世杀害了自己妻子安妮·博林之外，新教教徒作家还发现亨利八世掩盖了真相。一开始，英格兰王国的宗教改革是政治上的，而不是教义上的。教会官员贪得无厌、专横跋扈，让普通信徒愤愤不平。改革者的第一步是打破使自己烦恼的宗教枷锁，最后结束神职人员的世俗权力。追求宗教信仰自由是后来才出现的，并且是从英格兰人的思想中慢慢发展出来的。习俗让人们习惯了宗教迷信，对自然的敬畏让宗教迷信受到了保护，震慑不信宗教者的神秘恐怖传说则让宗教迷信免受追责。英格兰人民自古以来就接受教导，如果怀疑信仰，就犯下了最严重的罪行。英格兰人虽然乐于接受神职人员在人性方面和自己一样是有瑕疵的普通人，但还是会把作为国家机构的教会和传授教义的教会区分开来。古老的信念不会一下子就改变。亨利八世做了很多事，他对个别路德教教徒的保护甚至到了不顾一切的地步。他给英格兰王国带来了英语版的《圣经》。他任命休·拉蒂默为主教。他彻底地、永远地剥夺了教士利用职权和自身权威惩罚他们所谓的"异端邪说"的权力。但当来自罗马天主教的桎梏被解除后，极端新教教徒的热情就消失了。不尊重英格兰人民认为神圣的东西和观点伤害了极端新教教徒的感情。议会控制了教会法庭，通过《六条款议案》取代了教会法庭。民众运动发展到后期往往会变得轻率。英格兰王国宗教改革最卓越的特点就在于，在整个改革过程中，它受到法律的约束，而《六条款议案》在执行过程中有所缓和，是一项可接受的、也许能有效控制过激行为的措施。在神圣罗马帝国也是如此。马丁·路德起义很久后，萨克森和黑森仍然有再洗礼派教徒被烧死。让·加尔文认为火刑柱是对圣父、圣子及圣灵三位一体教义怀疑者的恰当惩罚。苏格兰的约翰·诺克斯不仅赞成烧死女巫，而且将世俗神父送上绞刑架。亨利八世不能无视多数英格兰人的感情。亨利八世自己也不过是英格兰人中的一员，会跟随英格兰人民的脚步。然而，新教传统观念认为，用《六条款议案》血淋淋地镇压新教教徒是专制暴行，亨利八世可以并应该立即采取包容原则，包容新观念，并且更严厉地压制旧观念。清教徒和福音派信徒忘记了是亨利八世给他们带来了英语版《圣经》。他们忘了，是亨利八世压制住主教，才打开了他们的布道坛。他们把亨利八世归入迫害者之列，或者跟着支持教皇绝对权力主义的天主教教徒一起肤浅地嘲笑亨利八世，说他前后矛盾。

　　亨利八世的性格受到了来自四面八方的轮番谩骂。英格兰理智的那部分人则保持沉默。演说家和作家是新旧两种信仰的狂热信徒，他们提供了许多亨利八世的材料。19世纪和20世纪坦率的哲学思想家已经接受了这个人物的传统形象。他们希望保持公正的立场，平等对待天主教教徒和新教教徒。不过，他们还是微微偏向了天主教教徒一方，希望安抚这个受到不公正诽谤和压迫的可敬团体。但哲学思想家大肆抨击英格兰宗教改革早期改革者的暴虐，其激烈程度甚至连雷金纳德·波尔本人都会满意,雷金纳德·波尔的言辞已经成为他们观点的基础。

如果没有亨利八世约束教皇,自由主义哲学在英格兰王国甚至可能在整个欧洲都会备受责难。不过,像托马斯·巴宾顿·麦考利这样的作家无疑已经做到了一件事情。他们已经表明,要把亨利八世和大臣分开来谴责是完全不可能的,比如,谴责亨利八世,但放过托马斯·克兰默就无法做到。新教教徒作家,从托马斯·伯内特到罗伯特·索锡,都试图牺牲亨利八世来拯救宗教改革的主教和政治家。托马斯·克兰默、休·拉蒂默和尼古拉·里德利被描述为圣徒,尽管他们的主人亨利八世是个恶棍。但托马斯·巴宾顿·麦考利用冷酷公正、毋庸置疑的笔调指出,在亨利八世所有最成问题的行为中,他自己的大臣和教士都是积极的参与者,枢密院、议会、法官、陪审团都选择审判他暴政下的受害者,这些人中一些人是积极协助者,至于其他人,在亨利八世的行为真的涉及犯罪时,允许自己受贿或被吓到默许。各种各样描述中的君主及国家本身,由于其代表人物的罪行,都染上了同样可憎的颜色。可以说,他们其实比亨利八世本人更坏。亨利八世至少可以辩解是受到了自己野蛮本性的粗俗诱惑。但按照大家都接受的假设,那些贵族与法官牺牲安妮·博林,或者托马斯·莫尔,又或者约翰·费希尔,有什么可以姑息的呢?他们甚至连个人惧怕权力滔天的暴君这样的借口都找不了。因为亨利八世没有土耳其禁卫军或罗马禁卫军来保护他的人身安全或执行他的命令。他只有一百人的皇家卫队,人数不比一个二级贵族的普通追随者多。天主教领袖对亨利八世攻击教会感到愤怒,如果可以,他们会召集外国军队推翻他,他们坚信亨利八世软弱无比,推翻他易如反掌。除为数不多的卫兵之外,他们大肆宣扬亨利八世除依附被他疏远的臣民之外,别无庇护。这样一个国王能够行使什么奇怪的影响力,凌驾于英格兰王国的贵族、绅士、学术界和市政当局之上?他怎么能强迫这些人自愿成为他残忍行为的工具呢?最奇怪的是,他似乎不需要任何保护,他的个人声望很高,即使是在那些反对他公共政策的人当中也是如此。起义似乎一触即发,但没有人图谋杀害他，倒是经常有人想谋害他的女儿伊丽莎白一世。当英格兰的北方人武装起来进行求恩巡礼时，领导者面临着这样一个问题：如果获胜，是不是废黜亨利八世？结果发现，任何一个提出废黜亨利八世的人都会被人民撕成碎片。

就算如查尔斯·狄更斯所说，亨利八世是英格兰历史书页上的"一块血渍油污"，其同时代的英格兰人依然是这个君主的最佳臣民。托马斯·卡莱尔说，每个国家都会拥有它应得的好政府。克伦威尔们和克兰默们的英格兰王国，霍华德们和菲茨威廉姆斯们的英格兰王国，赖奥思利们和佩吉特们的英格兰王国，其组成人员似乎比人类有记载的任何国家的成员都要卑微。罗马天主教教徒也许有理由说在英格兰这样一个民族中，不可能出现有利于任何人类灵魂的宗教改革。在所有关于英格兰王国会回归原始天主教教会的论据中，这无疑是最有力的。

然而，英格兰王国并没有回归原始天主教教会的打算。历史记载了什么就是什么，但英格兰王国仍然坚持维护亨利八世统治时期赢得的自由，没有意识到这些自由带来的耻辱，也没有意识到它接受的故事版本是否有任何需要解释的地方。亨利八世、枢密院及议会的立法是现在的《大宪章》。《上诉法案》和《至尊法案》主张国家独立，拒绝接受外国主教、王子或君主在英格兰王国范围内作梗。几个世纪以来，神职人员一直统治着帝国中的帝国[①]，他们不受任何其他法律约束，只受自己的法律约束，对人民的灵魂和身体行使不负责任的司法权。限制神职人员的法案让他们和普通人一样，成为受法律约束的主体。教皇也不能特赦任何人免于承担正常的义务。神职人员的特权被废除了。宗教法庭因其让人无法容忍的种种罪孽被清理，或者被强制接受合理的约束。宗教机构被镇压，它们敛收的巨额财富被用于国防。比希腊神话中奥吉亚斯牛圈里的粪堆[②]更难清除的滥用职权行为被遏制了。这些杰出的成就都是顶着教

[①] 指神职人员拥有独立的权力体系，不受世俗国家政权的制约。——译者注
[②] 在希腊神话中，奥吉亚斯是埃利斯国王。他的牛圈非常大，养了三千头牛，大力神赫拉克勒斯奉命引河水把它冲了一天才冲洗干净。——译者注

皇的诅咒实现的，无论恐吓手段有多卑劣，在超自然力量的幽灵还未被驱除时又有多可怕。这些杰出的成就也是直面让最强大的心脏也为之颤抖的极大危险实现的，哪怕愤怒的神职人员煽动人民反抗，哪怕愤怒的欧洲天主教以教皇的名义威胁会兵戎相见。这些杰出的成就，根本不可能是一个声名狼藉的国王和臭名远扬的大臣所能取得的。但他们又做得如此出色，他们的成就几乎被原样纳入英国宪法。这场宗教革命，是现代最伟大、影响最深远的革命，是在没有内战的情况下完成的，以坚定的态度、议会的果断行动、坚决的执法手段完成的。亨利八世的立法影响的不只是英格兰王国。实际上，每一个伟大的国家，无论是天主教国家，还是新教国家都采纳了亨利八世所立法案的主要条款。教皇再无法妄称有权力废黜国王，免除臣民的效忠义务，或者买卖违反国家法律的特赦令。国家法院不用再向圣轮法院提起上诉。教皇的宝库再不能靠国家神职人员的掠夺来充盈，或者靠教皇常驻教区的官员去敛收。主教和神职人员代表大会已经不能凌驾于世俗权力之上独立立法。犯下罪行的神职人员也会受到与普通人一样的惩罚。宗教改革法案的高质量是由其持久性所保证的。很难想象，构思和实施这些法案的政治家出生于普通家庭。这场宗教改革不是亨利八世个人性格导致的。如果除某位君主性格的优缺点之外，改革再无其他引人争议之处，那么这个君主早就无人评论了。这场宗教改革是由所有改革领袖的性格决定的。他们和亨利八世一起，缔造了这场有益于世界的革命。亨利八世做的一切都是和他们一起做的，并且是通过他们实现的。是不是可以相信与主流看法完全相反的品质可以存在于同一个人身上？比如，托马斯·克兰默这个创作或翻译了英格兰国教祈祷书中经文的主教并不像托马斯·巴宾顿·麦考利或约翰·林加德描述的那样是个可怜虫？伊丽莎白一世时代是亨利八世发动的宗教改革的延续，是英国历史上最伟大的时期。从一个被污染的源头流出的小溪如此生机盎然，这可信吗？

  在接受这个令人脸红的结论前，在最终诅咒这群在战争中冒着生命危险或献出了生命以获得伟大胜利的人前，至少可以先暂停一下。只有心浮气躁、囿于成见、没有思想的人才能对下结论的困难如此轻描淡写。无论如何，对我来说，我想知道宗教改革的真正历史是什么。它是这么引人思索，我甚至可以撇开后来作家的争论谩骂，向记录改革发起者行为的文献求证，这些文献是改革发起者自己留下的。幸运的是，亨利八世摒弃旧俗，每年召开一次议会。无论是重整王国，还是处理自己的混乱家事，亨利八世都会把上议院和下议院成员纳入枢密院，没有枢密院委员的同意，他什么都不敢冒险去做。主要法规序言中对亨利八世所做的一切动机做了清晰精确的叙述。这些叙述至少有可能是真的，它们并不是在为亨利八世辩护，而只是对表面上看起来暴力和武断的行为做出解释。如果这些解释是正确的，那它们向我们展示的是一段纷繁复杂、困难重重的时期。但从整体来讲，这是一段被成功克服的艰难时期。这些解释向我们揭示了那些被严格执行的严厉措施，是为了必要的公共目的，无关谄媚或卑劣，也不是对无常暴政的一味迎合，而是在危险的动乱时期自然而然的自我保护，也可以说是对世袭君主制中偶发事故的补救。这些叙述清楚明了，不带任何感情色彩，没有什么不端字眼。字里行间可以读到大众情绪的爆发，读到整个英格兰民族之心被触动时的跳动。我们看到既有的体制被连根拔起，宗教偶像被推翻，受伤的崇拜者愤怒发狂。在这样的危机中，谣言势必满天飞，其中有一些是谎言，有一些是半真半假的谎言，夹杂着些许事实碎片，由恶意或昏乱的脑子孕育，这些正是百姓以讹传讹的因素。宗教改革不是一场孤立的革命，赌上的是人类的自由。全欧洲都在看着英格兰王国，因为它是宗教改革命运的关键。如果宗教改革在英格兰王国被摧毁了，天主教教徒就有了全面胜利的保证。因此，所有基督教国家都在口传笔述这场改革，忙得不可开交。天主教教徒把亨利八世描绘成撒旦的化身。必须承认，亨利八世的家务事给了他们这样想象的机会。诽谤之雨倾盆而下，虽然亨利八世胆大，但有时会畏缩不前。他向查理五世①抱怨在法兰西王国和佛兰德斯流传着对自己的诽谤。查

---

① 在西班牙王国称卡洛斯一世。——译者注

理五世也有同样的遭遇，他幽默地回答说："如果有机会对君主指指点点，人们肯定会指指点点，君主又管不了人们的嘴巴。"亨利八世是个容易遭到诽谤的对象。但如果公务人员制定的政策一旦招人诽谤，并且这些诽谤足以以假乱真，那么公务人员中名声最好的人恐怕也早已劣迹斑斑。神职人员是欧洲的发言人，他们有讲坛，他们写书和小册子。神职人员有理由憎恨亨利八世，并且对亨利八世的恨意强烈得就像亨利八世是魔鬼本身。但有些人的敌意是一种对亨利八世的恭维，他们诽谤马丁·路德这样的宗教改革领导者几乎和诽谤亨利八世一样随心所欲。在阅读和权衡了四十年前的印刷文稿或手稿中能找到的一切后，我自己得出结论，亨利八世的所作所为只能在《法令全书》中找，不能在其他任何地方找。《国会法案》的序言确实代表了受过教育的英格兰王国普通教徒对亨利八世的真实看法，他们比我们有更好的机会去了解真相。现代英国人也许可以不受悖论或愚蠢指责的影响，接受他们的权威说法。

带着这样的感想，以《法令全书》为指南，我写了《英国历史——从托马斯·沃尔西倒台到西班牙无敌舰队失败》的开头部分。对我的这本书公开发表的评论基本都是负面的。天主教作家继承了他们祖先的传统和脾气，相信天主教历史学家的专业丛书。新教教徒不相信我为《六条款议案》制订者所做的辩护。世俗评论家认为我强加给他们一个亨利八世作为"模范丈夫"的印象，动辄出言相讥，并且因我的故事版本与他们相信的故事版本不一样而愤慨。他们相信的故事版本是经过许多大人物前辈认可的。然而，公众对我要说的话很感兴趣。许多人读过这本书，并且现在还有人在读。因此，在生命的最后阶段，我必须再次调查事实。由于我仍然是唯一坚持被正统历史学家视为异端观点的人，我必须决定自己死后我的作品要以什么样的状态在世间留存。自我写的早期卷册问世以来，已经过去了三十五年，史料又增加了许多。我的朋友布鲁尔先生和盖尔德纳先生兢兢业业，对大英档案馆的大量手稿进行了分类、编目和按日历编序。当时，这些手稿我们只能使用一部分。英国历史手稿委员会已经检查了英国大家族中的私人收藏并做了报告。在某种程度上，巴黎、锡曼卡斯、罗马、威尼斯、维也纳和布鲁塞尔等国外各地的档案是我自己搜索的,但更多的是由我专门委托的学者帮忙搜索的。就这样,我们读到了常驻亨利八世宫廷的外国大使的信,我们了解了这群训练有素、负责任的政治家的意见,虽然不是完全不偏不倚,但弥足珍贵。他们每天都在讲述自己眼皮子底下发生的事。作为天主教教徒和天主教国家的代表,对宗教改革,无论是在政治上,还是在宗教上,他们都怀有强烈的敌意。因此,他们更愿意相信,也更愿意报道宗教改革及宗教改革的发起人亨利八世最不好的方面。但在传统刻板观念形成前,他们就记下了这些,所以他们的叙述是新鲜的,并且具有原创性。作为身处当时那个世界的人,他们写给自己主人的又都是秘密信函,因此他们虽有偏见,但很诚实。不知不觉中,他们也做出了一项无比重要的贡献。查理五世的大臣与心怀不满的英格兰贵族和神职人员进行了密切的沟通,并且伙同他们秘密煽动叛乱。这也非常清楚地揭示了当时的英格兰政府必须面临的危险。查理五世的大臣非常清楚地证明,《至尊法案》严厉和不容置疑的要求是对有组织的叛国行为进行合法和必要的防护。

对我已经出版的作品进行增补是势在必行的。用显微镜观察花瓣或昆虫的翅膀,简单的轮廓线条与表面会被分解成复杂的有机组织,具有奇特、美丽的细节。这些信的效果也是如此。我们的所见所闻正是那些生活在自己所描述的场景中的人亲眼所见、亲耳所闻的。在当时的谣言中,我们追溯那些后来被加以阐述,变成公认事实的故事的根源。我们读了无数的逸事,有些逸事有清晰的真事印记,但许多逸事不过是出于恶意或一时兴起捏造的故事,不比现代社会流传的、成千上万的类似逸事更真实。这些逸事尽管有人担保是亲眼所见,但让人能明显地看出来是谎言。通过这一切,读者需要选择自己的立场,自己来判断真伪。读者知道许多关于自己同时代杰出人物的报道都是假的。那么读者也可以同样确信,当时和现在一样,人们可以随意撒谎。读者可能会受同情心的影响,接受符合自己信条或见解的事实,会和其他人一样更相信人性邪恶的一面,尤其是关乎亨利八世和其他著名人物。君主活着时享受了许多夸大其词的恭维，驾崩后就必须付出代价，被人揣测最坏的一面。我认为，仔细阅读所有我搜集到的文件，可以从更广泛的角度看亨利八世的故事，也更贴近事实。细节的丰富让故事更有趣。那些以前对我们来讲只不过是人名的个人，加上写信人对他们的清晰看法后，会变得更加生动。但我现在认为，正如我四十年前想的那样，在那样一个狂风暴雨、天昏地暗的时代，矛盾重重，混乱不堪，法令书仍然是最靠谱的指南。如果说有什么不同，那就是那些在被解释前看来毫无理由的残忍的行为，现在看来都是合理公正的。比如，处决约翰·费希尔主教就无可争议。西班牙大使欧斯塔塞·沙皮本人的话证明，约翰·费希尔为了教皇的利益，召集外国天主教军队并催促其入侵英格兰王国。

  我发现，除纠正一些无关紧要时刻的小错误之外，再没有什么需要收回或改正的了。但此外，我发现还有很多可以补充的地方。问题是考虑到对那些已经购买本人《英国历史——从托马斯·沃尔西倒台到西班牙无敌舰队失败》的人要公平，我该以什么样的方式去补充最好。把原书分成几个部分，再将新材料插入正文或备注中，这会让许多朋友不得不再买一本新书，或者只得接受不够好的原书。他们是最不应该被这样对待的人。因此，我决定在写增补卷时将那些具有重要意义的部分加以更具体的讲述。历史主体就按原样保留。我认为书中包含了对那个时代的真实叙述，真实叙述了导致16世纪各种动荡变化的直接原因，真实叙述了其中人物的性格与原则。我只需要填补某些不足之处，把那些目前还不明确的地方加以阐述。至于其他内容，我不用假装客观公正。我认为宗教改革是英国历史上最伟大的事件，是盎格鲁-撒克逊民族散布全球的巨大力量根源，并且将英格兰人的天赋与品格刻印在了人类的品性中。我想尽我所能不去相信我的同胞有多邪恶，因为他们完成了这件对全世界有益的事业。本着这样的信念撰写的书中不可能完全没有神话元素。即使是那些就在我们周围的事物，即我们看见的、接触的事物，我们感知到的也不是它们的真正面目。我们只能感知自己的感觉，而我们的感觉是某些事物和理解它们的感官能力综合产生的结果。我们只能感知自己的感受，而我们的感受是我们的感知器官与感知对象相结合的产物。在我们形成的每一个结论中，在我们被强化的每一个信念中，仍然有一个主观因素。物理科学如此，艺术如此，我们对自己本性的推测如此，宗教如此，纯粹的数学也是如此。我们用来推论的曲线和直线图形是我们自己创造出来的，在我们的推理思维之外，没有任何外在存在形式。历史更是如此，我们没有直接的感知帮助我们形成认知，必须依赖其他人的叙述，他们的信仰必然受到他们个人性格的影响。历史学家的首要职责是提防自己的同情心，但又不能完全摆脱自己同情心的影响。在判断特定叙述的真实性时，历史学家得出的结论必须部分基于证据，部分基于他认为可能或不可能的事情。在一个可以盘问证人的法庭上，某种程度上，不确定的因素可以消除。然而，考虑了种种因素后，法官和陪审团往往还是会被激情和偏见蒙蔽双眼。当我们面前什么都没有，只有四起的谣言时，我们不知道是谁造的谣言，也不知道这些谣言有什么依据，我们被迫去考虑各种可能性。新教教徒相信宗教改革是真理战胜谬误的胜利，不可能达成和天主教教徒一样的结论。天主教教徒认为宗教改革是一种诅咒，也不可能得出与中立的哲学家相同的结论。哲学家对新教教徒和天主教教徒都抱有高高在上的、仁慈的蔑视。就我自己来说，我只能说因为有这种官能，所以存在有失偏颇的地方。我什么也没隐瞒，我没有刻意扭曲一切与我自己的观点相抵触的东西。我接受有充分证据的事实。除转述传闻或偏见之外，我拒绝写任何找不到支撑材料的东西。但无论接受还是拒绝，我都努力遵循这样一条规则，即与人类本性的普遍规律不一致的事件不应被轻易接受为事实，而证明一段诬蔑是虚假的，只要证明它没有效证据就已足够。

最后，我忍住没和那些观点与我不一致的作家争论。斤斤计较地反驳每一个对亨利八世或其大臣行为的不利说法，既惹人生厌又毫无益处。我的监督者太多了，不可能一一答复，他们都如此杰出，无论回答谁的问题都会引起反感。那些想看谩骂亨利八世、托马斯·克兰默或托马斯·克伦威尔作品的人在任何地方都可以找到这样的作品，从学校手册到精心制作的历史学家巨著。对我来说，讲述我脑海中呈现的故事就已经足够了，让我认为是真理的东西自证清白就已足够。

在漫长的历史中，英格兰民族一直享有崇高的声誉。马丁·路德引用过神圣罗马帝国皇帝马克西米利安一世的一句话，说在欧洲有三个真正的君主：神圣罗马帝国皇帝、法兰西国王和英格兰国王。神圣罗马帝国皇帝是国王之王。他如果命令各国的国王，国王可以按自己的意愿选择顺服或不顺服。法兰西国王是驴子之王，他随心所欲地命令自己的人民，人民像驴子一样服从。英格兰国王是忠臣之王，忠心耿耿的臣民全心全意地服从他的命令。这就是人们眼中16世纪40年代英格兰人的祖先的特点。在当红历史学家的笔下，我们的祖先屈从于一个嗜血的暴君，使自己蒙羞。我们至少可以说，这些当红历史学家可能弄错了。亨利八世的臣民不比前人或后人好，也不比前人或后人差。

目 录

001　**第 1 章**
　　首提离婚

029　**第 2 章**
　　托马斯·沃尔西被迫推动离婚

049　**第 3 章**
　　克莱门特七世的苦恼与恐慌

057　**第 4 章**
　　阿拉贡的凯瑟琳拒绝当修女

073　**第 5 章**
　　克莱门特七世派出公使审理离婚案

085　**第 6 章**
　　阿拉贡的凯瑟琳向圣轮法院提起上诉

095　**第 7 章**
　　英格兰议会计划宗教改革

115	**第 8 章**	
	托马斯·沃尔西病逝	

125	**第 9 章**	
	亨利八世准备开战	

141	**第 10 章**	
	阿拉贡的凯瑟琳被驱逐出王宫	

157	**第 11 章**	
	英格兰宗教改革	

173	**第 12 章**	
	《上诉法案》发布	

195	**第 13 章**	
	安妮·博林成为王后	

217	**第 14 章**	
	克莱门特七世在英格兰王国的权力被废除	

235	**第 15 章**	
	《继承权法案》发布	

253	**第 16 章**	
	克莱门特七世去世	
269	**第 17 章**	
	英格兰王国爆发内战的可能性	
283	**第 18 章**	
	爱尔兰叛乱	
311	**第 19 章**	
	弗朗切斯科二世·斯福尔扎去世	
333	**第 20 章**	
	阿拉贡的凯瑟琳疑被毒害	
349	**第 21 章**	
	联盟的抉择	
369	**第 22 章**	
	安妮·博林被判死刑	
393	**第 23 章**	
	亨利八世与简·西摩结婚	

| 405 | 第 24 章
宗教改革的影响 |

| 415 | 考据 1
教皇克莱门特七世 |

| 437 | 考据 2
托马斯·克伦威尔 |

| 463 | 译名对照表 |

第 1 章

首提离婚

1526年，英格兰王国的政局风云诡谲。15世纪，英格兰国王亨利七世即位备受争议，引发了激烈的内战。私下人们都知道，如果亨利八世驾崩，英格兰王国将再度面临没有继承人的局面，玫瑰家族之间各家族的纷争可能会再次以更大的规模暴发。英格兰王后阿拉贡的凯瑟琳生的儿子有的在分娩时死亡，有的在分娩后死亡。整个英格兰王国曾热切期盼她能生下一个可以活下来的男婴，但希望一直落空。现在，人们已经不抱这希望了。阿拉贡的凯瑟琳比丈夫亨利八世大八岁，患有"某些疾病"，不可能再怀孕，并且亨利八世已经两年没有和她同居了。亨利八世有两个孩子在世，一个是阿拉贡的凯瑟琳生的女儿玛丽·都铎公主①，时年十一岁，另一个是私生子亨利·菲茨罗伊，1519年出生，生母是约翰·布朗特的女儿伊丽莎白·布朗特。后来，伊丽莎白·布朗特又嫁给了吉尔伯特·塔尔博伊斯爵士。按照可推定的律法，玛丽·都铎公主是下一任继承人。但从来没有一个女人能凭一己之力坐上英格兰王国的王位。这个国家是否会服从一个女性君主的统治也令人怀疑。虽然亨利·菲茨罗伊因出生而被排除在王位继承人之外，但在成长过程中备受呵护，家庭教师称他为王子，如果

---

① 即位后为玛丽一世。——译者注

玛丽·都铎公主也像她的哥哥那样夭折，那么亨利八世很可能会把他当作继承人。1525年，在亨利八世有意废掉阿拉贡的凯瑟琳的王后之位后，亨利·菲茨罗伊被封为里士满公爵。这是一个具有特殊意义的头衔，因为里士满公爵曾是亨利·菲茨罗伊的祖父亨利七世的爵位。亨利·菲茨罗伊得到了比其他贵族更高的头衔。出身不合法是个大问题，但我们也可以认为，这不是一个绝对的阻碍。都铎王朝的开朝君主亨利七世就是个私生子。教会特赦过不合法婚姻，也以姻亲、血缘关系或其他借口解除过不合法婚姻，混淆了合法婚姻与不合法

阿拉贡的凯瑟琳

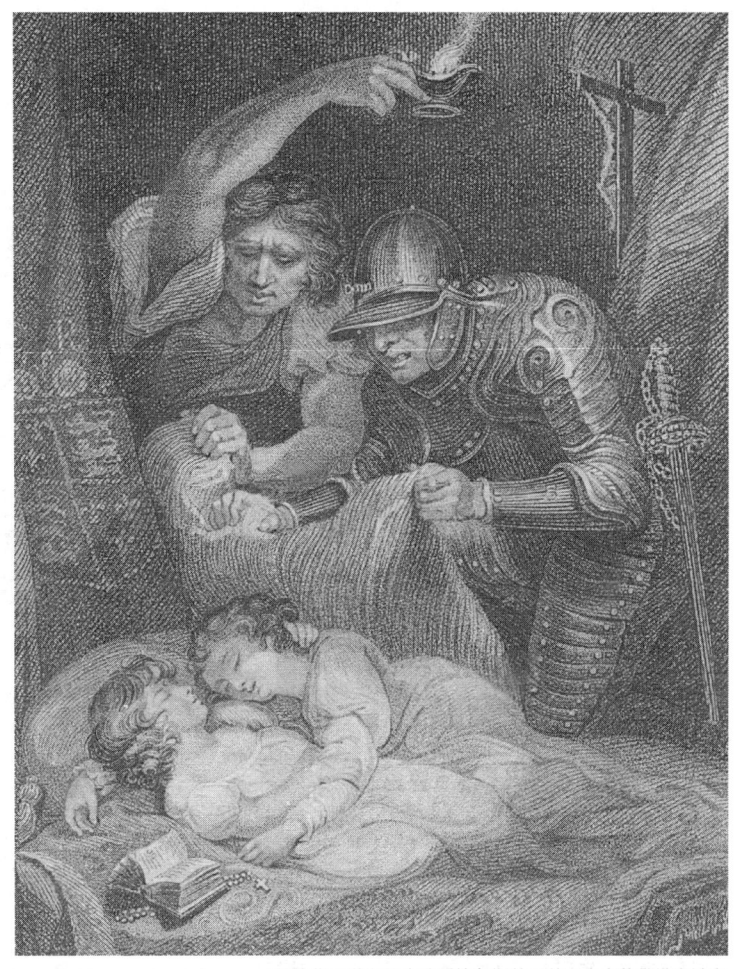

爱德华五世和约克公爵施鲁斯伯里的理查在伦敦塔中被害

婚姻的区别。教会法庭曾以英格兰国王爱德华四世之前与埃莉诺·塔尔博特结过婚为由，判定他和伊丽莎白·格雷，即伊丽莎白·伍德维尔①的孩子为私生子。然而，没有人真的会认为在伦敦塔中被害的王子爱德华五世和约克公爵施鲁斯伯里的理查是私生子。如果亨利·菲茨罗伊已经长大成人，并且没有别人争夺王位，为了避免争端和达到适当的目的，议会很可能会承认他的地位。但

---

① 格雷是她的前任丈夫格罗比的约翰·格雷的姓。——原注

玛格丽特·都铎

法兰西王后玛丽·都铎

现在，亨利·菲茨罗伊还是个孩子，可能会像亨利八世的其他儿子一样死去。还有其他王位争夺者，面对他的私生子身份，一定会坚持自己的继承权利。血缘最近的是苏格兰国王詹姆斯五世，他是亨利八世的姐姐玛格丽特·都铎的儿子。还有亨利八世的妹妹法兰西王后玛丽·都铎的后代，以及法兰西王后玛丽·都铎的女儿弗朗西丝·格雷与萨福克公爵亨利·格雷的孩子。除王室成员之外，还有白玫瑰家族的代表：爱德华四世的外孙[①]埃克塞特侯爵亨利·考特尼和索尔兹伯里女伯爵玛格丽特·波尔。玛格丽特·波尔是爱德华四世的弟弟克拉伦斯公爵乔治·金雀花的女儿，被谋杀的沃里克伯爵理查德·内维尔的孙女。他们彼此对立，佯装平静，亨利八世活着是他们开战的唯一障碍。可以十

[①] 爱德华四世的女儿约克的凯瑟琳是亨利·考特尼的母亲。——译者注

分肯定地说，詹姆斯五世绝不可能不经过争斗就获准即位英格兰国王。英格兰王国的对手不允许。然而，同样可以肯定的是，詹姆斯五世一定会尝试，并且很可能会得到法兰西王国的支持。只有一个方法可以阻止很可能毁灭这个王国的动乱。那就是正值壮年的亨利八世娶一个有生育能力的女人。这样一来，他自然能生出一个威尔士亲王。在这种情况下，亨利八世和其他人都开始思量他与阿拉贡的凯瑟琳的关系的特殊性质。这是再自然不过的事情，也不应该受到谴责。人们可能还无法完全记起，当时和现在一样，寡妇和丈夫的兄弟结婚，是被所有文明国家的法律禁止的。在今天，这样的婚姻会被直接视为事实无效的婚姻。后来，天主教教会第一任教皇圣彼得的继任教皇掌握了一项非常规权力，即在某些情况下，可以特赦教徒不受教会禁令的约束。现在，人们知道，教皇从未光明正大地拥有过这样的权力。因此，根据现在的法律和观点，亨利八世和阿拉贡的凯瑟琳根本就不是夫妻。当时，还不确定特赦权是否包括批准他们的婚姻，所以罗马的圣典学者开始谈论此事时，内部观点也是分裂的。

詹姆斯五世　　　　　　　　　　　　　　　　　　　　　　　　　　亨利八世

即便是那些对教皇特赦权抱有最宽容看法的人都认为，这种特赦只能是出于紧急的原因，如阻止国外战争或国内叛乱。在阿拉贡国王斐迪南二世和亨利七世安排他们的孩子的婚事时，并没有这样的原因。教皇尤里乌斯二世勉强批准了这个特赦令。二人也是几经犹豫后才结婚。由于没有必要的条件，特赦令的有效性也令人怀疑。在决定国王的婚姻时一般很少考虑双方的个人感情。亨利八世和阿拉贡的凯瑟琳之间的个人感情可能和在同样情况下结婚的其他君主夫妇一样多，也一样少。亨利八世尊重阿拉贡的凯瑟琳的性格，也许还钦佩她的性格。阿拉贡的凯瑟琳并不漂亮，也不迷人，但她像她的母亲卡斯蒂尔女王伊莎贝拉一世一样骄傲和倔强。他们的结合是由两人的父亲决定的，是为了巩固英格兰王国和西班牙王国之间的联盟。这种关系的起点与那些自愿开始的恋爱关系的起点不同。出于其他类似目的的需要，因某种政治目的而建立的婚姻

阿拉贡国王斐迪南二世

卡斯蒂尔女王伊莎贝拉一世

关系被解除也是可以理解的。阿拉贡的凯瑟琳再也不能生育已经明确,《利未记》中对这类婚姻的惩罚其实就是男性后代死亡,并且亨利八世一旦去世,内战一触即发。亨利八世可能真的怀疑过阿拉贡的凯瑟琳算不算他的妻子,怀疑过这段婚姻不是当时人人都能接受的那种联姻。如果有个威尔士亲王,这个问题就永远不会出现,亨利八世和其他国王一样,也会承担命运给他带来的婚姻责任。但没有威尔士亲王,并且离婚这个问题已经出现。开始提出离婚时,亨利八世并没有对另一个女人有任何依恋。如果有,也无可厚非。但在首次提出离婚这个问题时,对亨利八世来说,安妮·博林并没有比哪个宫里的女士更重要。

安妮·博林

他需要一个能生儿子的妻子来确保王位有人继承。批准不合法婚姻的权力同样可以解除这种婚姻,亨利八世认为他有权要求得到这种司空见惯的特赦,因为其他君主经常以这种或那种形式申请特赦,并且很少有不成功的。

因此,早在1526年,也可能再早一年,枢机主教托马斯·沃尔西就开始在罗马为亨利八世和阿拉贡的凯瑟琳离婚探路。同年9月7日,英格兰驻巴黎大使巴斯主教约翰·克拉克告知枢机主教托马斯·沃尔西,教皇克莱门特七世的一

枢机主教托马斯·沃尔西

教皇克莱门特七世

法兰西国王弗朗索瓦一世

个秘密代表抵达巴黎。该代表已经和约翰·克拉克谈过亨利八世和阿拉贡的凯瑟琳离婚这个特别的问题，并且告诉约翰·克拉克这件事会有困难。[1]罗马天主教教会已经在考虑这场克莱门特七世称为"被祝福的离婚"。虽然有哪些困难并没有具体说明，但当时的政治特点让克莱门特七世不得不谨慎行事。同时，有可能正是因为这些政治特点才出现了这些困难。在帕维亚，法兰西国王弗朗索瓦一世被神圣罗马帝国军队打败并俘虏。弗朗索瓦一世被带到西班牙，在亨利八世的调停下才得以获释。但获释条件非常苛刻，弗朗索瓦一世勉为其难答应了，他的儿子布列塔尼公爵弗朗索瓦[2]和奥尔良公爵亨利[3]作为人质被留在马德里，以确保他按要求满足答应对方的条件。获胜的军队，虽然一半是

---

[1] 《英国政府国内外纪事档案——亨利八世时期》，伦敦，1862年到1932年，第4卷，导言，第223页。——原注
[2] 即位后为弗朗索瓦三世。——译者注
[3] 即位后为亨利二世。——译者注

弗朗索瓦一世在帕维亚被俘

布列塔尼公爵弗朗索瓦

奥尔良公爵亨利

西班牙人,一半是德意志人,但都是在波旁公爵查理三世的领导下征服了意大利。查理五世本就拥有辽阔的领地,世人认为他还拥有新大陆①的金矿。金矿源源不断地向查理五世的宝库供应金子。神圣罗马帝国似乎正在向全球帝国挺进。

在16世纪的前四五个世纪,法兰西王国是英格兰王国的世仇,西班牙王国和勃艮第则是英格兰的世交。阿拉贡的凯瑟琳的婚姻是已存在的联盟的一个例外。她先是嫁给了威尔士亲王阿瑟·都铎,然后又嫁给了亨利八世,她的婚姻作为联盟中的一个纽带,遏制着法兰西王国的野心。但时代在变,查理五世登上神圣罗马帝国皇位,很大程度上是因为英格兰王国的影响力。对整个欧洲来说,查理五世很有可能变成比法兰西王国更大的威胁。意大利各城邦国家的君主太软弱,无法抵抗帕维亚的征服者查理五世。意大利一旦被征服,教皇

查理五世

威尔士亲王阿瑟

---

① 15世纪末,欧洲人发现美洲大陆及邻近群岛后对这片新土地的称呼。——译者注

将成为神圣罗马帝国的附庸,查理五世的德意志臣民公开反抗,教会将失去权威,而天主教世界将陷入无望的衰败。英格兰大臣中眼光最敏锐的托马斯·沃尔西认为,维持教皇地位是维护秩序和自由的最好办法。如今他唯一能看到的补救办法就是换个同盟国。英格兰王国把握着法兰西王国与神圣罗马帝国这两个敌对强国之间的平衡。如果英格兰王国能将与神圣罗马帝国的联盟换成与法兰西王国的联盟,就可以牵制查理五世的野心。结果,托马斯·沃尔西完全想错了。但这个错误犯得情有可原。忙于意大利战争的查理五世,对路德教教派抱有令人怀疑的宽容态度。尽管有印第安人送来的金锭,但他的财政状况还是混乱不堪。波旁公爵查理三世的雇佣兵没人管,靠抢劫来获得报酬。他们洗劫修道院,掠夺大教堂的金银餐具。像意大利的伦巴第一样,教会的财产几乎无一幸免。在克莱门特七世看来,这次侵略是野蛮人的再次进军,查理三世就是第二个阿提拉。他的主人查理五世这么做是什么意思,有什么打算,对克莱门特七世来说,也许对查理五世本人来说,都无法确定。在教会陷入颓废、堕落和绝望时,采取任何解决办法都是有可能的。欧洲最能洞察一切的人早就看到,克莱门特七世的地位已经摇摇欲坠。如果查理五世选择出手,可能会加剧这场灾难。这个时候要求克莱门特七世同意亨利八世与阿拉贡的凯瑟琳离婚,从而给西班牙王国以致命的羞辱,就等于要求克莱门特七世签署自己的死亡状。因此,难怪克莱门特七世各种为难。身处绝境的克莱门特七世不得不向法兰西王国和英格兰王国寻求帮助。离婚也许还只是一个提议,只是某项尚处萌芽状态的改革措施的一部分。无论怎样,它可以等到一个更方便的时机。同时,克莱门特七世派秘书乔瓦尼·桑加到巴黎求援。克莱门特七世亲自向亨利八世发出了热情的呼吁,恳求亨利八世不要在罗马教廷极其需要帮助的时候抛弃它,并且为自己的强求道歉。但他说,克莱门特七世时期,罗马遭劫,让亨利八世与托马斯·沃尔西蒙羞。真希望没有这一段历史。如果法兰西王国和英格兰王国辜负了他,他也就完了。查理五世将成为所有国家的君主。等到那时,他们终于睁开眼睛看清了事实,那就太晚了。克莱门特的恳求让人怜悯。

亨利八世读到这封信时，不禁泪流满面。①克莱门特七世也没闲着，他曾带着自己的小部队到战场抵抗查理三世。他还加入了意大利同盟，准备自卫。他被称为基督教之父，却与最虔诚的天主教国王查理五世公开交战。不过，托马斯·沃尔西据理分析，除非西方国家干涉，否则战争很快就会结束。

英格兰王国如果要采取行动，只能与法兰西王国联盟。这一政策的改变无人理解，在亨利八世的臣民中并不受待见。离婚的事至今还没有人提起。也没有一点关于此事的风声传到国外去。但英格兰人情感上更倾向于支持神圣

查理三世

---

① 亨利八世致克莱门特七世的信，1526年10月23日，维罗纳主教吉安·马泰奥·吉贝托致教廷大使乌贝托·甘巴拉的信，1526年12月20日，《英国政府国内外纪事档案——亨利八世时期》，伦敦，1862年到1932年，第4卷，第1112页，第1207页。——原注

约翰·拉塞尔爵士

罗马帝国，哪怕克莱门特七世处于水深火热之中，英格兰人民也能平静地接受。亨利八世比他的人民更能忍，他接受托马斯·沃尔西的指引，立即着手与法兰西王国签订一项特别条约，其中一个条件就是玛丽·都铎公主的婚姻，就像游戏中的一张纸牌，分配给弗朗索瓦一世或他的某个儿子，另一个条件是如果亨利八世死后没有合法的儿子继承王位，英格兰王位就由玛丽·都铎公主继承。同时，约翰·拉塞尔爵士被派往罗马，带着钱帮助克莱门特七世招兵买马、加固城防。英格兰王国送来的达克特金币[①]和"善意的话语"给克莱门特七世

---

① 中世纪后期到20世纪的欧洲通用金币。——译者注

"带来了极大的快乐",让他鼓起勇气,拒绝查理五世提出的不公平条件,也让他重获生机,哪怕只是暂时的。① 如果约翰·拉塞尔爵士对在意大利的所见所闻描述准确,克莱门特七世确实应该焦虑。约翰·拉塞尔爵士写道:"斯瓦比亚人和西班牙人犯下了可怕的暴行。他们烧毁了价值两亿达克特的房屋,所有教堂、雕像和神父都落入他们之手;他们强迫神父和僧侣侵犯修女;即使在没有人反抗的地方,他们也纵火;他们不放过任何一个男孩,掳走了所有女孩;每当他们找到教堂的圣餐,都会把它扔到河里或他们能找到的最恶心的地方。如果上帝连这种残忍和邪恶的行为都不惩罚,人们就只能推断上帝是根本不想管人世间的事情了。"②

罗马之劫

---

① 维罗纳主教吉安·马泰奥·吉贝托致托马斯·沃尔西的信,1527年2月10日。《英国政府国内外纪事档案——亨利八世时期》,伦敦,1862年到1932年,第4卷,第1282页到第1283页。——原注
② 维罗纳主教吉安·马泰奥·吉贝托致托马斯·沃尔西的信,1527年2月10日,《英国政府国内外纪事档案——亨利八世时期》,伦敦,1862年到1932年,第4卷,第1386页。——原注

布尔戈斯大主教伊尼戈·洛佩斯·德·门多萨·伊·苏尼加

从意大利传来的消息给托马斯·沃尔西的政策和英法同盟注入了新的动力。尽管民众不赞成，但从意大利传来的消息还是得到了推进。查理五世无力支付军饷，也就无法控制军队，自己也开始惊慌。他发现自己被迫走向一个刺激德意志人反教皇的行动方向，他声称自己急于结束战争。布尔戈斯大主教伊尼戈·洛佩斯·德·门多萨·伊·苏尼加被派往巴黎，就全面和解进行谈判。巴黎谈判后，他将继续前往伦敦，向亨利八世保证查理五世的友谊永不会被离间，最重要的是用经过以往经验证明最能打动托马斯·沃尔西的方法赢得他的支持。托马斯·沃尔西是查理五世豢养的人，但查理五世应支付给他的养老金已经拖欠了好几年。伊尼戈·洛佩斯·德·门多萨·伊·苏尼加要告诉托马斯·沃尔西，那些被拖欠的养老金不仅会立刻支付，查理五世还会从在米兰的收入中给他第二笔养老金。另外，查理五世还将从西班牙主教的收入中再给他每年六千达克特的补助金。对付如此危险的敌人，要转移他的敌意，必须不择手段。①

托马斯·沃尔西不是那么容易拉拢的。他有自己不愿割舍的大计划，在养老金问题上，弗朗索瓦一世和查理五世承诺的金额都十分慷慨。托马斯·沃尔西登上教皇宝座的愿望每天都在膨胀。除从英格兰王国拿到的钱之外，托马斯·沃尔西还设了六个新的枢机主教职位，通过安排这些神职获利二十四万克朗②，充盈金库③。一个以塔布主教加布里埃尔·德·格拉蒙为首的法兰西大使团来到英格兰王国，为克莱门特七世辩护，并且与亨利八世签订条约。查理五世要是拒绝条约中的要求，战争就会爆发。要巩固英法同盟就靠玛丽·都铎公主和法兰西某位王子的联姻。英格兰王国很可能与西班牙王国也有类似的秘密联姻计划。亨利八世和阿拉贡的凯瑟琳的婚姻本来是为了维系与西班牙王国的同盟关系缔结的。王室的公主不过是政客的筹码。很可能有人费尽心思想把某个法兰西公主放到阿拉贡的凯瑟琳的位子上。无论如何，在讨论条约条款的过程中，加布里埃尔·德·格拉蒙询问阿拉贡的凯瑟琳的女儿玛丽·都铎公主是否有合法身份。就这样，亨利八世与他名义上的王后阿拉贡的凯瑟琳之间的婚姻是否合法的问题突然被以间接的方式提了出来。

布鲁尔先生是《英国政府国内外纪事档案》的编辑，为人细心，令人钦佩，他对加布里埃尔·德·格拉蒙是否做了这种事表示怀疑。我不同意布鲁尔先生的看法。加布里埃尔·德·格拉蒙是欧洲最著名的外交官之一。在这次谈判后

---

① 伊尼戈·洛佩斯·德·门多萨·伊·苏尼加致查理五世的信，1527年1月19日，《西班牙档案》，伦敦，1877年，第3卷，第2部分，第24页。——原注
② 欧洲一些国家的货币单位，1克朗约等于0.065美元。——译者注
③ 阿隆索·桑切斯致查理五世的信，1527年5月7日，《西班牙档案》，伦敦，1877年，第3卷，第2部分，第176页。——原注

的几年里，在这起离婚案诉讼过程中，无论是在伦敦、巴黎，还是在罗马，他都是积极参与者。亨利八世无论是在对贵族和全国的演说中，在向英格兰高级教士提出的公开请求中，还是在反复为自己的行为做的各种辩护中，都公开引用过布里埃尔·德·格拉蒙在这次谈判中使用的措辞。布里埃尔·德·格拉蒙不可能不知道亨利八世提自己的名字是为了什么，也不可能允许自己的名字被不当使用。布里埃尔·德·格拉蒙无疑是第一个公开提出这个问题的人。然而，抛出这个惊人的话题很有可能是他和托马斯·沃尔西私下安排的，为即将采取的进一步计划做好铺垫，因为到这时，亨利八世与阿拉贡的凯瑟琳离婚已经被决定作为改变权力平衡的总体计划中的一部分了。对外宣称的家庭内部原因也与以往类似的离婚案一样严重。可以说，现在，克莱门特七世可以不用犹豫不决了，因为他已经向英格兰王国和法兰西王国寻求支持，与查理五世的关系也不会比现在更糟了。

其他人，甚至是主要相关人物，都大吃一惊。在审议离婚案的两年间，亨利八世要求离婚的秘密得以成功的保住。阿拉贡的凯瑟琳对此事毫不知情。即使加布里埃尔·德·格拉蒙挑明了问题，阿拉贡的凯瑟琳似乎也没有想到他话里的全部含义。伊尼戈·洛佩斯·德·门多萨·伊·苏尼加一到英格兰王国，就发觉阿拉贡的凯瑟琳心烦意乱。阿拉贡的凯瑟琳对亨利·菲茨罗伊受封晋爵感到很恼火。当然，英格兰王国要与法兰西王国联盟，她感到愤怒。她抱怨自己对公共事务一无所知，自己尽了最大的努力动用神圣罗马帝国的朋友阻止托马斯·沃尔西的亲法政策实施，维持古老传统，但离婚的事一个字都没听到过，这个消息将像晴天霹雳一样劈向她。①

我想，在这部戏开演前，简短地描述一下将在这个舞台上扮演主要角色的两个人不会显得突兀。1527年，威尼斯共和国驻英格兰大使卢多维科·法列里对他们的描述如下。他对阿拉贡的凯瑟琳的描述很简短：

---

① 伊尼戈·洛佩斯·德·门多萨·伊·苏尼加致查理五世的信，1527年3月18日，《西班牙档案》，伦敦，1877年，第3卷，第2部分，第110页。——原注

> 王后身材矮小，十分壮实；非常正直，非常虔诚；会讲西班牙语、法语、佛兰德斯语和英语；比任何一个曾在位的王后都受英格兰人民的喜爱；约莫四十五岁，在英格兰已经三十年了。她生过两个儿子和一个女儿。两个儿子都在婴儿时期夭折了，只有女儿活了下来。

卢多维科·法列里对亨利八世的描述则更细致：

> 在亨利八世身上，身心之美结合在一起，令人惊奇，叫人惊叹。他有着高大的身躯，与他崇高的地位相称，展现了他卓越的思想和性格；他有着天使的面容，那么美丽；他的头秃得像恺撒，留着胡子，这不是英格兰的习俗。每一项显示男子汉气概的运动他都十分擅长，他马骑得很好，马上刺枪、投环、弓箭，样样优秀；他还是一个优秀的网球运动员，所有这些运动项目，他都刻苦练习。这样一个国王肯定有良好的品格和过人的才智。他从小就是个好学的人；他懂文学、哲学和神学；除拉丁语和英语之外，还会说、写西班牙语、法语和意大利语。他和蔼可亲，彬彬有礼，开明大方，尤其是对有学问的人，他总是那么乐于助人。他看上去很虔诚，一般一天做两次弥撒，宗教节日还会外加一场大弥撒。他非常慷慨，每年给孤儿、寡妇和残疾人捐出一万达克特金币。①

这样的亨利八世和阿拉贡的凯瑟琳，因为命运和教皇那荒谬的特赦令违背了既定婚姻法，而非正常结合。他们的离婚将震撼整个欧洲世界。1527年之后几年里，克莱门特七世抱怨说，判决的重担一开始就应该由亨利八世自己一人来挑。如果亨利八世一开始就选择由英格兰法庭的法官来审理离婚案，如

---

① 来自英格兰的报道，1531年11月10日，《威尼斯档案》，伦敦，1871年。——原注

果判决这场婚姻无效，如果亨利八世立即采取行动，阿拉贡的凯瑟琳可能会向圣轮法院提起上诉，但木已成舟。阿拉贡的凯瑟琳的离婚案可能会因法律诉讼的技术性细节而无限拖延下去，最后会不了了之。这本来是摆脱困境的一种最典型的方法。也许这是托马斯·沃尔西起初抱有的观点。托马斯·沃尔西知道克莱门特七世不愿意迈出第一步。1527年5月17日，在与法兰西王国讨论条约后，在约克广场，托马斯·沃尔西召开了教廷公使会议。坎特伯雷大主教威廉·沃勒姆作为顾问出席了会议。亨利八世出席了会议。托马斯·沃尔西说，有人对亨利八世的婚姻是否合法提出了疑问，他询问亨利八世是否能为了公共道德和自己灵魂的安宁，允许他们对反对意见进行审查。亨利八世同意了，任命了

坎特伯雷大主教威廉·沃勒姆

一个代理人。会议讨论了《尤里乌斯二世教皇诏书》。托马斯·沃尔西宣布,在如此复杂的案件中,必须征求教会律师的意见,他征询了在座主教的意见。主教给出的都是模棱两可的答案,只有一个例外。年老的罗切斯特主教约翰·费希尔被认为是他们中最圣洁、最聪明的,他果断地说这场婚姻合法,特赦这场婚姻合法的《尤里乌斯二世教皇诏书》也有充分的理由。

尽管这些诉讼程序没有后续跟进,但此时,离婚案这个秘密已经守不住了。现在,阿拉贡的凯瑟琳及其朋友首次知道了亨利八世正在思忖的手段。在

罗切斯特主教约翰·费希尔

约克广场会议后的第二天，伊尼戈·洛佩斯·德·门多萨·伊·苏尼加写信给查理五世，告诉他自己从可靠渠道得知，托马斯·沃尔西为了恶毒的最后一搏，正在策划让亨利八世与阿拉贡的凯瑟琳离婚一事。阿拉贡的凯瑟琳非常惊慌，都不敢提这件事。但可以肯定的是，律师和主教被请过去签署了一项声明，声明阿拉贡的凯瑟琳作为亨利八世的哥哥威尔士亲王阿瑟·都铎的遗孀，不能成为他的妻子。阿拉贡的凯瑟琳害怕克莱门特七世会受到诱惑与自己对立，或者托马斯·沃尔西本人可能会作为教廷公使给出判决。她唯一的希望是自己的外甥①查理五世。亨利八世对她采取行动的原因是她只忠于神圣罗马帝国的利益。到目前为止，还没有任何事情被正式公开，她请求尽可能将一切保密。②

  如果有足够的勇气，克莱门特七世很有可能有意愿牺牲查理五世的利益来满足亨利八世。目前，神圣罗马帝国路德教教会和查理五世是克莱门特七世最危险的敌人。似乎只有法兰西王国和英格兰王国愿意帮助他的国家，在托马斯·沃尔西召开教廷公使会议前一周，克莱门特七世经历了神圣罗马帝国的敌意可能给他带来的最可怕的灾难。1527年5月7日，查理五世的军队突然攻占了罗马。整座城市放弃抵抗，任凭敌人掠夺。枢机主教被骡子拉着游街，遭到羞辱和残害。修女院惨遭士兵践踏。罗马被占领的恐怖经历可能被夸大了，但可以肯定的是，对神圣事物或神圣人物，士兵没有给予任何尊重。在当时，城镇被攻占后都会遭受暴行，而罗马城中的暴行格外引人侧目。可怜的克莱门特七世被关在圣安杰洛城堡里，从城堡的城垛上俯视着这些可怕的场景，就像是教皇和教会的最终审判日到了。我们普遍认为，西班牙民族是一个偏执的民族。对天主教世界中心，即罗马的怨恨不可能刺激到查理五世和腓力二世的同胞。查理五世本人不太可能有意羞辱罗马教廷。但克莱门特七世有理由担心，托马斯·沃尔西的亲法政策不是没有根据的。洛佩·德·索里亚是查理五世在

---

① 查理五世的母亲卡斯蒂尔的乔安娜是阿拉贡的凯瑟琳的姐姐。——译者注
② 伊尼戈·洛佩斯·德·门多萨·伊·苏尼加致查理五世的信，1527年5月18日，《西班牙档案》，伦敦，1877年，第3卷，第2部分，第193页。——原注

热那亚的大臣。洛佩·德·索里亚自由地表达过自己的意见,可能除他之外,许多天主教教徒也同意他的意见。1527年5月25日,罗马被劫过后两周,他给主人查理五世写了一封引人注目的信:

> 罗马遭洗劫应当被视为上帝的惩罚,上帝允许他的仆人——查理五世教导在世的神父和其他基督教国家君主,他们邪恶的目的将被粉碎,他们发动的不正义的战争将被终止,基督教世界将恢复和平,信仰会被提升,异端会被消灭……如果查理五世认为上帝的教会不是它应有的样子,并且教皇的世俗权力让他有胆子在基督教国家君主之间挑动战争,那么我不能不提醒陛下,改革教会不是一种罪恶,而是一种功德。因此,教皇的权力应只限于他自己的宗教事务,世俗事务则应交给君主。按理来说,上帝的事归上帝管,君主的事归君主管。我在意大利待了二十八年,注意到教皇是这段时间以来所有战争和苦难的唯一原因。陛下,作为世间至高无上的君主,您必须采取措施铲除这罪恶①。

君主超越教皇和教会,掌握世俗霸权。并不是只有英格兰王国的异端和德意志人支持这样。查理五世本人肯定有过这种想法,除他之外的许多人也一样。洛佩·德·索里亚的话可能是马丁·路德或托马斯·克伦威尔口述的。如果当时查理五世把自己置于宗教改革领导者的位置上,那么以后的历史会有所不同。作为一个政治家,无论如何都有理由担心这可能会发生的事情。在欧洲教会管理层中,托马斯·沃尔西是所有最让普通信徒反感和厌恶的东西的化身。保卫教皇和让查理五世难堪是保护他自己和他的秩序最保险的方法。离婚案是当时的一个插曲,但并非最不重要的事件。阿拉贡的凯瑟琳代表了神圣罗

---

① 洛佩·德·索里亚致查理五世的信,1527年5月25日,《西班牙档案》,伦敦,1877年,第3卷,第2部分,第209页。——原注

马丁·路德

托马斯·克伦威尔

马帝国在英格兰王国的利益。放弃阿拉贡的凯瑟琳就等于和她的同胞与亲戚彻底决裂。托马斯·沃尔西向亨利八世保证，经过上次的罗马暴行后，克莱门特七世会同意法兰西王国和英格兰王国提出的任何要求，并且会依赖盟友来保证自己毫发无损。离婚本身是一个合理的要求，任何一个能根据自己的判断采取行动的教皇肯定都会承认，这是理所当然的。英格兰驻罗马代表格雷戈里·迪·卡萨莱爵士接到指示，想办法去圣安吉洛城堡觐见克莱门特七世，向他转达英格兰人民对他所受待遇的愤慨，然后坚称亨利八世与阿拉贡的凯瑟琳的关系不合法，强调亨利八世出于自身良心的顾忌及臣民对皇室男性继承人的焦虑。如果没有男性继承人出生，英格兰王国面临着内战的威胁，甚至肯定会爆发内战。这就是需要教皇采取特殊行动的"紧急原因"。

同时，阿拉贡的凯瑟琳又联系了伊尼戈·洛佩斯·德·门多萨·伊·苏尼加。她已经和丈夫亨利八世谈过了。既然不能再沉默下去，亨利八世就告诉她，他们一直生活在不可饶恕的罪行中，必须分开。接下来的场面激烈，充满了意料之中的泪水与责备。①亨利八世试图安慰她，但这不是安慰能解决的问题。托马斯·沃尔西劝亨利八世温柔地对待她，直到明确克莱门特七世和弗朗索瓦一世在这件事上会怎么做为止。托马斯·沃尔西本人将立即前往巴黎觐见弗朗索瓦一世，并且就克莱门特七世被囚后必须采取的措施进行磋商。克莱门特七世发现自己孤立无援后，有可能成为查理五世手中的傀儡。在这种情况下，其他国家无法再相信教皇的宗教权威。其他国家正在做一些临时安排，按照这些安排，法兰西王国和英格兰王国将组成一个独立的宗主教区，由托马斯·沃尔西担任鲁昂大主教。伊尼戈·洛佩斯·德·门多萨·伊·苏尼加说，实际上，这项提议是法兰西大使加布里埃尔·德·格拉蒙向托马斯·沃尔西提出的②。在

---

① 伊尼戈·洛佩斯·德·门多萨·伊·苏尼加致查理五世的信，1527年7月13日，《西班牙档案》，伦敦，1877年，第2卷，第2部分，第276页。——原注
② 伊尼戈·洛佩斯·德·门多萨·伊·苏尼加致查理五世的信，1527年7月13日，《西班牙档案》，伦敦，1877年，第3卷，第2部分，第273页。——原注

西班牙王国，人们甚至认为这是对教会制度的永久性修改。巴利亚多利德的神圣罗马帝国议员告诉威尼斯的大臣，托马斯·沃尔西打算把英格兰王国和法兰西王国的教会与罗马的分开。既然克莱门特七世是囚犯，就不应该听他的。就算查理五世释放克莱门特七世，除非克莱门特七世收复现在查理五世手中的城堡和领土，否则他仍然不会自由。①托马斯·沃尔西有焦虑的理由，因为阿拉贡的凯瑟琳和伊尼戈·洛佩斯·德·门多萨·伊·苏尼加写信给查理五世，坚持让查理五世命令克莱门特七世撤销托马斯·沃尔西的公使权力。

尽管亨利八世极力保守离婚这个秘密，但这件事很快就在英格兰王国传开了。在英格兰王国，阿拉贡的凯瑟琳很受欢迎。英格兰人普遍憎恶法兰西王国，把查理五世视为自己的好友。两人离婚的原因可能会影响政治家，但影响不到这个国家的人民。他们自然而然地站在受伤的妻子一边。如果伊尼戈·洛佩斯·德·门多萨·伊·苏尼加说的话可以相信②，那么人们对离婚的第一反应是坚决反对，并且离婚被视为托马斯·沃尔西亲法新政的一部分。伊尼戈·洛佩斯·德·门多萨·伊·苏尼加极力渲染英格兰人民对离婚的反对情绪。他告诉查理五世，如果有六七千查理五世的人马登陆康沃尔，就会有四万英格兰人站起来响应他们。③伊尼戈·洛佩斯·德·门多萨·伊·苏尼加见了托马斯·沃尔西就跟他讲道理，当发现讲道理无效时，就说出查理五世愿意给出的贿赂。他知道弗朗索瓦一世在打什么算盘，所以他就更大方地抛出诱饵。他谈到克莱门特七世时说："现在，教皇这把交椅掌握在查理五世的手中，如果托马斯·沃尔西当之无愧，查理五世无疑会提升他的地位。"教皇的位子是托马斯·沃尔西的最高抱负，但他仍然无动于衷。他说自己过去为查理五世服务是出于无私的考虑。他仍然相信查理五世会恢复教皇权威，恢复教会。伊尼

---

① 安德烈亚·纳瓦杰罗致威尼斯大臣的信，1527年7月17日，《威尼斯档案》，伦敦，1871年。——原注
② 没有理由不相信他而且没有理由不相信他。——原注
③ 伊尼戈·洛佩斯·德·门多萨·伊·苏尼加致查理五世的信，1527年7月17日，《西班牙档案》。——原注

戈·洛佩斯·德·门多萨·伊·苏尼加的回答让托马斯·沃尔西无法安心。伊尼戈·洛佩斯·德·门多萨·伊·苏尼加说，现在，宗教和世俗的权力都集中在他的主人查理五世身上，他建议托马斯·沃尔西如果想谈判，那就延长从法兰西王国到西班牙王国的旅程，亲自去见查理五世。正是因为这种权力的"集中"，让那些要对英格兰王国的自由负责的人有理由不满。无论阿拉贡的凯瑟琳离婚与否，他们都不能让一个在其他基督教国家拥有如此高权力的人成为某一个君主的仆人。离婚不过是当前形势的表现。伊尼戈·洛佩斯·德·门多萨·伊·苏尼加口中的教皇会使英格兰王国及欧洲其他所有天主教国家沦为神圣罗马帝国的附属国。

第 2 章

托马斯·沃尔西被迫推动离婚

当时，人们认为受命前往巴黎的托马斯·沃尔西打算找一个法兰西公主取代阿拉贡的凯瑟琳，这样就能保证弗朗索瓦一世支持亨利八世离婚，也能加强英法同盟这个新的联盟。实际上，没有比这更好的打算了。不过，表面上，托马斯·沃尔西说的理由是要解决加布里埃尔·德·格拉蒙因反对玛丽·都铎公主合法身份而可能提出的难题。如果玛丽·都铎公主被认定为私生女，她就不能成为弗朗索瓦一世第二个儿子奥尔良公爵亨利新娘的合适人选。但她确实是亨利八世和阿拉贡的凯瑟琳的亲生女儿，没有人想要损害她应得的权利和改变她目前的地位。她的地位和头衔都会得到最充分的保障。

枢机主教托马斯·沃尔西继续着自己的旅程。主教光环很适合这个有志成为两个王国精神领袖的教士。在去往英格兰海岸的路上，他顺路拜访了两个教士。两个教士对托马斯·沃尔西亲法政策的支持很重要。坎特伯雷大主教威廉·沃勒姆虽然没有公开反对，但对离婚案的反应很冷淡。托马斯·沃尔西发现他的态度"与最初的态度没有太大的变化"。他承认，尽管阿拉贡的凯瑟琳可能会不快，但真理和正义必然会占上风。约翰·费希尔是个比较难对付的人，在约克的教廷公使会议上，他发表了对阿拉贡的凯瑟琳有利的言论。正如亨利八世设想的那样，阿拉贡的凯瑟琳也正是从约翰·费希尔那里得知了即将发生在自己身上事情。经过罗切斯特时，托马斯·沃尔西短暂到访约翰·费希尔的住所。他直截了当地问约翰·费希尔是否和阿拉贡的凯瑟琳有过联系。约翰·费希尔犹豫了一下,承认阿拉贡的凯瑟琳曾征求过自己的意见,但他回答说没有亨利八世的命令,自己不便发表意见。托马斯·沃尔西离开伦敦前,在约克广场的最后一次会面中,亨利八世指示他向约翰·费希尔解释"整件事"。托马斯·沃尔西回顾了整件事情的来龙去脉,提到了加布里埃尔·德·格拉蒙的话,并且和约翰·费希尔讨论了此事引发的问题,以及他为此被派往法兰西一事。最后,他描述了阿拉贡的凯瑟琳收到消息时极端的激烈反应。

约翰·费希尔极力谴责阿拉贡的凯瑟琳的行为,认为如果自己能和她说上话,也许会让她屈服。约翰·费希尔认同,或者看似认同,这桩婚姻是不合法的,尽管他个人并不认为这桩婚姻现在可以终止。他认为其他主教也同意自己的看法,但让他欣慰的是,亨利八世并没有违背上帝的律法,完全有理由向克莱门特七世表达自己的顾虑。[1]

伊尼戈·洛佩斯·德·门多萨·伊·苏尼加和阿拉贡的凯瑟琳的信被送到西班牙王国,加重了查理五世的焦虑。在这样的紧要关头,没有什么比自己的英格兰姨父亨利八世的家务事更让人烦心的了。查理五世还希望和亨利八世的友谊能继续下去。被关在罗马的克莱门特七世也不会让人省心。尽管在政治上,查理五世不得不占领罗马,但其实,占领罗马不是查理五世下的命令。这个时候不适合实施洛佩·德·索里亚雄心勃勃的宗教改革。必须在某些适当的条件下与克莱门特七世达成和平协议。在西班牙城市公社起义后,查理五世的西班牙王国几乎也没有安宁过。半个神圣罗马帝国公开表示不相信罗马天主教教会。土耳其人正横扫匈牙利王国,匈牙利王国的海盗舰队正在席卷地中海,弗朗索瓦一世蠢蠢欲动,盯着机会要报帕维亚之仇,准备在低地国家[2]和意大利向俘虏他的人发起进攻。查理五世稳健持重、谨小慎微,如果日子再

---

[1] 托马斯·沃尔西致亨利八世的信,1527年7月5日,《英国政府国内外纪事档案——亨利八世时期》,伦敦,1862年到1932年,第4卷,第2部分,第1471页。——原注
[2] 指欧洲西北部沿海低地区域的国家,包括比利时、荷兰和卢森堡。——译者注

平静点，他可能会忍不住将教会掌控在手里，没有人比他更了解教会堕落到什么境地了。但查理五世很聪明，他知道如果要进行宗教改革，必须得到其他基督教国家君主的一致同意。目前，他所有努力都是为了和平。他本来就应该是阿拉贡的凯瑟琳的守护人。阿拉贡的凯瑟琳在英格兰的地位一直是查理五世同亨利八世友谊的政治保障。保护阿拉贡的凯瑟琳是查理五世的责任，也是保障他的利益。他本就打算要这么做。但他的保护不是派遣巡回的远征军队登陆康沃尔，引起英格兰内战。在那之前，所有别的能用的方法都要试一试，因为他知道，一旦自己的军队登陆英格兰，欧洲将会陷入水深火热之中。收到信时，查理五世在巴利亚多利德，他当然会回信说自己对这样始料未及、天理难容的行为深感震惊，但他要求伊尼戈·洛佩斯·德·门多萨·伊·苏尼加保持节制，据理力争，有礼有度。① 私下里，查理五世以亲密朋友的口吻给亨利八世写了一封信，并且亲手签名。查理五世说自己不敢相信亨利八世竟会真的打算把家务事摆在全世界面前来谈。即使假定这段婚姻是非法的，甚至假定在这种情况下，尤里乌斯二世没有权力特赦他们的婚姻合法，"最好还是将此事保密，保持体面，并且想出一个解决办法来"。他吩咐伊尼戈·洛佩斯·德·门多萨·伊·苏尼加提醒亨利八世，质疑教皇的特赦权还会影响到除他自己之外的其他国王的地位。如果触及他女儿玛丽·都铎公主的合法身份，只会增加玛丽·都铎公主继承王位的难度，而不是消除这些困难。他恳求亨利八世"将此事保密，自己也会守口如瓶"。同时，为了安慰阿拉贡的凯瑟琳，他还对伊尼戈·洛佩斯·德·门多萨·伊·苏尼加说自己已经写信要求克莱门特七世拟一道温和的简函，终止这起丑闻。他按照阿拉贡的凯瑟琳的建议要求克莱门特七世撤销托马斯·沃尔西的公使权力，或者至少命令托马斯·沃尔西及任何英格兰法庭都不得审理此案。如果要审理此案，必须当着克莱门特七世和枢机主

---

① 查理五世致伊尼戈·洛佩斯·德·门多萨·伊·苏尼加的信，1527年7月29日，《英国政府国内外纪事档案——亨利八世时期》，伦敦，1862年到1932年，第4卷，第2部分，第1500页。——原注

教团的面①。不过,他还是不想放弃希望,相信自己仍然可以把托马斯·沃尔西拉拢到自己和阿拉贡的凯瑟琳这边。枢机主教顾问委员会将在阿维尼翁举行会议,商讨克莱门特七世被俘一事。预计英格兰枢机主教托马斯·沃尔西将出席。查理五世本人可能会去佩皮尼昂,托马斯·沃尔西可能在那儿与他会面,讨论欧洲的状况,同时解决亨利八世的秘密事务。如果这个计划行不通,查理五世将再次责成伊尼戈·洛佩斯·德·门多萨·伊·苏尼加不遗余力地挽回神圣罗马帝国与托马斯·沃尔西的友谊。他说:"我以神圣罗马帝国的名义提出下列条件。"

一是还清欠托马斯·沃尔西的养老金,每年九千达克特金币。

二是每年增加六千达克特金币,直到神圣罗马帝国主教辖区收入或其他同等收入教会捐赠出现空缺。

三是每一任米兰公爵会在自己领地给托马斯·沃尔西封一个侯爵,年雇佣金为一万二千达克特,如果不够,可以加到一万五千达克特。枢机主教托马斯·沃尔西在其有生之年都将享有侯爵爵位,并且可以将爵位传给他指定的任何继承人②。

似乎这还不够,查理五世又进一步向托马斯·沃尔西这个他以为拥有无上权力的枢机主教致敬。他写信给托马斯·沃尔西,说他们是"好朋友"。查理五世说,如果托马斯·沃尔西想要自己的领地上的什么东西,只管开口,因为他认为托马斯·沃尔西是他在这个世界上最好的朋友。③

---

① 查理五世致伊尼戈·洛佩斯·德·门多萨·伊·苏尼加的信,1527年7月29日,《英国政府国内外纪事档案——亨利八世时期》,伦敦,1862年到1932年,第4卷,第2部分,第1500页。——原注
② 查理五世致伊尼戈·洛佩斯·德·门多萨·伊·苏尼加的信,1527年9月30日,《英国政府国内外纪事档案——亨利八世时期》,伦敦,1862年到1932年,第4卷,第2部分,第1569页。——原注
③ 查理五世致托马斯·沃尔西的信,1527年8月31日,《西班牙档案》,伦敦,1877年,第3卷,第2部分,第357页。——原注

大国的大臣被外国君主收买是那个时代的风俗。这种风俗展现的公德标准并不会得到颂扬。在宗教改革带来的变化中，废除或中止这一风俗也并非一无是处。托马斯·克伦威尔掌权后，树立了拒绝受贿的榜样，公务人员如此骇人听闻的大规模腐败现象再没出现过。然而，黄金从四面八方滚滚而来，让托马斯·沃尔西对查理五世的慷慨和关注不屑一顾。到达巴黎后，托马斯·沃尔西发现弗朗索瓦一世一心想打仗，为了得到亨利八世的帮助，弗朗索瓦一世愿意做出任何承诺。法兰西宫廷一直以为查理五世一旦听到英法两国的教会打算拒绝服从罗马天主教教会，就会把克莱门特七世带到西班牙王国去。教皇克莱门特七世很可能在西班牙王国被毒害，这样一来，罗马教廷就会永远设立在西班牙半岛上了。[①]托马斯·沃尔西自己这样写，也是这样相信的，或者他希望亨利八世相信是这样。这件事证明当代最有见识的政治家对罗马被占领可能带来的问题也极度不确定。法兰西王国的枢机主教写了一封联名信并送去了克莱门特七世那里，暗示只要他被关押着，他的任何行为他们都不会当作合法行为接受，也不会服从他的指令。托马斯·沃尔西的签名在最前面。枢机主教贝尔纳多·萨尔维亚蒂、枢机主教查尔斯·德·波旁、洛林枢机主教让和桑斯枢机主教兼法兰西大法官安托万·迪普拉都在托马斯·沃尔西后面签了名。[②]这场比赛的第一回合托马斯·沃尔西赢了。如果克莱门特七世召回托马斯·沃尔西作为公使的权力，罗马天主教教会可能会立即出现分裂。但托马斯·沃尔西在英格兰的主人亨利八世为克莱门特七世准备的打击更致命。就凭托马斯·沃尔西信誓旦旦说克莱门特七世在离婚一事上不会对自己有任何为难，亨利八世就认为自己可以自由选择阿拉贡的凯瑟琳的继任者。亨利八世曾经选择了政治婚姻，受尽折磨。这次，亨利八世打算听从自己意愿的引导。后

---

① 托马斯·沃尔西致亨利八世的信，1527年8月，《英国政府国内外纪事档案——亨利八世时期》，伦敦，1862年到1932年，第4卷，第2部分。——原注
② 法国枢机主教致克莱门特七世的信，1527年9月16日，《西班牙档案》，伦敦，1877年，第3卷，第2部分，第383页。——原注

来，他的女儿伊丽莎白一世希望与莱斯特伯爵罗伯特·达德利结婚时，萨塞克斯伯爵托马斯·拉德克利夫说，她最好按照自己的喜好来决定，这样才更有可能得到她的王国想要的继承人。她父亲亨利八世也是按照自己的喜好选择了伊丽莎白一世的母亲安妮·博林作为自己的妻子。

安妮·博林是托马斯·博林爵士的第二个女儿。托马斯·博林是一个具有古老血统的诺福克的骑士，也是一个在公共服务领域很有名望的人。伊丽莎白·博林①来自霍华德家族，是诺福克公爵托马斯·霍华德的女儿。1507年，安

托马斯·博林爵士

---

① 伊丽莎白·博林即安妮·博林的母亲。——译者注

托马斯·怀亚特

妮·博林出生,由于出生和亲戚关系,她很早就进入了宫廷。还是小女孩时,安妮·博林就被送往巴黎接受教育。1522年,安妮·博林被带回英格兰,成了一个宫廷侍女。作为一个聪明机智的年轻女子,安妮·博林招引了当时许多受人关注的骑士的注意。诗人托马斯·怀亚特是她的崇拜者之一,还有后来的诺森伯兰伯爵,即当时年轻的亨利·珀西。后来,据说,安妮·博林和亨利·珀西之间有一段秘密婚姻,实际上,两人已经同房。后来,安妮·博林自己也承认她参与了某些危险的阴谋。安妮·博林很有魅力,很机智,赢得了亨利八世的喜爱。这种喜爱又变成了一种激情。现在,在托马斯·沃尔西不在的情况下,安妮·博林的名字第一次出现在离婚案中。1527年8月16日,伊尼戈·洛佩斯·德·门多萨·伊·苏尼加告知查理五世,大家都认为,如果离婚诉讼成功,亨利八世将娶托马斯·博林家的女儿安妮·博林,查理五世记得这个曾来过神圣罗马帝国宫廷的大使。[①]没有任何直接证据表明,在托马斯·沃尔西离开英格兰时亨利八世认真考虑过安妮·博林。阿拉贡的凯瑟琳对此不可能有任何怀疑,否则她的妒火早就引起人们的注意了。西班牙大使伊尼戈·洛佩斯·德·门多萨·伊·苏尼加说这是本案的一个新情况。

博林家族是托马斯·沃尔西的敌人,属于日益壮大的反天主教教会一派。托马斯·沃尔西听到这个消息时,感到非常不快。[②]安妮·博林也很憎恶托马斯·沃尔西。托马斯·沃尔西可能也知道安妮·博林憎恨自己。她使托马斯·沃尔西不得不屈尊纡贵去张罗亨利八世与阿拉贡的凯瑟琳离婚事宜,为她铺路。因此,我们可以合理推断出,亨利八世是在托马斯·沃尔西不在身边劝阻他时,做了娶安妮·博林这一会产生重大后果的决定,尽管安妮·博林自己的家人也不鼓励亨利八世这么做。安妮·博林的父亲托马斯·博林从一开始就反对女儿上位,这一点我们以后也会看到。他可能太了解安妮·博林的性格了。但亨利八世是那种一旦打定主意就不会放弃的人。安妮·博林并不漂亮:她身材矮小,不够修长,肤色暗沉,脖长嘴宽,身材也不是特别好。但她也有迷人之处:飘逸的棕色长发,叫人过目难忘的黑眼睛,还有大胆泼辣的性格。亨利八世本该提防这样的性格,但他没有。

此事最直接的后果是让托马斯·沃尔西对离婚案的热情降温。他在法兰西王国的任务落得个虎头蛇尾的下场。在阿维尼翁,法兰西王国的枢机主教没有开会。他们在给克莱门特七世的联名信上签了字,但没有选托马斯·沃尔西为他们的大主教。在鲁昂,托马斯·沃尔西的其他心愿也并没有达成。只要

[①] 伊尼戈·洛佩斯·德·门多萨·伊·苏尼加致查理五世的信,1527年8月16日,《西班牙档案》,伦敦,1877年,第3卷,第2部分,第327页。——原注

[②] 亨利八世决定娶安妮·博林的日期很重要。一般认为,这与离婚的起因有关。当然,后来的谣言是这样说的,但没有证据。布鲁尔先生确定亨利八世早期写给安妮·博林的情书为1527年仲夏写的。但这些情书是未注明日期的。因此,布鲁尔先生确定的日期只是推测。——原注

玛格丽特·德·纳瓦尔

他替自己的君主向法兰西国王弗朗索瓦一世的姐姐玛格丽特·德·纳瓦尔求婚，一切就可能不一样了。但托马斯·沃尔西和沃里克伯爵理查德·内维尔一样没有成功，亨利八世的外祖父爱德华四世曾派理查德·内维尔去法兰西王国为自己求婚，理查德·内维尔去了后，爱德华四世却娶了伊丽莎白·格雷。托马斯·沃尔西也许会后悔自己匆忙拒绝了查理五世的慷慨提议，因为等他秋天回到英格兰王国，就会感受到自己的地位发生了变化。布鲁尔先生费尽心思想要证明托马斯·沃尔西一开始就不赞成离婚，但都徒劳无功。阿拉贡的凯瑟琳认为托马斯·沃尔西是离婚一事的策划者。伊尼戈·洛佩斯·德·门多萨·伊·苏尼加也有同样的看法。毫无疑问，是托马斯·沃尔西用尽一切力量促成这桩离婚案的,让它成为自己那项伟大亲法政策的一部分。对托马斯·沃尔西来说,坚称自己推动离婚是违背良心取悦亨利八世比被当作离婚案的始作俑者或自愿被当枪使更不光彩。不过,安妮·博林上台时,一切都变了。安妮·博林也立刻让托马斯·沃尔西感受到了这变化。1527年10月26日,伊尼戈·洛佩斯·德·门多萨·伊·苏尼加写道:"教廷公使托马斯·沃尔西已经从法兰西回来了。"托马斯·沃尔西去里士满拜见亨利八世,并且派人去问在哪里见面。当时,亨利八世在自己的房间里,碰巧那个似乎对托马斯·沃尔西没有什么好感的女士——安妮·博林——也在。亨利八世还没来得及回答,她就替亨利八世回答说:"枢机主教托马斯·沃尔西还能去哪儿呢?告诉他,亨利八世在哪儿他就去哪儿。"托马斯·沃尔西觉得这样的待遇对自己来说不是好兆头,但他掩饰住了自己的不悦。伊尼戈·洛佩斯·德·门多萨·伊·苏尼加说:"究其原因,应该是安妮·博林,因为别的原因对托马斯·沃尔西怀恨在心,并且她还发现在访问法兰西王国期间,托马斯·沃尔西提议在法兰西王国为亨利八世觅得联盟良缘。"① 托马斯·沃尔西劝伊尼戈·洛佩斯·德·门多萨·伊·苏尼加时说,英格兰王国与法兰西王国的联姻是假的,自己已经开始努力挽回之前做过的一切,阻止阿拉贡的凯瑟琳的婚姻破裂。托马斯·沃尔西试图在法律程序开始前获取英格兰主教的反对意见。然而,伊尼戈·洛佩斯·德·门多萨·伊·苏尼加怀疑亨利八世一定要离婚,建议克莱门特七世尽快就此案做出裁决并发布结果。②

然而,被囚禁期间,克莱门特七世做的任何判决都没有价值。查理五世听到托马斯·沃尔西动摇的消息,受到鼓舞,重燃先前的希望。尽管先前的提议均遭拒绝,但在一个记录拟采取措施的特别措施备忘录中,"贿赂枢机主教

---

① 伊尼戈·洛佩斯·德·门多萨·伊·苏尼加致查理五世的信,1527年10月26日,《西班牙档案》,伦敦,1877年,第3卷,第2部分,第432页。——原注
② 伊尼戈·洛佩斯·德·门多萨·伊·苏尼加致查理五世的信,1527年10月26日,《西班牙档案》,伦敦,1877年,第3卷,第2部分,第432页。——原注

托马斯·沃尔西"仍然被当作是最重要的手段，必须立刻从帕伦西亚教区和巴达霍斯教区的收入中拿钱支付拖欠托马斯·沃尔西的养老金。如果国库里钱不够，那就得从卡斯蒂尔某个富有的主教那里再给托马斯·沃尔西拿一万两千或一万四千克朗的养老金。查理五世承认，他曾向西班牙议会承诺不再派外国人到西班牙教区去，但这样的承诺不具约束力，因为这违反了教会的自由原则。大家都会明白这样做是为了国家的利益。

毫无疑问，新的提议已经传达给了托马斯·沃尔西，但托马斯·沃尔西可能发现自己已走出太远了，无法再回头。他如果照伊尼戈·洛佩斯·德·门多萨·伊·苏尼加说的那样劝亨利八世放弃离婚，一定很快就会发现那样做并不管用。他曾鼓励亨利八世把克莱门特七世准许离婚这件事当作理所当然的事，亨利八世已经下定决心，绝不可改变。如果现在托马斯·沃尔西退缩，必定会有人推断他接受了神圣罗马帝国的贿赂。因此，他没有办法，只能继续推动离婚案。

在托马斯·沃尔西犹豫之际，在他不知情的情况下，亨利八世派秘书威廉·奈特主教去了罗马，指示威廉·奈特如果有可能，就去觐见克莱门特七世，获得已经申请过的特赦令。这样一来，亨利八世可以在没有判决手续的情况下再婚。这一权宜之计一举多得。既不影响阿拉贡的凯瑟琳的地位，也不会有人质疑玛丽·都铎公主的合法身份。威廉·奈特去了。但他发现，没有通行证，他连罗马都进不去，更不用说获准觐见克莱门特七世了。"手握一万克朗重金，他都没法买通进入圣安杰洛城堡的路。"不过，他设法送进去了一封信，克莱门特七世回信让威廉·奈特找个安静的地方等着。克莱门特七世会"把亨利八世所有请求的许可都以他们所希望的形式发送给他"。威廉·奈特相信，在很短的时间内"会像亨利八世陛下希望的那样，一切都在他的控制范围之内，要多少有多少，要多完美有多完美，要多迅速有多迅速，要多听话有多听话"[①]。

[①] 威廉·奈特博士致亨利八世的信，1527年12月4日，《英国政府国内外纪事档案——亨利八世时期》，伦敦，1862年到1932年，第4卷，第2部分，第1633—1634页。——原注

威廉·奈特还是太乐观了。1527年12月9日,查理五世觉得克莱门特七世像囚徒一样被囚禁太令人尴尬了,所以允许克莱门特七世逃往奥尔维耶托。在奥尔维耶托,克莱门特七世看似自由,但其实只是被关进一个更大的笼子而已,他所有的领土都被神圣罗马帝国军队占领了,他自己也被严格监视着,被警告不要批准任何不利于阿拉贡的凯瑟琳的事,否则后果自负。威廉·奈特跟着这个将军,见到了克莱门特七世,拿到了一些事实证明毫无价值的东西。谈判重任再次落到了托马斯·沃尔西肩上,那个不顾一切、迫不及待的人,即亨利八世让他备感压力。

　　克莱门特七世已经不再是一个自由的行为主体了。他没有考虑这个案子公正与否。能取悦亨利八世的同时又不惹恼查理五世,他就很高兴。这个案子本身就很奇特,对它的是非曲直众说纷纭。在这里,我必须不时提醒读者,自英格兰王国有相关法律以来,与兄弟的遗孀结合就不算是婚姻。根据当时教会的法律,除非得到教皇的允许,否则这桩婚姻也不算数。同样,根据英格兰法律,教皇现在没有,以前也从来没有过任何权力可以特赦这样的婚姻。因此,理论上,亨利八世是正确的。他同阿拉贡的凯瑟琳的结合一开始就是错误的。问题是在案件性质允许的情况下,如何解开这个结,并且将痛苦降到最低。谈判充满了矛盾、逃避和冲突。这自然是不可避免的。快刀斩乱麻是不用解开这个结的唯一办法,但在采取如此暴力的解决办法之,用尽一切可用的手段,与其说是一种耻辱,不如说是一件功德。

　　第一个矛盾在亨利八世身上。他认为自己的婚姻是不合法的,因此他觉得自己可以自由再婚,但他不想让自己的女儿沦为私生女,也不想让阿拉贡的凯瑟琳丢脸。他对尤里乌斯二世批准的特赦令的有效性提出了异议。但他要求克莱门特七世给他颁特赦令好让他能娶第二个妻子,这个特赦令同样令人质疑。这件案子的管理权已经交给了托马斯·沃尔西,常驻教皇宫廷的英格兰代表格雷戈里·迪·卡萨莱接到新的指示——等待克莱门特七世的裁决。格雷戈里·迪·卡萨莱爵士被"要求考虑这件事对亨利八世良心的解脱有多重要,对亨利八世灵魂的周全、生命的维持、国王王位的继承有多重要,以及对现在和以后所有臣民的福利和安宁有多重要"。在奥尔维耶托,格雷戈里·迪·卡萨莱爵士是可以见到克莱门特七世本人的。格雷戈里·迪·卡萨莱打算向克莱门特七世说明,这桩婚姻将会带来的重重困难:如果亨利八世死了,没有更好的继承人,英格兰王国的一场内战必不可免。因此,格雷戈里·迪·卡萨莱请求克莱门特七世授权托马斯·沃尔西审理此案并做出裁决,同时①签署一份特赦令。格雷戈里·迪·卡萨莱附上了一份托马斯·沃尔西草拟的特赦令。特赦令的措辞很是古怪。托马斯·沃尔西解释说:"过去的教训让亨利八世记住了会有人对王位提出子虚乌有的继承权,为了避免任何相同形式的歪曲事实或借口,亨利八世是在绝对必要的情况下要求教皇下特赦令。"如果这两项要求被接受,亨利八世承诺会向查理五世要求释放克莱门特七世,但如果查理五世拒绝,亨利八世将向查理五世宣战。

申请特赦令是为了逃避真正的问题,但又给予亨利八世娶另一个妻子的权力。这本身就是一种非常规做法,所以很可能需要措辞谨慎。在现代历史学家看来,克莱门特七世本人不可能不知道显而易见的险恶用意。因此,对亨利八世和他的大臣来说,克莱门特七世对他们的才智和品格的评价是致命的。

在回顾了英格兰王国十五世纪的历史,了解王位争夺者造成的干扰,承认有必要防范野心勃勃者的阴谋,并且授权亨利八世再次结婚后,克莱门特七世对亨利八世说了下面的话②:

> 为了不给恶人留下一丝机会,我们尽自己最大的努力。在此,也仅此一次暂停所有禁止四亲等内婚姻的教规,以及所有禁止有碍社会风化秘密婚姻的教规。此外,还有与秘密订立婚约但未圆房情况有关的所有教规,以及所有阻止非法交媾关系的教规,无论该教规

---

① 或许作为备选方案。——原注
② 我按照布鲁尔先生的翻译所写。——原注

禁止的是几等亲缘关系，哪怕是一等亲，只要是请愿人缔结的婚姻有可能被禁止或受到各种阻碍，该教规都暂停生效。此外，为了避免教规禁止有过往秘密婚约的女方结婚，避免由于秘密婚约或任何等级的亲缘关系产生的公共诚信或正义问题，以及避免教规禁止请愿人与超出第二或第三亲等关系的女子结婚，我们特此许可请愿人可以娶这样的女子为妻，免受所有教会的反对与谴责。

托马斯·沃尔西对本文件措辞的解释是，该文件旨在排除任何可能对非正规婚姻中所生后代造成损害的反对意见。因此，该文件会尽可能全面。约翰·林加德、布鲁尔先生和其他作家都认为这份文件明显是为适用于个人情况而拟的，就是为了让亨利八世能娶安妮·博林。在申请特赦令后的两年，当离婚问题发展为英格兰王国与教皇之间的战争，天主教教徒和改革者的热情在相互指责和谩骂中沸腾时，亨利八世提出因良心不安与阿拉贡的凯瑟琳分手的请求，让社会上流传出一些故事，说亨利八世本人早就与他打算娶的那个女士的母亲伊丽莎白·博林和姐姐玛丽·博林有奸情了。因此，亨利八世与安妮·博林的婚姻确实存在着与阿拉贡的凯瑟琳的婚姻相同的障碍，而乱伦又使这障碍更严重。不过，亨利八世与博林母女的乱伦关系从未得到证实，也没有详细时间和地点说明。尽管要证明这些指控极其重要，但没有证人出庭作证，也没有其他证据。如果指控是真的，阿拉贡的凯瑟琳肯定会知道。但即便在最激烈的谴责中，阿拉贡的凯瑟琳也没提到过玛丽·博林。亨利八世与博林母女的私情只在不满的神职人员或秘密拜访西班牙大使的人口中提到，并且只在雷金纳德·波尔的宣言中被公开。该宣言连同保罗三世废黜亨利八世的诏书一起出现。在1535年被送往英格兰王国接受审查的《波尔之书》初稿中提都未提这件事，所以就连这个本身并不怎么重要的权威出处，也显得更加无足轻重了。很明显，当时，雷金纳德·波尔并没有听说此事，或者不相信此事。现在，亨利八世与安妮·博林的母亲伊丽莎白·博林通奸的故事已经被抛弃了，因为太过骇

保罗三世

雷金纳德·波尔

人听闻。但亨利八世与安妮·博林的姐姐玛丽·博林的奸情还是有人断然坚持是真的，并且也有人提请注意特赦令的措辞，认为这些措辞让人再没有不相信的余地。他们反问，除一些不光彩的私人关系之外，这种非同寻常的措辞表达还能指什么呢？

从法律文件的冗长措辞中，什么都不知道的人推断事实，往往只会找到所谓的"一团乱麻"。我想请读者思考这一假设涉及的内容。这条特赦令发布后，必须被抄录到罗马的登记册中，并且接受世界上最敏锐的教会律师的检查。如果我们这么清楚它的意思，他们一定更明了。因此，我们相信，亨利八世为了不犯下天主教大罪，要求与阿拉贡的凯瑟琳分手时，为了减轻自己的良心的不安和保证子女的继承权，他没有理由地让克莱门特七世得知这个秘密。这个秘密只要被公布出来，他和他的请求就会在一片鄙视和嘲笑声中化为乌有。

他没有必要承认私通，因为没有证据。要让即将出生的孩子合法化，也不需要承认这些，因为像托马斯·沃尔西这样有能力的人一定知道，在如此荒谬的秘密曝光后，任何特赦令都不会被当作是有效的。这就好像一个人宣称有权获得大宗财产，但在案件开庭审理前，他私下告诉法官和陪审团，这一切都是伪造的一样。

这些还需要进一步解释，为什么当整个欧洲都被这场争论动摇时，在任何公开文件中都找不到任何一点事实的暗示。如果这件事是真的，那将是决定性的因素。更不寻常的是，为什么在这场激烈的争论中，克莱门特七世和罗马教廷陷入绝境，恼恨交加，却留下这样的撒手锏不用，而如果使出这一撒手锏，他们是绝对可以轻松获胜的。托马斯·沃尔西不是傻瓜，怎么可能写一份对亨利八世如此致命的文件来引起克莱门特七世的注意？我还没轻信到这地步。我们证明不了这件事是假的，也证明不了亨利八世没有和玛丽·博林或他宫廷里别的女士发生过关系。但除非亨利八世、教皇和所有利益相关者都失去了理智，否则特赦令的措辞不可能成为对他们不利的证据。

至于私通故事本身，没有必要弄清楚到底是和母亲还是和女儿。当它第一

玛丽·博林

次流出时,两个人都被提到了。母亲的部分只是被省略了,以免听来太过荒唐,无法置信。玛丽·博林自己结婚前或结婚后曾是亨利八世的情妇,这一点现在被有声望的历史学家断言为确凿事实。这一事实要是当时被证实,足以让英格兰王国与罗马天主教教会决裂一事臭名远扬,足以让亨利八世、英格兰王国的大臣、议会、主教及与之有关的每一个人身败名裂。这个"武器"非常有用,让天主教好争乐辩的人赞不绝口。我只想重复一次,这些证据不过是天主教派的流言蜚语。在争论到达的第二阶段前,从未有人听说过,也从未有人悄悄说过。第二阶段的争辩演变成了一场激烈的较量,即使在那时,这件事也没人以指控的形式提出和回应。如果雷金纳德·波尔知道这件事,阿拉贡的凯瑟琳不可能不知道。我们有许多阿拉贡的凯瑟琳的信,足以证明她遭受过的不公待遇。这些信里有给查理五世的信,给克莱门特七世的信,但只字未提玛丽·博林。除说这个故事是一个时代产生的传说之外,还能说它是什么?面对亨利八世的请求,没有什么比提出一项让他的请求显得荒谬的指控更合理了。但当时,欧洲各国首都最热心的律师和外交家都在讨论的诉讼案的公开诉状中,一项如果坚持下去将起绝对决定性作用的指控,为什么在任何公开文件中都没有提及,直到这指控过了讨论阶段?所有负责人的沉默足以证明其性质——不过是流言蜚语,凭空捏造,恶意中伤罢了。

布鲁尔先生确实认为自己已经找到了他所说的亨利八世方面对此事的默认。当《上诉法案》提交下议院,结束了克莱门特七世在英格兰王国的管辖权时,一小群反对派成员常常私下会面,商讨如何对待《上诉法案》。其中,最活跃的是乔治·思罗格莫顿爵士。后来,乔治·思罗格莫顿爵士和弟弟迈克尔·思罗格莫顿一起,为托马斯·克伦威尔所用,在反对派与改革派之间周旋。但当时,他反对离婚,反对由此产生的一切措施。据乔治·思罗格莫顿爵士自己所说,他已获准觐见亨利八世和托马斯·克伦威尔。1537年,求恩巡礼事件刚过,叛乱的灰烬余温未尽,迈克尔·思罗格莫顿背叛托马斯·克伦威尔的信任,投靠了雷金纳德·波尔。据说,乔治·思罗格莫顿爵士对托马斯·丁利爵士和另外两个绅士说了某些话,枢密院后来还要求他解释这些话。现存的一封给亨利八世的信中,乔治·思罗格莫顿爵士当时的回答还记录在案。乔治·思罗格莫顿爵士说:"在一次关于《上诉法案》的演讲后,亨利八世派人把我叫去。我看到亨利八世陛下因为娶了哥哥威尔士亲王阿瑟·都铎的妻子而感到良心不安。"乔治·思罗格莫顿爵士声称他曾对托马斯·丁利爵士讲过自己告诉亨利八世,要是真的娶了安妮·博林,亨利八世的良心最终会受到更大的困扰,因为人们认为亨利八世与安妮·博林的母亲和姐姐都有一腿。亨利八世回答说:"从未同她母亲有过什么。"当时,掌玺大臣托马斯·克伦威尔站在旁边说:"也从未和她姐姐怎样过,所以把这件事忘掉吧。"布鲁尔先生把这句话理解为亨利八世承认玛丽·博林是自己的情妇,当然,由于疏忽,布鲁尔先生没有提到当乔治·思罗格莫顿爵士被问到为什么要把这个故事讲给托马斯·丁利爵士听时,乔治·思罗格莫顿爵士回答说："我这样说只是出于'虚荣'，是为了表明自己是一个敢于为英格兰人民说话的人。"没有什么比"虚荣"的人更常见的了。当这些人获准与亨利八世交谈时，会充分利用自己说的话，并且对自己听到的话进行不太准确的复述。如果与亨利八世的谈话是真实的，乔治·思罗格莫顿爵士被枢密院要求解释时自然会请求托马斯·克伦威尔自己回忆。但布鲁尔先生接受了一个坦白的吹牛之人的说法，就像这是一个完全可信的事实一样。他并没有问自己如果亨利八世或托马斯·克伦威尔给出他们的谈话版本，这个故事是不是就是另一个样子了。亨利八世不是个可以随意对待的人。如果一个在议会中强烈反对他的臣民指责他犯下一项严重的罪行，那么他可能会向这个臣民忏悔，让这个臣民只需在下议院重述一次就毁掉他和他的事业吗？布鲁尔先生还应该补充说，自己接受的这个权威故事，并不比后来的枢机主教，当时还是神父的威廉·佩托的故事权威多少。和雷金纳德·波尔一样，威廉·佩托是宗教改革的死敌。最严重的是，布鲁尔先生没有提到，后来，在枢密院司法委员会面前，乔治·思罗格莫顿爵士接受了一次严厉的盘问。如果乔治·思罗格莫顿爵士说的是真话，那么盘问的结果只会证明亨利八世确实做了不光彩的事。

天主教一方最后提出的证据是在被定罪后，安妮·博林向托马斯·克兰默做的告解中，承认了某个让她与亨利八世的婚姻无效的秘密，该秘密也成了议会的一项法案的依据。安妮·博林的告解词没有被公开，天主教一方认为，并且现在仍然认为，那个秘密一定是亨利八世与玛丽·博林有奸情。他们给出观点前并没有停下来查究是不是可以断定安妮·博林承认了亨利八世与自己姐姐玛丽·博林的罪行。对乔治·思罗格莫顿爵士的盘问证明这种猜想很荒谬。1537年，当乔治·思罗格莫顿爵士被问到听谁说过这样的话时，他说只需在1536年议会的会议录中查找就可以了。

如果对乔治·思罗格莫顿爵士的盘问确实如布鲁尔先生认为的那样，证明了亨利八世与玛丽·博林有奸情，那么盘问记录最终有可能保存在官方的《英国政府档案》中吗？

如果现在所有关于亨利八世的故事都像我现在这样尽可能详细地讨论，那世界上就没有那么多需要写的书了。在我年轻时，一个爱尔兰律师告诉我，在爱尔兰，我听到的、没有经过公正法庭筛选的话，我都不能信，就算经过法庭筛选，也只能信一半。传说就像空气一样无懈可击。而针对传说的抨击，如果不是"恶意嘲弄"，那都是白费力气。对好争论者来说，失德丑闻的指控太难得了，因为就算这些指控彻底被证明不属实，曾被虚假指控过失德的污印还是会永远附着在被指控者的身上。

第 3 章
克莱门特七世的苦恼与恐慌

故事又回到奥尔维耶托。颁发特赦令是以不得立即执行为条件的。[①]阿拉贡的凯瑟琳拒绝默许私下解决的方案。托马斯·沃尔西再次要求克莱门特七世委托一个代表在英格兰王国判决离婚案，同时约束克莱门特七世不得私自撤销特赦令，只能批准代表做出与自己意见相符的判决。托马斯·沃尔西写道："由于一些不能写出来的秘密原因，必须做出这样的让步。阿拉贡的凯瑟琳患上某些疾病，所有治疗方法都没用，还有一些其他原因，亨利八世再也无法将阿拉贡的凯瑟琳当作妻子和她生活在一起了。"

克莱门特七世备受虐待和折磨，对法兰西王国和英格兰王国的帮助心怀感激，声称自己迫切渴望做亨利八世希望的事情。但实际上，克莱门特七世还是个囚犯。在圣安杰洛城堡时，克莱门特七世被迫答应不做任何让"亨利八世的离婚案可以在英格兰王国的领土上审判"的事情。克莱门特七世请求再给自己一点时间，承诺会有类似的委任。克莱门特七世说，如果在德意志人和西班牙人还在意大利时就执行委派任务，那自己就会有危险。他还说，明知自己

[①] 《英国政府国内外纪事档案——亨利八世时期》，伦敦，1862年到1932年，第4卷，第2部分，第1672页。——原注

面临的是万劫不复的深渊,还是宁愿冒这个险,也不愿让托马斯·沃尔西怀疑自己忘恩负义。他带着叹息与眼泪恳求托马斯·沃尔西不要一直逼自己,要是托马斯·沃尔西接到委托书就立即开始行动,也就是加速自己的死期。[①]两周后,格雷戈里·迪·卡萨莱记述了与克莱门特七世和托马斯·沃尔西就行动方针进行的长谈。亨利八世曾希望罗马派出第二个公使与托马斯·沃尔西一起行动。同意这一点等于罗马教廷直接让步。克莱门特七世不反对继续审理离婚案,但他不希望由自己来承担这个责任。他签了一份在法律上暂时不能实施的委托书,与他之前的承诺并不矛盾。托马斯·沃尔西可以按照这个委任书采取行动,或者如果他愿意,也可以按照他自己的教廷公使身份行动。就克莱门特七世个人来说,他并没有批准托马斯·沃尔西的判决,他说没有哪个"医生"能比亨利八世自己更能"医好"这个问题。克莱门特七世还说,如果亨利八世决定了,就让亨利八世把自己的案子委托给托马斯·沃尔西,再结一次婚,跟进离婚案的审判,然后公开向枢机会议申请派遣公使。如果阿拉贡的凯瑟琳先被传唤,除抗议审判地点和法官不对之外,她不会给任何回应。神圣罗马帝国会要求克莱门特七世下禁令,然后亨利八世就不能结婚了。如果他结了婚,他的后代就是私生子。神圣罗马帝国还会要求克莱门特七世下令在罗马开庭,克莱门特七世无法拒绝。但如果亨利八世真的再婚,神圣罗马帝国无法再要求下禁令,只能要求到罗马重新审理离婚案。届时,克莱门特七世就可以做一个让全世界都满意的判决。[②]这是克莱门特七世的建议,但他不希望人们知道这是自己的建议。在采取了第一步措施后,格雷戈里·迪·卡萨莱可能会选出派往英格兰王国的公使。他觉得枢机主教洛伦佐·坎佩焦是最合适的人选,因为他

[①] 《英国政府国内外纪事档案——亨利八世时期》,伦敦,1862年到1932年,第4卷,第2部分,第1672页。——原注
[②] 格雷戈里·迪·卡萨莱爵士致托马斯·沃尔西的信,1528年1月13日,《英国政府国内外纪事档案——亨利八世时期》,伦敦,1862年到1932年,第4卷,第2部分,第1694页。——原注

索尔兹伯里主教洛伦佐·坎佩焦

现在也是一个英格兰主教,即索尔兹伯里主教了①。无论怎样,克莱门特七世还是吩咐格雷戈里·迪·卡萨莱,说自己会尽最大的努力让亨利八世满意,虽然他知道这样做查理五世永远不会原谅自己。

如果亨利八世按照克莱门特七世的建议行事,接下来会发生什么还不确定。克莱门特七世答应做的判决可能对他有利。很明显,克莱门特七世也希望他这样想。不过,亨利八世也有可能最后发现自己还得把阿拉贡的凯瑟琳接回来。这两种情况都有可能。无论如何,他还不想诉诸暴力手段。查理五世本人希望能阻止对姨妈阿拉贡的凯瑟琳不利的法律判决。但他暗示,如果阿拉贡的凯瑟琳同意,也许可以,甚至非常可能私下解决离婚问题。可惜的是,阿拉贡

---

① 三个担任英格兰主教的外国人中,没有一人视察过任何一个教区。洛伦佐·坎佩焦是索尔兹伯里的主教;吉罗拉莫·吉努奇是圣轮法院的顾问,任伍斯特的主教;阿拉贡的凯瑟琳的西班牙告解神父弗赖·迭戈·费尔南德斯和她一起来到英格兰,是兰达夫的主教。——原注

第 3 章 克莱门特七世的苦恼与恐慌 ● 051

的凯瑟琳什么也不同意,而是坚决维护自己的权利,查理五世被迫支持她。亨利八世也同样固执,克莱门特七世犹如夹在岩石与漩涡之间,进退两难。

克莱门特七世已经做出了承诺,并且是明明白白的、真诚的承诺。克莱门特七世的属地仍然被神圣罗马帝国军队占领,亨利八世加入法兰西王国向查理五世宣战的行列,履行自己的职责,保护克莱门特七世。1528年1月22日,法兰西使者托伊森·德尔和英格兰使者克拉伦西奥出现在布尔戈斯,站在查理五世的面前。查理五世坐在王位上听他们的抗议。托伊森·德尔说,是查理五世向土耳其人打开了基督教世界的大门,囚禁了克莱门特七世,纵容自己的军队洗劫罗马,洗劫教堂和修道院,侮辱圣物,杀害或抢劫枢机主教、宗主教、大主教,践踏女修道院和修道所,还鼓励路德教教会的异端分子犯下暴行等。由于这些原因,法兰西王国向查理五世公开宣战。英格兰使者克拉伦西奥[①]态度强硬到几近专横。亨利八世早前曾向查理五世借出大笔款项,查理五世尚未偿还。克拉伦西奥说,除非查理五世释放克莱门特七世并清偿债务,否则亨利八世必将与法兰西王国联合起来向神圣罗马帝国宣战。在英格兰王国展开敌对行动前,查理五世有六周时间考虑如何回应。

查理五世选择了平静、有尊严的回应。与法兰西王国的战争是不可避免了。至于英格兰王国,查理五世感觉自己就像怀疑自己该不该和恺撒争吵时的西塞罗,欠了敌人的债总是令人为难的。他说,如果英格兰王国攻击自己,自己会自卫,但他拒绝接受这样的抗议。伊尼戈·洛佩斯·德·门多萨·伊·苏尼加没有被从伦敦召回。六周的期限结束时,当时的局势因连续休战而不断延长,直到在康布雷,神圣罗马帝国与法兰西王国签订和平协议。不过,亨利八世还是信守了对克莱门特七世的诺言。英格兰王国与法兰西王国一起,作为克莱门特七世的武装拥护者,克莱门特七世则应该履行自己的诺言,不带伪装,不耍花招。

---

① 后来被指出未按指示行事。——原注

斯蒂芬·加德纳

克莱门特七世提出的处理离婚案的方法被拒绝了，修订的特赦令和委任状也被视为毫无价值的东西被驳回。英格兰代表爱德华·福克斯博士和斯蒂芬·加德纳被派往奥尔维耶托，他们的权力更大，传达信息的语气不容置疑，甚至带有威胁意味。他们再次向克莱门特七世强调了王位继承争议带来的危险，并且暗示说，如果出于克莱门特七世对查理五世的尊重而拒绝特赦，英格兰王国可能会拒绝服从罗马教廷。因此，克莱门特七世必须批准按照英格兰王国要求的形式书写的委任状和特赦令。如果克莱门特七世说这有违正常程序，他们会宣布这起离婚诉讼事关重大，不得不采取非正常程序。亨利八世不会因害怕查理五世而放弃自己的期望。要是他从克莱门特七世那里得不到公道,那他就只能去别处寻求公道了。①

亨利八世给出的指示表明,亨利八世和托马斯·沃尔西明白自己正在对付一个怎样变化多端的普洛透斯②,也明白如果不想让克莱门特七世脱离自己的掌握,就必须绑住他的双手。他们现在对付的不是正义之源,也不是基督世界里威严的领袖,而是一个穿着权贵的袍子的狡猾老头,他的意志受意大利最强大的势力控制。查理五世对关系到另一个独立王国,即英格兰王国切身利益的问题发号施令,这是英格兰人不能容忍的。

后来,西班牙外交官不得做出解释,为克莱门特七世的妥协开脱,理由是克莱门特七世是因被监禁一怒之下签的字,是被威胁勒索的。因此,这些令状是无效的。克莱门特七世竭力避免做出承诺。那些不受待见的文件被改写成各种形式。他终究没有签特赦令,但取而代之的是签署了其他更重要的简函。克莱门特七世被迫派出第二个公使到英格兰王国同托马斯·沃尔西一起审理离婚案。离婚案在英格兰王国审理,人们理所当然地认为判决会对亨利八世有利。这次选出的公使是洛伦佐·坎佩焦。正如前文所说,他本人还兼任英格兰主教。克莱门特七世也以书面形式表达了自己对离婚案的看法,这些看法对亨利八世的请求是有利的。因此,后来,亨利八世在一份公开发表的案件陈述中简要叙述了在奥尔维耶托获得批准通过的文件。

> 一开始,亨利八世对当前婚姻有顾虑时,就叫人去觐见罗马教皇克莱门特七世,罗马教皇是基督的神父,有知识的钥匙,会消除亨利八世的疑虑。但克莱门特七世拒绝了解此事,并且希望亨利八世申请委派公使去往英格兰王国,授权公使判决此案,以这种方式

---

① 托马斯·沃尔西致斯蒂芬·加德纳及爱德华·福克斯的信,1528年2月,《英国政府国内外纪事档案——亨利八世时期》,伦敦,1862年到1932年,第4卷,第2部分,第1740页。——原注
② 希腊海神,传说普洛透斯可变身成不同的外形。——译者注

假称在罗马判决此案绝非明智之举,不如在亨利八世自己的王国内审判。他全权委任洛伦佐·坎佩焦和托马斯·沃尔西,并且以教令的形式给他们以特别委任。教令中,克莱门特七世宣布亨利八世的婚姻无效,并且授权他可以再次结婚。在公开委任状中,他也授予洛伦佐·坎佩焦和托马斯·沃尔西全权对亨利八世的离婚案做出判决。他暗地里指示洛伦佐·坎佩焦和托马斯·沃尔西烧掉此次委任的教令,并且不要再继续进行审判。在发出委任状的同时,他还亲手给亨利八世写了一封简函,承认亨利八世的诉讼理由是正义的,并且以最高主教之名承诺自己永远不会把此案提交给圣轮法院审理。[1]

克莱门特七世想要根据弗朗索瓦一世和查理五世之间战争的变化保留或中断约定。也许克莱门特七世良心上并没有多么不安,但从他那里逼出来这些约定,也让他饱受折磨。格雷戈里·迪·卡萨莱写道:"克莱门特七世已经批准了委任状,他并不是不想取悦亨利八世和托马斯·沃尔西,而是比以往更害怕西班牙人。监察将军以查理五世的名义禁止他答应亨利八世的请求。克莱门特七世害怕如果查理五世知道自己答应亨利八世的请求,会要了自己的命。在给出指示前,克莱门特七世哭着说这将是自己彻底的绝路。威尼斯人和佛罗伦萨人希望自己毁灭。自己唯一活下去的希望来自查理五世。克莱门特七世让我起誓说亨利八世会还是不会抛弃他。得到满足后,克莱门特七世给了我简函,并且说他把自己交由亨利八世的臂弯保护,因为他陷入了与查理五世的永久战争。托马斯·沃尔西可能会把自己当作教皇,会清理掉他和他的教皇职位。"[2]

在阿拉贡的凯瑟琳的要求下,查理五世坚持不应在英格兰王国审理离婚

---

[1] 派去觐见神圣罗马帝国各选帝侯的大使团,1534年1月5日,《英国政府国内外纪事档案——亨利八世时期》,伦敦,1862年到1932年,第7卷,第10页。——原注

[2] 格雷戈里·迪·卡萨莱爵士致彼得·万内斯的信,1538年4月,《英国政府国内外纪事档案——亨利八世时期》,伦敦,1862年到1932年,第4卷,第2部分,第1842页。——原注

案。而克莱门特七世已同意在英格兰王国审理此案。虽然是被迫同意的，但克莱门特七世还是同意了，洛伦佐·坎佩焦要好好利用它了。克莱门特七世给洛伦佐·坎佩焦的公开委任状非常清楚，洛伦佐·坎佩焦和托马斯·沃尔西将审理离婚案并做出判决。在案件审理前，克莱门特七世含泪签下的秘密"教令"就已经宣布了将要做出的判决，而且他已郑重发誓不会将离婚案提交给圣轮法院审理。克莱门特七世能做的就是在洛伦佐·坎佩焦上路并故意在路上浪费时间前指示他，一到英格兰王国就需要用点手段来"处理事情"，如果洛伦佐·坎佩焦觉得可以说服阿拉贡的凯瑟琳，就说服她去做修女，省得让克莱门特七世陷入尴尬境地。这是查理五世私下里也会推荐的方案，但顾及面子，查理五世不会给出这样的建议。关键的那份教令只有极少数人能看到。然后，正如亨利八世所说，洛伦佐·坎佩焦会把它烧掉。克莱门特七世还指示洛伦佐·坎佩焦，未报告罗马教廷前，不得做出任何判决，如果洛伦佐·坎佩焦被逼到绝境，就找借口拖延。对软弱怯懦的人来说，这是一种非常自然的行为。在坎特伯雷大主教托马斯·贝克特与英格兰金雀花王朝的国王亨利二世的争端中，克莱门特七世的前任教皇亚历山大三世的做法与此如出一辙。但在这两种情况下，他们都只是普通人，而不是人们期盼的受神指引的神父。

第 4 章
阿拉贡的凯瑟琳拒绝当修女

亨利八世已经打定主意要与安妮·博林结婚,他对她已经爱得难舍难分,尽管她未必如此。亨利八世的感情在一系列写给安妮·博林的信中有所体现,只是不知道这些信是如何保存下来供大家查阅的。据说,其中一些是被洛伦佐·坎佩焦偷走的。也许是他买来的。无论如何,这些信得以保留下来。《爱丁堡评论》的一个评论家这样描述:"这些信可能是某个酒馆的侍者写给他女友的。"这个酒馆的侍者肯定是侍者里面最独一无二的一个了。无论如何,有一件事还是要证明,亨利八世尽管恋爱了,但不会被爱情蒙蔽双眼,忘记自己作为国王的责任。安妮·博林虽然不得不静候时机以充分满足自己的野心,但一直在利用自己的影响力来提拔自己的朋友,而托马斯·沃尔西因在分发教堂赞助时不够谨慎而招来亨利八世的责备。这些信可以让大家了解亨利八世性格中令人意想不到的一面。

威尔顿修道院的女院长死了。这个职位是个好差事。在那些渴望得到这个空缺职位的修女中,有一个叫埃莉诺·凯里的女人。埃莉诺·凯里和安妮·博林关系很好,是安妮·博林最喜欢的人。实际上,这项任命是由亨利八世决定的。安妮·博林跟亨利八世说了此事。亨利八世授权托马斯·沃尔西去调查各候选人是否合适,并且正面推荐了埃莉诺·凯里。调查后的结果能让我们对这些神圣机构中虔诚的修士的传统有所了解。①

在给安妮·博林的信中,亨利八世写道:"关于威尔顿的女修道院院长选拔一事,托马斯·沃尔西把候选修女叫来,当着威斯敏斯特宫圣斯蒂芬大教堂的合议庭法政神父约翰·贝尔的面,对她们进行审查。托马斯·沃尔西和我保证说,我们本想请来做女修道院院长的埃莉诺·凯里已经承认自己分别与两个神父生了两个孩子。这个秘密是不久前罗伯特·布罗克的仆人透露的。在女修道院里做出如此不敬的举动,就算给我世上所有金子,我也不想给你和我的良心添堵,让她掌管修道院。我相信你也不会允许,无论是为了自己的兄弟还是

罗伯特·布罗克

---

① 亨利八世致安妮·博林的信,1528年6月或1528年7月,《英国政府国内外纪事档案——亨利八世时期》,伦敦,1862年到1932年,第4卷,第2部分,第1960页。——原注

姐妹①，我都不会如此怠慢我的荣誉与良心。至于埃莉诺·凯里的姐姐玛格丽特·凯里，或是副院长伊莎贝拉·乔丹，虽然没有任何明显的案子对她们不利，但年纪太大，多年来已无法履行好自己的职责。为了让你高兴，我已经决定不会选她们俩做威尔顿的女修道院院长。让另一个既善良又和蔼的女人坐上这个位置，这所修道院才能得到更好的改革。我向你保证，这正是这个修道院非常需要的，这样上帝也会得到更好的侍奉。"

写完这封信后，亨利八世紧接着给托马斯·沃尔西写了一封信。在这封已经丢失、无可考证的信中，亨利八世把选威尔顿的女修道院院长的事交到了托马斯·沃尔西手里。不过，托马斯·沃尔西并没有去寻找那个"既善良又和蔼的女人"，尽管伊莎贝拉·乔丹的名声令人质疑，但托马斯·沃尔西还是选择任命她为威尔顿的女修道院院长。值得注意的是，亨利八世对托马斯·沃尔西这一行为的评价言论正是亨利八世这样的人会对一个枢机主教兼罗马教廷公使所说的话。亨利八世签名的许多信都是由大臣和秘书代写的。给托马斯·沃尔西的这封却是他自己写的。

满怀对您的深情与厚爱，我按主的教义来责备您。这样明明白白地向您透露我的心意，是想让您确信，此事无关任何对您不利的报告、我个人的兴趣喜好，或者任何第三方调停。因此，无论我说什么，都祈祷您不要认为它是出于愠恼，而是出于一个和您自己一样，愿您身心安乐的人之口。

我认为，如果一个人经主人同意裁决此事，选出一个主人支持的人，尤其是此事还关系到主人的君威与利益，您这样做不是一个值得信赖的友人与仆人该行之事。还有一件事更让我不高兴。为了掩饰您因不知道我的意愿而犯下的罪行，您竟说自己明明不知道我对

---

① 埃莉诺·凯里是玛丽·博林丈夫威廉·凯里的姐姐。——原注

此事的心意。唉，我的枢机主教，还有什么比这句话更明显或更清楚的呢，尤其是对一个聪明人来说。"国王陛下不在乎由谁来坐这个位置，而是把这一切都交给您，以确保那些已经做了无节制的事或被发现有无节制情况的人不会坐上这个位子，就比如有人报告某个女修道院副院长年轻时就做了无节制的事了。"信中还有一个地方写道："因此，陛下认为她不符合要求。"在同一封信的另一个地方，这样说道，"虽然国王陛下没有公开地说出来，但我认为陛下中意的绝不是这个副院长，当然也不是埃莉诺·凯里的姐姐玛格丽特·凯里，您可以，也最好是从多方面考虑。"

啊，枢机主教，作恶和扭曲事实都是双重罪过，但有才智的人这么做是叫人不能接受的。因此，我的好枢机主教，不要再那样对我，因为这世上再没有哪个活着的生物比我更憎恶这样的行为了。事已至此，我要么只能记恨在心，产生更多不快，要么就这样明明白白地告诉您，因为我确实认为亲友之间应当永远真诚相对，尤其是主人对他最亲爱的仆人和朋友。既然要这样，一方行事就应当更谨慎，另一方如果对对方心怀不满，则要述说表达自己心里的厌恶。

至于整顿修道院，如果大家能遵守和维持教规，自然是好事。不过，如果所有我收到的报告都属实，那伊莎贝拉·乔丹比预期还要无用。为什么约翰·贝尔告知我伊莎贝拉·乔丹这个副院长的年龄、为人、风度举止都与院长这个位置相称。我真的祈祷上帝事实果是如此，因为我看您更愿意选她做院长。我还知道，也感到十分欣慰，您已像别的主教或基督教堂的神职人员一样，要求自己虔诚善良地敬奉上帝，没有什么比这么做并坚持这么做更能让主接受的了，没有什么比这么做更能给您带来荣誉的了。也没有什么比这么做更让您的朋友的期望的了。在您的朋友中，我自认不是那个最不希望如此的人……

我祈求您,我的枢机主教大人,不要以为我写信给您是出于什么愠恼。我是因为在我所处的位子考虑,在神面前的释然,其次是我对您的热爱——您当之无愧。因此,我请求您这样想,我向您保证,您承认过错,我不会有一丁点儿不快。相信以后您会用一件我更能接受的事情来报答我,那就再见吧!告知您一声,自1528年7月11日,也就是上周六来到安特希尔,我和身边的人都身体健康,这里空气也很清新,感谢上帝。

无论现在还是将来,都是您亲爱的君主和朋友的人所写

亨利八世[①]

同时,洛伦佐·坎佩焦正按指示在路上磨蹭,假装生病,假装道路难行。克莱门特七世派洛伦佐·坎佩焦去英格兰王国,完全违背了对查理五世的诺言。但克莱门特七世承诺了不会做出任何未经查理五世首肯的判决。查理五世急于避免与英格兰王国完全决裂,让洛伦佐·坎佩焦公使继续前往英格兰。但查理五世指示伊尼戈·洛佩斯·德·门多萨·伊·苏尼加告诉托马斯·沃尔西,捍卫姨妈阿拉贡的凯瑟琳的荣誉是查理五世必须做的事,她的事就是查理五世的事,并且查理五世会坚持如此。[②] 托马斯·沃尔西虽然害怕自己和教会反对离婚的后果,但内心不再希望亨利八世和阿拉贡的凯瑟琳离婚。伊尼戈·洛佩斯·德·门多萨·伊·苏尼加报告查理五世说,英格兰的民意依然是反对离婚,他认为就算委任代表去英格兰王国也不会有任何结果。克莱门特七世会插手拖延此案。托马斯·沃尔西会允许并认可克莱门特七世这么做。洛伦

---

① 《英国政府国内外纪事档案——亨利八世时期》,伦敦,1862年到1932年,第4卷,导言,第388-389页。——原注
② 查理五世致伊尼戈·洛佩斯·德·门多萨·伊·苏尼加的信,1528年7月5日,《西班牙档案》,伦敦,1877年,第3卷,第2部分,第728页。——原注

本韦努托·切利尼

佐·坎佩焦和托马斯·沃尔西两个公使私下里都同意将此事搁置。表面上，托马斯·沃尔西反对阿拉贡的凯瑟琳，但大家知道，私下里，他现在和阿拉贡的凯瑟琳是一伙的。① 现在，阿拉贡的凯瑟琳十分惊恐。她肯定已经得知克莱门特七世的密令一事。密令中，克莱门特七世看似已经预先对她的案子做了判决。她以为克莱门特七世是认真的，根本就不知道克莱门特七世做这样的承诺有多轻率。当意大利著名艺术家本韦努托·切利尼谴责他食言时，克莱门特七世微笑着回答说，教皇有权力约束，也有权力放任。不久后，阿拉贡的凯瑟琳就能更了解他了，也逐渐了解他这一独有特权的含义。但到目前为止，她认为克莱门特七世说的话都是真的。当她听说洛伦佐·坎佩焦真的要来时，便给查理五世写了一封痛心切齿的信，急切地寻求保护。查理五世让她安下心来，告诉她在未经过审判的情况下，没人能判她离婚，还说克莱门特七世向他保证

---

① 伊尼戈·洛佩斯·德·门多萨·伊·苏尼加致查理五世的信，1528年9月18日，《西班牙档案》，伦敦，1877年，第3卷，第2部分，第788页。——原注

过洛伦佐·坎佩焦不会做出任何不利于她的决定。这个案子应该会如她所愿在罗马裁决。洛伦佐·坎佩焦接到的命令是，建议撤销这桩离婚案。目前，除迷恋安妮·博林之外，亨利八世是个很好的基督教教徒，行为上也会做得像个好基督徒。如果他坚持要离婚，阿拉贡的凯瑟琳可以寻求克莱门特七世的保护。阿拉贡的凯瑟琳绝不同意任何意味着自己与亨利八世的婚姻关系被解除的事情。如果真到了最坏的地步，会有人提醒亨利八世注意自己的职责。

1528年10月中旬，教廷公使洛伦佐·坎佩焦抵达英格兰王国。他因痛风饱受病痛煎熬，并且还未康复。必须在加来休息两天才能渡过英吉利海峡。这一路都很折腾。在多佛尔，一个由贵族和主教组成的代表团等着接待洛伦佐·坎佩焦。在洛伦佐·坎佩焦将要经过的城镇，人们准备了致敬游行，等他进入伦敦时，还会举行一个国家级的庆祝仪式。但洛伦佐·坎佩焦病得太重了，或者说假装病得太重，不便露面。从海边下船后，洛伦佐·坎佩焦又在路上走了八天。到达目的地后，洛伦佐·坎佩焦就由一艘国事规格的驳船秘密接到了住处。第二天一早，托马斯·沃尔西前来探望他。此时，亨利八世不在。但两天后，亨利八世回到了布赖德韦尔宫。洛伦佐·坎佩焦和托马斯·沃尔西一起在那里

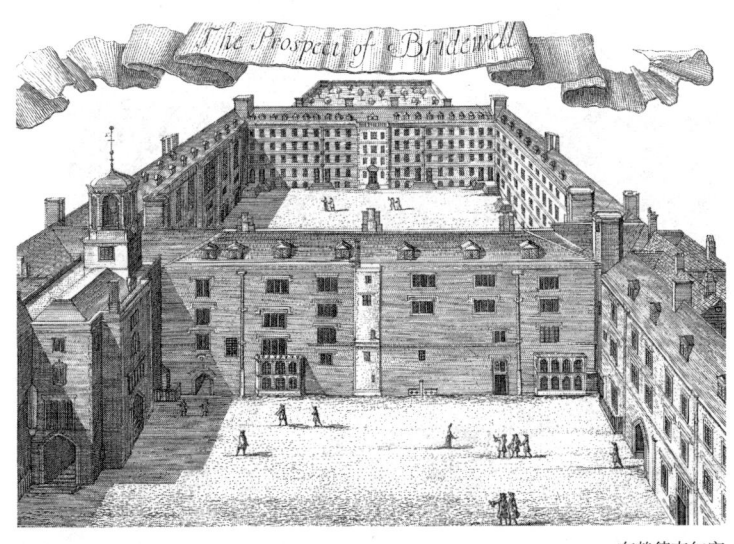

布赖德韦尔宫

等着亨利八世。那天天气不好。杰拉尔多·莫尔扎在写给伊莎贝拉·德埃斯特的信中说:"我希望您能看到这样的场景,两个枢机主教并排而坐,一个骑着骡子,另一个坐着椅子,急雨如箭,我们都被淋了个透。"亨利八世这个单纯的男人,竟相信有了手里的文件就能稳操胜券。克莱门特七世顶着查理五世的禁令派遣公使,没人知道他是如何平息这件事的。公使将这出闹剧演得很好,一字一句都符合亨利八世期望。洛伦佐·坎佩焦的手下梅塞尔·弗洛里亚诺做了一场盛大的演说,以动人的口才阐述了罗马的风暴、教会面临的危险和意大利的苦难。观众厅里人山人海,有些意大利人还弄丢了鞋子,只好光着脚穿过潮湿的街道走回家。

伊莎贝拉·德埃斯特

公使洛伦佐·坎佩焦经过这番努力后累得筋疲力尽，但情况不允许他休息，此趟公务的幕后重头戏马上就要开始了。洛伦佐·坎佩焦曾希望如查理五世所说，这个离婚案会被撤销。但他发现亨利八世不为所动。1528年10月17日，洛伦佐·坎佩焦写道："就算天堂来的天使也无法说服亨利八世相信自己的婚姻是无效的①。事情已经发展到了不能再压着的地步。托马斯·沃尔西和整个英格兰王国都坚持以某种方式解决这个问题。"解决这个问题方法只有一个。查理五世坚持认为，就算阿拉贡的凯瑟琳同意，这段婚姻也不能解除。他给出的合理理由是，如果判定这场婚姻无效，将动摇其他王室婚姻的基础。但如果能诱导阿拉贡的凯瑟琳去做修女，就没有必要对离婚案做出判决了。这对她这个年龄和这个健康状况的女人来说，不过是小事一桩。这样一来，克莱门特七世也可以允许亨利八世再娶，并且不会冒犯到任何人。玛丽·都铎公主的合法身份也不会受到影响。亨利八世承诺，如果他最终没有男性继承人，王位就会由玛丽·都铎公主来继承。阿拉贡的凯瑟琳如果同意，什么都不会失去，因为亨利八世已经和她分开生活两年了，他们再也不会回到同居生活了。查理五世也免了一项对他来说无尽麻烦的义务，他自己的荣誉和西班牙的荣誉也同样不会受到影响。

洛伦佐·坎佩焦和托马斯·沃尔西都向阿拉贡的凯瑟琳提出了这些论点，费尽口舌加以力劝。为了英格兰王国的利益，为了欧洲的利益，为了教会的利益，为了她自己和她女儿玛丽·都铎公主的利益，她答应才是明智之举。如果亨利八世的请求像开始时那样只是出于合法继承权的迫切政治需要，她也许会答应。但那个要接替她的女士，即安妮·博林选择过早公开，对阿拉贡的凯瑟琳来说，这是一种不能忍受的侮辱。阿拉贡的凯瑟琳为自己的民族感到骄傲。她的固执与她丈夫亨利八世不相上下。洛伦佐·坎佩焦慷慨激昂的恳求曾使她

---

① 洛伦佐·坎佩焦致贝尔纳多·萨尔维亚蒂及乔瓦尼·桑加的信，1528年10月17日，《英国政府国内外纪事档案——亨利八世时期》，伦敦，1862年到1932年，第4卷，第2部分，第2099页到第2102页。——原注

有片刻动摇，她并没有立刻完全拒绝。洛伦佐·坎佩焦公使推迟了开庭。他向克莱门特七世请求进一步的指示，抱怨推给他的责任太大。在克莱门特七世秘密发布教令及秘密写信给亨利八世告诉他是对的后，身处险境的洛伦佐·坎佩焦能够估量如果让亨利八世失望会带来多大的危险。在与阿拉贡的凯瑟琳第一次会面后，洛伦佐·坎佩焦写信给贝尔纳多·萨尔维亚蒂，说他还没有完全绝望。如果查理五世能劝她服从安排，也许自己还可以做点什么。洛伦佐·坎佩焦请约翰·费希尔帮助自己，约翰·费希尔似乎也不是完全不愿意。但经过几天的深思熟虑，阿拉贡的凯瑟琳告诉洛伦佐·坎佩焦，如果要她同意，她宁肯碎尸万段。阿拉贡的凯瑟琳希望从克莱门特七世那里得到一个权威的判决，此外，她不会接受其他任何条件。任何条件都不能改变她的态度，就算再活一遍，她也不会改变现在的态度，如果要改变，她宁愿死而再死。[①]

  托马斯·沃尔西同样焦虑不安，他已骑虎难下。如果克莱门特七世违背对亨利八世的所有承诺，那么克莱门特七世不仅会毁掉托马斯·沃尔西，还会瓦解英格兰教会的世俗权力。阿拉贡的凯瑟琳个人很受民众欢迎。但在中产阶级中，在英格兰的贵族和绅士中，教会法庭、教皇的代理人和收税员强行勒索，主教专制暴政，这些都引起了怨恨。没有人比克莱门特七世更清楚这种怨恨到了什么地步。整个庞大的神职统治体系正摇摇欲坠地走向衰落，而托马斯·沃尔西就是神职统治体系的支柱和代表。亨利八世被逼入困境，选择与天主教教会兵戎相见，无论是对天主教教会来说，还是对托马斯·沃尔西来说，帮助阿拉贡的凯瑟琳都只是一个不堪一击的借口，无法帮他们抵挡亨利八世的刀剑。最后，阿拉贡的凯瑟琳拒绝妥协，洛伦佐·坎佩焦向托马斯·沃尔西寻求建议，说克莱门特七世曾希望托马斯·沃尔西建议亨利八世让步。托马斯·沃尔西也这么建议过。他告诉后来为他写传记的作家乔治·卡文迪什自己甚至都向亨利

---

① 洛伦佐·坎佩焦致贝尔纳多·萨尔维亚蒂书信，1528年10月26日，《英国政府国内外纪事档案——亨利八世时期》，伦敦，1862年到1932年，第4卷，第2部分，第2108页。——原注

八世下跪了。但对洛伦佐·坎佩焦他只能说"亨利八世不会让步，许多敬畏上帝的学者给出的理由、论著和忠告，加强了亨利八世的力量，证明了他是正义的。"如果亨利八世发现克莱门特七世一直在糊弄他，王位继承问题会被搁置，"教会将被摧毁，英格兰王国也将陷入无穷的危难"。

洛伦佐·坎佩焦想出来一个令人咋舌的权宜之计，体现出继承权争端带来的恐惧有多深远、有多真实。他宣称，这条权宜之计是经由一些困惑的政治家认真考虑过的。1528年10月28日，洛伦佐·坎佩焦写道："他们曾想过克莱门特七世做出特赦，让玛丽·都铎公主嫁给亨利八世的亲生儿子，即亨利·菲茨罗伊。"洛伦佐·坎佩焦说，起初自己也认为这是确保继承权的一种手段，但他认为这不能满足亨利八世的愿望。① 如果有什么比让兄妹结婚的提议更令人吃惊，那就是罗马教廷接受了这个提议。克莱门特七世的秘书乔瓦尼·桑加回答说："如果特赦亨利八世的女儿玛丽·都铎公主与儿子亨利·菲茨罗伊结婚一事，就能确保亨利八世子嗣的继承权，亨利八世就会放弃与阿拉贡的凯瑟琳离婚，那克莱门特七世会更愿意颁发这份特赦令。"②

克莱门特七世将特赦令的威力想得很大，但情况危急。他把自己困住了。他答应了自己根本无意去做的事情，发现自己一直在玩弄一只"狮子"，现在这只"狮子"开始发威了。托马斯·沃尔西一次又一次地提醒克莱门特七世所面临的危险。1528年11月1日，托马斯·沃尔西写信给格雷戈里·迪·卡萨莱说："亨利八世的荣誉受到了冒犯，他对罗马教廷如此慷慨。克莱门特七世这么做只会让所有对罗马教廷的信仰和忠诚都远去。最终，无论是在英格兰王国还是其他地方，小心翼翼掐灭的反叛火花只会燃烧成熊熊怒火。"③ 克莱门特七

---

① 洛伦佐·坎佩焦致乔瓦尼·桑加的信，1528年10月28日，《英国政府国内外纪事档案——亨利八世时期》，伦敦，1862年到1932年，第6卷，第2部分，第2113页。——原注
② 乔瓦尼·桑加致洛伦佐·坎佩焦的信，1528年12月，《英国政府国内外纪事档案——亨利八世时期》，伦敦，1862年到1932年，第6卷，第2部分，第2210页。——原注
③ 托马斯·沃尔西致格雷戈里·迪·卡萨莱爵士的信，1528年11月1日，《英国政府国内外纪事档案——亨利八世时期》，伦敦，1862年到1932年，第4卷，第2部分，第2120页。——原注

世和各个枢机主教听说了此事,但并不完全相信。克莱门特七世的秘书乔瓦尼·桑加写道:"托马斯·沃尔西告诉我们如果离婚没被批准,罗马教廷在英格兰的权威将被彻底消灭。他迫切希望维护罗马教廷的权威,因为他自己的崇高地位与罗马教廷息息相关。"罗马教廷不相信,认为托马斯·沃尔西只是太为自己紧张。然而,托马斯·沃尔西是对的。尽管人们对亨利八世所提要求的价值各有看法,但都开始反问,克莱门特七世连按照教规做个决定都做不了,那他作为最高法官有什么意义。

激烈情绪与日俱增。正在发生的事情只有少数能接触到密信的人了解,而这些人只知道在他们眼中这些信意味着什么。无论是英格兰王国还是神圣罗马帝国,都不信任克莱门特七世。克莱门特七世对双方都撒了谎。双方再无法依靠他。阿拉贡的凯瑟琳深受伦敦市民的喜爱。有人偶然看见阿拉贡的凯瑟琳出现在宫殿的长廊里,大家都热烈地欢呼。亨利八世觉得有必要自己出面解释一下。1528年11月8日,亨利八世召集了市长、市参议员、枢密院委员和一批贵族,从他自己的角度把情况向他们一一说明。亨利八世谈到了与查理五世的长期友谊,希望友谊不会破裂,并且再次谈到英格兰王国与法兰西王国的同盟关系,以及希望与全世界和平相处的愿望。亨利八世说"我曾希望把女儿玛丽·都铎公主嫁给一个法兰西王子,以使法兰西王国同我更亲近。但法兰西大使加布里埃尔·德·格拉蒙在考虑这一提议时,提出了我女儿的合法身份问题。我早就对自己婚姻的合法性产生了疑虑。加布里埃尔·德·格拉蒙的话让我更不安。王位的继承权悬而未决。我曾咨询过主教和教会律师,他们肯定地告诉我,我犯的是教会大罪……我只想做正确的事,我警告臣民要小心,不要草率地判断国王的行为"。

撇开当前的问题不说,亨利八世还是非常受欢迎的,来自西班牙王国的报道也触动了英格兰人的民族骄傲。人们开始讨论要召集议会。伊尼戈·洛佩斯·德·门多萨·伊·苏尼加和阿拉贡的凯瑟琳再次强烈要求查理五世明确表态。克莱门特七世必然会禁止英格兰议会干涉离婚一事。驻伦敦的罗马教廷

梅库里奥·迪·佳蒂纳拉

大使会宣读教皇的禁令，伊尼戈·洛佩斯·德·门多萨·伊·苏尼加和阿拉贡的凯瑟琳以为英格兰议会会服从命令。[①]不过，他们误解了英格兰人民的脾气。伊尼戈·洛佩斯·德·门多萨·伊·苏尼加的信让西班牙枢密院相信整个英格兰王国都反对亨利八世。西班牙大法官梅库里奥·迪·佳蒂纳拉曾公开表示，如果离婚案继续审下去，就发动战争，"亨利八世将被自己的臣民推翻"。这些话被报告给了托马斯·沃尔西，并且得到了被派往巴利亚多利德处理休

---

① 阿拉贡的凯瑟琳致查理五世的信，1528年11月24日，《西班牙档案》，伦敦，1877年，第3卷，第2部分，第855页。——原注

战事宜的英格兰代表西尔维斯特·达赖厄斯的证实。西尔维斯特·达赖厄斯曾被派往巴利亚多利德处理休战事宜。①西尔维斯特·达赖厄斯曾就英格兰王国积极支持法兰西王国的可能性与梅库里奥·迪·佳蒂纳拉谈话。梅库里奥·迪·佳蒂纳拉回答道："你为什么提到英格兰国王亨利八世？如果我们愿意，可以在三个月内把他逐出王国。他有什么力量？他自己的臣民会把他驱逐。他知道现在形势如何。"②对一个自由的民族来说，对自己王室的安排持有独立的意见是一回事，被他国唆使内战加以威胁是另一回事。在伦敦的一次公开会议上，托马斯·沃尔西引用了梅库里奥·迪·佳蒂纳拉的危险言论，一个声音回答说："查理五世已经失去了数十万英格兰人民的心。"③紧接着，又一个火种被扔进了英格兰人民愤怒的火焰中。利益问题让本就已经很敏感的民族骄傲感再次受到了刺激。伦敦有一万五千个佛兰德斯工匠。英格兰工人嫉妒他们的技术，长期以来一直对他们冷眼相待。有呼声日益高涨，说佛兰德斯工匠中有一大群叛徒，必须立即驱逐。于是，佛兰德斯工匠的房子被搜查有没有武器，并且有守卫看守，城里的工人、商人、店主、技工、学徒都坚定不移地站到了亨利八世身边。

同时，离婚案本身引起了轩然大波。事态发展有了新的特点，洛伦佐·坎佩焦借此拒绝继续审判案子，克莱门特七世也体面地收回了承诺。最初允许亨利八世和阿拉贡的凯瑟琳结婚的《尤里乌斯二世教皇诏书》经检查有许多形式不合规矩的地方，这些地方足以让它失效。对《尤里乌斯二世教皇诏书》的反对意见未遭否认，但据说，在西班牙王国发现了一封简函，该简函与《尤里乌斯二世教皇诏书》的日期相同，正好可以驳倒反对意见。梵蒂冈的登记册上

---

① 伊尼戈·洛佩斯·德·门多萨·伊·苏尼加致查理五世的信，1528年12月2日，《英国政府国内外纪事档案——亨利八世时期》，伦敦，1862年到1932年，第4卷，第2部分，第862页，1529年1月16日，《西班牙档案》，伦敦，1877年，第3卷，第2部分，第878页。——原注

② 西尔维斯特·达赖厄斯致托马斯·沃尔西的信，1528年11月25日，《英国政府国内外纪事档案——亨利八世时期》，伦敦，1862年到1932年，第4卷，第2部分，第2126页。——原注

③ 让·迪·贝莱致安内·德·蒙莫朗西的信，1528年12月9日，《英国政府国内外纪事档案——亨利八世时期》，伦敦，1862年到1932年，第4卷，第2部分，第2177页。——原注

找不到这封简函的任何痕迹。这封简函未被正式登记，真实性应当受到怀疑。但这正好说明出现了新情况。送到英格兰王国的只是这封简函的副本，阿拉贡的凯瑟琳趾高气扬地把它拿给亨利八世看。简函原件被扣在神圣罗马帝国。它将被送往罗马，而不是伦敦。没有简函原件，洛伦佐·坎佩焦可以假装无法进行下一步审判，同时可以拒绝继续执行委派任务。耍一时的花招最终都会遭到报应。既然有人提出了这个问题，那就必须以某种方式解决这个直接影响到王位继承人的问题。目前，许多一直保持冷漠的贵族开始支持亨利八世的要求。他们起草了一封联名信，其中包括托马斯·霍华德的签名。信里告知克莱门特七世必须承认亨利八世与阿拉贡的凯瑟琳离婚，他们还让格雷戈里·迪·卡萨莱传达了他们对洛伦佐·坎佩焦的拖沓行为的不满，以及亨利八世不会屈服于欺骗的决心。

格雷戈里·迪·卡萨莱传达了信息，并且描述了这些话产生的影响。他写道："克莱门特七世非常生气，把手放在我的胳膊上，阻止我继续报告，说他们抱怨得对，他被自己的枢机主教顾问委员会的委员欺骗了。他颁发教令是只让亨利八世看的，并且叮嘱了托马斯·沃尔西等亨利八世看后就烧掉的。但现在，托马斯·沃尔西想把它泄露出去。他可以预见接下来会发生的事情，也很乐意撤回做过的一切，哪怕这意味着要失去一个得力助手。"

格雷戈里·迪·卡萨莱回答说，托马斯·沃尔西只想把它给能够保守保密的几个人看，并且问克莱门特七世不就是为了这个目的而做的要求吗？克莱门特七世为什么改变主意？克莱门特七世听到这里更激动了，说他早知道《尤里乌斯二世教皇诏书》会毁了自己，他不会再让步了。格雷戈里·迪·卡萨莱恳求克莱门特七世考虑一下。克莱门特七世手舞足蹈地说："我确实考虑过，考虑到了祸事临头。我后悔所做的一切。如果异端出现，是我的错吗？我不会违背我的良心。如果他们愿意，就让他们把洛伦佐·坎佩焦送回来，因为洛伦佐·坎佩焦不会再继续审案。他们可以随心所欲，只要不让我负责任。"

格雷戈里·迪·卡萨莱问道，那么克莱门特七世的意思是公使洛伦佐·坎佩焦的任务不应该继续进行吗？克莱门特七世不能说得那么明白，只说自己告诉洛伦佐·坎佩焦劝阻亨利八世，说服阿拉贡的凯瑟琳。格雷戈里·迪·卡萨莱问道："让枢密院的一些人宣誓后看到教令会有什么后果？"

克莱门特七世只说教令早就应该被烧掉了，并且拒绝进一步讨论此事。①

---

① 约翰·卡萨莱致托马斯·沃尔西的信，1528年12月17日，《英国政府国内外纪事档案——亨利八世时期》，伦敦，1862年到1932年，第4卷，第2部分，第2186页。——原注

第 5 章

克莱门特七世派出公使审理离婚案

人们应怜悯基督的罗马教区的神父、欧洲的最高法官——克莱门特七世这个不幸的人。他的教令是圣灵的启示，现在却像在亨利八世和查理五世轮番鞭打下团团转的陀螺。他曾希望教令不会为人所知。但伊尼戈·洛佩斯·德·门多萨·伊·苏尼加肯定会知道的，他知道后，对教令做了最坏的解读："克莱门特七世和亨利八世一直试图恐吓阿拉贡的凯瑟琳，想让她做修女。"伊尼戈·洛佩斯·德·门多萨·伊·苏尼加发现自己也不能相信克莱门特七世。于是现在，这位查理五世在罗马的代表强迫克莱门特七世做出新的承诺。在没有克莱门特七世最新直接命令的情况下，英格兰王国的诉讼程序不得开始，同时克莱门特七世被禁止给出新命令。如果亨利八世坚持，且阿拉贡的凯瑟琳要求，那么洛伦佐·坎佩焦就要离开英格兰，将离婚案提交到圣轮法院审理。新发现的那封简函就是充分的证据。没有它，洛伦佐·坎佩焦和托马斯·沃尔西就无法判决此案，"阿拉贡的凯瑟琳的全部权利都基于这封简函的内容"。查理五世把它掌握在手中，并且只允许在罗马审读该简函。这也许能阻止英格兰王国方面继续行动。

毫无疑问，这封简函是为了阻止英格兰王国方面继续行动而伪造的。克莱门特七世委派公使到英格兰王国审理离婚案，亨利八世认为自己有权要求公使出示离婚案必需的文件。他要求阿拉贡的凯瑟琳写信给查理五世要这封简函。阿拉贡的凯瑟琳照做了。但把阿拉贡的凯瑟琳的信送到西班牙宫廷的信使被要求宣誓不得再为阿拉贡的凯瑟琳传递任何私人的信。因为担心自己的信受到审查，所以伊尼戈·洛佩斯·德·门多萨·伊·苏尼加不敢再写信。他让西班牙宫廷的信使背了几句话，告诉查理五世，对阿拉贡的凯瑟琳的信不予理会。伊尼戈·洛佩斯·德·门多萨·伊·苏尼加说："我和西班牙宫廷的信使觉得，如果您不理会阿拉贡的凯瑟琳的信，信使就算守住了不再为阿拉贡的凯瑟琳传递任何私人信件的誓言。"①时间流逝，新的一年到来了，洛伦佐·坎佩焦虽然已经在英格兰王国待了三个月，但没有取得任何进展。与不诚实相比，克莱门特七世更多的是无助，他继续向亨利八世保证自己将按照律法规定，尽可能为亨利八世做一切事情，并且竭尽全力，任何危险都不能阻止他。"如果亨利八世认为克莱门特七世辞去教皇职务有助于实现目标，克莱门特七世可以接受，因为他对亨利八世的爱，让他无法不这么做。"

克莱门特七世如此好心，亨利八世也看不出困难到底在哪里。亨利八世请求阿拉贡的凯瑟琳去做修女。阿拉贡的凯瑟琳拒绝了。那么为什么克莱门特七世不允许将教令付诸行动呢？贝尔纳多·萨尔维亚蒂告诉格雷戈里·迪·卡萨莱，教令做的判决不会产生任何结果，只会让克莱门特七世下台。②现在，亨利八世明显不愉快地意识到这场斗争在朝什么方向发展。这是他没有料到的。托马斯·沃尔西告诉他，克莱门特七世会屈服。克莱门特七世也已经答应了他的要求。但克莱门特七世的承诺化为了泡影。托马斯·沃尔西说过查理五世承担不起和亨利八世打仗的代价。但亨利八世发现，如果自己不让步，那么与查理五世这一仗真的极有可能爆发，但他就是不愿意让步。可怜的克莱门特七

---

① 伊尼戈·洛佩斯·德·门多萨·伊·苏尼加致查理五世的信，1529年2月4日，《西班牙档案》，伦敦，1877年，第3卷，第2部分。——原注

② 威廉·奈特和威廉·贝尼特致托马斯·沃尔西的信，1529年1月8日，《英国政府国内外纪事档案——亨利八世时期》，伦敦，1862年到1932年，第4卷，第3部分，第2262页。——原注

世和亨利八世一样焦虑。他说过要辞职,他差点就可以解脱了。力不从心的煎熬让他病倒了。他以为自己活不了多久了。很明显,现在,摆放在托马斯·沃尔西面前的是道奇怪的选择题,要么丢尽颜面,要么继任克莱门特七世登上圣彼得的教皇宝座。托马斯·沃尔西当选教皇,也许真的是当前这种情况的一丝转机。枢机主教没有原谅神圣罗马帝国对罗马的洗劫。法兰西王国或英格兰王国的教皇候选人有很大的希望当选,而托马斯·沃尔西可以赢得法兰西人的选票。他有无穷无尽的金钱,在枢机主教团中,金钱只离万能差一步。托马斯·沃尔西承诺,如果自己当选,他将放弃在英格兰王国的无量仕途,留驻罗马,他的三个主教职位和修道院的空缺将为枢机主教的钱包注入大量黄金。任命英格兰主教的教皇诏书是需要用钱买的,费用之高足以令托马斯·沃尔西本人都吃惊。托马斯·沃尔西已经是约克大主教、温彻斯特主教和圣奥尔本修道院院长了,刚被引荐给达勒姆主教卡思伯特·滕斯托尔。卡思伯特·滕斯托尔花

达勒姆主教卡思伯特·滕斯托尔

了八千达克特让自己赴任温彻斯特主教的教皇诏书"加速"。枢机主教向卡思伯特·滕斯托尔索要一万三千达克特。一达克特值五先令，1528年的五先令值20世纪的五十先令。枢机主教团就是以这样的价格长期榨取英格兰教会想要获得晋升的人。如果再次腾空所有这些教会职位，那将是一次大丰收。有一两周，这一美好愿景甚至让大家暂时停止了对离婚案的焦虑。但克莱门特七世又恢复了元气，托马斯·沃尔西、洛伦佐·坎佩焦和克莱门特七世都不得不重新背负起忘恩负义的骂名。

克莱门特七世会做什么还真不确定。软弱、冲动的人往往把自己的行动方向留给命运或机遇来决定。克莱门特七世能够再次处理公务时，格雷戈里·迪·卡萨莱以托马斯·沃尔西的名义告诉他，这次遭遇险境，需要引以为戒。"故意纵容这种大事这样发展却不加以纠正，违背'万能的上帝'公开的意愿，会招致主的不快，危及灵魂。"神圣罗马帝国方面和托马斯·沃尔西一样焦虑，也同样不信任克莱门特七世。在枢机主教团里，英格兰王国的黄金有着不可轻视的影响力，亨利八世能给的金子比查理五世多。神圣罗马帝国代表米塞·马伊发现春天来临时，意大利的枢机主教逐渐心灰意冷。贝尔纳多·萨尔维亚蒂坚决主张让阿拉贡的凯瑟琳做修女。格雷戈里·迪·卡萨莱谴责查理五世手里的简函是伪造的，枢机主教团似乎也持同样的观点。在克莱门特七世面前，愤怒的米塞·马伊抱怨说，枢机主教对查理五世的大臣缺乏礼数，查理五世的大臣对这些举止傲慢、专横跋扈的枢机主教却礼遇有加，就像对待回头的浪子。[①]克莱门特七世向米塞·马伊保证，无论发生什么事，自己都不会批准离婚。但米塞·马伊半信半疑。在难熬的时刻，米塞·马伊甚至更倾向于相信洛佩·德·索里亚对克莱门特七世的看法。米塞·马伊说："在别的时候，光靠恐吓就能从克莱门特七世那里得到许多恩准。但现在，这是不可能的，因为这么做会让克莱门特七世陷入绝望，神圣罗马帝国方面会彻底失去他。克莱门

---

① 米塞·马伊致查理五世的信，1529年4月3日，《西班牙档案》，伦敦，1877年，第3卷，第2部分，第973页。——原注

特七世以前为这些枢机主教所做的一切，都应该得到一个交代，否则克莱门特七世会认为让他们只保留宗教权力是上帝的旨意。"①

米塞·马伊的脾气偶尔会爆发，措辞激烈，引人注意。有个枢机主教竟用轻蔑的语气谈论查理五世。

于是，米塞·马伊写信给查理五世说："我没有去拜访克莱门特七世，而是给他捎了一封信，并且补充说，如果我再看到这个枢机主教或枢机主教团的任何一个成员竟敢以如此不雅的方式谈及陛下您，我郑重宣誓，要把这个人斩首或活活烧死在家里。这一次，我是出于对克莱门特七世的尊敬而克制住的，但如果这种侮辱再次发生，我将毫不犹豫。他们可以随意处置教皇诏书，撒泼耍赖，爱给就给，不愿意给就不给。但他们不可以说君主的坏话，也不可以对国家间的事情评头论足。"②

这令人侧目的言辞传到了克莱门特七世耳里，他没有什么反应，看上去反倒很高兴。米塞·马伊认为，路德教教会起义不足为怪，除在信仰上不认同路德教教会之外，路德教教会对罗马天主教教会的评论让他完全赞同。③

圣城罗马被洗劫过去不过一年，枢机主教就基本已经被打点妥当。这是非常有可能的。如果情况严重，神圣罗马帝国的大臣似乎仍然可以在克莱门特七世的领地指挥西班牙驻军开战，枢机主教团的成员有充分的理由感到不安。亨利八世有合理的理由反对离婚案在罗马审判，因为如果罗马的最高法官的陪审团不服从查理五世的命令，可能会被即刻处决。查理五世允许自己的代表米塞·马伊写这样的信给自己，证明在教会问题上，查理五世、米塞·马伊和亨利八世的观点是基本一致的。克莱门特七世知道这一点。他主要担心的是，查理五世、法兰西王国、英格兰王国和神圣罗马帝国的君主可能会达成一致，

---

① 米塞·马伊致查理五世的信，1529年5月11日，《西班牙档案》，伦敦，1877年，第4卷，第1部分，第20页。——原注
② 在西班牙语中，这句话带有的轻蔑意味更重。——原注
③ 米塞·马伊致查理五世的信，1529年6月5日，《西班牙档案》，伦敦，1877年，第4卷，第1部分，第60页。——原注

对自己不利。如果不是离婚案使亨利八世和查理五世产生分歧，也许真的会这样。1529年4月3日，洛伦佐·坎佩焦写信给乔瓦尼·桑加说，路德教教会与亨利八世的谈判已经取得了一些进展，如果亨利八世和弗朗索瓦一世将天主教教会的权力减少到最原始的状态，不再拥有任何世俗权力，路德教教会承诺放弃所有信仰方面的异端信条。洛伦佐·坎佩焦曾告诫过亨利八世，路德教不过是穿着天使衣服的魔鬼，其精心布局不过是为了剥夺天主教教会的财产。各级天主教教会委员会和神学家早就规定天主教教会是可以持有世俗财产的。亨利八世说这些规则是由神职人员自己制定的，现在普通信徒必须干涉。亨利八世还说，据说，神职人员过着罪恶的生活，尤其是在罗马教廷。①

面对来自双方的咆哮和怒吼，克莱门特七世为自己也为教会感到惶恐不安。克莱门特七世随波逐流，希望能有什么从未发生过的意外来拯救自己，也希望他的病或许能让他结束生命。

查理五世抱怨洛伦佐·坎佩焦偏袒亨利八世，因为他是英格兰主教区的主教。托马斯·沃尔西坚持说："如果克莱门特七世让王位继承问题继续悬而不决，任何君主都容忍不了这种伤害。"在给洛伦佐·坎佩焦的信中，克莱门特七世的秘书乔瓦尼·桑加写道："什么都没做，什么都不会做。夹在英格兰大使和法兰西大使之间，克莱门特七世左右为难。他想取悦亨利八世，但亨利八世和托马斯·沃尔西在强迫威尼斯人归还克莱门特七世的领地前，一定不希望他有任何动作。"斯蒂芬·加德纳非常了解克莱门特七世，并且每日盯着他。斯蒂芬·加德纳说："除非受某种激烈情感驱使，不然克莱门特七世是一个永远不会解决任何问题的人。他不知所措，似乎愿意满足亨利八世的要求，但到了关键时刻什么也不做。如果亨利八世的离婚案能在英格兰由托马斯·沃尔西和洛伦佐·坎佩焦判决，克莱门特七世会很高兴。但如果查理五世对英格兰王国的判决提起上诉，托马斯·沃尔西和洛伦佐·坎佩焦又会像现在听候亨利八世差

---

① 洛伦佐·坎佩焦致乔瓦尼·桑加的信，1529年4月3日，《英国政府国内外纪事档案——亨利八世时期》，伦敦，1862年到1932年，第4卷，第2379页。——原注

遣一样听查理五世差遣，并且推迟时间。"事情会没完没了下去，"除非洛伦佐·坎佩焦直接答应判亨利八世胜诉，否则英格兰王国方面只会认为这样拖延是因为那封伪造的简函"①。弗朗西斯·布赖恩爵士也在教皇宫廷，他写信给亨利八世说，克莱门特七世不会为亨利八世做任何事情，要是有谁告诉亨利八世克莱门特七世会为他做事，都是没有向亨利八世尽到最好的义务。"这样写我很抱歉，但陛下不应该被他们不断灌输奉承之词。"②

对英格兰王国来说，一直等待克莱门特七世行动是没有用的。克莱门特七世不敢再冒犯查理五世了，查理五世已经出面阻止了此后的行动。克莱门特七世曾几次暗示，最好的办法是先在英格兰王国的公使法庭上对离婚案做出判决，让阿拉贡的凯瑟琳上诉。他曾向查理五世保证，托马斯·沃尔西和洛伦佐·坎佩焦不会在英格兰王国做出任何判决。但克莱门特七世"戴着两副面孔"，让人没法判断哪个才是他的真面孔。斯蒂芬·加德纳和弗朗西斯·布赖恩爵士被召回英格兰王国。亨利八世发现克莱门特七世忘恩负义，"决心瞒着他，让托马斯·沃尔西和洛伦佐·坎佩焦继续执行已受委派的任务"③。托马斯·沃尔西鼓动他的伙伴洛伦佐·坎佩焦，向他保证，如果现在解除亨利八世与阿拉贡的凯瑟琳的婚姻，就可以找到让查理五世满意的办法。阿拉贡的凯瑟琳的国家，即西班牙王国，不会受到损害，她会得到任何她想要的东西，"除了亨利八世"。查理五世的亲生女儿奥地利的玛利亚可以嫁给亨利·菲茨罗伊，这样一切都会好起来。④

虽然托马斯·沃尔西是这样写的，但他的心里并不像他假装的那样冷

---

① 斯蒂芬·加德纳致亨利八世的信，1529年4月21日，《英国政府国内外纪事档案——亨利八世时期》，伦敦，1862年到1932年，第4卷，第2415页。——原注
② 弗朗西斯·布赖恩爵士致亨利八世的信，《英国政府国内外纪事档案——亨利八世时期》，伦敦，1862年到1932年，第4卷，第2418页。——原注
③ 托马斯·沃尔西致斯蒂芬·加德纳的信，1529年5月5日，《英国政府国内外纪事档案——亨利八世时期》，伦敦，1862年到1932年，第4卷，第2442页。——原注
④ 洛伦佐·坎佩焦致贝尔纳多·萨尔维亚蒂的信，1529年5月12日，《英国政府国内外纪事档案——亨利八世时期》，伦敦，1862年到1932年，第2451页。——原注

巴约讷主教让·迪·贝莱

静。除非亨利八世得到法兰西人的积极支持，否则克莱门特七世最终会让他失望。弗朗索瓦一世希望亨利八世在战争中积极支持自己。没有法兰西王国的有效帮助，托马斯·沃尔西知道自己也无出头之日。法兰西大使巴约讷主教让·迪·贝莱向法兰西宫廷表示，托马斯·沃尔西真诚希望英格兰王国与法兰西王国结成同盟，正是托马斯·沃尔西一直向亨利八世保证可以不用怕查理五世，这才使亨利八世挑起了离婚一事。托马斯·沃尔西推动离婚案是将它当作"永远断绝英格兰王国与查理五世同盟关系"的手段。现在，弗朗索瓦一世宣布自己支持英格兰就是对亨利八世巨大的帮助，会让托马斯·沃尔西对他感恩戴德，就想让他坐上了教皇宝座一样。①现在，托马斯·沃尔西的主人亨利八世不仅关心自己能否问心无愧、是否能有子嗣，还关心英格兰王国的安全和独立。亨利八世不可能让人说自己受敌人胁迫而任由王位继承权不明不白。②

萨福克公爵查尔斯·布兰登被派往巴黎，要求弗朗索瓦一世做出决定。弗朗索瓦一世向亨利八世表达了最真诚的善意，答应给克莱门特七世提建议。弗

萨福克公爵查尔斯·布兰登

① 让·迪·贝莱致安内·德·蒙莫朗西的信，1529年5月22日，《英国政府国内外纪事档案——亨利八世时期》，伦敦，1862年到1932年，第4卷，第2469页。——原注
② 让·迪·贝莱致安内·德·蒙莫朗西的信，1529年5月28日，《英国政府国内外纪事档案——亨利八世时期》，伦敦，1862年到1932年，第4卷，第2476页到第2477页。——原注

朗索瓦一世向查尔斯·布兰登保证,如果查理五世试图动武,他会站在亨利八世一边,但他不能再做更多保证。谈到托马斯·沃尔西可能出任宗主教时,弗朗索瓦一世好奇地表示,他怀疑托马斯·沃尔西到底有没有背叛亨利八世。他说:"亨利八世向他信任的人托付的事是永远不会生效的。洛伦佐·坎佩焦告诉我,他认为这婚离不了,但能掩饰得足够好。在我这里时,我看托马斯·沃尔西是希望他们离婚的,因为他不喜欢阿拉贡的凯瑟琳。但我想劝亨利八世不要太相信任何人,管好自己的事就行。托马斯·沃尔西、克莱门特七世和洛伦佐·坎佩焦之间有太多秘密,但他们不会承认。"[1]

事情不可能永远这样下去。如果克莱门特七世意识到自己身居高位,在案件审理前拒绝过早给出判决,那他尚且还有这个当借口。但从一开始,这桩离婚案本身的对与错就被他忽视,仿佛毫不重要。除预料到来自亨利八世和查理五世的轮番威胁之外,克莱门特七世什么也没想到。如果法兰西王国把神圣罗马帝国军队赶出了意大利,那离婚是毫无疑问的了。基督教世界的最高法庭,除利益和恐惧之外,明显不受其他影响。事实上,尽管不敢公开,克莱门特七世还是预料到了判决的结果。克莱门特七世已任命了一个公使委员会,并且通过秘密教令规定了他们做什么判决。这条教令不能展示出来,但无论有没有这条教令,亨利八世坚持让托马斯·沃尔西和洛伦佐·坎佩焦开庭断案。洛伦佐·坎佩焦被派去审离婚案,他必须得去。托马斯·沃尔西通知说离婚案将在1529年6月月底审理。也许托马斯·沃尔西选择这个离英格兰法庭开庭期结束不远的日期,是因为这样一来,休庭期可能会中止这一进程,并且为进一步的拖延留出时间。

既然某种审判已无法避免,克莱门特七世最后的指示送到了洛伦佐·坎佩焦手里。乔瓦尼·桑加在写给洛伦佐·坎佩焦的信中说:"如果克莱门特七世不确定洛伦佐·坎佩焦记不记得自己口授并多次写信告知的命令,克莱门特七

---

[1] 查尔斯·布兰登致亨利八世的信,1529年6月4日,《英国政府国内外纪事档案——亨利八世时期》,伦敦,1862年到1932年,第4卷,第2491页。——原注

世会非常焦虑。克莱门特七世一直希望离婚案能拖延下去，以便想到办法让亨利八世满意，从而不必继续宣判。克莱门特七世一直坚持要把这件案子提交到圣轮法院审理，但推迟了，不是因为人们怀疑离婚案在圣轮法院审理比在英格兰王国审理内幕更多，而是因为克莱门特七世不想得罪亨利八世。但由于洛伦佐·坎佩焦未能阻止诉讼程序开始，克莱门特七世警告他，诉讼程序必须缓慢，不得以任何方式宣判。洛伦佐·坎佩焦手里有不下一千种手段和借口，就算没有别的依据，已经发布的简函是肯定可以作为依据的。"[1]

据格雷戈里·迪·卡萨莱所说，克莱门特七世对整个罗马的总体形势的看法是这样的：

> 在未看到事态会如何发展前，克莱门特七世是不会公开支持查理五世的。他以为查理五世会来意大利。要是打仗，查理五世肯定会打赢，所以事先得到查理五世的友谊对克莱门特七世是有利的。如果和平得以实现，查理五世肯定会掌握主动权。从查理五世这里得到的帮助会比从弗朗索瓦一世那里得到的多很多。查理五世是英法同盟的敌人。罗马遭洗劫让查理五世荣誉扫地。查理五世力图成为克莱门特七世的守护者，一雪前耻。[2]

托马斯·沃尔西的梦想破灭了，随之破灭的是洛佩·德·索里亚和米塞·马伊的梦想。把法兰西王国和英格兰王国联合起来保卫克莱门特七世的美好计划经证明是毫无根据的。这计划本来就建立在散沙之上。亨利八世将领导英格兰王国国教宗教改革。查理五世不是要枢机主教的脑袋，而是要成为罗马统

---

[1] 乔瓦尼·桑加致洛伦佐·坎佩焦的信，1529年5月29日，《英国政府国内外纪事档案——亨利八世时期》，伦敦，1862年到1932年，第4卷，第2479页。——原注
[2] 格雷戈里·迪·卡萨莱致托马斯·沃尔西的信，1529年6月13日，《英国政府国内外纪事档案——亨利八世时期》，伦敦，1862年到1932年，第2507页到第2508页。——原注

治集团的捍卫者。局势越来越明朗。在这场激烈的角逐中,各方都在逐渐进入状态。托马斯·沃尔西无法预见本人的命运、作为最严重腐败现象的主要保护者的命运及英格兰国教的命运,因为他对这一切感到心安理得。

伊尼戈·洛佩斯·德·门多萨·伊·苏尼加被召回神圣罗马帝国,临走前觐见亨利八世。伊尼戈·洛佩斯·德·门多萨·伊·苏尼加说:"查理五世不得不保护他的姨妈。这虽然是一件私事,但触动了他家族的荣誉。"亨利八世回答说,查理五世无权干涉他的私事,他也没有干涉其他君主的私事。伊尼戈·洛佩斯·德·门多萨·伊·苏尼加猜不到可能会发生的事情。离婚诉讼案还是会继续。如果克莱门特七世下达禁令,托马斯·沃尔西是否会服从不能确定,克莱门特七世是否会下达这样的禁令也令人怀疑。伊尼戈·洛佩斯·德·门多萨·伊·苏尼加怀疑克莱门特七世可能是故意背叛查理五世。他认为,托马斯·沃尔西已经接到命令审理离婚案,并且根据第一次的委任状做出判决。如果是这样,判决肯定对阿拉贡的凯瑟琳不利,必须马上向圣轮法院提起上诉,一刻也不可耽搁。①

---

① 伊尼戈·洛佩斯·德·门多萨·伊·苏尼加致查理五世的信,1529年6月17日,《西班牙档案》,伦敦,1877年,第4卷,第1部分,第96页。——原注

第 6 章

阿拉贡的凯瑟琳向圣轮法院提起上诉

多明我会的审判厅里，托马斯·沃尔西和洛伦佐·坎佩焦审理亨利八世与阿拉贡的凯瑟琳离婚案的盛大场面太有名了，不需要我再进一步的描述。对公使托马斯·沃尔西和洛伦佐·坎佩焦来说，这不过是一场精彩的闹剧。他们知道这一切都会无疾而终。外面的世界，甚至主要相关方都不知道克莱门特七世的意图，等着这案子的判决来决定他们随后的行动。有争议的问题比眼前多明我会法庭上讨论的问题还多。关键问题是，英格兰王国的国家利益是否可以再托付给克莱门特七世这个法官，这个法官受到自己个人恐惧和利益的影响，降低了自己职位的权威性。当亨利八世要求克莱门特七世任命代表对案子做出判决时，克莱门特七世承认自己没有办法，或者不愿意决定是否判决。从理论上讲，亨利八世的要求是正当的。与哥哥的妻子结婚是不合法的，任何教皇的特赦令都不能让这样的婚姻合法。但长期以来的习俗又允许本身受禁制的婚姻成立。克莱门特七世可以用几个世纪以来无可争议的习俗为自己辩护。如果离婚案首次提交给他时，他就明确地回答说，有他前一任教皇尤里乌斯二世的批准，又是双方真心同意缔结的婚约，所以不能解除，那么即使是在继承权有争议的情况下，英格兰王国的舆论也很可能会偏向克莱门特七世，亨利八世则可能会撤销这起诉讼。但克莱门特七世选择做一个软弱的凡人，希望取悦强大的君主。他接受了亨利八世的请愿,犹豫不决,声称无法做出决断,最后又宣布亨利八世一方占理,并且承诺这样宣判。如果现在克莱门特七世退缩了,打破了约定,就给这个经过长期讨论、已经很严重的问题带来新的阻碍;如果让人们看到,他不遵守承诺的原因是另一个君主的威胁,这样的法官是不是已经让人无法容忍了?难道不是克莱门特七世的权威不保,不再适合行使教皇被允许行使的权力吗?从这一点来说,离婚案的审判根本不是闹剧。克莱门特七世至高无上的地位本身也在经受考验。

1529年6月16日,亨利八世和阿拉贡的凯瑟琳被传唤出庭。阿拉贡的凯瑟琳毫无准备。查理五世向她保证,她的案子不会在英格兰王国受审。她招来洛伦佐·坎佩焦解释。洛伦佐·坎佩焦回答说,克莱门特七世委派了两个公使参与审案,如果不是出于重大理由,不能撤销他们的委任。洛伦佐·坎佩焦劝阿拉贡的凯瑟琳祈求上帝开导她接受一些好的建议,审时度势。洛伦佐·坎佩焦并不是没有希望过阿拉贡的凯瑟琳在最后一刻会屈服并宣誓成为修女。但阿拉贡的凯瑟琳一点也没听洛伦佐·坎佩焦的暗示,也没人知道阿拉贡的凯瑟琳要做什么。[①]阿拉贡的凯瑟琳很快就表明了自己想做什么。1529年6月18日,法庭开庭。亨利八世派了一个代理人出庭,代他说自己对婚姻的合法性有顾虑,要求解决这个问题。阿拉贡的凯瑟琳出席,起身简短抗议审判地点不合适、法官资质不合格。托马斯·沃尔西是英格兰公民,洛伦佐·坎佩焦是英格兰主教。他们做不到秉公处理。阿拉贡的凯瑟琳要求在罗马开庭,提交了书面抗议,然后离庭。

亨利八世的代表立刻替亨利八世回答说,亨利八世不能在一个由查理五世主宰的城市里辩护。法庭休庭三天,枢机主教需要再考虑。1529年6月21日,法庭再次开庭,气氛变得更庄严。现在,亨利八世亲自来了,在公使右手边的一个罩篷下就座。阿拉贡的凯瑟琳再次出庭,在公使左边同等位置就座。

---

① 洛伦佐·坎佩焦致贝尔纳多·萨尔维亚蒂的信,1529年6月16日,《英国政府国内外纪事档案——亨利八世时期》,伦敦,1862年到1932年,第4卷,第2509页。——原注

亨利八世发言，他说认为自己犯了教会大罪，再也不能忍受，要求审判。托马斯·沃尔西回答说，他们会秉公行事。然后，阿拉贡的凯瑟琳离开座位，从他们面前走过，跪到丈夫亨利八世的脚边。阿拉贡的凯瑟琳说自己做亨利八世合法的妻子已经二十年了，不应该被抛弃和羞辱。阿拉贡的凯瑟琳乞求亨利八世想想他们的女儿玛丽·都铎公主，想想她的亲人，即查理五世和匈牙利国王斐迪南一世，他们会受到严重的羞辱。在阿拉贡的凯瑟琳进来时，聚集在法庭门口周围的成群的妇女为她欢呼，并且告诉她什么都不要在意。法兰西大使

匈牙利国王斐迪南一世

让·迪·贝莱说，如果由女性来判决这个案子，阿拉贡的凯瑟琳必将胜诉。但女性的声音毫无用处。阿拉贡的凯瑟琳被告知抗议无效。然后，阿拉贡的凯瑟琳离开了法庭，法庭三次传唤她回来，都被她拒绝了。因此，法庭宣布她犯有蔑视法庭罪。

亨利八世的确有充分的理由拒绝以原告身份出现在罗马。格雷戈里·迪·卡萨莱奉命告诉克莱门特七世，因克莱门特七世受查理五世的掌控，英格兰王国不能接受让克莱门特七世作为离婚案的法官，作为一国之主的君主拥有不在他们自己领地之外的法庭出庭辩护的豁免权。如果克莱门特七世接受阿拉贡的凯瑟琳的上诉，他就失去了亨利八世和英格兰人对罗马教廷的忠诚，并且会永远毁了托马斯·沃尔西。[①]托马斯·沃尔西和洛伦佐·坎佩焦如果是真心审案，就没有时间去了解离婚案是否可以上诉到圣轮法院。按照克莱门特七世的委托，托马斯·沃尔西和洛伦佐·坎佩焦可以继续审理并做出判决。他们似乎也想这样做。法庭继续开庭。阿拉贡的凯瑟琳继续违抗法庭命令，拒绝出庭，那就没有什么能耽搁判决的了。阿拉贡的凯瑟琳绝望了，觉得自己被出卖了。伊尼戈·洛佩斯·德·门多萨·伊·苏尼加本来可以安慰她，但他走了。她写信给伊尼戈·洛佩斯·德·门多萨·伊·苏尼加说，除非查理五世或克莱门特七世介入，否则自己会彻底失去方向。就连洛伦佐·坎佩焦好像也不知道要怎样避免判决。法兰西大使让·迪·贝莱写道，洛伦佐·坎佩焦已经开始动摇。如果弗朗索瓦一世给洛伦佐·坎佩焦捎个信，他可能会鼓起勇气宣判，亨利八世也会感激到下跪。如果托马斯·沃尔西和洛伦佐·坎佩焦不顾克莱门特七世的命令，对离婚案做出审判，克莱门特七世心里也许不会不高兴，因为克莱门特七世常常会希望公使自行判决。米塞·马伊给查理五世的信中描述克莱门特七世这个可怜老人的转变，与查理五世从英格兰王国收到的描述一样，几乎是令人同情的。在米塞·马伊看来，克莱门特七世、枢机主教和教会律

[①] 托马斯·沃尔西致格雷戈里·迪·卡萨莱的信，1529年6月22日，《英国政府国内外纪事档案——亨利八世时期》，伦敦，1862年到1932年，第4卷，第2526页。——原注

师即使不背信弃义，也是软弱不已。当读到米塞·马伊这个西班牙人对这群人的真实评价时，人们总是会目瞪口呆。查理五世和腓力二世却以这群人的名义血洗欧洲。

米塞·马伊说："贝尔纳多·萨尔维亚蒂虽然是个大恶棍，但没有足够的智慧隐藏自己的诡计。他给我看了罗马教廷写给洛伦佐·坎佩焦的一封信的备忘录。地狱里的恶魔也写不出一篇比这更愚蠢或更恶毒的文章。"这封信指示洛伦佐·坎佩焦不得向任何人透露他接到了不做判决的命令，而是继续拖延。这正是"那群人所希望的"，因为如果洛伦佐·坎佩焦说自己不会在这件事上发表声明，托马斯·沃尔西将会自己行动，克莱门特七世的授权最初是一起或单独交给两个公使的。这封信还指示洛伦佐·坎佩焦，如果他拖延不下去，就继续进行审判，直到最后的判决时刻。但在没有事先请示罗马教廷的情况下，不能宣判。如果可能，指示的这一部分要保密，以免惹恼亨利八世。

米塞·马伊继续写道："我再也没有耐心了，安德烈亚·德·布尔戈和我去见克莱门特七世，告诉克莱门特七世我们看到了给洛伦佐·坎佩焦的指示。这些指示的性质恶劣至极。如果我们将其内容告知您，您肯定会对他这么对您感到愤恨。我们不会那样做，但我们会直言不讳。这封写给洛伦佐·坎佩焦的信违背了他经常向您保证的事，在罗马审判离婚案。他违反承诺并写信给洛伦佐·坎佩焦指示继续进行审判，比一开始就委任他审理此案对您造成的侮辱和冒犯更大。令人惊奇的是，克莱门特七世如此轻率地对待正义和理性的诺言。这样的罪行对陛下及其他神圣罗马帝国皇室的荣誉造成了极大的损害，您是不会容忍的。亨利八世只要问洛伦佐·坎佩焦是否会宣判，如果洛伦佐·坎佩焦拒绝，那责任就落到另一个公使托马斯·沃尔西身上了。克莱门特七世得当心自己可能会给正在基督教世界肆虐的大火添把燃料。"①

对米塞·马伊来说，将离婚案提交到圣轮法院审理还不够。英格兰王国代

---

① 米塞·马伊致查理五世的信，1529年8月4日，《西班牙档案》，伦敦，1877年，第4卷，第1部分，第155页。——原注

表说，如果一个拥有独立主权的君主被迫在圣轮法院辩护，克莱门特七世至少必须亲自听取诉讼。米塞·马伊不愿意听不能把离婚案交给圣轮法院这样的话。他认为离婚案只能交给圣轮法院，不能交到别的地方。克莱门特七世的意愿可能是好的，但他可能会死，并且由另一个教皇继任，或者英格兰人可能会重新获得他们曾经在教皇宫廷的影响力。事实上，英格兰人仍然有影响力，他们是教皇宫廷的最爱，左右行贿，挥金如土。①区区一个可怜的克莱门特七世能怎么办？格雷戈里·迪·卡萨莱和从英格兰派来加入他的队伍的威廉·贝尼特博士指出，如果克莱门特七世允许自己被查理五世控制，必然会产生严重后果。克莱门特七世悲叹道，没有人比他更清楚这一点，但他如刀俎间的鱼肉，任人宰割。因此，尽管克莱门特七世想取悦亨利八世，但所有风暴还是会降临到他身上。查理五世不会容忍自己的家族受辱，他说过他把这桩离婚案看得比他所有领土还重要。领土不过是外在的财富，离婚案却关系到他的荣誉。克莱门特七世可以推迟几天提审，但不能拒绝提审。他受查理五世控制，查理五世想要他做什么，他就得做什么。

这几日休庭意味着休庭期间英格兰王国可能传来一些决定性行动的消息。格雷戈里·迪·卡萨莱和威廉·贝尼特认为，亨利八世必须决定是自己请求中止审判程序好，还是在圣轮法院提审前先行宣判好。②他们补充说，克莱门特七世对亨利八世很有好感，不会拒绝为亨利八世流血，但在这件案子上、在这个时候不可能。

英格兰王国的诉讼还在继续进行着。托马斯·沃尔西与洛伦佐·坎佩焦利用一切借口拖延，但在阿拉贡的凯瑟琳坚决拒绝承认法庭的情况下，拖延日益困难。亨利八世要求做出判决，法庭程序上有困难的借口已经用尽。洛伦

---

① 米塞·马伊致查理五世的信，1529年8月28日，《西班牙档案》，伦敦，1877年，第4卷，第1部分，第182页。——原注
② 威廉·贝尼特、格雷戈里·迪·卡萨莱和彼得·万内斯致亨利八世的信，《英国政府国内外纪事档案——亨利八世时期》，伦敦，1862年到1932年，第4卷，第2567—2568页。——原注

佐·坎佩焦必须出示克莱门特七世最后的指示,已经没有任何借口可以让他提出来作为进一步犹豫的理由了,但克莱门特七世已经命令他不得透露指示内容了。没有人会想到克莱门特七世在做出明确的承诺后,还会撤销此次委任。洛伦佐·坎佩焦和托马斯·沃尔西坐在那里,全权听审和决断。看来,他们必须做决断了。在第五场庭审中,约翰·费希尔未经邀请、未受请求直接站起来在法庭上讲话。约翰·费希尔说,亨利八世已经宣布他唯一的目的就是伸张正义,以减轻良心上的不安,并且邀请法官和其他人一起来帮忙解决这个令他苦恼和困惑的问题。自己花了两年的时间认真研究这个问题,觉得自己有义务发表意见,不想因为未表明自己的看法而被诅咒。因此,约翰·费希尔宣布并证明亨利八世和阿拉贡的凯瑟琳的婚姻不可因任何人或神的力量而解除。为此,约翰·费希尔准备献出自己的生命。基督流下的鲜血让婚姻神圣,现在这婚姻变得没那么神圣了,施洗者以捍卫婚姻而死为荣。他已经准备好为真理直面任何危险。最后,约翰·费希尔以书面形式呈上了自己的观点。①

约翰·费希尔以施洗者自居既不恭敬也不恰当。这意味着亨利八世并不比希律王好多少。但亨利八世至少还没有因自由言论惩罚过任何人。亨利八世的理由是娶哥哥的妻子不合法,施洗者也是这样认为的。托马斯·沃尔西平静地回答说,这桩离婚案并未交给约翰·费希尔处理,所以也不由他来宣判。托马斯·沃尔西抱怨约翰·费希尔没有提前通知,说他有意干涉。他们继续审问证人,好像什么事也没发生似的。但约翰·费希尔的行动并非没有效果。他很受尊敬,公众对离婚这个普遍问题本身的是非曲直意见不一。许多人仍然认为亨利八世要离婚不过是厌倦了年老色衰的妻子,想再找个年轻貌美的妻子。勇气是有感染力的,舆论声势渐长,并且对亨利八世不利。主流的声音可以忽略,但洛伦佐·坎佩焦不知道克莱门特七世希望自己怎么做,也许真的有些动摇了。现在,洛伦佐·坎佩焦因约翰·费希尔的示范而鼓起了勇气。1529年7

---

① 洛伦佐·坎佩焦致贝尔纳多·萨尔维亚蒂的信,1529年6月29日,《英国政府国内外纪事档案——亨利八世时期》,伦敦,1862年到1932年,第4卷,第2538页。——原注

月13日，在给贝尔纳多·萨尔维亚蒂的信中，洛伦佐·坎佩焦写道："我们在赶进度，有人会在十天内收到判决……我职责所在，职位所需，决不轻举妄动，刻意得罪任何人。当我做出判决时，我眼里将只有上帝和克莱门特七世的荣誉。"①一周后，法兰西大使让·迪·贝莱说，事情基本如亨利八世所愿，结局近在眼前，只等洛伦佐·坎佩焦执行克莱门特七世做出的最后一项口头指示。克莱门特七世叫洛伦佐·坎佩焦走到最后一步，但必须在最后一步停下来。洛伦佐·坎佩焦照做了。

只剩下宣判的时候，洛伦佐·坎佩焦拒绝宣判，说他必须回到罗马教廷去请示教皇。托马斯·沃尔西拒绝在洛伦佐·坎佩焦缺席的情况下行动。在被逼迫表态时②，洛伦佐·坎佩焦回答说："很好，我投支持票，支持阿拉贡的凯瑟琳和这场婚姻。如果托马斯·沃尔西也同意，再好不过。如果不同意，那就没有判决，因为必须我们双方都同意才能通过判决。"③

托马斯·沃尔西的感受应该是别人推测的，因为他自己从来没有透露过。他给在罗马的英格兰代表写信道："这里分歧与对立意见接踵而至，所以这桩案子将被长期延后。再过一周，诉讼流程就要结束了，两个月的假期紧随其后。因此，其他协商建议是必要的，重要的是按照克莱门特七世已经批准提审采取行动。如果必须批准提审，洛伦佐·坎佩焦和我可以联合起来敦促克莱门特七世使用恰当措辞，因为如果传唤亨利八世亲自或派代理人到罗马出庭，国王的特权将受到侵犯，他的臣民都不会容忍的，或者亨利八世出现在意大利，但带领着一支强大的军队。④传唤亨利八世到罗马，威胁将他逐出教会，这与让他完全丧失尊严一样叫人无法容忍。因此，如果克莱门特七世批准了任何这样

---

① 《英国政府国内外纪事档案——亨利八世时期》，伦敦，1862年到1932年，第4卷，第2581页。——原注
② 如果他对自己的话描述属实。——原注
③ 米塞·马伊致查理五世的信，1529年9月3日，《西班牙档案》，伦敦，1877年，第4卷，第1部分，第195页。——原注
④ 这不是夸大其词。英法联军可能轻而易举就跨越阿尔卑斯山。弗兰西斯一世最高兴的莫过于率领这样一支军队，和亨利八世并肩赶走查理五世。——原注

英格兰王国（都铎王朝）的标志——红玫瑰

的提审令，必须撤销。如果在撤销之前提审令已经抵达英格兰王国，那就不要提及，就算是对亨利八世也不要提及。"①

这是托马斯·沃尔西最后的努力。但他的急信还没到达罗马，圣轮法院就已经决定提审。米塞·马伊可以威胁罗马的枢机主教如果不提审离婚案，就将他们斩首。因此，就算托马斯·沃尔西的急信及时到达，也不会有什么改变。离婚案被提审，名义上是圣轮法院有权保留审判的权利。托马斯·沃尔西与洛伦佐·坎佩焦的委任被取消。正如洛伦佐·坎佩焦所说，在愤怒、羞愧和失望中，多明我会法庭解散了。在执行命令时，洛伦佐·坎佩焦想到自己的索尔兹伯里主教职位，他不是没有为自己紧张过。

---

① 托马斯·沃尔西致威廉·贝尼特等的信，1529年7月27日，《英国政府国内外纪事档案——亨利八世时期》，伦敦，1862年到1932年，第4卷，第2591页。——原注

阿拉贡的凯瑟琳由沮丧绝望突然转为春风得意，以为这一切都要做个了结了。阿拉贡的凯瑟琳以为离婚案会立即在罗马重新开庭，克莱门特七世将做出对自己有利的判决，再也不会横生枝节。然而，阿拉贡的凯瑟琳即将得到的是一个更残酷的教训。如果阿拉贡的凯瑟琳听从克莱门特七世的建议做修女，说明她为自己的幸福做了更好的咨询。当托马斯·沃尔西和洛伦佐·坎佩焦坐在伦敦开庭时，另一个会议正在康布雷举行，为达成欧洲和平的条件做安排。法兰西王国和神圣罗马帝国再次暂停了战争。克莱门特七世、意大利各城邦国的君主和亨利八世参加了康布雷会议。至于亨利八世和查理五世之间的主要争议点——离婚案，因为太危险了，不能触及，所以被默默地忽略了。

第 7 章

英格兰议会计划宗教改革

克莱门特七世委派公使审案告吹，英格兰王国立即宣布亨利八世将召集议会。多年来，托马斯·沃尔西随心所欲地管理着英格兰王国。现在，亨利八世要亲自掌权了。长期受苦的普通信徒要发出声音了，托马斯·沃尔西非常明白，自己要被召去解释自己的管理工作了。除了想到自己受过的委屈，阿拉贡的凯瑟琳什么都没想到。她认为召集议会是为了再次对自己实施暴行，便要求克莱门特七世发布一封简函进行震慑，禁止议会干涉自己的离婚案。她误解了此次议会会议的目的，也误解了亨利八世的性格。尽管离婚问题可能很重要，但一个国家还有其他事情要考虑，这些事情已经拖得太久了。这一切的开始是托马斯·沃尔西那个雄心勃勃的计划，目的是改变欧洲的权力平衡，并且形成一种英格兰人普遍不喜欢的新联盟。如果他的政策成功，他将继续留任，其结果可能对国家有利，也可能不利。但托马斯·沃尔西一败涂地，他使亨利八世与他的世袭盟友查理五世陷入争斗之中。托马斯·沃尔西的保证毫无根据，让亨利八世接二连三地陷入尴尬境地，而阿拉贡的凯瑟琳的继任者过早并不体面地上位更是让情况雪上加霜。这不是托马斯·沃尔西的责任，是亨利八世自己做的"好事"，他为此付出了惨痛的代价。但托马斯·沃尔西误导了亨利八世，让他相信再婚不会有什么困难。在最后的关键时刻，托马斯·沃尔西并没有像亨利八世期待的那样站在亨利八世身边。结果，亨利八世发现自己作为当事人被传唤到克莱门特七世面前。众所周知，克莱门特七世本人不过是查理五世手中的一个傀儡。从来没有哪个英格兰君主被置于如此辱没人格的境地。

议会是为其他目标而召集的。这些目标在托马斯·沃尔西掌权时是无法实现的，它们本身具有无法估量的后果。但安妮·博林处境尴尬，亨利八世此刻也犹豫是不是最好抛弃她。亨利八世不想为了一个漂亮的女人破坏基督教世界的统一，也不想破坏英格兰王国的和平。托马斯·霍华德虽然是安妮·博林的舅舅，但既不反对安妮·博林升迁，也不鼓励她这么做。安妮·博林的父亲托马斯·博林从一开始就反对。如果王位继承权陷入纷争，英格兰贵族和英格兰人民就是受害者，但他们似乎愿意冒这个风险，或者至少他们对亨利八世与安妮·博林结婚没有什么热情。如果雷金纳德·波尔所说属实，亨利八世确实有一次通知议会自己不想继续保持和安妮·博林的关系了。查理五世为了给亨利八世留下回头的余地，在康布雷对离婚案只字未提，并且指示克莱门特七世停手，不要再有其他动作了。查理五世派了一个新的大使去英格兰王国，执行一项甜蜜又忧伤的任务。他挑选的大臣欧斯塔塞·沙皮也许不是最佳选择。熟悉他的威廉·佩吉特男爵对欧斯塔塞·沙皮印象不太好。他说："我从来没有把欧斯塔塞·沙皮当作一个智者，而是一个口无遮拦，罔顾诚信，只要对自己有利，张嘴就来的人，离智者恐怕相差甚远。他是一个实践者——我们用这个朴实的词来指搬弄是非、信口雌黄、虚情假意及阿谀奉承的人。"[①] 欧斯塔塞·沙皮是亨利八世许多丑闻的权威知情人。威廉·佩吉特男爵这样一个称职的观察者对欧斯塔塞·沙皮的这段描述让人印象深刻。但毫无疑问，查理五世把欧斯塔塞·沙皮派往英格兰王国是带着和平的使命，一个外交官给另一个同行的评判也未必是最公正的。亨利八世的犹豫——如果他曾经犹豫过——时间并不长。他被当作小孩欺骗戏耍、轻视怠慢，但他是一个危险人物，不可轻慢。1529年9

---

① 威廉·佩吉特致威廉·彼得的信，《英国政府国内外纪事档案——亨利八世时期》，伦敦，1862年到1932年，第10卷，第466页。——原注

威廉·佩吉特男爵

月月初,欧斯塔塞·沙皮到达伦敦。一上岸,欧斯塔塞·沙皮就发现离婚案被圣轮法院提审一事还没有正式通知亨利八世。这一消息对亨利八世来说,难以很快接受。①亨利八世很有礼貌地接待了欧斯塔塞·沙皮,邀请他到王宫吃饭,然后把他介绍给阿拉贡的凯瑟琳。阿拉贡的凯瑟琳仍然住在王宫里。在与亨利八世长谈后的第三天,欧斯塔塞·沙皮说他的任务是消除亨利八世和查理五世之间的一切分歧。亨利八世礼貌回应,但把话题转到了离婚案的分歧上。亨利八世说,查理五世利用他没有利用到位。圣轮法院提审离婚案简直荒谬。亨利八世亲笔写信给克莱门特七世,告诉他在英格兰王国审判这个案子不仅仅是权宜之计,而且绝对有必要。罗马领土仍被神圣罗马帝国军队占领。克莱门特七世已经把离婚案交给了两个枢机主教公使托马斯·沃尔西和洛伦佐·坎佩焦,并且郑重承诺不会撤回,同意公使托马斯·沃尔西和洛伦佐·坎佩焦宣布的任何判决。查理五世逼迫克莱门特七世违背了这些约定。亨利八世本人并没有轻率行事。他是一个尽责的国王,他愿放弃世间的一切利益,也要获得自我的救赎。这一点从他在离婚案一事上的表现就可以充分看出。如果亨利八世换个立场,不顾自己的良心,可能会采取其他措施,但他没有,也永远不会那么做。②欧斯塔塞·沙皮想为克莱门特七世说话,亨利八世尖锐地打断他:"那个克莱门特七世真是让人受够了,这不是他第一次改变主意了。我早就知道他八面玲珑、变幻莫测的本性了。"③接着,亨利八世说克莱门特七世"永远也不敢宣判,除非判决是有利于查理五世的"。

阿拉贡的凯瑟琳热情地与欧斯塔塞·沙皮交流。欧斯塔塞·沙皮从阿拉贡的凯瑟琳那里得知,亨利八世提议在康布雷审理离婚案,但她拒绝了。她对即

---

① 欧斯塔塞·沙皮致荷兰摄政奥地利的玛格丽特的信,1529年9月18日,《西班牙档案》,伦敦,1877年,第4卷,第1部分,第214页。——原注
② 欧斯塔塞·沙皮致查理五世的信,1529年9月2日,《西班牙档案》,伦敦,1877年,第5卷,第2部分,第225页。——原注
③ 欧斯塔塞·沙皮致查理五世的信,1529年9月2日,《西班牙档案》,伦敦,1877年,第5卷,第2部分,第229页。——原注

将召集的议会感到非常紧张,"亨利八世的牌打得太好了,他会得到大多数支持票"。可以肯定的是,亨利八世打算坚持离婚。表面上,阿拉贡的凯瑟琳声称自己是依恋亨利八世的,但她希望欧斯塔塞·沙皮明确告诫查理五世不要相信亨利八世这么做是因为良心不安。阿拉贡的凯瑟琳说,离婚的想法完全源于他自己的罪孽和恶毒,在康布雷签订和平协议时,亨利八世曾对她宣布:"我与查理五世已达成和平协议,至于持续多久,取决于你。"①

欧斯塔塞·沙皮还负责了解英格兰王国的民意。他发现英格兰人民对阿拉贡的凯瑟琳普遍怀有好感。但路德教教派的异端邪说正在悄悄潜入英格兰王国。查尔斯·布兰登痛骂教廷公使,欧斯塔塞·沙皮认为,如果除克莱门特七世的诅咒之外,英格兰人什么都不怕,那么会有很多人听从查尔斯·布兰登的建议,让亨利八世的大主教和主教在英格兰王国审理离婚案。②阿拉贡的凯瑟琳害怕因为自己上诉逼得太紧,让下议院听到亨利八世被传唤到罗马出庭,会很轻易就提出并实施对自己不利的措施。③甚至连托马斯·霍华德也令她不满意。托马斯·霍华德自称崇拜查理五世。但亨利八世与阿拉贡的凯瑟琳离婚事关神学和教规,他未曾插手。如果查理五世保持中立,而不是干涉此事,这件事早就解决了。④

英格兰人民的利益被绑在一个更接近他们的话题上了。终于,神职人员的罪恶被揭露了。他们假装是一个拥有超自然能力的修道会,手握天堂与地狱之门的钥匙,神圣高贵,普通权威不可触及。他们恶行累累,横征暴敛,人们已无法忍受他们的那套天方夜谭之辞。整个欧洲都在奋起抵制教会和神职人员的

---

① 欧斯塔塞·沙皮致查理五世的信,1529年9月2日,《西班牙档案》,伦敦,1877年,第6卷,第1部分,第236页到第237页。——原注
② 欧斯塔塞·沙皮致查理五世的信,1529年9月2日,《西班牙档案》,伦敦,1877年,第6卷,第1部分,第236页。——原注
③ 欧斯塔塞·沙皮致查理五世的信,1529年9月2日,《西班牙档案》,伦敦,1877年,第6卷,第1部分,第274页。——原注
④ 欧斯塔塞·沙皮致查理五世的信,1529年9月2日,《西班牙档案》,伦敦,1877年,第6卷,第1部分,第294页。——原注

丑行。教会法庭，装模作样的道德卫士，随意摆布普通信徒。普通信徒无论犯了什么罪，无论是真实的还是想象出来的，都变成了教会法庭对他们进行敲诈勒索的机会。教会法庭本身就是腐败的巢穴，而神职人员代表团体真正的生活与习俗使他们装腔作势、高于普通人的优越感变得荒谬可笑。克莱门特七世对离婚案的处理就是一个最佳的例子，体现了教会法庭执行所谓的正义之事时用的方法。在天主教世界，一个无视所有公共原则对与错的权威影响到了每个家庭的私生活和日常交流。在英格兰王国，人们已经受够了天主教教会，清算的日子到了。在《英国历史——从托马斯·沃尔西倒台到西班牙无敌舰队失败》第一卷中，我提到了1529年的议会会议，里面有下议院的请愿书，还附有主教的答复。①这里不必重复已经写过的内容。不过，我还需要多说几句来解释英格兰人民对托马斯·沃尔西的敌意。这个枢机主教是可憎的教会统治的代表人物，也是他本人抱怨的最恶劣的滥用职权行为的代表。他是一个精力充沛的公使，满怀宏大计划与高远理想。他已经意识到许多错误。他抑制主教干预舆论的热情，压制了许多混乱的小修道院，并且用他们的收入创办了学院。但他没有改变自己的生活，依然是贪婪和骄傲的榜样。作为公使，他掌握了整个教会组织的控制权，践踏了贵族，往自己兜里揣的利益堆积成山。他拥有三个主教职位。此外，还拥有最富有的修道院。他从来没有去过约克或达勒姆。温切斯特倒是偶然去过。他偶尔住在穆尔庄园，那是英国首个殉道的基督徒圣奥尔本的庄园。这就是他与职责所在教区的所有关联。也许他还会微笑着承认这些职责是神圣的。作为公使和大法官，他掌管了整个英格兰王国的教会资助金。每一个需要执照的神父或修道院长都得付钱给托马斯·沃尔西。在每个教区，他的官员都很忙。每一个要被证明的遗嘱，每一段被禁制的婚姻，都必须在他们的眼皮底下批准通过，他们的法庭敛收的钱财比希腊神话中帕克托洛斯河里流出的还要多，纷纷流入了托马斯·沃尔西的金库。正如我们所见，外

---

① 这些文件的誊写本是已故的弗朗西斯·帕尔格雷夫爵士提供给我的。当时，他是记录保管人。——原注

国君主还纷纷给托马斯·沃尔西大笔地增加养老金。众所周知,托马斯·沃尔西富可敌国。现在,要揭露他是多么艰巨的任务。就连他儿子托马斯·温特也在拿英格兰政府的俸禄。这个时代最严重的徇私枉法就是任命自己的孩子去做治愈灵魂的事业。托马斯·温特在巴黎接受教育,每年拥有一千五百克朗收益。一千五百克朗等于19世纪80年代的三千英镑英国货币。现在,一个政治错误毁了托马斯·沃尔西的名誉。他的敌人备受鼓舞,要揭发他。暴风雨就要向托马斯·沃尔西袭来。

有一份针对托马斯·沃尔西的详细控诉清单存留了下来。控诉清单的内容、起草时间及起草人,即后来求恩巡礼的领导人托马斯·达西男爵都让人很好奇。托马斯·达西男爵是个虔诚的天主教教徒,年轻时曾在斐迪南二世的领

托马斯·达西男爵

导下为征服格拉纳达而战。托马斯·达西男爵是斐迪南二世的女儿阿拉贡的凯瑟琳的好朋友,也是英格兰王国与神圣罗马帝国联盟的坚定支持者,托马斯·沃尔西的坚决反对者。托马斯·达西男爵的文件很长,各项指控凑在一起毫无章法,日期是1529年7月1日。此时,公使法庭已经开庭,他很可能认为审判结果会对阿拉贡的凯瑟琳造成毁灭性打击。这份清单体现出了托马斯·达西男爵的痛恨之情。最简短的一个缩影就是所有可以提出的指控都写在了这份清单上,内容涵盖所有托马斯·沃尔西的公务。它的开篇如下:

> 严正声明,以下是由我托马斯·达西男爵起草、指控约克枢机主教托马斯·沃尔西的条款。列出这些条款只是为了履行我对上帝和亨利八世的誓言与义务,没有恶意。
>
> 第一,所有触犯上帝的行为,所有托马斯·沃尔西的教会及他的行为触犯上帝的表现。
>
> 第二,所有涉及亨利八世的财产、荣誉和特权及违反亨利八世法律的行为。
>
> 第三,缺乏公正,利用作为大法官、公使和枢机主教的权力;托马斯·沃尔西所行勒索之举、不义之举。
>
> 第四,他的一切权力,作为公使和任其他职位的权力,从克莱门特七世那里买来的权力,以及承蒙亨利八世的恩典得到的官职和补助金,派往各郡的特别委任和指示;他本人及手下都要接受严格审查,看是否有不法行为。

托马斯·达西男爵大概按照这一分类继续撰写这份述罪单。一半的清单是与已经开始、未完成的宗教改革有关的。这些改革内容牵扯甚广,又无一项步入正轨,"扰乱王国秩序"。我们意外地发现,托马斯·沃尔西还被指控有直接违法罪行,包括违反《蔑视王权法令》,从罗马引进教职人员,允许克莱门特七世在英格兰王国征收钱财，侵犯亨利八世作为王室成员的特权，而托马斯·沃尔西本人，借"枢机主教公使权力、宗教职权和世俗职权之便，敛收了大量的钱财"。自托马斯·沃尔西掌权以来，从主教、修道院院长、副院长、主任神父及其他众人那里收取了额外的晋升费。他侵吞了被查禁的修道院的捐款和珠宝。他在全国收"遗嘱认证费"，这项费用全进了他的保险柜。他指控英格兰王国的贵族犯了不可饶恕的重罪。把一些英格兰贵族关押、充军或吊在加来的城墙上，而这些贵族中许多人不过是犯了小罪。他只提拔那些在亨利八世身边服务、能替他实现目的的人，或者提拔他的委员会成员，替他做一些正直之人都不敢保证了解的事。自从托马斯·沃尔西掌权以来，他绞死、逼迫、放逐的人，比在整个基督教世界中因正义而死的人还多。他浪费了亨利八世的财富及其他资源。他向其他宗教教会征收了大笔款项，这些宗教教会中有些是因为害怕教堂被拆毁，有些则是因为托马斯·沃尔西以道德改革之名装模作样地造访视察。作为大法官，"他已经包揽了所有重大事务，所有事情都要由他来酌情决定，并且不会受其他人的影响"。其他时候，"这个英格兰最好的高级教士只满足于做一个辖区主教"。托马斯·达西男爵要求调查主教的职责。主教不应担任世俗职务，也不应插手世俗事务，不应该寻求克莱门特七世的特赦。此外，应该调查英格兰王国土地保有权，找出哪些世俗土地在神职人员手中，以什么名目，为了什么目的，以及是否被继承。亨利八世的仁慈应该用在决定英格兰王国国内所有宗教和世俗改革上。英格兰王国再也不应该出现更多的公使或枢机主教了。遗留问题和神职人员问题应该被明确地解决，并且对神职人员征收的财物进行搜查和审问。托马斯·达西男爵建议不预先通知，立即查封托马斯·沃尔西的文件和账目。"那么，托马斯·沃尔西、克莱门特七世、查理五世、弗朗索瓦一世及其他人不为人知的事，还有托马斯·沃尔西在英格兰王国国内的事都将浮出水面。"①

---

① 托马斯·沃尔西致托马斯·达西男爵的信，1529年7月1日，《英国政府国内外纪事档案——亨利八世时期》，伦敦，1862年到1932年，第4卷，第2548页到第2562页。——原注

托马斯·莫尔爵士

托马斯·达西男爵对托马斯·沃尔西的许多指控确实是真实可信的，但更多的是夸大其词。然而，托马斯·沃尔西的教会法庭长期压迫人民，而托马斯·沃尔西从中获得了巨额收入，所以托马斯·沃尔西不可能否认指控。这份清单的特别之处在于，它准确地表达了1529年议会的态度。让我们明白托马斯·沃尔西的大法官职位是如何被托马斯·莫尔爵士接手的。这份清单包含了保守的天主教英格兰政治家的观点，他们虽然不赞同改变教义，但厌倦了教会的统治，他们希望在金雀花王朝法律规定的范围内限制克莱门特七世在英格兰王国的权利，以解除神职人员的世俗权力和职位，使他们仅留有宗教职能。米塞·马伊和洛佩·德·索里亚也说过同样的话。查理五世尽管可能不会采取行动,但查理五世也同意他们的观点。在英格兰王国,这是可以付诸行动的,并且已经付诸行动。

没有必要重复众所周知的托马斯·沃尔西落马的故事了。1529年10月18日,托马斯·沃尔西辞去了职务,他的财产被扣押并接受检查。威尼斯共和国驻英格兰大使卢多维科·法列里报告说,除退休金、外国君主的礼物和来自英格兰王国国内的不定期捐款之外,托马斯·沃尔西的正常收入是十五万克朗。他的私人物品价值超过五十万。他说这都是为亨利八世收的,亨利八世如果乐意在他死前收下这些钱财,他愿意双手奉上。

此后,亨利八世成为英格兰王国的最高宗教领袖,托马斯·霍华德成为枢密院主席,查尔斯·布兰登成为枢密院副主席,托马斯·莫尔是大法官。但亨利八世打算与议会一起执政,让议会为自己提供建议和帮助。阿拉贡的凯瑟琳满心担忧,她告诉欧斯塔塞·沙皮,下议院的投票可能会受操控,对她不利。她错了,因为投票并不是关于离婚案的。立法机构的目的是改革神职人员,所有普通信徒都同意。尽管阿拉贡的凯瑟琳不知道,但这可能是为了抵消或控制个别贵族或高级教士的地方影响力而做出的努力。如果此次投票的目的是确保结果真正代表民众的意见,那么保护投票人不受特定人员权力的侵害是正确的,也是必要的。至少可以明确的是,这次议会提出了指控,托马斯·达西男爵的指控清单正是这些指控的缩影。

1529年11月3日,下议院举行了会议,并且立即开始行使其职能。我在别处写过关于议会的第一次会议法案的文章,已经很详细,无须再补充。托马斯·沃尔西被弹劾,上议院贵族本可以剥夺他的公民权,或者以叛国罪将他送上法庭。但下议院行动十分温和,听取了托马斯·克伦威尔的意见。托马斯·克伦威尔明知这么做不受待见,还是勇敢地为托马斯·沃尔西辩护。亨利八世本人并不希望托马斯·沃尔西这个垮台的枢机主教受太大压力。据说,亨利八世决心保护托马斯·沃尔西,禁止剥夺托马斯·沃尔西的公民权。亨利八世已经决定赦免托马斯·沃尔西,如果剥夺了他的公民权,赦免他就会难上加难。在外国大使的信中,在此次灾难中,对托马斯·沃尔西的表现有着非常有趣的记载。1529年10月17日,也就是托马斯·沃尔西交出英格兰国玺的前一天,法兰西大使让·迪·贝莱见到了托马斯·沃尔西,发现他完全崩溃了。托马斯·沃尔西哭了,他"希望法兰西国王弗朗索瓦一世和摄政王太后萨伏依的路易丝会可怜他"。他的脸已经失去了生机,"他不想要公使头衔、法官大印或权力,如果亨利八世不愿再留他,他准备放弃一切,放弃全部身家,从此隐居修道院"。他希望弗朗索瓦一世写信给亨利八世替自己求情。托马斯·沃尔西是目前英格兰王国与法兰西王国友好关系的主要维系纽带,这样的要求应该不会给对方留下

萨伏依的路易丝

坏印象。外界怀疑托马斯·沃尔西收到了法兰西宫廷的大礼，这可能是真的，因为托马斯·沃尔说"如果受贿一事有人提起，希望萨伏依的路易丝不会伤害自己"。①

没有比这更悲惨的了，托马斯·沃尔西这可怜的老头就像被捕获的猎物。没多久之前还是世界之王，现在却成了"没有比他更可怜的人"。托马斯·达西男爵提到了《蔑视王权法令》的问题。古老的《神职人员法案》禁止神职人员将罗马教皇诏书传入英格兰王国。这个法规被重新启用。托马斯·沃尔西不得不承认，蔑视王权罪的惩罚，即没收财产并监禁是他发布了封自己为教廷公使的诏书引起的，因为非法使用这个诏书，他激怒了大部分英格兰王国国内的高级教士和亨利八世的其他臣民。

公使法庭解散后，托马斯·沃尔西的好兄弟洛伦佐·坎佩焦在伦敦待了几周。但英格兰王国早就乱作一团，已无他容身之处。他去了多佛尔，不得不忍受在多佛尔被搜行李的羞辱。检察人员给出的理由是担心他会带走托马斯·沃尔西的一些珠宝。据说，洛伦佐·坎佩焦拿到了亨利八世写给安妮·博林的信，这些信是通过他传到梵蒂冈的。无论怎么说，锁也破了，箱子也检查过了，里面没有发现什么重要的东西。②洛伦佐·坎佩焦向亨利八世抗议公使特权受到了侵害，亨利八世语带嘲讽地告知他，他没受什么不公待遇，离婚诉讼被罗马提审时，他的公使职位就不复存在了，他没有其他职位，只是一个英格兰主教。因此，到目前为止，他都是英格兰王国的臣民。但对使用了不必要的暴力手段，亨利八世还是礼貌性地表示了歉意。③这才平息了洛伦佐·坎佩焦的不快。洛伦佐·坎佩焦从巴黎写信告诉贝尔纳多·萨尔维亚蒂有关托马斯·沃尔西的最新

---

① 让·迪·贝莱致安内·德·蒙莫朗西的信，1529年10月17日，《英国政府国内外纪事档案——亨利八世时期》，伦敦，1862年到1932年，第4卷，第3部分，第2675页。——原注
② 欧斯塔塞·沙皮致查理五世的信，1529年10月25日，《西班牙档案》，伦敦，1877年，第4卷，第1部分，第304页。——原注
③ 亨利八世致洛伦佐·坎佩焦的信，1529年10月22日，《英国政府国内外纪事档案——亨利八世时期》，伦敦，1862年到1932年，第4卷，第2677页。——原注

消息。他说:"亨利八世不会走极端,但在托马斯·沃尔西这件事上,会深思熟虑。亨利八世向来如此。"①

尽管议会没有提及离婚案一事,但离婚这个话题不会就此搁置。王位继承人的问题已经非常突出,迟早会被摆在立法机关面前等待解决,并且已经成为一个大家普遍考虑和焦虑的话题了。玛丽·都铎公主的合法身份遭到了质疑。卢多维科·法列里从伦敦写信报告了在英格兰听到的情况,他说:"根据英格兰王国法律,女性是不能继承王位的。"按以往惯例可以这么说,因为事实上没有女性登上过王位。但现行已通过的法律或规则没有明确这一点。这只是让情况变得更不确定了。卢多维科·法列里说亨利八世无论如何都已经决定离婚,可能会再生一个合法的男性继承人。

与克莱门特七世打交道的经历告诉亨利八世,他不用担心克莱门特七世会采取进一步的直接措施。将离婚案提审至罗马本身就意味着克莱门特七世渴望拖延更长时间,并且在对克莱门特七世这样失望的情况下,亨利八世还怀着比预期更大的耐心,决心等待看克莱门特七世下一步会做什么。让一个英格兰国王在圣轮法院申辩自然是无稽之谈。这个建议本身就是一种侮辱。不过,还可以想其他办法。亨利八世自己提议将康布雷作为第一个委任审判的中立地点,他真的相信克莱门特七世是真心站在自己这边的,因此不想和克莱门特七世争吵。当洛伦佐·坎佩焦离开英格兰王国时,亨利八世给克莱门特七世写的信比预想的要礼貌得多。亨利八世没有坚持要克莱门特七世再次委任公使在英格兰王国审判离婚案。

亨利八世说:"为了您,也为了英格兰王国,我本希望所有事情可以能按期望的那样速战速决,这不是轻率地设想,而是按照您的承诺来预期的。事已至此,我们不得不难过又惊讶地面对已经出现的、令人难以置信的混乱场面。克莱门特七世如果可以随心所欲地放宽神法,那么也可以这么放宽人类法律。

---

① 亨利八世致贝尔纳多·萨尔维亚蒂的信,1529年11月5日,《英国政府国内外纪事档案——亨利八世时期》,伦敦,1862年到1932年,第4卷,第2702页。——原注

我们常常被您的承诺欺骗，因此我们不能再相信您的承诺。您这样对我们，罔顾我们的尊严。如果您能将提审至罗马的离婚案掌握在您自己手中，直到找到公正的法官，在一个中立的地点，以一种让我们的良心得以慰藉的方式做出判决，我们才会忘记过去的事情，以恩报恩。"①

因为克莱门特七世声称不知道自己的特赦权能到何种程度，所以亨利八世提议将这个问题提交给欧洲的教会律师。同时，巴黎和伦敦的教廷大使也建议克莱门特七世和查理五世以友好的方式写信给亨利八世。有人认为，查理五世在英格兰王国说过"想体现男子汉气概，亨利八世留胡子，不如留妻子"。查理五世如果没有说过这样的话，就应该否认，同时努力说服亨利八世放弃离婚的想法。

同时，英格兰议会正夜以继日地制裁教会法庭，废除或限制各种勒索普通信徒的手段，要求神职人员人在其岗。神职人员中的"多数人"受到了限制。议会会议的议题是一系列的神职人员纪律法案。约翰·费希尔特别强调这类法案所反映出来的神职人员的"信仰缺失"。对英格兰王国做的一切，克莱门特七世没什么可抱怨的，也许这一切都是他私下认可的。阿拉贡的凯瑟琳通过她在罗马的代表，要求立即对她的离婚案做出判决。克莱门特七世似乎再次偏向了亨利八世一边。他描述了同查理五世的一次面谈，查理五世曾敦促他对阿拉贡的凯瑟琳的案子做出判决。他自称当时自己的回答是案件不清楚，他必须小心谨慎。克莱门特七世说，许多事情有利于亨利八世。所有神职人员都反对克莱门特七世保有特赦权。在教会律师中，有些人反对，有些人不反对。教会律师中不反对的人认为，特赦权只适用于非常紧急的理由，如为阻止一个王国的毁灭而使用。克莱门特七世的职责是判断是否出现了这样的使用理由。但在特赦亨利八世和阿拉贡的凯瑟琳结婚时，尤里乌斯二世没有追问是不是有紧急理由。查理五世什么也替阿拉贡的凯瑟琳做不了时，应该也不会感到惊讶。

---

① 亨利八世致克莱门特七世的信，《英国政府国内外纪事档案——亨利八世时期》，伦敦，1862年到1932年，第4卷，第2660页。——原注

查理五世只想牵着姨父亨利八世的"胡子"走,如果有办法,他希望能与亨利八世和好。首先,查理五世非常需要有人帮他对付土耳其人。欧斯塔塞·沙皮接到指示,去向亨利八世确定他是否会给查理五世钱。亨利八世的回答并没有鼓舞查理五世,反倒有些令他不安,好像在重大问题上亨利八世的想法在往危险的方向发展。亨利八世说,如果把钱给查理五世,帮助查理五世在意大利养三支军队,那一定是愚蠢的事,这三支军队本该在别处。亨利八世曾咨询过议会,议会不批准借款。这些钱可以用于其他用途,用于化解基督教国家的君主之间的争执。[1] 在随后的一次面谈中,双方的谈话进一步展开,且谈到了更宽泛的话题。亨利八世谈到罗马宫廷的宏伟壮丽,他说,"这是许多战争、纷争和异端的根源",克莱门特七世和枢机主教要是遵守了福音书的戒律,并且以某些教会神父为榜样[2],就可以过上不同的生活,而不会因他们的行为和举止而玷污基督教世界。到目前为止,马丁·路德说的都是实话。如果马丁·路德只是痛骂神职人员的恶习、滥用职权和错误,而不是攻击教会的圣礼,那么每个人都会追随他。亨利八世自己也会写信赞成他的看法,并且拿起笔为他辩护。亨利八世希望在自己统治的教会里一点一点地推行改革,结束教会的丑行。[3]

这些说法够危险的,但后面还有更糟的。亨利八世坚持认为,神职人员能对普通徒行使的唯一权力是免除其罪过。欧斯塔塞·沙皮得知亨利八世已告诉阿拉贡的凯瑟琳自己正在等国外圣典学者的意见。当他拿到这些意见后,他会把它们转交给罗马教廷。如果克莱门特七世不按照这些意见宣布婚姻无效,他将公开指责克莱门特七世为异端,并且与自己喜欢的人结婚。[4]

---

[1] 欧斯塔塞·沙皮致查理五世的信,1529年12月6日,《西班牙档案》,伦敦,1877年,第4卷,第1部分,第344页。——原注
[2] 亨利八世提到好几个,这使欧斯塔塞·沙皮感到惊讶。——原注
[3] 欧斯塔塞·沙皮致查理五世的信,1529年12月6日,《西班牙档案》,伦敦,1877年,第4卷,第1部分,第344页。——原注
[4] 欧斯塔塞·沙皮致查理五世的信,1529年12月6日,《西班牙档案》,伦敦,1877年,第4卷,第1部分,第351页。——原注

欧斯塔塞·沙皮说:"安妮·博林越来越不耐烦了,她抱怨自己毫无目的地浪费时间和青春。"下议院已经"斩断了神职人员的利爪",根据各方对这件事互相对立的申辩,下议院和英格兰人民同意离婚也并非不可能。

因此,期盼亨利八世可能因英格兰人民反对而无法离婚的希望正在减弱。一个英格兰君主被传唤到外国法庭上申辩。这伤害了英格兰人民。查理五世担心克莱门特七世会因害怕失去英格兰王国的支持而"再犯一些愚蠢错误",从而导致战争。①事实上,英格兰王国的教廷大使吉罗拉莫·吉努奇告诉欧斯塔塞·沙皮,克莱门特七世已经命令自己想办法调和亨利八世和查理五世之间的矛盾。这让欧斯塔塞·沙皮非常吃惊。欧斯塔塞·沙皮认为这个说法不太可能

吉罗拉莫·吉努奇

---

① 查理五世致斐迪南一世的信,1530年1月11日,《英国政府国内外纪事档案——亨利八世时期》,伦敦,1862年到1932年,第4卷,第2742页。——原注

是真的。查理五世决不会委托克莱门特七世这样的任务,鉴于克莱门特七世在英格兰王国比人们想象的还要更遭憎恨,克莱门特七世也不是一个有希望获得成功的调解人。

现在,有明显的迹象表明,整个英格兰王国都打算支持亨利八世。托马斯·霍华德告诉欧斯塔塞·沙皮,除查理五世允许亨利八世与阿拉贡的凯瑟琳离婚并另娶之外,没有其他办法了。由于其他人的意见和自己的一样,亨利八世因自己的婚姻而感到良心不安的程度非但没有减弱,反倒在不断加强。世界上没有人能改变他离婚的想法了。[①]欧斯塔塞·沙皮认为离婚问题可能会被立刻提交给议会,他听说议会中的大多数人都被贿赂并被争取到了支持亨利八世那边。在下议院同意的情况下,亨利八世认为自己万无一失了。如果克莱门特七世宣布支持阿拉贡的凯瑟琳,英格兰人会说判决不公正,因为除他们对克莱门特七世和其他教会法官抱有怀疑和恶意之外,他们还会指控在确认《尤里乌斯二世教皇诏书》是否有效时,克莱门特七世和枢机主教只会受他们自身利益的影响,"以增强克莱门特七世的权威,并且通过特赦权获得钱财"[②]。

欧斯塔塞·沙皮担心亨利八世会突然采取行动。欧斯塔塞·沙皮经常见到托马斯·霍华德,托马斯·霍华德对他说:"亨利八世为了让查理五世同意离婚什么都答应给,哪怕永远给他当牛做马。"[③] "改革神职人员,部分原因是英格兰人民对离婚案被提审到圣轮法院感到愤怒。"欧斯塔塞·沙皮说,一个不愿透露姓名的证人有重要证词,"几乎所有人都恨神职人员"。上议院贵族和下议院平民可能会认同克莱门特七世不能在婚姻或其他方面做出任何特赦。因此,英格兰王国可以省下为亨利八世再婚买特赦令的钱。如果克莱门特七世只

---

① 欧斯塔塞·沙皮致查理五世的信,1529年12月9日,《西班牙档案》,伦敦,1877年,第4卷,第1部分,第359页。——原注
② 欧斯塔塞·沙皮致查理五世的信,1529年12月9日,《西班牙档案》,伦敦,1877年,第4卷,第1部分,第361页。——原注
③ 欧斯塔塞·沙皮致查理五世的信,1529年12月9日,《西班牙档案》,伦敦,1877年,第4卷,第1部分,第366页。——原注

能用教徒对教皇的尊重来约束他们，那他们就不用太在意克莱门特七世。在英格兰王国，罗马教廷也会像在神圣罗马帝国一样不受待见。托马斯·霍华德和其他人一样，语气咄咄逼人。他公开对神圣罗马帝国大使欧斯塔塞·沙皮说："克莱门特七世本人是第一个意识到亨利八世婚姻无效的人，他写信说亨利八世的婚姻不能成立，他自己会这样宣布，或者依法宣布亨利八世的婚姻无效……现在，在查理五世的控制下，还是克莱门特七世本人，却只能按照查理五世的意愿来审理和判决这个离婚案。"[①]

在这种情况下，欧斯塔塞·沙皮只能建议采取措施削弱或推迟议会的行动。在康布雷审理离婚案的提议可能会被再次提出，还有人建议应该在巴黎的索邦神学院开庭审理此案。托马斯·霍华德也许可以被收买。但不幸的是，

索邦神学院

---

① 欧斯塔塞·沙皮致查理五世的信，1529年12月9日，《西班牙档案》，伦敦，1877年，第4卷，第1部分，第367页。——原注

托马斯·霍华德和阿拉贡的凯瑟琳关系不好。托马斯·霍华德还害怕如果亨利八世打发走安妮·博林，托马斯·沃尔西很可能会重新获得影响力，因为托马斯·沃尔西有不同寻常的能力，并且亨利八世有随时准备让托马斯·沃尔西官复原职的意愿。这些话也显示出当时的局势多么错综复杂。所有人都认为亨利八世对托马斯·沃尔西没有什么恶意，只要亨利八世对安妮·博林感情减弱一点点，托马斯·沃尔西很快就会找到解决离婚问题的办法，而这个办法可能会使反对他的人付出生命的代价。① 在欧斯塔塞·沙皮的这封信中，我第一次读到了他对玛丽·博林丑闻的影射。接着，反对离婚的圈子里开始有人提玛丽·博林的丑闻。欧斯塔塞·沙皮写道："人们说亨利八世的邪恶命运驱使着他，因为如果像亨利八世自己所说的那样，他只听从良心的声音，那么与阿拉贡的凯瑟琳的婚姻相比，在他想要的这段婚姻中，姻亲关系更密切，更需要与法律抗争。"② 玛丽·博林的丑闻被认为是离婚案的新情况，以前不曾听说过。

---

① 欧斯塔塞·沙皮致查理五世的信，1529年12月9日，《西班牙档案》，伦敦，1877年，第4卷，第1部分，第368页。——原注
② 欧斯塔塞·沙皮致查理五世的信，1529年12月9日，《西班牙档案》，伦敦，1877年，第4卷，第1部分，第369页。——原注

第 8 章

托马斯·沃尔西病逝

1529年这一重要年份已经过去了。1529年圣诞节前，议会休会；上议院议员和下议院议员散会，回到各自的家中；大戏中的各方仍不确定下一步要做什么。托马斯·霍华德害怕托马斯·沃尔西重新掌权。这并不像看上去那么不可能。议会的弹劾虽然未达到预期效果，但给了托马斯·沃尔西致命一击。没有人比托马斯·沃尔西更清楚那些为扳倒他而联合起来的派系联盟有多短暂，联盟的真正目的又是什么。托马斯·莫尔和托马斯·达西男爵对那些把目光盯在德意志人身上的先锋改革派几乎毫不认同。他们同意减少神职人员侵占的世俗权力，别的都不同意。亨利八世对托马斯·沃尔西极其宽容，让他继续任约克大主教。托马斯·沃尔西一年的收入按19世纪英国货币单位算有八万到十万英镑。除钱、家具和珠宝外，亨利八世还给托马斯·沃尔西送了很多大礼。托马斯·沃尔西发现自己受到如此宽容的对待，恢复了信心，相信自己的光辉岁月还没有结束。1530年1月，在写给斯蒂芬·加德纳的一封信中，托马斯·沃尔西还抱怨自己被迫放弃了温彻斯特和圣奥尔本的主教职位有多么不容易。托马斯·沃尔西说自己"本不应该失去它们"，"也不曾料到自己那么顺服还是失去了它们。自己为了国家付出那么久，怎么也该得到一笔抚恤金"[①]。亨利八

---

① 托马斯·沃尔西致斯蒂芬·加德纳书信，1530年1月，《英国政府国内外纪事档案——亨利八世时期》，伦敦，1862年到1932年，第4卷，第2763页。——原注

世同意了，或者说似乎同意了，准许托马斯·沃尔西再获得三千克朗的抚恤金，抚恤金从温切斯特教区收取。对此，安妮·博林大发雷霆。托马斯·霍华德赌咒："在托马斯·沃尔西重新掌权前，我会把托马斯·沃尔西活活吃掉。"[①]托马斯·沃尔西虽然从未去过温切斯特教区，但并不急于去那里。他在伊舍逗留了一段时间，期待着亨利八世会派人来请他。从托马斯·沃尔西的对手的惊慌表现可以明显看出，亨利八世请托马斯·沃尔西回去是真的有可能的。安妮·博林非常恨托马斯·沃尔西，还和舅舅托马斯·霍华德吵了起来，因为托马斯·霍华德没有施压剥夺托马斯·沃尔西的公民权。阿拉贡的凯瑟琳同样不喜欢托马斯·沃尔西，她认为托马斯·沃尔西是她受苦的原因。正如托马斯·霍华德所说，托马斯·沃尔西已经被"剥夺了基督教教徒的权利"。但在每个重要关头，亨利八世都会想念托马斯·沃尔西的灵活手腕与游刃有余。托马斯·沃尔西垄断了整个英格兰王国的事务；各地的下级官员都是托马斯·沃尔西的人，各个行政部门的工作主线都集中在托马斯·沃尔西的内阁中；没有托马斯·沃尔西，到处一片混乱。法兰西宫廷强烈支持托马斯·沃尔西，是他建立了英法同盟；如果亨利八世想反抗查理五世并保持对罗马教廷的影响力，那么对亨利八世来说，英法同盟仍然是必要的。如果可以，亨利八世希望能与克莱门特七世和睦相处。如果有人可以让罗马教廷保持在适度的范围内行事，那人一定是托马斯·沃尔西。

形势比以往任何时候都要严峻。阿拉贡的凯瑟琳不知道该向谁寻求帮助。像托马斯·霍华德那样的贵族，理应成为她的朋友，自然情愿离婚一事从未提出过，也不知道为什么查理五世要以这桩私事为由再次挑起一场欧洲战争。他们认为，查理五世为维护自己的荣誉做的抗议已经够多了，他应该劝阿拉贡的凯瑟琳让步。根据欧斯塔塞·沙皮的说法，在议会再次召开会议前，曾有人试图私下从下议院获得一份意见声明，但未成功。事实可能确实是这样。

---

① 欧斯塔塞·沙皮致查理五世的信，1530年2月6日，《西班牙档案》，伦敦，1877年，第4卷，第449页到第450页。——原注

然而，欧斯塔塞·沙皮不可能希望下议院继续拒绝表态。查理五世决心全力支持阿拉贡的凯瑟琳，无论走到什么极端地步。亨利八世威胁说，无论克莱门特七世是否同意，他都要和他的情妇安妮·博林结婚，并且声称自己一点不在乎后果，还差点说莱门特七世是异教徒。克莱门特七世不希望成为丑闻中的一方，但看到亨利八世不再顺从和崇敬罗马教廷还是很遗憾。查理五世说自己看不出整件事会怎样结束，"但确信亨利八世会坚持下去，战争很可能会爆发"。他指示斐迪南一世不要激怒神圣罗马帝国路德教教会，因为法兰西王国很可能会加入英格兰王国的行列。①为了说服阿拉贡的凯瑟琳去做修女，大家做出了新的努力。但都和以前一样失败了。②

现在，查理五世在意大利。康布雷的和平谈判圆满结束后，查理五世前往博洛尼亚参加自己的加冕礼，克莱门特七世将被迫感受到了查理五世的影响

查理五世加冕

---

① 查理五世致斐迪南一世的信，1530年1月11日，《西班牙档案》，伦敦，1877年，第4卷，第1部分，第405页到第406页。——原注
② 欧斯塔塞·沙皮致查理五世的信，1530年2月6日，《英国政府国内外纪事档案——亨利八世时期》，伦敦，1862年到1932年，第4卷，第2780页。——原注

力。亨利八世利用这个机会向博洛尼亚派出了一个代表团，由安妮·博林的父亲托马斯·博林、托马斯·克兰默博士及伦敦主教约翰·斯托克斯利组成。托马斯·博林与查理五世有私交。当时，托马斯·克兰默崭露头角。约翰·斯托克斯利是一开始就站在阿拉贡的凯瑟琳那边的主教，不过后来改站在亨利八世一边了。他们按指示把亨利八世行动的动机告知查理五世，抗议查理五世从中干涉，并且解释如果查理五世坚持要支持阿拉贡的凯瑟琳会产生哪些后果。

查理五世的回应很冷淡，并且拒绝听取托马斯·博林按指示传达的信息。托马斯·博林说，克莱门特七世是由查理五世领导的，不敢得罪查理五世。现在，整出戏的第二幕要开始了，克莱门特七世"被安排打出第一击"。阿拉贡的

托马斯·克兰默

凯瑟琳和欧斯塔塞·沙皮的报告说亨利八世正在收集欧洲圣典学者的意见，并且打算如果意见对自己有利就采取行动。于是，1530年3月7日，克莱门特七世发布了一封简函，命令亨利八世恢复阿拉贡的凯瑟琳的王后权利，并且禁止亨利八世在离婚案未结束的情况下再婚。欧洲天主教的神职人员和律师也受到了威胁，如果他们擅自宣称自己赞成离婚，将面临被逐出教会的惩罚。尽管这简函是由克莱门特七世发出的，但其幕后操纵的人是查理五世。克莱门特七世违背自己的意愿，仍然在诚实或不诚实的犹豫不决中"两面三刀"。在被迫发布简函的同时，克莱门特七世在与加布里埃尔·德·格拉蒙的信中说的却恰恰相反。加布里埃尔·德·格拉蒙向弗朗索瓦一世保证，克莱门特七世决不会做出对阿拉贡的凯瑟琳有利的判决。与简函直接矛盾的是，加布里埃尔·德·格拉蒙写道："克莱门特七世曾不止三次秘密告知我，如果亨利八世和安妮·博林已经完婚，他会很高兴的，无论是通过英格兰公使的特许还是其他方式，只要不是经他允许，或者削弱他的特赦权和宗教律法限制权。"①在英格兰王国，克莱门特七世仍然有自己的教廷大使，正如欧斯塔塞·沙皮所说，这个教廷大使对亨利八世"全心全意"。这个教廷大使与亨利八世在罗马的代理人格雷戈里·迪·卡萨莱是兄弟。据说亨利八世答应约翰·卡萨莱，一旦自己离婚成功，就给他一个主教职位。克莱门特七世不可能不知道自己的教廷大使的部署安排。

欧斯塔塞·沙皮向查理五世报告了一个英格兰王国的国家秘密。这个国家秘密是阿拉贡的凯瑟琳的医生森蒂亚特·阿尔卡拉斯告诉他的。德意志的新教君主即将组成施马尔卡尔登同盟。弗朗索瓦一世邀请亨利八世支持他们并和他一起加入推动废黜查理五世的行动。据说，亨利八世同意了，理由是克莱门特七世和查理五世对他十分恶劣。有可能法兰西王国和英格兰王国最终都会成为路德教国家。

---

① 布里埃尔·德·格拉蒙从博洛尼亚写给弗兰西斯一世的信，1530年3月27日，《英国政府国内外纪事档案——亨利八世时期》，伦敦，1862年到1932年，第4卷，第2826页。——原注

就算没有别的原因，阿拉贡的凯瑟琳不育这一条就足以成为离婚的充分理由。如果阿拉贡的凯瑟琳从一开始就没有生育能力，这段婚姻会立刻失效。现在，既然阿拉贡的凯瑟琳的子嗣继承王位无望，克莱门特七世就应该同意终止这段婚姻。①

1529年到1530年的整个冬天，亨利八世都在忙着收集圣典学者的意见。克莱门特七世的禁令没有在英格兰王国颁布，克莱门特七世自己的主教、大学和圣典学者都宣布赞成离婚。当然，不是所有人都非常自愿表示赞成的。牛津大学和剑桥大学曾试图进行微弱的反抗。在牛津大学，亨利八世派去收集意见的专员遭到了掷石攻击。尽管如此，但考虑到事已至此，保守的贵族和绅士也表示赞成。众所周知，亨利八世希望召回托马斯·沃尔西。托马斯·沃尔西重新掌权可能意味着英格兰政府将接受亲法政策。也许还会与路德教教会联盟，但无论如何，都会与查理五世开战。托马斯·霍华德和他的朋友都是英格

牛津大学徽章   剑桥大学徽章

---

① 欧斯塔塞·沙皮致查理五世的信，1529年12月31日，《西班牙档案》，伦敦，1877年，第4卷，第1部分，第394页。——原注

兰贵族，他们信奉古老的传统，害怕和鄙视神圣罗马帝国的革命者。但他们认为，只有查理五世同意离婚，亨利八世和查理五世才能联合起来。托马斯·霍华德对欧斯塔塞·沙皮说，亨利八世太执着于离婚，只有上帝才能改变他。托马斯·霍华德认为，为了国家的福祉，他的主人亨利八世必须再婚，生出男性继承人，他愿献出一切来与查理五世进行一个小时的面谈，只要查理五世同意离婚，查理五世与亨利八世之间的友谊将牢不可破。[①]对离婚案的更大利益方亨利八世来说，离婚根本不是什么难事，谣传"亨利八世已经或即将写信给坎特伯雷大主教威廉·沃勒姆，说如果克莱门特七世坚持拒绝公正判决，克莱门特七世自己和所有教会在英格兰王国的权威都将终结"。英格兰贵族和人民因离婚案被提审至罗马而受到挑衅和伤害，日益反感神职人员。最终，他们会成为路德教教徒。[②]克莱门特七世承认，神圣罗马帝国军队在意大利的存在使自己没有自由。如果真打起仗来，查理五世就是战争的发起者。有谣言说查理五世"威胁要用所有权力来支持阿拉贡的凯瑟琳"。托马斯·霍华德听到这个谣言时，以一个英格兰人的愤慨说："这样的威胁是没有用的，这个国家是不会容忍的。外国君主没有任何权力管英格兰的国王亨利八世。"

  欧斯塔塞·沙皮并没有解释说查理五世不想使用武力来解决问题，因为他不相信亨利八世会给他解释的机会。实际上，查理五世的干涉是没有必要的，因为托马斯·霍华德必须意识到，如果离婚案继续下去，英格兰王国将爆发内战。[③]欧斯塔塞·沙皮认为自己对事物和人物的洞察力很敏锐。像欧斯塔塞·沙皮的许多继任者一样，欧斯塔塞·沙皮把一群情绪激昂的神职人员的观点和像神职人员一样满腹牢骚的群体的观点误认为是这个国家的民意。这些

---

① 欧斯塔塞·沙皮致查理五世的信，1530年1月12日，《西班牙档案》，伦敦，1877年，第4卷，第1部分，第417页。——原注
② 欧斯塔塞·沙皮致查理五世的信，1530年1月20日，《西班牙档案》，伦敦，1877年，第4卷，第1部分，第436页。——原注
③ 欧斯塔塞·沙皮致查理五世的信，1530年4月23日，《西班牙档案》，伦敦，1877年，第4卷，第1部分，第511页。——原注

人告诉欧斯塔塞·沙皮,就像告诉欧斯塔塞·沙皮之后的所有其他西班牙大使一样,全世界的人都是这么想的。狂热分子总是如此,而他们自认为正确的观点最终带来了西班牙的毁灭。然而,当前这个时刻,欧斯塔塞·沙皮的错误是可以原谅的。托马斯·霍华德认为托马斯·沃尔西是用老一套反神圣罗马帝国的路线来谋划重新掌权。但其实,托马斯·沃尔西是在走一条更危险的路线。他迫不及待地想重新上位,如果把事情搅得更糟糕,亨利八世就会觉得他的帮助不可或缺。他正在一步步陷入只能称之为叛国的行为。叛国是特别耻辱的。托马斯·沃尔西——离婚案的始作俑者,英法同盟的建立者,现在成了阿拉贡的凯瑟琳的朋友和欧斯塔塞·沙皮的秘密顾问。托马斯·沃尔西乐于接受,也许还建议过克莱门特七世发布禁令。禁令的副本是从佛兰德斯寄来英格兰王国的。1530年5月10日,欧斯塔塞·沙皮写道:"现在,阿拉贡的凯瑟琳比以往任何时候都更坚定,她相信亨利八世不敢再婚了。如果亨利八世违背上帝的旨意再婚了,我相信他会后悔,并且感激我能让他回归第一次婚姻,如果这样做可以让他从第二次婚姻中解脱出来。这是托马斯·沃尔西和许多人的想法。要是两年前亨利八世就回归第一次婚姻,托马斯·沃尔西愿意拿自己的大主教之位来换。这样一来,他就能更好地报他被阴谋算计的仇了。"[①]

这些话本身就证明了托马斯·沃尔西现在得到了阿拉贡的凯瑟琳的朋友的信任,但不能作为进一步推断的理由。不过,接下来的另一封信就毫无疑问可以作为进一步推断的理由了。

1530年6月15日,欧斯塔塞·沙皮再次写道:"我收到托马斯·沃尔西的医生奥古斯丁·德·安古斯蒂尼奥斯来信,他在信中告诉我,他的主人托马斯·沃尔西不知道阿拉贡的凯瑟琳离婚案的具体情况,不能对此提出任何具体的建议。但如果有更充分的信息,托马斯·沃尔西会像为了上天堂一样卖力提供建议和指导。托马斯·沃尔西的幸福、荣誉和心安都取决于阿拉贡的凯瑟琳。从

[①] 欧斯塔塞·沙皮致查理五世的信,1530年4月23日,《西班牙档案》,伦敦,1877年,第4卷,第1部分,第533页。——原注

目前的情况来看,托马斯·沃尔西认为克莱门特七世应该对亨利八世提出更严厉的谴责并召集世俗军队。这么做需要勇气。"① 召集世俗军队意味着入侵和公开宣战。对任何一个英格兰公民来说,提出这种建议都是叛国。在某些情况下,这种叛国行为可能会在道德上得到辩护。但对托马斯·沃尔西来说,无论是道德上还是政治上,他都没有辩护的理由。更龌龊的是,此时托马斯·沃尔西正宣称对亨利八世尽忠职守,并且努力让亨利八世相信自己。托马斯·霍华德发现托马斯·沃尔西寄了三份不同的请愿书,"希望得到曾经拥有的权力"。毫无疑问,托马斯·霍华德在盯着托马斯·沃尔西,也许了解的情况已经足够怀疑托马斯·沃尔西在做什么事情。这个医生传给欧斯塔塞·沙皮耐人寻味的悄悄话和信息并不是没被亨利八世发现。但亨利八世依然宽宏大量地相信托马斯·沃尔西,不相信自己的老朋友托马斯·沃尔西真的会背信弃义②,但他同意把托马斯·沃尔西送到温切斯特教区去。托马斯·沃尔西带着六百个骑士和绅士去了,仍然假装拥有昔日的辉煌。但他到不了他的教区城市了。欧斯塔塞·沙皮听到让他惊慌的消息,托马斯·沃尔西的医生被捕了,被关进了伦敦塔。欧斯塔塞·沙皮很庆幸虽然自己和托马斯·沃尔西之间所发生的一切都被揭露,但没有什么能损害自身安全的信息泄露。不过,托马斯·沃尔西的医生确实背叛了他的主人,泄露了他自己承诺永远不会透露的秘密。欧斯塔塞·沙皮了解到,托马斯·沃尔西的医生承认托马斯·沃尔西曾建议克莱门特七世,如果亨利八世不把安妮·博林赶出宫廷,就将亨利八世逐出教会,希望这样能"让这个国家起死回生并重新获得管理权"③。很明显,托马斯·沃尔西用如此不光彩的手段耍阴谋只是为了自己的目的。托马斯·沃尔西本可以说服自

---

① 欧斯塔塞·沙皮致查理五世的信,1530年4月23日,《西班牙档案》,伦敦,1877年,第4卷,第1部分,第600页。——原注
② 托马斯·阿伦德尔致托马斯·沃尔西的信,1530年10月16日,《英国政府国内外纪事档案——亨利八世时期》,伦敦,1862年到1932年,第4卷,第3013页。——原注
③ 欧斯塔塞·沙皮致查理五世的信,1530年11月27日,《西班牙档案》,伦敦,1877年,第4卷,第1部分,第3035页。——原注

己，离婚对国家有害。但以托马斯·沃尔西的身份，他并不应该建议克莱门特七世去攻击亨利八世，因为托马斯·沃尔西自己也曾强烈怂恿亨利八世进攻别人。终于，亨利八世被说服了。下令逮捕托马斯·沃尔西并把他带回伦敦。托马斯·沃尔西知道，现在一切都结束了，他再也得不到原谅了。在回去途中，托马斯·沃尔西不肯吃东西。1530年圣安德鲁日，托马斯·沃尔西死在莱斯特教堂。他被埋在理查三世所葬的灰衣修士教堂。有一份报告说托马斯·沃尔西是绝食而死，另一份报告说他服了毒。欧斯塔塞·沙皮说："他死得像个虔诚的基督徒，抗议说自己没有做任何对不起亨利八世的事。"托马斯·沃尔西的计谋失败了，无论是什么样的计谋，他结束了自己的事业。他徒劳地挣扎过，想把自己亲手释放出来的恶魔再变回花瓶里。

第 9 章

亨利八世准备开战

克莱门特七世有没有权力批准教规禁止的婚姻这个问题，影响到的利益范围比亨利八世的家庭范围宽泛。凭借克莱门特七世的特赦令，已经有无数受禁婚约缔结，如果宣布克莱门特七世没有资格行使特赦权，他颁布的特赦令就是非法的。查理五世个人就会受到最直接的影响。葡萄牙王国国王埃曼努埃尔一世结过三次婚，他的第一任妻子是阿拉贡的伊莎贝尔。阿拉贡的伊莎贝尔是斐迪南二世和卡斯蒂尔女王伊莎贝拉一世的女儿，是阿拉贡的凯瑟琳的姐姐，也是查理五世的姨妈。埃曼努埃尔一世的第二任妻子是阿拉贡的伊莎贝尔的妹妹阿拉贡的玛利亚，第三任妻子是查理五世的妹妹奥地利的埃莉诺。查理五世自己的皇后葡萄牙的伊莎贝拉是埃曼努埃尔一世第二次婚姻中生下的孩子。他们都是在罗马的特赦令下订立婚约的。突然改变法律或承认克莱门特七世特赦这些婚姻的权威可能受到挑战，都会引起大范围骚动。查理五世如此专横地抵制亨利八世的离婚要求，并不只是为了阿拉贡的凯瑟琳。如果阿拉贡的凯瑟琳同意宣誓做修女，也就没有这些难题了。在阿拉贡的凯瑟琳拒绝做修女时，亨利八世就已经意识到会遭遇反对的理由，因为他迄今为止的所有要求都是基于那份最开始的《尤里乌斯二世教皇诏书》，而那份教皇诏书本身就是不合常规的。克莱门特七世常说，如果查理五世同意自己下特赦令，可以

阿拉贡的伊莎贝尔

阿拉贡的玛利亚

奥地利的埃莉诺

葡萄牙的伊莎贝拉

想到办法。但查理五世没有同意。在英格兰王国,亨利八世的婚姻曾经受到质疑,为了避免对继承权的争议,必须做出某种决定。现在,有更大的问题必须提出来了。在博洛尼亚,查理五世曾毫不礼貌地屏退了英格兰王国的大使。正如我们所见,克莱门特七世已经又悄悄地像以前一样希望亨利八世会将此事掌握在自己的手中,无视限制,随心所欲地结婚,而不会把责任推到克莱门特七世身上。然而,在克莱门特七世做出保证后,亨利八世决定不让克莱门特七世以这种方式逃脱责任。亨利八世已经从圣典学者那里得到或要到了一个对自己有利的意见。弗朗索瓦一世也帮助亨利八世从巴黎大学得到了类似的意见。现在,对这些圣典学者充满信心的英格兰贵族,无论是神职人员还是普通信徒,正式要求克莱门特七世接受亨利八世的诉求,并且暗示如果克莱门特七世再次拒绝,他们会自己寻求办法。托马斯·沃尔西本人也签了名,因为请愿书是在他死前的那个夏天起草的。坎特伯雷大主教威廉·沃勒姆也签了名,随后是主教、院长、公爵、伯爵和男爵。毫无疑问,有些人不得不违背自己的良心签名,但作为一个整体,必须将这一行为视作他们自己的行为。除非人民愿意支持亨利八世,否则他也没有办法强迫他们。就算人民拒绝支持亨利八世,亨利八世也没有办法惩罚他们。托马斯·霍华德仍然孜孜不倦地说服欧斯塔塞·沙皮。在请愿信发出前,托马斯·霍华德告诉欧斯塔塞·沙皮,既然要了结此事,看来别无他法,如果上帝愿意带阿拉贡的凯瑟琳和玛丽·都铎去天堂[①],那么他愿意奉上在这个世界上拥有的大部分财产。如果不再婚,亨利八世的良心永远不会安宁。为了让亨利八世的良心得到解脱,为了英格兰王国的安宁,只有让亨利八世获得男性子嗣才能确保王位继承无患。

托马斯·霍华德说,亨利八世不能去罗马申辩,罗马有西班牙军队驻守,而克莱门特七世会听从查理五世的吩咐,哪怕查理五世要克莱门特七世穿着小丑服在街上跳舞,克莱门特七世也会在所不辞。阿拉贡的凯瑟琳反对在英格

---

① 安妮·博林。——原注

兰王国进行审判。难道就不能在一个中立的地方找到公正的法官来审判吗？列日枢机主教埃拉尔·德·拉·马克和塔布主教加布里埃尔·德·格拉蒙难道不值得信任吗？

直率而诚实的托马斯·霍华德是手腕灵活的托马斯·沃尔西的继任人。他为人冷漠，希望阿拉贡的凯瑟琳和安妮·博林都死了是自然而然的愿望，不过这个愿望没有价值。毫无疑问，选择一个中立的审判地点是可取的办法。列日枢机主教埃拉尔·德·拉·马克可能会接受，但塔布主教加布里埃尔·德·格拉

列日枢机主教埃拉尔·德·拉·马克

蒙根本不会这样做。欧斯塔塞·沙皮说:"布里埃尔·德·格拉蒙是第一个把离婚幻想装入亨利八世脑子里的人。"①

罗马教廷依旧采取外交上的推脱政策,克莱门特七世暗暗渴望"犯下一些愚蠢的错误",与亨利八世达成协议,神圣罗马帝国的代表却一直紧紧遏制着克莱门特七世。1530年10月,米塞·马伊报告说,亨利八世的代表坚持认为克莱门特七世应该在不经过法律程序的情况下解除亨利八世与阿拉贡的凯瑟琳的婚姻关系,理由是英格兰王国必须有一个继承人,并且亨利八世抗议维持这段婚姻是在犯教会大罪。如果做不到,克莱门特七世至少应该保证,如果亨利八世再婚,他不会从中阻挠。克莱门特七世巴不得不用出手阻挠。②但米塞·马伊在盯着他,他承担不起勇敢的代价。克莱门特七世被迫回答说,他已经尽了最大的努力,但他不能拒绝阿拉贡的凯瑟琳上诉。亨利八世没有指定代表替他出庭,所以拖延是不可避免的。在请愿书上,英格兰贵族威胁说,除非克莱门特七世准许离婚,否则他们会在别处寻求办法。英格兰贵族的这一行为真是有失身份,也不可能得到亨利八世的批准。克莱门特七世一直希望在公正的情况下满足亨利八世的要求。③

克莱门特七世坚持什么也不做,相信时间是能解决一切问题的政策,希望通过间接表达的希望和好听的话让亨利八世最终厌倦并放弃离婚。但克莱门特七世自己慢慢被卷入困境,等他被迫采取行动时,不得不听从米塞·马伊的命令了。派往英格兰的教廷大使约翰·卡萨莱公然站在亨利八世一边,有必要换掉。约翰·卡萨莱被召回。布尔戈男爵安东尼奥·德·普利被派去接替约翰·卡萨莱。克莱门特七世希望安东尼奥·德·普利手腕更强硬些。欧斯塔

---

① 欧斯塔塞·沙皮致查理五世的信,1530年7月11日,《西班牙档案》,伦敦,1877年,第4卷,第1部分,第630页。——原注
② 米塞·马伊致查理五世的信,1530年10月2日和1530年10月10日,《英国政府国内外纪事档案——亨利八世时期》,伦敦,1862年到1932年,第4卷,第3002页和第3009页。——原注
③ 克莱门特七世的答复,1530年9月27日,《英国政府国内外纪事档案——亨利八世时期》,伦敦,1862年到1932年,第4卷,第2291页。——原注

塞•沙皮从英格兰下议院的两个律师朋友那里得知,下一届议会会议开幕时,离婚案将提交给议会,议会会支持亨利八世,并且法兰西大使让•迪•贝莱从巴黎带来弗朗索瓦一世的承诺,如果亨利八世快刀斩乱麻,直接再婚,后面的问题弗朗索瓦一世会去找克莱门特七世解决。[1]除非查理五世让步——这是不可能的——或者除非克莱门特七世敢惹查理五世不高兴——这是克莱门特七世一如既往不情愿的——否则与克莱门特七世的决裂看来是不可避免了。然而,克莱门特七世仍然希望有第三种选择。

1530年9月中旬,新的教廷大使安东尼奥•德•普利抵达英格兰王国。他简短地报告说,第一次觐见时,亨利八世告诉他,除非这桩离婚案由威廉•沃勒姆和英格兰的主教来审,否则将自己采取行动,因为亨利八世知道克莱门特七世已答应查理五世为阿拉贡的凯瑟琳撑腰。欧斯塔塞•沙皮向查理五世提供了这次面谈更详细的细节。安东尼奥•德•普利向亨利八世宣布,鉴于教会的权威可能会受到伤害,"克莱门特七世宁愿死,或者辞去教皇职务,也不愿离婚案在双方不满意的情况下解决"。亨利八世没有像安东尼奥•德•普利期望的那样客气地回答,而是对克莱门特七世和整个罗马教廷进行了严厉的指责。亨利八世说,教会需要彻底的改革,教会也应该改革。克莱门特七世就是他自己所处困境的罪魁祸首。克莱门特七世从奥尔维耶托给他发过一封简函,承认离婚是必要的。据他从权威渠道得知,现在克莱门特七世又向查理五世保证,会做出对阿拉贡的凯瑟琳有利的判决。他不愿忍受这种待遇,他决不会同意在罗马或克莱门特七世和查理五世有管辖权的任何地方判决此案。这是英格兰王国的一项古老的特权——"任何发生在英格兰王国的案子都不得提审至他国"。如果克莱门特七世不替他伸张正义,他会向即将召集的议会上诉,如果查理五世用战争威胁他,他会保护自己。安东尼奥•德•普利反对仓促行动。他

---

[1] 欧斯塔塞•沙皮致查理五世的信,1530年9月4日,《西班牙档案》,伦敦,1877年,第4卷,第1部分,第707页。——原注

说，如果亨利八世什么也不做，克莱门特七世也会停下来，直到达成一个友好的解决方案为止。但亨利八世什么也不答应，"会做自己认为最好的事"。

亨利八世如此专横，欧斯塔塞·沙皮和安东尼奥·德·普利不得不思考该怎么办。在收到安东尼奥·德·普利的信前，克莱门特七世曾收到过托马斯·沃尔西的私人建议。这件事安东尼奥·德·普利已经知悉。托马斯·沃尔西承认过，天主教教会的罪恶已经根深蒂固，没有办法温和解决了，需要彻底清除，但必须谨慎行事。如果克莱门特七世威胁将亨利八世逐出教会，亨利八世将立即召集议会，然后将发生战争，法兰西王国也将参与其中。难道亨利八世和查理五世之间就不能进行一次面谈吗？安东尼奥·德·普利没有办法，但他愿意接受欧斯塔塞·沙皮的指引。欧斯塔塞·沙皮建议克莱门特七世立即采取行动。他说，温和手段是无用的。他相信①，如果克莱门特七世立即在罗马宣判此案，亨利八世无论是在英格兰王国国内还是国外都找不到任何人帮他与教会抗争。克莱门特七世不应该把责任推给查理五世。克莱门特七世必须发声，所有虔诚的天主教教徒都会站在克莱门特七世这边。②安东尼奥·德·普利同意了。现在，英格兰王国的神职人员既恼怒又惊慌。这个时机对克莱门特七世是有利的。安东尼奥·德·普利和外国大使决定建议克莱门特七世立即了结这桩离婚案，威胁亨利八世会将其逐出教会，并且在议会开幕前将简函的副本送往英格兰王国。

自以为很了解英格兰的欧斯塔塞·沙皮，马上就会收到一个令人不快的"惊喜"。他觉得在英格兰王国，大胆地维护克莱门特七世的权威，还未被成功抵制过。两个坎特伯雷大主教坎特伯雷的安塞尔姆和托马斯·贝克特就维护过教皇权威。但欧斯塔塞·沙皮忘记了几代爱德华君主和理查二世立的法案。据欧斯塔塞·沙皮所说，克莱门特七世将发布一封简函，禁止议会插手离

---

① 当然，托马斯·沃尔西早就告诉过他了。——原注
② 欧斯塔塞·沙皮致查理五世的信，1530年9月20日，《西班牙档案》，伦敦，1877年，第4卷，第1部分，第726页。——原注

婚案。英格兰法令书规定，在任何情况下，禁止教皇干涉英格兰王国内政。如果克莱门特七世经由教会各级部门颁布或授权代表以教皇诏书或简函的方式试图在英格兰王国行使直接司法权，损害王室的权利，则所有传入克莱门特七世诏书或简函、承认克莱门特七世自命权威或按克莱门特七世的命令行事的人，都犯了蔑视王权罪。这是一个模糊但可怕的后果，几乎和确认犯了叛国罪一样致命。这些法规早已被尘封很久。在寻求和接受罗马教廷公使的地位时，托马斯·沃尔西忘记了这些法规的存在。亨利八世在伦敦请求克莱门特七世委任公使来伦敦审理离婚案时，忘记了这些法规存在。那些声称独立于国家、属于以克莱门特七世为首的"帝国中的帝国"的神职人员，那些在英格兰王国各郡被以教会法庭的名义处决的官员，都忘记了这些法规的存在。但这些法规本身是没有被废除的，它们作为上一代人精神的纪念碑被保留了下来。毫无疑问，人们知道克莱门特七世正在被鼓动采取暴力行动攻击亨利八世。大家都知道，考虑到英格兰宗教改革的威胁，大批神职人员准备支持克莱门特七世。通过诉诸英格兰王国的历史先例，可以挡开这一重击。这些急不可耐的人会明白，与参与攻击亨利八世相比，他们更需要有足够的能力为自己的罪行换取赦免。回火再炼的钢铁再次发出了光芒。当安东尼奥·德·普利梦想着把亨利八世逐出教会和下达禁令时，惊讶地发现，摆在议会面前的主题不是阿拉贡的凯瑟琳的离婚案，而是整个英格兰王国的精神地位问题。

承认托马斯·沃尔西是罗马教廷的公使，所有神职人员都犯了蔑视王权罪。也许在离婚问题上，或者在因此导致的绝罚[①]问题上，英格兰王国议会内部的意见可能仍然存在分歧。但现在要在议会讨论的是克莱门特七世的权威是否与英格兰王国过去对自由的追求一致。1530年10月月初发布的一份告示向英格兰臣民通报了即将发生的事情，警告所有人传入罗马教廷的简函是非法的。安东尼奥·德·普利冲进枢密院会议室，见到托马斯·霍华德和查尔斯·布

---

① 即逐出教会。——译者注

兰登,激动地问这是什么意思?克莱门特七世做错了什么?侵犯了英格兰什么特权?为什么事先没有警告过?托马斯·霍华德和查尔斯·布兰登回答说:"在英格兰王国,我们不关心什么克莱门特七世或克莱门特七世们,即使圣彼得复活了,我们也不关心。亨利八世是自己领土上的'查理五世和克莱门特七世'。是克莱门特七世自己放弃了英格兰人民,如果想挽回他们的感情,就必须听从他们的请求。"①

安东尼奥·德·普利装出一副满不在乎的样子,告诉他们,如果他们认为这样就可以吓住罗马教廷,那他们就错了。安东尼奥·德·普利又去问亨利八世。亨利八世告诉安东尼奥·德·普利,自己没有发表任何对克莱门特七世造成伤害的消息,只是利用自己的特权提防有人反抗他制定的或即将制定的宗教改革法令。自己采取即刻行动,是怕克莱门特七世发布禁令。安东尼奥·德·普利不知道该怎么办。阿拉贡的凯瑟琳非常不安,她担心这条告示证明亨利八世根本不怕克莱门特七世。大体上看,安东尼奥·德·普利认为有人试图吓唬他。于是,安东尼奥·德·普利又写了一封信,建议克莱门特七世立即着手宣判。②

事实上,亨利八世这一招把他们都打败了。恢复《神职人员法案》后,亨利八世能借此提出质疑克莱门特七世在英格兰王国权威的问题,而不必就目前的异议制定新的法规。原定于1530年10月开会的议会,一直拖延到1531年1月,让拟采取的措施更成熟。亨利八世去了汉普顿宫,叫人把安东尼奥·德·普利找来。亨利八世告诉安东尼奥·德·普利,克莱门特七世传唤自己到罗马,侵犯了自己的君主特权,违背了克莱门特七世在奥尔维耶托以书面形式给他的承诺。如果克莱门特七世不再考虑他的感受,他将不得不表明,克莱门特七世自命拥有的权威不过是篡夺而来,接下来将是非常严重的后果。

---

① 欧斯塔塞·沙皮致查理五世的信,1530年10月1日,《西班牙档案》,伦敦,1877年,第4卷,第1部分,第734页。——原注
② 欧斯塔塞·沙皮致查理五世的信,1530年10月1日,《西班牙档案》,伦敦,1877年,第4卷,第1部分,第734页。——原注

安东尼奥·德·普利说,亨利八世说话时流露出极大的遗憾,眼里含着泪水。亨利八世还补充说,目前的议会是应全英格兰王国人民要求召集的,目的是限制神职人员权力。在整个英格兰王国,无论贵族还是平民,都对神职人员深恶痛绝,如果没有自己的保护,神职人员将被彻底摧毁。他会等到1531年2月再采取行动,看看克莱门特七世是否会在这期间改变对他的态度。①

接着,安东尼奥·德·普利去见托马斯·霍华德。托马斯·霍华德没有安慰他,而是说:"虽然阿拉贡的凯瑟琳是个好女人,但她来英格兰王国成了英格兰王国的祸根。"上帝拒绝给亨利八世一个男性继承人,以此来表示对这桩婚姻的不满。如果亨利八世没有儿子就死了,旧怨将重起,整个英格兰王国将陷入水深火热之中。牺牲英格兰王国的切身利益来满足查理五世是让人无法容忍的。托马斯·霍华德建议安东尼奥·德·普利利用对克莱门特七世的影响力劝说克莱门特七世,"那么亨利八世的严厉程度也许会有所改变。"

亨利八世本人再次直接向克莱门特七世恳求。他说发现自己的合理要求被忽视,法兰西国王弗朗索瓦一世的要求无人理睬,他的贵族的请愿书被鄙视和嘲笑,他意识到克莱门特七世完全服务于查理五世的意志,见机行事地任命、拖延和改变。因此,他要求克莱门特七世以书面形式说明拒绝他诉求的理由。他再次要求由中立法官在英格兰王国审理此案。"英格兰王国的法律不允许他不这么做,他不愿争执,但他不会容忍否决。"②

阿拉贡的凯瑟琳绝望了。罗马提审离婚案的安排又被推迟了。英格兰下议院逐渐形成了一个支持她的派系,但不知该往哪个方向走。如果克莱门特七世做出判决,他们就会知道该怎么做,但推迟宣判似乎意味着克莱门特七世自己都不确定怎么做是对的。他们问欧斯塔塞·沙皮是否有任何罗马教廷的指示

---

① 欧斯塔塞·沙皮致查理五世的信,1530年10月15日,《西班牙档案》,伦敦,1877年,第4卷,第1部分,第759页。——原注
② 亨利八世致克莱门特七世的信,1530年12月6日,《英国政府国内外纪事档案——亨利八世时期》,伦敦,1862年到1932年,第4卷,第3055页。——原注

支持他们反对离婚,寄希望于克莱门特七世也许已经发布了一份禁令。他们担心,如果罗马教廷不采取进一步行动,他们反对离婚也没有用。

欧斯塔塞·沙皮说:"克莱门特七世拖沓、虚伪至极,不支持任何一方。"① 英格兰人民对离婚这件事的看法正在发生改变,每天都给亨利八世离婚注入力量。到此时,威廉·沃勒姆一直为阿拉贡的凯瑟琳效力。但现在,他开始动摇,甚至认为他可以在自己的法庭上审判离婚案。② 阿拉贡的凯瑟琳、安东尼奥·德·普利、约翰·费希尔和坚定支持阿拉贡的凯瑟琳的朋友一致认为,最大胆的方法是最明智的方法,唯一的办法是立即在罗马做出对阿拉贡的凯瑟琳有利的判决,把温和手段抛在一边,让亨利八世看看,克莱门特七世真的是认真的。这样一来,亨利八世就不敢冒险更进一步了。阿拉贡的凯瑟琳本人以一个受苦受难女人的激烈情绪写信给克莱门特七世。她说:"拖延会让这世上再现一个地狱,而要摧毁这地狱的方式恐怕会比迄今为止最糟糕的办法还糟糕。"③ 她没有责怪亨利八世,认为错在那些误导亨利八世的邪恶顾问身上。一旦脱离了他们的魔爪,亨利八世就会像从前那样做教会恭顺的"孩子"了④。

值得注意的是,在整个过程中,离婚案双方都认为克莱门特七世做出判决时是站在自己一边的。亨利八世要求判决离婚,阿拉贡的凯瑟琳和查理五世要求判决这场婚姻没有问题。克莱门特七世要审理离婚案,但没人承认谁是谁非这一点就很令人生疑,并且也没人承认克莱门特七世必须先听取申辩才能做出决定。毫无疑问,英格兰人民对圣轮法院有这样的看法是有道理的。他们

---

① 欧斯塔塞·沙皮致查理五世的信,1530年12月21日,《西班牙档案》,伦敦,1877年,第4卷,第1部分,第853页。——原注
② 欧斯塔塞·沙皮致查理五世的信,1530年12月21日,《西班牙档案》,伦敦,1877年,第4卷,第1部分,第853页。——原注
③ 阿拉贡的凯瑟琳致克莱门特七世书信,1530年12月17日,《西班牙档案》,伦敦,1877年,第4卷,第1部分,第855页。——原注
④ 阿拉贡的凯瑟琳致克莱门特七世书信,1530年12月17日,《西班牙档案》,伦敦,1877年,第4卷,第1部分,第855页。——原注

认为圣轮法院如果被要求对离婚案进行审判，肯定就会进行审判，而且是在已经有了定论的情况下审判；然而，如果可以这样看待圣轮法院，那它是一个什么样的法院呢？而这样法院的主人，又该如何称呼呢？

  大多数偶像崇拜都经历过同一阶段。偶像在最后被丢弃前都经受了鞭打。各大教堂分会选择主教时仍然会乞求上帝的圣灵指引，但必须选择首相已经指定的人选，不然就以蔑视王权罪论处。人们选择宗教偶像时应该更慎重。任何明智的人都受不了被这样控制。该为这干草填充的偶像摆设或是刀刻的偶像雕像说的公道话太多，这些话是鞭子没法逼出来的。安妮·博林兴高采烈。"她比狮子还勇敢。"欧斯塔塞·沙皮写道。安妮·博林对阿拉贡的凯瑟琳的一个宫廷侍女说，希望全世界的西班牙人都淹死在海里。宫廷侍女说这样的话是对阿拉贡的凯瑟琳的不尊重，但安妮·博林说自己才不在乎什么王后，宁愿看到阿拉贡的凯瑟琳被绞死，也不愿承认阿拉贡的凯瑟琳是自己的女主人。[①]终于，在米塞·马伊的恳恳下，克莱门特七世发布了第二封简函，重复了第一封简函的条款，再次禁止亨利八世再婚，并且威胁英格兰王国的议会、主教和神职人员，如果他们敢干涉，后果自负。但发布简函和执行简函间隔了很长的时间。让他判的案子他迟迟不判，他的最终裁决又不明不白，让满世界议论纷纷。简函将由东尼奥·德·普利提交。克莱门特七世还附上一封给亨利八世自嘲而不失尊严的信。[②]欧斯塔塞·沙皮担心克莱门特七世看似"信口开河"，实则是秘密鼓励亨利八世采取行动。简函可能会引发危机。欧斯塔塞·沙皮不喜欢自己继续留在英格兰王国的前景，就像要"陷入水深火热"，但由于阿拉贡的凯瑟琳坚持要他留下来，他不断地要求克莱门特七世发布"绝罚令和禁令"。"查理五世可能会向英格兰人发动行之有效的战争。英格兰王国将

---

① 欧斯塔塞·沙皮致查理五世的信，1531年1月1日，《英国政府国内外纪事档案——亨利八世时期》，伦敦，1862年到1932年，第5卷，第10页。——原注
② 《英国政府国内外纪事档案——亨利八世时期》，伦敦，1862年到1932年，第5卷，第12页。——原注

失去与西班牙王国和佛兰德斯的贸易。这样一来,人们对亨利八世和议会的不满就会急剧增长。"①

欧斯塔塞·沙皮身临其境,又被热血沸腾的气氛包围,他赞成发动战争。查理五世仍然不愿放弃与英格兰王国的世袭友谊——几乎和克莱门特七世一样不情愿。查理五世原以为亨利八世只是一时被恋爱冲昏了头脑,而支持阿拉贡的凯瑟琳会让英格兰王国多数人高兴,也许最终亨利八世本人还会感激自己。查理五世没有考虑到英格兰人头脑中正在发生的变化。查理五世并没有料到,当一个精心守护自己自由的骄傲民族看到查理五世在一个涉及他们自身安全的问题上向欧洲的最高教会法官发号施令时会义愤填膺,并且愤怒与日俱增。但查理五世已经走出太远,不能后退。查理五世发现自己不仅有西班牙王国舆论的支持,并且他最没把握的那部分臣民也支持他。在很大程度上,意大利的大学是支持巴黎的大学的观点的,并且宣布反对克莱门特七世拥有特赦权。神圣罗马帝国让亨利八世失望。英格兰历代国王是路德教的老对手。作为大法官,托马斯·莫尔一直在加强针对英格兰王国路德教传教士的异端法律。路德教教会则坚决反对亨利八世离婚。查理五世是路德教教会的封建君主。路德教教会没有理由为一个据自己所知与路德教教会无关的案子而和查理五世再次陷入争端。亨利八世明显很紧张。欧斯塔塞·沙皮报告说,亨利八世忙于建造船、铸造大炮、修复要塞和补给伦敦塔的武器库,他似乎意识到可能有场硬仗要打。查理五世仍然坚信亨利八世会一直害怕。欧斯塔塞·沙皮开始认为查理五世可能比他想得更准确,风暴可能会被平息。然而,亨利八世似乎没有任何屈服的迹象。据说,新的简函已经发布,并且已转交给了安东尼奥·德·普利。1531年1月13日,托马斯·霍华德不满足于政府告示已经发出的警告,派人叫来欧斯塔塞·沙皮再次提请他注意英格兰王国法律。《议会法案》禁止任何人从罗马传入损害王室荣誉和权威的简函。据说,"某些教令"是由阿拉贡的

---

① 欧斯塔塞·沙皮致查理五世的信,1530年12月21日,《西班牙档案》,伦敦,1877年,第4卷,第1部分,第854页。——原注

凯瑟琳的朋友弄到的,并且即将发布。托马斯·霍华德希望欧斯塔塞·沙皮知道,如果克莱门特七世亲自发布这样的简函,将被英格兰人民撕成碎片。这不是一个新问题。历任教皇曾试图篡夺控制英格兰王国的权力。亨利八世的先辈一直在反抗,现在的亨利八世也会反抗。国王们高于克莱门特七世们。亨利八世是自己领地的主人。如果有任何这样的教令落入欧斯塔塞·沙皮的手中,托马斯·霍华德警告他不要发布。①

神圣罗马帝国的官员更习惯于发号施令,而不是服从命令。欧斯塔塞·沙皮很勇敢,在必要的时候,可以傲慢到无礼。欧斯塔塞·沙皮感谢托马斯·霍华德的通知,并且说:"我不会争辩克莱门特七世对不服从的亨利八世和英格兰王国拥有的权威。在当时的整体实践中,这是一个人尽皆知的事实。他的好奇心还没有扩展到研究英格兰王国法令书的程度,在这方面,还请枢密院咨询安东尼奥·德·普利。我只能说,如果英格兰不想给克莱门特七世发这种'简函'的机会,就应该做得更好。查理五世不会同意对亨利八世做出不合理的判决,因为他视亨利八世为盟友和朋友,但我可以向你保证,如果查理五世指示我协助在英格兰王国发布任何克莱门特七世简函,我肯定会执行查理五世陛下的命令。至于整个英格兰王国的人民,我认为他们不会反抗克莱门特七世的教令。恰恰相反,英格兰人民会尽全力帮助执行教令。真理和正义在任何地方都终将胜利,哪怕是在小偷的居所里和地狱里。基督教教会从未因缺乏捍卫者而阻断这世界跟随它的步伐。如果查理五世用尽所有和解手段,最终只能使用武力来捍卫基督教教会,那么英格兰人民就没有抱怨的权利了。"②

这种话只能有一种含义。欧斯塔塞·沙皮也许是想吓唬托马斯·霍华德。有人怀疑托马斯·霍华德没有像在议会面前声称的那么坚定地支持亨利八世。

---

① 欧斯塔塞·沙皮致查理五世的信,1531年1月13日,《西班牙档案》,伦敦,1877年,第4卷,第2部分,第22页。——原注
② 欧斯塔塞·沙皮致查理五世的信,1531年1月13日,《西班牙档案》,伦敦,1877年,第4卷,第2部分,第23页。——原注

诺福克公爵夫人伊丽莎白·斯塔福德是阿拉贡的凯瑟琳的狂热拥护者,也是欧斯塔塞·沙皮的亲密至交。欧斯塔塞·沙皮以为自己震住了托马斯·霍华德,但托马斯·霍华德回答说:"如果亨利八世能娶另一个妻子,他一定会娶的。"克莱门特七世没有权力干涉,除非亨利八世犯了异端罪。① 托马斯·霍华德对安东尼奥·德·普利发出了与对欧斯塔塞·沙皮一样的警告,特别提醒安东尼奥·德·普利注意如果不服从会给他带来的痛苦与惩罚。安东尼奥·德·普利像欧斯塔塞·沙皮一样回答说:"无论付出什么代价,我都会服从克莱门特七世的命令,如果有必要,我会为我的主和主人克莱门特七世去死。"

---

① 欧斯塔塞·沙皮致查理五世的信,1531年1月13日,《西班牙档案》,伦敦,1877年,第4卷,第2部分,第26页。——原注

第 10 章

阿拉贡的凯瑟琳被驱逐出王宫

现在，亨利八世与克莱门特七世之间的争斗已不可避免，至于其结果如何要取决于英格兰王国的民意。欧斯塔塞·沙皮和安东尼奥·德·普利相信大多数人都忠于罗马教廷。教皇，必须是亨利八世和议会都愿意服从的教皇。亨利八世和议会相信人民会支持不予承认给另一个世俗君主做奴仆和喉舌的教皇。欧斯塔塞·沙皮是对的，还是亨利八世是对的？即将开幕的议会将做出决定。在英格兰的神职人员中，克莱门特七世有一支完全听命于他的现成队伍。为了维护自己独立于民事限制法律的权利，神职人员意识到不能独自战斗。因此，神职人员十分拥护罗马的宗教领袖。神职人员可能会抱怨需要缴纳太多第一年圣俸、收入和其他贡金，但克莱门特七世的支持对他们的职业特权必不可少。在任何可能出现的斗争中，神职人员肯定会站在罗马教廷一边。每个英格兰神职人员想象中的英雄都是以身殉道的坎特伯雷大主教托马斯·贝克特。托马斯·贝克特认为，按照宗教法规，世俗君主只能由罗马教皇授权来统治王国，如果拒不服从安排，可被废黜。在教会和国家发生冲突的情况下，教会的巨大影响力由宗教制度和罗马教皇来保证。

上一次英格兰议会会议后，神职人员被"斩断了利爪"，十分恼怒。从约翰·费希尔这个最突出的神职人员代表那里，从地位显赫的女士那里，从主要交往的贵族那里，欧斯塔塞·沙皮听到了对亨利八世行为的一致谴责。这些人告诉他，全国人民都同意这些人的观点。当然，像神职人员这样强大的群体的反对意见本身也是令人畏惧的。因此，在开战之前，亨利八世已经准备好解除克莱门特七世手下神职人员手中的权力。"斩断"神职人员的利爪是不够的，必须用嚼子和缰绳拴住神职人员和封住他们的嘴。终于，1531年1月，英格兰议会经过多次休会后再次召开。同时召开的神职人员代表大会正式宣布所有神职人员都犯了蔑视王权罪，因为他们承认托马斯·沃尔西的公使身份和批准托马斯·沃尔西公使身份的教皇诏书。这一消息刚传出来时，简直让人难以置信。神职人员代表大会的召开暗示以前的英格兰法律又再次生效了。神职人员是亨利八世的臣民，而不是克莱门特七世的臣民。为了让神职人员记住这一事实，英格兰政府下令，除非他们支付十万英镑的罚款，否则他们的财产将被依法没收，并且只有明确承认亨利八世是英格兰教会的最高领袖，他们才能获得赦免。欧斯塔塞·沙皮的信解释了英格兰政府强行逼迫神职人员这么做的动机，并且对英格兰政府随意安插蔑视王权罪罪名给出了合理解释。克莱门特七世被逼将亨利八世逐出教会并宣布废黜其王位。克莱门特七世的命令靠神职人员来执行。但同时，神职人员必须承认自己是亨利八世的臣民，必须遵守英格兰王国的法律。亨利八世要求得到这个一直争议不断的头衔，不是出于毫无意义的虚荣心，也不是野心勃勃的突发奇想，而是用实际行动在宣称英格兰王国的独立和统一。英格兰王国国内只有一个至高无上的君主，任何世俗的或宗教的外国君主都无权干涉。他们如果要证明自己有义务干涉，要拿出具有足够权威性的命令，这个命令不应该是克莱门特七世下达的，而是高于克莱门特七世的亨利八世下达的。克莱门特七世的神职人员被迫宣誓效忠于亨利八世。

克莱门特七世一直担心的是如果把亨利八世推得太远，灾祸会降临到自己身上。他一直拒绝发布最后一封简函，直到被逼发布。[1]阿拉贡的凯瑟琳似

---

[1] 胡安·安东尼奥·穆塞图拉致查理五世的信，1531年1月12日，《英国政府国内外纪事档案——亨利八世时期》，伦敦，1862年到1932年，第5卷，第18页。——原注

乎觉得米塞·马伊逼得还不够紧迫和激烈。现在，在罗马，阿拉贡的凯瑟琳有一个自己的特别代表，即佩德罗·奥尔蒂斯博士，一个尖锐的天主教神学家，有着天主教神学家独有的特点。米塞·马伊和佩德罗·奥尔蒂斯博士一起，不听任何借口，逼着克莱门特七世，日日夜夜地要求克莱门特七世做出后果无法挽回的判决。枢机主教惊慌失措。其中一个枢机主教告诉米塞·马伊，在他看来，一开始的结婚特赦令就是无效的，在当时的情况下，尤里乌斯二世没有特赦权。克莱门特七世建议离婚案可以暂停两年。也许，它会被放弃，然后被遗忘。克莱门特七世问，如果亨利八世同意派代理人到自己面前来辩护，查理五世是否同意和解。如果这种情况继续下去，这桩离婚案可能会持续十五年或二十年。米塞·马伊说，所有枢机主教，不，应该是克莱门特七世本人想把这件事无限期延迟，以避免麻烦。[①]事实上，罗马教廷终于发现事情真的很严重，亨利八世糊弄不过去，争议必须和平解决。米塞·马伊和佩德罗·奥尔蒂斯博士非常愤怒，坚持必须立即采取行动。他们说，拖延对阿拉贡的凯瑟琳不利。他们接到的命令是敦促克莱门特七世进行审判，无论双方是否出席，并且暗示很快英格兰王国就不会再来找麻烦了。他们得知，并且相信，只要神职人员站在阿拉贡的凯瑟琳一边，一纸教皇令就能结束整件事情。

蔑视王权罪的消息和英格兰神职人员必须服从亨利八世的要求动摇了罗马教廷成员的信心，粗暴地打断了他们的行动。他们太了解这意味着什么。欧斯塔塞·沙皮和安东尼奥·德·普利如遭晴天霹雳。他们进行了紧急磋商，商定出了他们能采取的最不明智的办法。安东尼奥·德·普利打算代表克莱门特七世，亲自参加神职人员代表大会，并且劝诫主教维护教会，抵抗亨利八世和下议院。安东尼奥·德·普利真的去了，对遭受的待遇感到非常惊讶。右派主教对他的闯入"非常反感"，恳求他退出，都没有给他时间完成此行的使命。他们告诉安东尼奥·德·普利，如果有什么话要说，他必须向当时不在场的威廉·沃勒

---

① 米塞·马伊致弗朗西斯科·德·洛斯·科沃斯书信，1531年2月13日，《西班牙档案》，伦敦，1877年，第4卷，第2部分，第59页。——原注

姆说。安东尼奥·德·普利不得不仓促撤退。恼羞成怒的安东尼奥·德·普利连悄悄离开的谨慎都没有，坚持把自己本想说的话说给约翰·斯托克斯利听。①

  主教和神职人员都被迫服从无法回避的法律。他们受到这项法律限制标志着成功抵抗克莱门特七世控制英格兰的新纪元到来了。这项法律的恢复预示着另一项更伟大法律的到来。神职人员挣扎了足够长的时间，抵抗激烈到失去尊严，然后，"发誓永远不会同意"的他们同意了。神职人员同意支付十万英镑作为亨利八世赦免他们的代价，同意缴纳赦免金就是承认亨利八世是英格兰教会的最高领袖。英格兰议会为了让神职人员心里好过一些，允许他们推行"限定范围内的基督律法"。但"限定范围内的基督律法"对神职人员的特权没有多大帮助。提出"限定范围内的基督律法"是为了拒绝神职人员的另外一个提议，一个他们想采用但未获准许的提议，他们希望把"基督律法"说成是"教会法"，而对教会的控制权正是他们被迫否认的。

  宗教改革已经完成。神职人员的神秘力量已经消失了。和普通人一样，就像《圣经》中被剥夺了力量的参孙一样，神职人员不具任何危险性。克莱门特七世可以想说什么就说什么。但现在，神职人员是亨利八世的仆人，而不是克莱门特七世的仆人，他们必须选择支持亨利八世，或者承认自己是叛徒。当克莱门特七世的简函送达时，安东尼奥·德·普利获准将简函呈给亨利八世。亨利八世微笑着接过，把简函交给枢密院，愉快地和东尼奥·德·普利谈了一些无关紧要的事情。亨利八世从未这样彬彬有礼过，他轻声地告诉东尼奥·德·普利，他知道安东尼奥·德·普利企图说服主教不要同意任何对克莱门特七世不利的事情，但安东尼奥·德·普利的焦虑是没有必要的，因为只要克莱门特七世自己不引火烧身，就不会有人对他造成伤害。亨利八世的仁慈再明显不过。对阿拉贡的凯瑟琳和欧斯塔塞·沙皮及他们所有朋友来说，这意味着亨利八世在英格兰王国成了自己的"教皇"。阿拉贡的凯瑟琳预见到了自己的命运。她

---

① 欧斯塔塞·沙皮致查理五世的信，1531年1月23日，《西班牙档案》，伦敦，1877年，第4卷，第2部分，第39页。——原注

担心"既然亨利八世不以做这种可怕的事情为耻,并且没有人能够或敢于反驳他,那么总有一天,他可能会对她实施进一步的暴行"[1]。

离婚失败的责任被归咎到可怜的克莱门特七世身上。欧斯塔塞·沙皮写道,克莱门特七世的胆怯和虚伪导致了欧斯塔塞·沙皮早就有所预言的后果。这样一来,既损害了阿拉贡的凯瑟琳的利益,又损害了克莱门特七世自己的权威。阿拉贡的凯瑟琳的离婚案没有任何进展。克莱门特·七世曾向米塞·马伊承诺,如果亨利八世不服从第一封简函,继续让安妮·博林留在宫里,将被逐出教会。现在,克莱门特七世做的不过是发布另一份带有附加条件的简函,还不如第一封简函有力。而安妮·博林也只是更目中无人,权力更大了而已。阿拉贡的凯瑟琳开始相信克莱门特七世并不想解决这件事,正如托马斯·霍华德对欧斯塔塞·沙皮说的那样,克莱门特七世很高兴看到各国君主不和,他害怕各国君主联合起来进行宗教改革。如果克莱门特七世直接命令亨利八世与安妮·博林分手,那么亨利八世就不会宣布王权至上[2],从而引起这么大的恐慌。欧斯塔塞·沙皮说,托马斯·莫尔对此非常震惊,他会尽快辞去职务表示抗议。约翰·费希尔悲痛欲绝,极力反对宗教改革。但改革派威胁说要把约翰·费希尔和他的朋友扔进河里。最后,约翰·费希尔不得不屈服,绝望之中病倒在床。现在,大家认为各个主教可以奉命做任何对阿拉贡的凯瑟琳不利的事了,尤其是看到克莱门特七世对阿拉贡的凯瑟琳命运的反应那么冷淡,那么漠不关心后。安东尼奥·德·普利向亨利八世询问了改革后教皇拥有的权力。亨利八世告诉安东尼奥·德·普利,克莱门特七世如果对自己表示适当的尊重,也许可以保留合法权利,"否则克莱门特七世自己知道会有什么结果"[3]。

---

① 欧斯塔塞·沙皮致查理五世的信,1531年2月14日,《西班牙档案》,伦敦,1877年,第4卷,第2部分,第63页。——原注
② 欧斯塔塞·沙皮致查理五世的信,1530年2月21日,《西班牙档案》,伦敦,1877年,第4卷,第2部分,第69页。《英国政府国内外纪事档案——亨利八世时期》,伦敦,1862年到1932年,第5卷,第49页。这两个版本在语言上有一些不同。——原注
③ 欧斯塔塞·沙皮致查理五世的信,1530年2月21日,《西班牙档案》,伦敦,1877年,第4卷,第69页。——原注

在另一封信中，欧斯塔塞·沙皮解释了亨利八世最后一句话的意思，信中说安妮·博林支持路德教教会。托马斯·莫尔任大法官时，路德教教徒被关进监狱，钉上木桩。托马斯·莫尔辞职后，路德教教徒过得轻松多了。路德教教徒和亨利八世之间的联系就是他们有一个共同的敌人——克莱门特七世。亨利八世表现出了保护路德教教徒的意向。《蔑视王权法令》的恢复带来了许多尴尬。在英格兰王国和爱尔兰，克莱门特七世都有自己任命的官员。这些官员没有意识到因为克莱门特七世拒绝宣判离婚案导致的变化有多大。很有意思的是，在宗教改革的风暴中，克莱门特七世平静地请求亨利八世帮忙抵抗土耳其人，安东尼奥·德·普利也友好地造访了亨利八世的王宫。亨利八世告诉安东尼奥·德·普利，已向罗马教廷提出最后恳求，正在等待结果。如果克莱门特七世愿意，可以将亨利八世逐出教会。亨利八世对绝罚一点也不在乎。毫无疑问，查理五世可能会伤害亨利八世，但亨利八世不确定查理五世是否想要伤害他，就算如果真是这样，亨利八世也能够保卫自己和自己的王国。托马斯·霍华德也做出了同样的决定。托马斯·霍华德说，英格兰议会知道阿拉贡的凯瑟琳和查理五世正在逼迫克莱门特七世宣判，但时间已经不多了。克莱门特七世就算发布一万条绝罚令，也没有人会注意。在英格兰王国的诉讼案中，合法的法官是坎特伯雷大主教而不是教皇。欧斯塔塞·沙皮表示，希望有一天亨利八世会再次倾听真朋友的话。托马斯·霍华德回答说："不久你就会明白，查理五世会后悔反对离婚。"①

事实上，查理五世已经开始后悔了，就算不后悔，也为离婚案给自己带来的额外负担感到困扰。英格兰王国恢复《蔑视王权法令》、成功树立王权政府管理神职人员的权威，震惊了整个欧洲。人们普遍认为，在面临绝罚令的威胁时，亨利八世和英格兰王国议会会屈服。当他们看起来像马丁·路德和萨克森

---

① 欧斯塔塞·沙皮致查理五世的信，1531年3月22日，《西班牙档案》，伦敦，1877年，第4卷，第1部分，第94页。《英国政府国内外纪事档案——亨利八世时期》，伦敦，1862年到1932年，第5卷，第68页。这两个版本在语言上有一些不同——原注

萨克森选帝侯腓特烈三世

选帝侯腓特烈三世一样对克莱门特七世的诅咒毫不在意时，人们对这件事的看法就会不一样了。就连枢机会议中支持神圣罗马帝国的枢机主教也慢慢同意克莱门特七世的看法了，并且希望让这桩离婚案能暂停两三年。米塞·马伊担心这个导向可能会导致新的状况或革命，但他承认，克莱门特七世有苦衷，特别是考虑到神圣罗马帝国的困境。米塞·马伊不再向克莱门特七世施压要求立

第10章 阿拉贡的凯瑟琳被驱逐出王宫　147

即宣判，阿拉贡的凯瑟琳忠心耿耿的代理人佩德罗·奥尔蒂斯抱怨说，他发现查理五世的大使米塞·马伊越来越冷漠，越来越不愿意支持自己的观点。[1]阿拉贡的凯瑟琳看到自己的神父朋友都不再坚持，只能再次恳求自己的亲戚。她的地位日益衰弱。英格兰人民看到克莱门特七世因为自己软弱与查理五世的威胁，所以不能或不愿宣布阿拉贡的凯瑟琳的婚姻有效，很快就得出结论，在主要问题上，亨利八世是对的，因为不确定的因素让英格兰陷入动荡是不能容忍的。目前，英格兰议会尚未收到任何上诉，但阿拉贡的凯瑟琳写信给查理五世的信中说："弗朗索瓦一世要求克莱门特七世推迟判决。要是克莱门特七世允许，说明英格兰改革派让全英格兰王国人民同意亨利八世再婚的手段如此绝妙，求仁得仁，求义得义，那在下一届议会会议上，他们也一定可以让我万劫不复。如果还没有批准审判延期，我请求您不要同意。坚决要求克莱门特七世在1532年10月议会再次召集前做出判决。原谅我如此强求于您。我不会罢休，除非克莱门特七世还我公道。以对天堂之爱祈祷，让还我公道之日在我所说的日期前到来。如果迫不得已，我本人会前往议会，在议会成员面前宣布我才是此案中占理的一方。"[2]

心力交瘁的克莱门特七世固执地保持着谨慎，有时甚至向迫害自己的人求助。米塞·马伊现在敦促他召集一个总参议会，解决所有问题。克莱门特七世听到"参议会"这个词格外刺耳。他轻蔑地问："为什么查理五世不向路德教教徒开战？"米塞·马伊告诉他："路德教教徒有钱、固执并强大，如果开战，那将会是一场永无止境的战争。"克莱门特七世说："那为什么不从瑞士人开始呢？他们并不怎么强大。"米塞·马伊回答："不可能。各地的异教徒都

---

[1] 米塞·马伊致弗朗西斯科·德·洛斯·科沃斯的信，1531年3月28日，《西班牙档案》，伦敦，1877年，第4卷，第1部分，第105页。佩德罗·奥尔蒂斯致圣地亚哥大主教胡安·帕尔多·塔韦拉的信，1531年4月11日，《英国政府国内外纪事档案——亨利八世时期》，伦敦，1862年到1932年，第5卷，第116页。这两个版本在语言上有一些不同。——原注

[2] 阿拉贡的凯瑟琳致查理五世的信，1531年4月5日，《西班牙档案》，伦敦，1877年，第4卷，第1部分，第112页。——原注

联合起来了,查理五世无法凭一己之力对付他们。"克莱门特七世叹了口气说:"我比较担心法兰西王国和英格兰王国能给我的帮助微乎其微。"①

英格兰王国宗教改革发展平稳,既不犹豫,也不仓促。各主教还没有就离婚一事达成一致。1531年3月,议会会议结束时,在上议院,托马斯·莫尔宣读了从国内外大学收集来的意见,随后进行了一场辩论……伦敦和林肯郡代表站在亨利八世一边。圣亚萨和巴斯代表认为议会无权干涉此案。托马斯·霍华德打断了这一论点,说这些文件只是供大家阅读的,上议院还没有收到关于此案的提案。托马斯·莫尔简短地说,亨利八世知道自己的意见是什么,就不再重复。这些意见被送往下议院,欧斯塔塞·沙皮说服自己相信下议院代表听取这些意见时,更多的是不满,而不是赞同。议会会议结束,议会一直休会到秋季。查理五世亲自写信给托马斯·莫尔,由欧斯塔塞·沙皮转交,欧斯塔塞·沙皮希望亲自递送。托马斯·莫尔谢绝了他的来访,也就拒收了这封信。托马斯·莫尔说:"如果把信交到我手里,我就必须把它交给亨利八世。"议会已经休会,离婚案双方又有了喘息的时间②。

在这场争议中,从与阿拉贡的凯瑟琳和安妮·博林相关的主要人物看来,英格兰人的意见几乎是一致的。托马斯·霍华德的意见代表了这个国家大部分人的看法。托马斯·霍华德认为考虑到王位的继承,亨利八世必须离婚。英格兰王国不能再面临内战的危险。托马斯·霍华德精心守护着这个国家的荣誉和自由,不愿意看到一个与他们切身利益相关的问题由查理五世的喜好来决定。但托马斯·霍华德钦佩阿拉贡的凯瑟琳,又不喜欢自己的外甥女安妮·博林,恐怕每一个英国政治家都会遗憾让一起公共诉讼案染上婚外情的污点。所有英格兰王国的主要领导人都遗憾亨利八世把自己的选择绑定在一个既没

---

① 米塞·马伊致查理五世的信,1531年4月21日,《西班牙档案》,伦敦,1877年,第4卷,第1部分,第130页。——原注
② 欧斯塔塞·沙皮致查理五世的信,1531年4月2日,《英国政府国内外纪事档案——亨利八世时期》,伦敦,1862年到1932年,第5卷,第83页。——原注

人喜欢也没人尊敬的女人身上。安妮·博林之前的名声不好。成为王后让她昏了头,她傲慢到遭人厌恶,而她的阴谋诡计又叫人害怕。阿拉贡的凯瑟琳则与她相反,是一个王室出身、荣誉洁白无瑕的公主。托马斯·霍华德对亨利·考特尼说,阿拉贡的凯瑟琳的勇气真是令人惊叹,似乎没有什么能吓到她。他说:"她陷入如此悲惨的境地,一定是魔鬼弄的。"对此事持相同看法的还有克莱门特七世和越来越多的枢机主教。弗朗索瓦一世在罗马教廷的代表加布里埃尔·德·格拉蒙警告克莱门特七世,英格兰王国的损失可能也是法兰西王国的损失。加布里埃尔·德·格拉蒙说,如果亨利八世被逼到绝境,那可恶的离婚诉讼案将带来全世界的毁灭;如果克莱门特七世要继续将亨利八世逐出教会,弗朗索瓦一世一定会,也必须要支持亨利八世。亨利八世对婚姻厌倦也许是不对的,但这并不能成为天主教基督世界动荡的充分理由。克莱门特七世内心也持同样的观点。他希望采用的方法是无限期地推迟,不需要正式的延期声明,只需要慢慢地行动就可以。亨利八世很有可能会再婚,离婚案也会被放弃。斐迪南一世的大使安德烈亚·德·布尔戈说,查理五世足够强大,可以自己解决这件事。克莱门特七世说:"查理五世没有你想象的那么强大。夹在土耳其人和路德教教徒之间,查理五世自己的麻烦已经足够多了。"①

  英格兰人非常理解克莱门特七世为什么不情愿宣判离婚案。克莱门特七世又做了一次微弱的努力来拯救阿拉贡的凯瑟琳。他命令安东尼奥·德·普利向亨利八世宣布,必须服从简函命令,否则"正义自会得到彰显"。安东尼奥·德·普利认为这个消息会招来怨恨,所以犹豫了一下。但在欧斯塔塞·沙皮的鼓励下,安东尼奥·德·普利还是要求觐见亨利八世,并且以克莱门特七世的名义告诉亨利八世,如果他一定要坚持离婚会面临什么后果。亨利八世当即回答说,克莱门特七世这是在虚耗时间。他已经知道安东尼奥·德·普利来是要告诉他什么了,但他永远不会接受克莱门特七世作为法官来处理一件涉

---

① 米塞·马伊致查理五世的信,1531年5月25日,《西班牙档案》,伦敦,1877年,第4卷,第2部分,第165页。——原注

他自己和英格兰民族的事情。亨利八世说："克莱门特七世可能会把我逐出教会，我一点也不在乎被他逐出教会。让他在罗马随心所欲，我会在这里尽我所能……总体来说，我认为克莱门特七世是一个值得尊敬的人，但自从上次罗马被劫以来，他一直非常害怕查理五世，不敢违背查理五世的意愿行事。"[①]

　　最明显的办法是采纳已经提出来的建议，即将离婚案移交到康布雷或其他不会招来公然反对的地点。这样一来，离婚案可以得到公正的审理。克莱门特七世也厌倦了这场争斗，渴望用任何合理的手段摆脱它。如果阿拉贡的凯瑟琳同意，查理五世是不会犹豫的。尽管阿拉贡的凯瑟琳因失望而疲惫不堪，但她是一个坚定的女人，只要她坚持下去，查理五世就会坚决支持她。虽然成功的希望不大，但作为一次大家认为值得尝试的机会，一个由贵族和主教组成的代表团受亨利八世委派去面见阿拉贡的凯瑟琳，要求她撤回立即宣判的请求，并且同意在中立的地方进行审判。克莱门特七世则通过在西班牙王国的公使，向查理五世提出了相似的建议。阿拉贡的凯瑟琳听说代表团要来，准备了几场"圣灵的弥撒"，好让自己受到启发，知道怎么回答。弥撒结束后不久，代表团到达，托马斯•霍华德、查尔斯•布兰登、亨利•考特尼和其他几个伯爵、男爵，以及主教和教会律师，总共三十人。托马斯•霍华德代表其他人发言。他说，亨利八世因为阿拉贡的凯瑟琳的缘故遭到了克莱门特七世的轻视和辱骂，亨利八世被传唤亲自去罗马，没有哪个教皇对英格兰国王这样做过。亨利八世不能去，他不能离开自己的王国，克莱门特七世坚持这样做也解决不了争端。双方必须达成一致，找到更合适的地方和更合适的法官，否则阿拉贡的凯瑟琳会给双方和他们的后代带来麻烦和丑闻。托马斯•霍华德恳求阿拉贡的凯瑟琳想清楚拒绝后会产生的后果，记住亨利八世为她父亲斐迪南二世和查理五世做的许多善事，同意亨利八世在其他法庭上申辩。

　　这个要求本身是合理的。亨利八世不可能在克莱门特七世面前申辩，因为

---

① 欧斯塔塞•沙皮致查理五世的信，1531年6月6日，《西班牙档案》，伦敦，1877年，第4卷，第2部分，第170页。——原注

克莱门特七世被查理五世掌控着，而查理五世本身就是利益争端的一方。找一个中立的地方可能很容易，但找到中立的法官可能就没那么容易。其实，没有人比克莱门特七世更适合的了。然而，阿拉贡的凯瑟琳一如既往地坚定地回答说："我的案子必须由克莱门特七世来评判，而不是由其他人来评判，不是因为我指望得到克莱门特七世的任何偏袒。"到目前为止，克莱门特七世对亨利八世已经偏袒到不能再多了。阿拉贡的凯瑟琳比亨利八世更有理由抱怨克莱门特七世。但克莱门特七世在教皇这个位置上，拥有上帝的力量，是永恒真理的代表。阿拉贡的凯瑟琳把自己的案子只交给了克莱门特七世。如果造成了麻烦，那是别人干的，不是她干的。阿拉贡的凯瑟琳承认过去亨利八世曾帮助过自己的亲戚。查理五世也并没有否认自己是亨利八世真正的朋友。阿拉贡的凯瑟琳轻蔑地提到了亨利八世现在是最高宗教领袖一事。她说，在世俗事务上，亨利八世可能是君主和主人，但在宗教事务上，克莱门特七世是真正的君主和神的使者，而婚姻就是宗教事务之一。[①]

在查理五世那里，克莱门特七世派去西班牙王国的公使也没有取得什么好的进展。查理五世断然回绝了西班牙王国的公使的请求。但查理五世对真正的君主和克莱门特七世没有多少信心。因此，查理五世不仅坚持要求克莱门特七世审理此案，并且要求自己要在场，以免损害阿拉贡的凯瑟琳的利益。这一请求本身表明克莱门特七世有逃避职责的倾向。查理五世用非常专横的语言让克莱门特七世明白，他希望克莱门特七世尽到责任。[②]

阿拉贡的凯瑟琳知道在克莱门特七世身上下功夫没有希望，对代表团语气变得更加强硬。阿拉贡的凯瑟琳给了托马斯·霍华德答复后，主教和律师开始讲话。阿拉贡的凯瑟琳一直否认自己是威尔士亲王阿瑟·都铎的真正妻子。

---

① 欧斯塔塞·沙皮致查理五世的信，1531年6月6日，《西班牙档案》，伦敦，1877年，第4卷，第2部分，第172页。——原注
② 给托马斯·沃尔西英格兰离婚案的答复，1531年7月，《西班牙档案》，伦敦，1877年，第4卷，第2部分，第203页。——原注

她在任何场合都可以这么说，也不怕引发尴尬。教会的圣典学者做出了回应，说阿拉贡的凯瑟琳和威尔士亲王阿瑟·都铎有夫妻之实，以此做出的事实推定会对她不利。阿拉贡的凯瑟琳命令圣典学者去罗马为他们的推定做辩护，在那里会有其他人而不是她一个女人来作答。阿拉贡的凯瑟琳说，看到这么多大人物聚集在一起反对既没有朋友也没有顾问的软弱女人，她感到很惊讶。

在她面前的大人物中，还有一些是她坚定的朋友。他们都讨厌安妮·博林。那些像托马斯·霍华德一样希望阿拉贡的凯瑟琳为自己好而放弃绝不妥协的态度的人都不得不钦佩她的勇敢精神。但拒绝在中立的城市、公正的法庭上审理这一案件，就等于说，除非由一个查理五世控制的法庭来审理，否则就会得到不利的判决。如果负责审判的枢机主教不配合，就会被神圣罗马帝国大臣威胁生命，任何一个英格兰人都不会允许自己的君主去这种法庭申辩。除非他们身上的骑士情怀都消失了，否则他们都不可能不同情阿拉贡的凯瑟琳。如果克莱门特七世一开始就直言不讳，大多数贵族也许会声援阿拉贡的凯瑟琳，并且用宝剑保护阿拉贡的凯瑟琳。但克莱门特七世承认亨利八世是对的。克莱门特七世只是被迫退缩了。即使在退缩的那一刻，克莱门特七世也只是因害怕才没有站在亨利八世一边。尽管他们很高兴传唤亨利八世这个问题还从来没有被提起过，但决不能让他们的君主屈辱听命于一个被胁迫的法庭，一个只能在查理五世亲自在场的情况下才能开庭的法庭。

代表团把答案带回了亨利八世那里。亨利八世说："我就担心会这样，因为我了解阿拉贡的凯瑟琳的心意和脾气。现在，我们准备好其他办法了。"

托马斯·霍华德对阿拉贡的凯瑟琳心怀好意，很遗憾她选了一条对她没什么好处的路。他说："查理五世的行为导致亨利八世被圣轮法院传唤。这简直骇人听闻、史无前例。这件离婚案应该在英格兰王国审理，阿拉贡的凯瑟琳拒绝贵族的建议是不明智的选择。"[①]

---

① 欧斯塔塞·沙皮致查理五世的信，1531年6月24日，《英国政府国内外纪事档案——亨利八世时期》，伦敦，1862年到1932年，第5卷，第144页到第145页。——原注

查理五世经过深思熟虑，重新考虑了自己首次拒绝移交离婚诉讼的事。他意识到坚持在自己面前进行审判，会令亨利八世无法容忍，所以他做出了比较温和的答复。但查理五世仍然坚持，只由克莱门特七世一人来审理离婚案，并且做出有利于阿拉贡的凯瑟琳的决定。查理五世说："以这桩离婚案的性质，除宣布在罗马教廷的权威和许可下签订的婚姻是有效的、不可分割的之外，没有任何其他解决办法。作为罗马教廷的赞助人和捍卫者，我比任何其他君主都更有责任消除和防范所有小冒犯、小争端。"事实上，查理五世还提出自己有权以君主身份进行干预。这是英格兰王国不可能允许的。①

　　阿拉贡的凯瑟琳清楚地知道，克莱门特七世是要求撤销她离婚案的一方，她对克莱门特七世的态度怒不可遏。查理五世寄给她一份答复的副本。如果阿拉贡的凯瑟琳之前还有点怀疑，现在这封信让她放心了。阿拉贡的凯瑟琳领会到，让克莱门特七世想怎么挣扎就怎么挣扎去吧，因为现在阿拉贡的凯瑟琳确信自己的外甥查理五世会逼克莱门特七世宣判自己胜诉的。阿拉贡的凯瑟琳说，克莱门特七世拒绝为自己伸张正义，所有发生的这一切都是克莱门特七世的责任。克莱门特七世最后这一步表明，他和以前一样不愿意采取任何措施。②如果这桩离婚案不在罗马审，无论法官是谁，都会颠倒黑白宣布亨利八世胜诉。③

　　到目前为止，阿拉贡的凯瑟琳一直住在英格兰王宫中自己的寓所里，有玛丽·都铎公主陪着她。她拒绝了唯一和平解决的途径，并且站出来公然寻求查理五世的保护。她没有沉默，她畅言自己遭遇的不公和自己的期望。如果这桩离婚案只是亨利八世和阿拉贡的凯瑟琳之间的个人私事，那把阿拉贡的凯瑟琳和玛丽·都铎公主分开非但不必要，反倒会加剧事态恶化。但玛丽·都铎公

---

① 查理五世的答复，1531年7月26日，《西班牙档案》，伦敦，1877年，第4卷，第2部分，第218页。——原注
② 阿拉贡的凯瑟琳对丈夫亨利八世的绝罚令使用的措辞。——原注
③ 阿拉贡的凯瑟琳致查理五世的信，1531年7月28日，《西班牙档案》，伦敦，1877年，第4卷，第2部分，第220页。——原注

主是一个有王位继承权的公众人物。人们发现有必要把阿拉贡的凯瑟琳从伦敦带走,让玛丽·都铎公主不受她的影响。穆尔庄园曾是托马斯·沃尔西的乡间别墅,后来被指定为阿拉贡的凯瑟琳的住所,玛丽·都铎公主则被送到里士满的宫殿。骄傲的阿拉贡的凯瑟琳不会反抗,当然,反抗也没有用。但她说自己更喜欢伦敦塔①。安东尼奥·德·普利进行了抗议。他建议亨利八世"把阿拉贡的凯瑟琳召回王宫,以堵住悠悠众口"。亨利八世"几乎流着泪"回答说,他之所以把阿拉贡的凯瑟琳送走,是因为她用了这么高调的字眼,并且总是拿查理五世来威胁他。②至于玛丽·都铎公主,亨利八世私下是很喜欢她的。有一

伦敦塔

---

① 《西班牙档案》,伦敦,1877年,第4卷,第2部分,第239页。——原注
② 欧斯塔塞·沙皮致查理五世的信,1532年1月4日,《英国政府国内外纪事档案——亨利八世时期》,伦敦,1862年到1932年,第5卷,第335页。——原注

天，在里士满庄园，亨利八世遇见了玛丽·都铎公主，和她亲切地交谈，他很遗憾不能经常见到她。欧斯塔塞·沙皮说:"她不可能和安妮·博林住在一起，因为安妮·博林已经宣布不能接受玛丽·都铎公主，也不愿听到有关玛丽·都铎公主的任何消息。"安妮·博林甚至不允许亨利八世在没人看着的情况下，在刚才提到的那样的场合与玛丽·都铎公主说话。安妮·博林派了两个人去看着亨利八世和玛丽·都铎公主，好向自己报告他们之间发生的事情。[①]

[①] 欧斯塔塞·沙皮致查理五世的信，1531年10月1日，《西班牙档案》，伦敦，1877年，第5卷，第2部分，第256页。——原注

第 11 章

英格兰宗教改革

基督教国家的统一越是有人费力维持,越会四分五裂。查理五世试图在自己的领土上实现不可能的目标,为路德教教会的回归努力寻找条件。查理五世让克莱门特七世同意了"两种形式的宗教团体"和"神职人员可以结婚"。这是巨大的让步,是在离婚案讨论间隙,米塞·马伊强逼出来的让步。失败的尝试会被遗忘,但它们至少是光荣的尝试。阿拉贡的凯瑟琳沉浸在自己的痛苦中。查理五世给了阿拉贡的凯瑟琳尽可能多的关注,但查理五世还有其他事情要想。只要查理五世能阻止克莱门特七世采取任何毁灭性措施,他就认为自己已经做得够多了,至少已经尽了自己所能,并且很明显,查理五世已经被欧斯塔塞·沙皮说服,相信亨利八世最终走向极端时会被英格兰臣民阻断。查理五世让米塞·马伊盯着克莱门特七世,而佩德罗·奥尔蒂斯去催克莱门特七世宣判。但当查理五世给克莱门特七世施加的压力放松时,他的代理人只能起到很小的作用。1532年1月,英格兰议会将再次召开会议。亨利八世在罗马的专员告知枢机会议,如果最终决定在罗马审判这桩离婚案,他们将离开罗马,亨利八世从此将视克莱门特七世为公敌。[①]这一威胁"起到了震慑作用"。克莱门

---

① 米塞·马伊致弗朗西斯科·德·洛斯·科沃斯的信,1531年10月24日,《西班牙档案》,伦敦,1877年,第4卷,第2部分,第276页。——原注

特七世不希望为博查理五世欢心而与亨利八世为敌。米塞·马伊和佩德罗·奥尔蒂斯告诉克莱门特七世,英格兰的威胁不过是说说而已,只要他宣判离婚案,英格兰王国自会屈服的。克莱门特七世不相信,又开始"松懈和拖延"[1]。

　　英格兰贵族尽了最后的努力来劝说阿拉贡的凯瑟琳同意在康布雷审理离婚案,同意由一个主教和律师委员会去解决离婚案。如果她不同意,在穆尔庄园,托马斯·拉德克利夫、威廉·菲茨威廉爵士和她热心的支持者约克大主教爱德华·李都等着敦促她。克莱门特七世已经承认自己不能自由发表意见,英格兰王国的案件不能由查理五世控制。如果阿拉贡的凯瑟琳同意,就决不会再听到任何有关安妮·博林的消息了。亨利八世对安妮·博林的爱已经等了五年,不可能无法战胜。在当前的观点看来,亨利八世甚至很有可能对继承人一事做其他安排。现在的难题是阿拉贡的凯瑟琳一心想逼亨利八世接受圣轮法院的

阿拉贡的凯瑟琳受审

---

[1] 米塞·马伊致弗朗西斯科·德·洛斯·科沃斯的信,1531年10月24日,《西班牙档案》,伦敦,1877年,第4卷,第2部分,第276页。——原注

审判，但英格兰民族的骄傲心理不允许国王出庭申辩。英格兰王国的独立受到威胁，那些可能曾经是阿拉贡的凯瑟琳朋友的人已经被解除了能帮助她的权力。对阿拉贡的凯瑟琳来说，这是不幸的。但对英格兰人来说，这是好事。阿拉贡的凯瑟琳依然固执己见。她说："亨利八世所谓的但求问心无愧是谎话，纯粹是为了满足自己的爱欲。英格兰的法官肯定会颠倒黑白为他开脱。"托马斯·拉德克利夫和威廉·菲茨威廉爵士跪下恳求阿拉贡的凯瑟琳重新考虑答复。阿拉贡的凯瑟琳也跪下了，祈求他们为了上帝的荣誉和尊严，说服亨利八世回到她身边，因为她是亨利八世的合法妻子。在场的人都哭了，但没有办法。欧斯塔塞·沙皮说，罗马教廷对这桩离婚案冷漠无情，正在击垮她的守护者。这个问题不可能无休无止地争论下去，除非克莱门特七世迅速、坚决地采取行动，否则欧斯塔塞·沙皮担心亨利八世会采取激烈的手段。[①]

阿拉贡的凯瑟琳在断送自己的机会。她坚持依靠会给自己带来致命打击的保护者查理五世。

阿拉贡的凯瑟琳写信给查理五世说："天知道这些人让我遭遇了什么，这痛苦足以杀死十个男人，更何况是一个无辜的心碎女人。我只能求助于上帝和你，我的陛下，我只能依靠你们。为了神的爱，请让克莱门特七世尽快做出最后的审判，必须尽最大努力。愿上帝宽恕他，因为他耽搁太久，陷我于绝境。我是亨利八世的合法妻子，只要我还活着，就绝不改口。克莱门特七世拖拖拉拉，使许多站在我这边的人动摇，那些愿意说真话的人也不敢说了。请你大声为我说句话吧，这样我的朋友才不会认为我被全世界抛弃了。"[②]

阿拉贡的凯瑟琳很可能对克莱门特七世感到非常绝望。当她期待克莱门特七世将丈夫亨利八世逐出教会时，克莱门特七世却指示安东尼奥·德·普利

---

① 欧斯塔塞·沙皮致查理五世书的信，1531年10月16日，《西班牙档案》，伦敦，1877年，第4卷，第2部分，第263页。——原注
② 阿拉贡的凯瑟琳致查理五世的信，1531年11月6日，《西班牙档案》，伦敦，1877年，第4卷，第2部分，第279页。必须提醒读者，我不得不对这封信和许多其他信的内容做了压缩。——原注

把亨利八世当作最信任的朋友。克莱门特七世邀请亨利八世协助与土耳其的战争，就如何保护萨伏依不受瑞士新教教徒的侵扰问题向亨利八世请教，为在大事件上不得不说的话向亨利八世道歉。亨利八世轻蔑、冷静，"没有表现出其他时候表现出的那种激情"，回答说："克莱门特七世一定是在开玩笑，他远在天边，还邀请我去和土耳其人开战。如果基督教世界处于危险之中，我会和其他君主一起承担责任。至于萨伏依，既然萨伏依公爵查理三世无视法兰西王国的意愿，那就必须承担后果。其他事情，在罗马的大使已传达了我的真

萨伏依公爵查理三世

实想法。"亨利八世对安东尼奥·德·普利说："如果我要求一件自己认为正确的事情，克莱门特七世的答案是'法律禁止'。而如果查理五世要求一件事情，克莱门特七世连法律和规则都可以改，就为了让查理五世满意。克莱门特七世完全误会我了。我对他没有特别的敌意。毕竟，他对我没有多大恶意。对查理五世的恐惧让他做了本来不会做的事。你们可以在罗马对我提起诉讼，我不在乎。要是判决对我不利，我知道该怎么办。"①

如果自己可以做主，克莱门特七世从来没有打算要对离婚案做出判决。英格兰议会召集的日子一天天临近，克莱门特七世一直在逃避，把米塞·马伊逼得心烦意乱。米塞·马伊向查理五世报告说："我已经尽我所能把能说的都和克莱门特七世还有各枢机主教说了，没有冒犯他们。陛下，如果我说这些家伙是站在对付我们的人那边的，请您一定要相信我。有些人公开站队，公开站在法兰西王国或英格兰王国一边，另一些人则很容易被收买，因为我每天都听到英格兰大使收到成千上万达克特的账单。据说，那些都是行贿的账单。"②

克莱门特七世许诺过很多，但就是没有行动，佩德罗·奥尔蒂斯也把同样的话报告给了阿拉贡的凯瑟琳。阿拉贡的凯瑟琳写信给查理五世说："你在罗马的大使认为克莱门特七世和离婚案刚提出时一样冷漠无情。我对克莱门特七世感到惊讶，如此天理难容的案件，他怎么能让它一直悬而不决呢？他的行为深深地刺痛了我的灵魂。你知道是谁惹来的祸。亨利八世一旦摆脱了困住他的陷阱，就会马上承认上帝已经让他恢复了理智。引他误入歧途的人像赶竞技场上的公牛一样刺激他行动，可惜一个如此高尚善良的人被欺骗。愿上帝点亮他的智慧！"③

---

① 欧斯塔塞·沙皮致查理五世的信，1531年12月4日，《西班牙档案》，伦敦，1877年，第4卷，第2部分，第320页。——原注
② 米塞·马伊致查理五世的信，1531年12月12日，《西班牙档案》，伦敦，1877年，第4卷，第1部分，第328页。——原注
③ 阿拉贡的凯瑟琳致查理五世的信，1531年12月15日，《西班牙档案》，伦敦，1877年，第4卷，第1部分，第331页。——原注

对查理五世来说,这个问题可能变得比他预料的还要棘手。是他最后要求判决,但如果判决后没有将拒不服从的人逐出教会,这个判决就毫无意义。如果没有执行判决的霹雳手段,恐怕克莱门特七世也不会亮出他的雷霆之剑做判决。西班牙王国的枢机主教公使向克莱门特七世保证,查理五世将动用一切力量来执行克莱门特七世的惩戒令。克莱门特七世说他珍视这一如"天堂之音"的承诺。就算查理五世可能认为亨利八世所作所为错误、不公,但真的严重到要在基督教世界燃起战火吗?欧斯塔塞·沙皮和阿拉贡的凯瑟琳确信,不需要发动战争这么激烈的办法。欧斯塔塞·沙皮和阿拉贡的凯瑟琳可能是对的,但要是他们不对呢?如果英格兰人民支持亨利八世呢?哪怕是对自己的臣民,查理五世也不能肯定他们会赞成为这样一件事打仗。如果真要采取行动,等1535年采取行动的时刻到来,就可以看到西班牙枢密院正是认为没有任何理由为这样的事而破坏欧洲的和平。毕竟,这只是"家务事"。克莱门特七世很谨慎。他比那些激动的建议者更清楚事情的真相。米塞·马伊说:"克莱门特七世可能会做出承诺,但只要世界仍处于动乱状态,罗马教廷这些人就会高兴地找到各种借口来拖延判决。"1532年1月,英格兰议会要召集了,克莱门特七世的口气还是一样。米塞·马伊写道:"克莱门特七世说我们不能对英格兰人施加太大的压力。为了不使关系破裂,我说尽了我能说的一切。我告诉克莱门特七世,他让阿拉贡的凯瑟琳的离婚案遭人质疑,损害您的权威。我让他明白,如果罗马教廷没有办法,我有义务向其他地方申请伸张正义。克莱门特七世承认我说得对,但枢机会议开了一次又一次,拖延也是一次又一次。我们只能像往常一样继续敦促,并且警告他您对此不满。"①

如果不能判决,佩德罗·奥尔蒂斯坚持要克莱门特七世再发一封简函进行威胁。安妮·博林必须被赶出王宫。必须让亨利八世承认他的错误。克莱门特七世同意了,大声地说他会伸张正义。尽管英格兰王国和法兰西王国会因此反

---

① 米塞·马伊致查理五世的信,1532年1月15日,《西班牙档案》,伦敦,1877年,第4卷,第1部分,第360页。——原注

抗罗马教廷，但还是应该发一封简函。如果亨利八世不服从，克莱门特七世会继续将其逐出教会。克莱门特七世说："英格兰王国和法兰西王国是如此紧密地联系在一起，我如果失去了其中一个国王，就会连同另一个一起失去。尽管如此，我还是要冒险尝试。"但和那些谴责异端焦尔达诺·布鲁诺的枢机主教一样，与亨利八世害怕听到判决相比，克莱门特七世更害怕做出判决。简函已写好发出，但里面只有温和的劝诫。[①]所有纷争都是因本意良好、优柔寡断、摇摆不定的克莱门特七世而起。法兰西驻伦敦大使吉勒·德·拉·波默雷说[②]："如果不是克莱门特七世那可恶的老家伙让基督教世界卷入纷争，制造争端，让所有基督教国家君主达成一致意见是再简单不过的事情。"[③]

只有英格兰王国有明确的目标并坚定执行。在英格兰王国，离婚案是与克莱门特七世争端的一个重要因素，但在宗教改革的大潮中，离婚案只是因素之一，亨利八世和人民主要焦虑的并不是阿拉贡的凯瑟琳，而是不断向前发展的巨大变革。当英格兰王国为了让托马斯·沃尔西下台第一次召集议会时，阿拉贡的凯瑟琳认为召集议会只是为了授权亨利八世与她分手。她一开始就是这么认为，也一直这么认为。然而，一届又一届议会会议召开，立法机关处理的都是其他事务。立法机关的人铐上了她的神职人员朋友的手腕。但仅此而已，她将又有一年的喘息时间。本应受"盲目激情"支配的亨利八世其实是故意这么做的。他和阿拉贡的凯瑟琳已经分居七年，被迫不及待上位的安妮·博林迷住也是五年前的事情了。然而，他仍然沉着地处理公共事务，仿佛安妮·博林从来没有对他微笑过。他仍然满足于等待最后一切妥善解决。只要仍有希望挽回基督教世界的统一，英格兰王国不至于沦为神圣罗马帝国的附庸国，亨利八世就不打算打破基督教世界的统一。亨利八世与议会合作，致力于改革英格兰王国

---

① 克莱门特七世致亨利八世的信，1532年1月25日，《英国政府国内外纪事档案——亨利八世时期》，伦敦，1862年到1932年，第5卷，第358页。——原注
② 欧斯塔塞·沙皮担保这些话是真的。——原注
③ 《西班牙档案》，伦敦，1877年，第4卷，第1部分，第368页。——原注

国内混乱的状况，遏制英格兰教会肆无忌惮篡夺权力。到目前为止，他得到了绝大多数普通信徒的热烈支持，并且将朝着统一的方向进一步行动。

1532年1月13日，第三届议会召集，贵族、高级教士和下议院全员出席。这时，下议院已经形成了一个很小，但很积极的反对派，以抵制过于暴力的反神职人员措施。他们偶尔会在坦普尔巴附近的女王头酒馆商讨举措。那些曾被蔑视王权罪吓坏的主教恢复了一些勇气并打算反抗。在议会休会期间，卡思伯特·滕斯托尔一直在思考王权的至高无上地位，后悔表示同意离婚，并且把自己的疑虑写信告知了亨利八世。亨利八世利用这个机会给了一个出色的答复。

亨利八世说："人们以为英格兰议会打算让英格兰教会脱离罗马天主教教会，您认为应该考虑后果。关于分裂，我们从德高望重和学识渊博的学者那里得知，考虑到罗马天主教教会的性质，与它分开并遵守上帝的真言不是分裂。基督和克莱门特七世的生活是完全相反的。因此，跟随克莱门特七世就是抛弃基督。我们相信，如果不改革教皇职权，它很快就会消失。但如果上帝愿意，我们将永远不会脱离基督教教徒的整体联盟。"①

威廉·沃勒姆也没有意识到他同意王权至高无上意味着什么。在克莱门特七世的任命诏书还未呈给亨利八世前，威廉·沃勒姆收到罗马的任命指示后，就给圣阿瑟夫主教亨利·斯坦迪什祝圣了。后来，威廉·沃勒姆得知自己又犯了蔑视王权罪。这个年迈的大主教，时运不济，带头提出要在上议院为自己辩护，这是他打算做但从来没有做过的事。威廉·沃勒姆说，大主教不一定要问主教是否公示过他们的任命诏书。这不是惯例。对罗马教廷已正式宣布任命为主教的人，在亨利八世授予他世俗权力前，大主教都不能将宗教职位授予他，那么大主教的宗教权力将取决于君主的世俗权力，并且几乎没有或根本没有影响力，这是违反上帝律令的。在为圣阿瑟夫主教祝圣的过程中，威廉·沃勒姆充当了克莱门特七世的委派人。威廉·沃勒姆的行为就代表教皇的行为。

---

① 亨利八世致达勒姆主教卡思伯特·滕斯托尔的信，1532年2月24日，《英国政府国内外纪事档案——亨利八世时期》，伦敦，1862年到1932年，第5卷，第387页。——原注

亨利二世

爱德华三世

亨利八世想要争取的正是亨利二世在订立《克拉伦登法典》时想要强硬推行，但后来被迫放弃的条款，即收回教会的圣职推荐权。教会的自由是《大宪章》保证的，而那些侵犯了教会自由的君主：亨利二世、爱德华三世、理查二世都未得善终。平信徒①贵族威胁说，他们会用刀剑捍卫王权。他们应该记得那些残杀圣托马斯的骑士的下场。威廉·沃勒姆说，他宁愿被砍成碎片，也不愿意承认这条圣托马斯为之献出生命的条款是蔑视王权。②

威廉·沃勒姆马上就会认识到亨利二世的精神在亨利八世身上又复活了。当时还不成熟的《克拉伦登法典》将成为英格兰王国的正式律法。

约翰·费希尔没有收到出席本届议会的通知，但他向神圣罗马帝国大使欧斯塔塞·沙皮致函说，无论是否被召唤，他都会履行职责，如果议会采取任

---

① 未担任神职的一般信徒。——译者注
② 威廉·沃勒姆，1532年，《英国政府国内外纪事档案——亨利八世时期》，伦敦，1862年到1932年，第5卷，第541页。——原注

何影响阿拉贡的凯瑟琳的措施，他都会为她辩护。约翰·费希尔恳求欧斯塔塞·沙皮不要在信中提到自己的名字，除非用密码。如果在公共场合见面，不要和自己说话，也不能看起来像认识自己的样子。欧斯塔塞·沙皮从约翰·费希尔面前走过，约翰·费希尔也要装作没看到，直到现在的暴政被推翻为止。约翰·费希尔正在走上危险的道路，这条道路将引他叛国，把入侵的军队引进英格兰王国，并且把约翰·费希尔自己的头送上断头台。历史会可怜这些不幸的老人，但不介意记住，如果他们成功了，比"血腥玛丽"，即玛丽一世更血腥的迫害也会迅速终结这场宗教改革。

  关于这次议会的法案，我在别的地方写过，就不再重复。[①]一些细节需要大家注意。终于，神职人员重罪而不受惩罚的特权被废除了。从此以后，重罪的神职人员就要像世俗的罪犯一样接受惩罚。有一事例为证，一个神父因切断有亨利八世头像的硬币而在伦敦被处死，行刑前和平常罪犯一样被拉着游街示众。三十个妇女请求宽恕他，但没什么用。他穿着祭衣被吊死，也未按主教的抗议先解除他的教职。"自英格兰成为基督教区以来，从未有过这样的事。"[②]最终，《克拉伦登法典》将得以执行。坎特伯雷大主教法院和其他主教法院也进行了类似的改革，他们的方法和责任都控制在合理范围内。神父不能再通过渲染临终时的恐惧来逃避《莫特曼法案》的约束。现在，长期以来一直是很合神职人员心意的收入来源，即对太平间征收的税、遗产税和遗嘱检验税已经取消或减少了。以前，神职人员可以在宗教会议上随意通过法律，并且通过精神恐吓执行这些法律。现在，神职人员得知，在没有皇家许可证的情况下，禁止召开宗教会议，他们的法律将由世俗人员修订。欧斯塔塞·沙皮诙谐地说，现在，神职人员的地位还不如臭皮匠，臭皮匠至少还能制定自己的"法规"。

---

① 《英国历史——从托马斯·沃尔西倒台到西班牙无敌舰队失败》，伦敦，朗曼斯格林出版社，1872年，第1卷，第322页等。——原注
② 卡洛·卡佩罗致威尼斯执政团的信，1532年7月10日—《威尼斯档案》，第4卷，第342页。——原注

亨利八世宣告了一个更大的目标。在任职大法官期间，托马斯·莫尔曾以起诉异端罪闻名。托马斯·莫尔任职大法官的三年间，火刑柱比托马斯·沃尔西任职时点燃得更频繁。主教好像在通过执行火刑在向那些可怜的受害者发泄自己特权被粗暴取消后的愤怒。亨利八世说神职人员的职责是管理灵魂，而不是身体。将来，神职人员不能仅凭自己高兴就随意以嫌疑罪逮捕、监禁、审查和惩罚任何人。为此，神职人员进行了抗议，托马斯·莫尔也加入了。亨利八世暂时中止了托马斯·莫尔的决定权，但还没有取缔他的决定权。亨利八世对托马斯·莫尔特别不满意，因为他本来指望托马斯·莫尔能做得更好。亨利八世打算坚持这样下去。震惊的正统派欧斯塔塞·沙皮惊呼道："愿上帝保佑，给我们送来治愈这种程度的邪恶需要的方法。"[①]亨利八世以前的任何一个错误行为都没有现在他容忍异端邪说的行为那么让欧斯塔塞·沙皮震惊。

国王的至高无上地位已被神职人员代表大会接受。但还没有得到议会的确认。托马斯·霍华德感受到了上议院贵族的激动情绪。在诺福克公爵府，他开了个会，描述了克莱门特七世的所作所为。托马斯·霍华德还是坚持以往的话题，即处理婚姻诉讼属于世俗管辖权，而不属于宗教管辖权，亨利八世在自己领土上的权力是至高无上的等。他邀请了贵族发表意见，但贵族都很冷漠。托马斯·达西男爵曾在对托马斯·沃尔西的诉状中就克莱门特七世的过错畅所欲言。现在，他的热情似乎在减弱。托马斯·达西男爵说，亨利八世和枢密院必须处理好这些事情，而不要让议会其他成员插手，以免有漏网之鱼。[②]参会成员基本同意托马斯·达西男爵的观点，也没有人进一步逼他们说什么。在议会上，当有人提出一项法案，建议撤销罗马教廷要求第一年圣俸纳贡的规定时，这一关乎教皇特权问题的提议受到了普遍欢迎。这种强迫纳贡是许多人痛恨

---

① 欧斯塔塞·沙皮致查理五世的书信，1532年5月13日，《西班牙档案》，伦敦，1877年，第4卷，第1部分，第446页。——原注
② 欧斯塔塞·沙皮致查理五世的信，1532年2月14日，《西班牙档案》，伦敦，1877年，第4卷，第1部分，第384页。《英国政府国内外纪事档案——亨利八世时期》，伦敦，1862年到1932年，第5卷，第381页。——原注

的。西班牙王国就没有要求第一年圣俸纳贡。大家对克莱门特七世的收税官深恶痛绝。下议院处理起这个问题来毫不费力。安东尼奥·德·普利向亨利八世抱怨。亨利八世告诉安东尼奥·德·普利，提出这些措施的不是他。这些税贡是被人民取消的，人民非常憎恨克莱门特七世。[①]这次，在上议院，主教一致支持最高宗教领袖亨利八世。在戴着主教冠的修道院院长中有意见分歧。修道院是第一年圣俸税贡的主要受害者，几个世纪以来，他们一直抱怨这种苛捐杂税。除阿伦德尔伯爵亨利·菲查伦以外，所有世俗贵族都支持政府。这项法案获得

阿伦德尔伯爵亨利·菲查伦

---

① 欧斯塔塞·沙皮致查理五世的信，1532年2月28日，《英国政府国内外纪事档案——亨利八世时期》，伦敦，1862年到1932年，第5卷，第392页。——原注

通过，但有条件，即如果克莱门特七世同意谈判，英格兰王国政府有权做出让步。第二年，即1533年，第一年圣俸税贡还像以往那样全额缴纳，给克莱门特七世留出时间考虑。①

议会就这样稳步前进。威廉·沃勒姆已经心碎不已，奄奄一息。他在床上口授了一次微弱的抗议词，抗议议会在贬损教皇或限制教会特权方面所做的一切。在整个议会会议期间，托马斯·莫尔都进行了反抗，但发现反抗毫无用处，便请辞大法官职务。他预知到接下来会发生什么事情，但他无法阻止。如果他继续留任，那他不是违背自己的良心，就是徒增亨利八世的不满。②因此，托马斯·莫尔宁愿退休。

这样一来，至少在英格兰王国，局势正在明朗化，各党派和个人都在向明确的立场慢慢移动。1532年5月，查理五世的管家蒙法尔科内③在写给查理五世的信中说，他在英格兰见过阿拉贡的凯瑟琳，当时，她还在大声疾呼克莱门特七世宣判。蒙法尔科内还单独见过英格兰王国的天主教支持派，并且替天主教支持派说话："每一个人都对克莱门特七世感到愤怒，对查理五世没有进一步逼迫克莱门特七世感到愤怒。贵族、神职人员、普通信徒都热爱阿拉贡的凯瑟琳。她很有耐心。她觉得如果自己能见到亨利八世，一切都会好起来的。然而，一旦宣判，她确信亨利八世会服从。"④法兰西驻伦敦大使吉勒·德·拉·波默雷建议弗朗索瓦一世强迫克莱门特七世管好自己的手。他对欧斯塔塞·沙皮说："一旦亨利八世与查理五世决裂，法兰西王国必须，也一定

---

① 在这次会议上，有一段据称是在神职人员代表大会提出的讲话，不仅抱怨担任教职第一年的收入纳贡一事，并且还要求与罗马教廷完全决裂。也许这只是提交给上议院这个已经受到极大羞辱的机构的草案，但未被接受。法兰西大使吉勒·德·拉·波默雷清楚地说，神职人员什么也不同意，只不过他们的反对意见无人在意罢了。——原注
② 欧斯塔塞·沙皮致查理五世的信，1532年5月22日，《英国政府国内外纪事档案——亨利八世时期》，伦敦，1862年到1932年，第5卷，第476页。——原注
③ 管家蒙法尔科内致查理五世的信，以及致布雷西亚总督书信。——原注
④ 蒙法尔科内致查理五世的信，1532年5月，《英国政府国内外纪事档案——亨利八世时期》，伦敦，1862年到1932年，第5卷，第479页。——原注

路易十二

会站在亨利八世一边。查理五世没有权力为了一个女人使欧洲陷入混乱。如果亨利八世想再结婚,他应该像在同样的情况下,法兰西国王路易十二所做的那样,娶他喜欢的女人,不要再浪费时间和金钱。"①

在罗马,克莱门特七世正犹豫不决地抚摸着他的简函。在博洛尼亚,在查理五世的眼皮底下,克莱门特七世发的第一封简函,相对来说语气更坚定些。在那封简函中,克莱门特七世命令亨利八世将阿拉贡的凯瑟琳召回宫中,不然

---

① 斯塔斯·沙皮致查理五世的信,1532年4月16日,《西班牙档案》,伦敦,1877年,第4卷,第1部分,第425页。1499年路易十二抛弃了他的第一任妻子法兰西的若昂,娶了前任法兰西国王查理八世的遗孀布列塔尼的安妮。——原注

就将他逐出教会。后一封简函,虽然是好不容易从他手中逼出来的,却微不足道,不值一提。亨利八世收到简函时,只笑了笑说:"克莱门特七世抱怨我把阿拉贡的凯瑟琳送走了。如果克莱门特七世认为她是我的妻子,那么有权惩罚她粗鲁行为的是我,而不是克莱门特七世。"①

佩德罗·奥尔蒂斯发现,指望克莱门特七世就离婚问题做出判决是没有希望了,他以不服从第一份教皇简函为由要求将亨利八世逐出教会。佩德罗·奥尔蒂斯成功了,或者说他以为自己成功让克莱门特七世同意发布绝罚令了。绝罚令已经在拟稿,"但在应该正式誊写并封印时,克莱门特七世以一种只有上帝才知道的方式阻止了它的完成"。佩德罗·奥尔蒂斯继续催促。这份文件可以秘密寄给查理五世,由查理五世斟酌使用。"如果查理五世认为以上帝的权威发出此函合适,上帝毫无疑问会把威吓讯息发往世间,并且确保它不会造成任何伤害。"②克莱门特七世不太确定上帝会像奥尔蒂向他承诺的那样行事,继续延迟,冒犯上帝。阿拉贡的凯瑟琳的代表不断谴责,不断警告,如果克莱门特七世不将宫里有情妇、犯了教会大罪的亨利八世逐出教会,克莱门特七世将犯下教会大罪,触犯上帝。克莱门特七世理智地回答说,没有证据表明亨利八世犯了教会大罪。"在英格兰王国,国王与女士亲切交谈是一种传统。佩德罗·奥尔蒂无法证明在本案中还有比这更过分的事情。亨利八世可能会以自己良心不安为理由,拒绝把阿拉贡的凯瑟琳当作妻子对待。"③佩德罗·奥尔蒂斯坚持说,魔鬼以安妮·博林的样子迷住了亨利八世,除非克莱门特七世强迫亨利八世把安妮·博林送走,否则克莱门特七世将被诅咒。但在有争议的案子尚未定论的情况下把亨利八世逐出教会,宣布他失去王位,这很荒谬。毕竟,亨利八世会证明自己是对的,因为现在的法律和习俗已经证明他是对的。

---

① 《西班牙档案》,伦敦,1877年,第4卷,第1部分,第447页。——原注
② 佩德罗·奥尔蒂斯致查理五世的信,1532年5月,《西班牙档案》,伦敦,1877年,第4卷,第1部分,第438页。——原注
③ 《英国政府国内外纪事档案——亨利八世时期》,伦敦,1862年到1932年,第5卷,第539页。——原注

查理五世觉得这样的状态不能继续下去了。很明显，亨利八世并不害怕。英格兰人也没有反对亨利八世的迹象。如果发布绝罚令，克莱门特七世会要求查理五世去执行，他有必要确定自己的立场。

佩德罗·奥尔蒂斯怒不可遏。他写道："我告诉克莱门特七世如果他不把亨利八世逐出教会，我会在审判那日站起来，在上帝面前控告他。"① 查理五世不得不告诉佩德罗·奥尔蒂斯必须温和点。罗马教廷内部也遇到了进一步的困难。如果离婚案在罗马审理，那么是在枢机会议上进行，还是在圣轮法院里进行？各枢机主教都是深谙世道的人。米塞·马伊的观点是，圣轮法院肯定只会做出对阿拉贡的凯瑟琳有利的判决。② 他写信给查理五世统治下的卡斯蒂尔的国务大臣弗朗西斯科·德·洛斯·科沃斯·莫利纳说："现在，形势对我们不利。各枢机主教不会有什么行动，而是悄悄地把查理五世送来的钱放进口袋里。一向花钱大方的英格兰人送来的钱，各枢机主教也会照单全收。克莱门特七世不会与法兰西王国决裂。克莱门特七世说，他与法兰西王国和英格兰王国有太多的联系，必须假装对亨利八世表示善意，否则弗朗索瓦一世和亨利八世都会像他们威胁的那样脱离教会。"③

---

① 佩德罗·奥尔蒂斯致查理五世的信，1532年7月28日，《西班牙档案》，伦敦，1877年，第4卷，第1部分，第486页。——原注
② 佩德罗·奥尔蒂斯致查理五世的信，1532年7月28日，《西班牙档案》，伦敦，1877年，第4卷，第1部分，第414页。——原注
③ 佩德罗·奥尔蒂斯致查理五世的信，1532年7月28日，《西班牙档案》，伦敦，1877年，第4卷，第1部分，第469页。——原注

第 12 章

《上诉法案》发布

克莱门特七世曾向佩德罗·奥尔蒂斯保证，在准备好前，不把绝罚令的事说出来。但他把秘密泄露给了英格兰王国的代表，英格兰王国的代表又把秘密转达给了亨利八世。让·迪·贝莱曾建议亨利八世不要再犹豫，立刻结婚，结束这场争论。克莱门特七世本人曾多次私下表达同样的愿望。但本应在恋爱中的亨利八世决心在迈出无法挽回的一步前亲自去见弗朗索瓦一世。他想清楚地知道法兰西王国有多大决心同他一起反抗克莱门特七世的惩戒。危机四伏之时，两个国王的会晤也向全世界表明，他们的同盟是切实存在的事实，如果查理五世为了执行克莱门特七世的惩戒令宣战，那么法兰西王国和英格兰王国将一起与他为敌。

1532年8月月底，英格兰王国和法兰西王国宣布两国国王将按预期会晤。奇怪的是，人们仍然普遍认为亨利八世会和某个法兰西公主结婚，安妮·博林终究会大失所望。欧斯塔塞·沙皮写道："如果是这样，那么安妮·博林就是产生了奇怪的错觉，因为她写信给朋友说，在这次会晤中，她长久以来希望的一切都会实现。"有一件事情很清楚，对神圣罗马帝国大使欧斯塔塞·沙皮和安东尼奥·德·普利来说，克莱门特七世由于长期怠慢，让自己陷入了这样的境地：要么必须同意对阿拉贡的凯瑟琳不利的判决，要么必须尽全力面对基督教世界两个最有权势的君主联合起来的挑战。最起码，克莱门特七世能做的事情就是禁止亨利八世与安妮·博林或某个法兰西女人结婚。

克莱门特七世面临的危险近在眼前，但安妮·博林没有什么可担心的。她将作为亨利八世的随行人员一起去法兰西，作为亨利八世的准新娘在法兰西宫廷受到接见。为此，她摇身一变成了彭布罗克侯爵夫人。阿拉贡的凯瑟琳认为，亨利八世和安妮·博林会在两国会晤时完婚并公之于众，弗朗索瓦一世则是他们的同谋。查理五世不相信。他被迫得出结论，亨利八世是认真的，但他仍然认为在离婚案还没有决断时，亨利八世不可能认真考虑像这样堂而皇之地结婚。① 然而，很明显，亨利八世是这样考虑的。从政治上讲，这场婚姻会产生很重要的影响，并且不能确定弗朗索瓦一世会不会鼓励这种无异于公开侮辱查理五世的做法。欧斯塔塞·沙皮听到的反对意见是安妮·博林提出的，安妮·博林希望在伦敦按照正常程序结婚。② 但她确实是弗朗索瓦一世邀请去参加会晤的。法兰西王后奥地利的埃莉诺送给安妮·博林一件珠宝作为礼物。纪尧姆·迪·贝莱带着弗朗索瓦一世的特别问候前来邀请她出席。她是离间亨利八世和查理五世的有用工具。纪尧姆·迪·贝莱说，弗朗索瓦一世想感谢她不可估量的帮助，并且她每天都在帮助自己的主人弗朗索瓦一世。弗朗索瓦一世想让她为自己所用。托马斯·沃尔西都没有安妮·博林那么有价值，并且弗朗索瓦一世还不必像对托马斯·沃尔西那样付给安妮·博林两万五千克朗的抚恤金。因此，弗朗索瓦一世打算用赞美来报答她，并且推动离婚案在罗马教廷审理。③

阿拉贡的凯瑟琳向克莱门特七世哭哭啼啼地倾诉，要求即刻判决，一刻也不能耽搁，但还是徒劳无功。克莱门特七世比以往任何时候都难以指使。他必须等着看两个国王会晤的结果，看查理五世是否比土耳其人强。阿拉贡的

---

① 查理五世致匈牙利的玛丽的信，1532年11月7日，《英国政府国内外纪事档案——亨利八世时期》，伦敦，1862年到1932年，第5卷，第642页。——原注
② 欧斯塔塞·沙皮致查理五世的信，1532年10月1日，《英国政府国内外纪事档案——亨利八世时期》，伦敦，1862年到1932年，第5卷，第592页。——原注
③ 《西班牙档案》，伦敦，1877年，第4卷，第1部分，第512页。——原注

纪尧姆·迪·贝莱

凯瑟琳这边更无法忍受了,因为她让自己,也让佩德罗·奥尔蒂斯相信了,亨利八世一旦被逐出教会,整个英格兰王国都会因亨利八世拒不服从教会命令而起来反抗他。①

1532年10月,弗朗索瓦一世和亨利八世的会晤是这场斗争中的一个重大事件,因为事实上,这决定了亨利八世将迈出最后一步。关于当时的情景、庆祝活动、安妮·博林受到的隆重接待和肯特的修女,我已经描述过,无须赘言。不过,必须特别说明的是,会晤后,法兰西王国立即派了一个委员会前往罗马。弗朗索瓦一世并没有完全满足亨利八世,他重复了大使的建议,鼓励亨利八世马上结婚,重申如果查理五世向英格兰王国宣战,自己将给予支持的承诺。亨利八世甚至希望与弗朗索瓦一世达成约定,如果克莱门特七世采取暴力行动,法兰西王国和英格兰王国将组成独立的宗教团体进行反抗。弗朗索瓦一世似乎都答应了,并且希望亨利八世相信这一点。但在这一点上,他的语言没有在前一点上那么明确。

加布里埃尔·德·格拉蒙与枢机主教弗朗索瓦·德·图尔农被直接从会晤现场派往罗马,手握要求罗马教廷成立一个总参议会的公开指示,通知克莱门特七世,如果他拒绝成立一个总参议会,两个国王将自己召集一个参议会,并且邀请路德教君主加入,如果克莱门特七世将亨利八世逐出教会,亨利八世将带人前去罗马"求得宽恕"。届时,克莱门特七世将会巴不得宽恕他。②如果阿拉贡的凯瑟琳在罗马的朋友得到的消息准确,两位枢机主教此行还有一个秘密任务。这任务完全符合亨利八世的期望,即克莱门特七世必须立即履行在奥尔维耶托许下的诺言,并且对离婚做出判决,"否则弗朗索瓦一世和亨利八世将在各自的王国终止克莱门特七世的教皇权利"。克莱门特七世完全相信,摆

---

① 佩德罗·奥尔蒂斯致查理五世的信,1532年9月30日,《西班牙档案》,伦敦,1877年,第4卷,第1部分,第533页。——原注
② 弗朗索瓦一世给加布里埃尔·德·格拉蒙和弗朗索瓦·德·图尔农的指示,1532年11月13日,《英国政府国内外纪事档案——亨利八世时期》,伦敦,1862年到1932年,第5卷,第648页。——原注

在自己面前的另一个选择是失去这两个王国,而他正准备答应枢机主教的要求。①亨利八世回到英格兰王国时,心里肯定明白弗朗索瓦一世和自己之间的联盟是坚不可摧的,并且无论怎样,他都会采取既定的行动方针。有报道说,有了法兰西王国的这些保证,亨利八世不再犹豫不决,回到英格兰王国后就偷偷与安妮·博林成婚了。谣言说的尚且为时过早,但亨利八世决心已下。亨利八世说,克莱门特七世把自己变成了查理五世的工具。法官是查理五世,而不是克莱门特七世,他和他的人民都不会忍受。他将维护国家的自由。克莱门特七世如果尝试暴力解决方案,将会发现自己错得离谱。②

很难相信,在一个如此重大的问题上,亨利八世会误解弗朗索瓦一世说的话,他后来认为自己是被弗朗索瓦一世故意欺骗了。但无论如何,这次会晤都是在向克莱门特七世示威。米塞·马伊每天都盯着克莱门特七世,宣称克莱门特七世的行为足以让人失去理智。最后,米塞·马伊和佩德罗·奥尔蒂斯逼克莱门特七世发布另一封简函,不是直接将亨利八世逐出教会,而是如果亨利八世再有不从,就将他逐出教会。他们强迫克莱门特七世写下简函,在法兰西枢机主教到来前做出承诺。但克莱门特七世一旦写下简函,就不会让简函离手。在博洛尼亚,克莱门特七世将再次见到查理五世。克莱门特七世说,在听到查理五世亲口说出准备怎么做前,要求他承诺做出一个可能致命的行为是不公平、不合理的。然而,克莱门特七世逃不掉。阿拉贡的凯瑟琳听说法兰西枢机主教被派去罗马了,再次向外甥查理五世寻求保护。阿拉贡的凯瑟琳坚持要克莱门特七世公开表明态度,不要听法兰西人的话,他们没什么好怕的。"英格兰人除抨击她之外,也没有任何有力的行动。"③佩德罗·奥尔蒂斯的来信告知阿拉贡

---

① 欧斯塔塞·沙皮致查理五世的信,1532年11月10日,《英国政府国内外纪事档案——亨利八世时期》,伦敦,1862年到1932年,第5卷,第644页。——原注
② 欧斯塔塞·沙皮致查理五世的信,1532年11月10日,《英国政府国内外纪事档案——亨利八世时期》,伦敦,1862年到1932年,第5卷,第667页。——原注
③ 欧斯塔塞·沙皮致查理五世的信,1532年11月11日,《西班牙档案》,伦敦,1877年,第4卷,第1部分,第554页。——原注

的凯瑟琳,克莱门特七世还在犹豫不决。在阿拉贡的凯瑟琳看来,这样犹豫不决对教会和她自己都是致命的。她听到谣言说,亨利八世真的结婚了,她向欧斯塔塞·沙皮倾诉了她的痛苦。她说:"从罗马寄来的信重新撕开了我的伤口。它们证明对我和我女儿玛丽·都铎公主来说没有正义可言。出于政治考虑,没人为我们伸张正义。我没有求克莱门特七世宣战,我宁愿死也不愿挑起战争。我已经乞求神的使者为我做主六年了,但他依然未还我公道。两年前,我拒绝了亨利八世和英格兰议会向我提出的建议。现在,我必须接受吗?从那以后我受到的伤害不断。我与亨利八世分离,他又娶了另一个女人,却没有和我离婚。他再结婚时,我们的离婚案还没有一个决断,这是在蔑视世间拥有上帝权力的人,也就是克莱门特七世。写到这里我的眼泪打湿了信。我相信,你是我的朋友。请帮助我背负这痛苦的十字架。写信给查理五世,叫他坚持让克莱门特七世宣判。我得知下一届议会将决定我和我女儿玛丽·都铎公主是否要殉道。我希望上帝将我们的所为记作我们的功绩,因为我们将为真理而受苦受难。"[①]

　　阿拉贡的凯瑟琳可能会说,也可能是说,她不想成为战争的起因。除非亨利八世因不愿开战而屈服,否则克莱门特七世的惩戒威胁和她想象中的英格兰人一样没有用。查理五世还没有决定到底要怎么做。他可能仍然抱着不必做出决定这样的希望,但他强迫或说服克莱门特七世无视危险局势。克莱门特七世的简函发出来了,标注日期为起草日期,并且送到了佛兰德斯发布。佛兰德斯是离英格兰王国最近的地方。

　　克莱门特七世告诉亨利八世,他不等离婚案判决就把阿拉贡的凯瑟琳从他的伴侣位置除名,并且与某个叫安妮·博林的女子同居,是在侮辱上帝的正义和教皇的权威。克莱门特七世已经警告过他,但克莱门特七世的告诫未受到尊重。因此,克莱门特七世再次劝诫亨利八世把阿拉贡的凯瑟琳接回来做王后,并且在收到本函后一个月内把安妮·博林送走,以免受逐出教会之苦。克

---

① 阿拉贡的凯瑟琳致欧斯塔塞·沙皮的信,1532年11月22日,《西班牙档案》,第4卷,第1部分,第291页。——原注

莱门特七世宣称，如果亨利八世仍然不听告诫，基于此事实，他和安妮·博林都将在规定的期限到达时被逐出教会，并且禁止他自行离婚。[①]

现在看来，这场闹剧马上就结束了。一个月后，即1532年11月，亨利八世和继续效忠他的臣民将招致克莱门特七世的惩戒。但罗马教廷的制裁程序流于形式。有条件的绝罚令除了影响被惩戒者的宗教地位，没有其他更深的影响。第二份绝罚令仍然有必要，将宣布亨利八世被废黜，其臣民不再效忠他。然后，克莱门特七世才能以教皇身份召唤世俗军队讨伐亨利八世。然而，未决定阿拉贡的凯瑟琳是否真的是合法的王后前，克莱门特七世即使得到欧洲信奉天主教国家的支持，也无法光明正大地召唤世俗军队讨伐亨利八世。情绪高昂的佩德罗·奥尔蒂斯认为，现在应该立即对"主要案件"做出判决并赢得胜利。佩德罗·奥尔蒂斯随信给神圣罗马帝国皇后葡萄牙的伊莎贝拉附上一封阿拉贡的凯瑟琳写给自己的信，希望这信能"作为圣物保存下来，因为有一天她会被封为圣徒"。他说："愿上帝指引亨利八世，承认魔鬼引他犯下的错误，并且修正他过去的行为。否则，一旦证明他不服从教皇的命令及对上帝不忠，他的王位将被剥夺，查理五世将执行对他的惩戒。这样一来，所有敬畏上帝的英格兰人都将拿起武器，亨利八世将受到应有的惩罚。当前的简函将作为对他的正式判决。在'主要案件'上，罗马教廷没有人为亨利八世说话，判决不能拖延太久。"[②]

佩德罗·奥尔蒂斯太乐观了，他的幻想很快就破灭了。这封简函听起来令人生畏，但它所说的并不比克莱门特七世三年前，即1930年发布的那封简函包含或暗示的内容多。克莱门特七世能容忍第一封简函被无视，也能允许这最后一封简函被无视。他的每一步都是被迫的，不情愿之情不减当年。欧斯塔塞·沙皮认为，克莱门特七世没有做出判决而是发了一封简函，是因为他知道

---

① 克莱门特七世致亨利八世的信，1532年11月15日，《英国政府国内外纪事档案——亨利八世时期》，伦敦，1862年到1932年，第5卷，第650页。——原注
② 佩德罗·奥尔蒂斯致葡萄牙的伊莎贝拉的信，1533年1月19日，《西班牙档案》，伦敦，1877年，第4卷，第1部分，第579页到第580页。——原注

能召回简函，却不能召回判决。"他在玩弄亨利八世和查理五世。"在英格兰王国和其他地方，人们认为"克莱门特七世和亨利八世之间有某种秘密"。在博洛尼亚，克莱门特七世和查理五世曾见过面，查理五世的语气一直像阿拉贡的凯瑟琳希望的那样强硬。即使在会晤期间，克莱门特七世都在向英格兰代表保证，仍有妥协的余地。甚至有传言说，如果能找到保护玛丽·都铎公主权力的方法，查理五世会允许将离婚案交回英格兰王国，查理五世甚至说："如果亨利八世因合适而结婚，而不是因爱恋而结婚，他会想办法让克莱门特七世和阿拉贡的凯瑟琳同意宣告亨利八世的第一桩婚姻无效。"[①]

在伦敦，人们继续谈论把离婚案从罗马转到康布雷的话题。有人注意到安东尼奥·德·普利和亨利八世经常在一起，感情也有所改善。安东尼奥·德·普利公开表示，克莱门特七世希望能卸下离婚案这个重担。甚至有人认为，克莱门特七世仍有可能同意授予亨利八世原本要求的特赦令，让亨利八世可以不经法律程序再婚。现在，欧斯塔塞·沙皮完全不相信克莱门特七世了，他写道："亨利八世一旦达到目的，不必非得去罗马申辩，克莱门特七世以绝对权力授予他特赦令就更没有什么不好意思的了，因为不经法律程序再婚就已经证明获得特赦是亨利八世不言而喻的权力。如果克莱门特七世拒绝授予亨利八世特赦令，亨利八世将比以往任何时候都敌视他。判决是唯一最强的方法，并且阿拉贡的凯瑟琳说亨利八世不会反抗，如果只是忌惮臣民，英格兰臣民不仅对阿拉贡的凯瑟琳和您充满好感，并且大部分都是虔诚天主教教徒，不会容忍被逐出教会和被下了禁令的人。如果英格兰王国发生骚乱，我不知道那个全世界都讨厌的安妮·博林能否带着珠宝活着逃走。克莱门特七世除非小心行事，否则将失去在英格兰王国的权威，他的惩戒令也不会有人理会。"[②]

---

① 卡洛·卡佩洛致威尼斯最高执政团的信，1533年3月15日，《威尼斯档案》，第4卷，第389页。——原注
② 欧斯塔塞·沙皮致查理五世的信，1533年2月9日，《英国政府国内外纪事档案——亨利八世时期》，伦敦，1862年到1932年，第6卷，第62页。——原注

的确，在英格兰王国，安妮·博林不受待见。亨利八世选择安妮·博林，是在以最不受欢迎的形式测试他的婚姻问题会引起民众什么反应。威尼斯驻伦敦大使卡洛·卡佩洛提到，一天晚上，"七八千个妇女到伦敦城外去抓托马斯·博林的女儿"，她当时正在河边的一个庄园里吃饭，亨利八世没有和她在一起。这群妇女里还有许多是穿着女装的男人。然而，亨利八世并没有表现出任何改变主意的迹象。他把安妮·博林作为自己的准王后带去了法兰西宫廷。在这件事上，他不会受臣民的个人反对意见左右。克莱门特七世简函中给的一个月的期限已过。安妮·博林仍在王宫里，继续与安东尼奥·德·普利谈判，让阿拉贡的凯瑟琳的朋友确信自己在幕后谋划阴谋。威廉·沃勒姆的继任者被选出来后，阿拉贡的凯瑟琳的朋友更不安了。

托马斯·克兰默曾是托马斯·博林的私人牧师，也曾是托马斯·博林女儿安妮·博林的家庭教师。他曾陪托马斯·博林出使西班牙觐见查理五世，还曾在欧洲大陆积极收集支持离婚的意见，并且曾在神圣罗马帝国宫廷担任常驻大使。他去过德意志很多次，本人与马丁·路德相识。他甚至结过婚，虽然他不能公开他的妻子，但他们的夫妻关系众所周知。路德教牧师娶妻是主张他们的天生自由。马丁·路德结婚了，还娶了一个修女。一件在维滕贝格值得称颂的事情，在伦敦也不会受到那些为马丁·路德辩解的人责难。神圣罗马帝国的神职人员已经将自己从独身誓言中解放，将结婚作为对长期普遍盛行的同居制的改进。托马斯·沃尔西的儿子托马斯·温特，并不以此为耻，甚至托马斯·温特的教育费用都是从英格兰王国的圣俸里面出的。只有天主教教会法才禁止神职人员结婚，英格兰议会从未接到过批准这项法律的请求。托马斯·克兰默尽管不能将妻子玛格丽特·克兰默介绍给公众，但至少和托马斯·沃尔西一样是适合担任大主教的人。托马斯·克兰默是一个神学学术天赋很高的人，热衷于用更纯粹的教诲取代迷信和腐败。英格兰王国的礼拜仪式能幸存下来就说明了托马斯·克兰默是什么样的人。托马斯·克兰默被提名为大主教，这让全世界都大吃一惊，因为到当时为止，他最高的职位也就是副主教。但教会的重组即将开始。1533年2月，议会将再次召开会议，亨利八世需要上议院能提供的一切帮助。所有主教中仍然只有一半支持他，他们需要一个有才智、有学问的人来领导。据说，"亨利八世对托马斯·克兰默很是喜爱"。亨利八世了解托马斯·克兰默，也很重视托马斯·克兰默。这项任命是在1533年的第一个月宣布的。新的大主教要上任，法律上仍然需要教皇的任命诏书确认。亨利八世很着急。坎特伯雷大主教空缺职位的第一年圣俸被立即送往罗马，亨利八世亲自垫付了这笔钱，没有利用新的法案来逃避税贡。这种不寻常的慌张引起了人们的怀疑。人们认为亨利八世需要托马斯·克兰默帮忙的地方可能还很多。

事实上，亨利八世费了好长时间想解决的离婚案，早就可以通过英格兰大主教自行宣判解决了。安妮·博林渴望做一场盛大婚礼的女主角，渴望自己的婚礼将以王室婚礼的排场与派头来举行。但公众极其不认同她，容不得自己讨厌的事情发生。怕失去好不容易到手的能成为王后的机会，安妮·博林放下骄傲，同意举行小规模的婚礼。至于由谁来主持她的婚礼，不得而知。大家普遍了解到的日期是"1533年1月25日当天或之前"。欧斯塔塞·沙皮说，托马斯·克兰默本人主持了仪式，到场的还有安妮·博林的父亲托马斯·博林、母亲伊丽莎白·博林和弟弟罗奇福德子爵乔治·博林、另外两个安妮·博林的朋友及坎特伯雷的一个神职人员。①但欧斯塔塞·沙皮讲述的只是当时社会上流传的故事，没有确凿的证据……在《议会法案》出台承认这段婚姻合法，让英格兰王室可以宣布亨利八世与阿拉贡的凯瑟琳离婚前，这段婚姻已经缔结的事实都是被隐瞒的。英格兰王室也许是希望在宣判离婚时，有望有一个王位继承人的消息可以缓和人民的反对情绪。

因此，必须发急件要求克莱门特七世授予托马斯·克兰默任职的确认诏书。托马斯·克兰默毫无保留地谈到亨利八世再婚的权利，"准备用生命捍卫这种权利"。欧斯塔塞·沙皮和安东尼奥·德·普利都写信给克莱门特七世，要

---

① 欧斯塔塞·沙皮致查理五世的信，1533年2月23日，《西班牙档案》，第4卷，第1部分，第609页。——原注

求他不要急于确认一个如此危险的人当大主教。[1]有人怀疑克莱门特七世会迫不及待地满足亨利八世的愿望,克莱门特七世却真的证实了他们的怀疑是对的。很明显,克莱门特七世已经收到了警告[2],但还是以最快的速度寄出了确认诏书。克莱门特七世也许知道亨利八世需要确认诏书来做什么。

同时,亨利八世正准备召集议会。届时,他和安妮·博林已经结婚的秘密将不得不向全世界公布了。现在的读者会认为,除与安妮·博林的婚事之外,

亨利八世与安妮·博林

---

[1] 《英国政府国内外纪事档案——亨利八世时期》,伦敦,1862年到1932年,第6卷,第65页。——原注
[2] 吉罗拉莫·吉努奇和爱德华·李致亨利八世的信,1533年3月11日,《英国政府国内外纪事档案——亨利八世时期》,伦敦,1862年到1932年,第6卷,第100页。——原注

亨利八世什么都不想。但其实，事物的重要性是相对的，随着观察的角度变化而变化。亨利八世首先是英格兰国王，他的家庭急事永远排在第二位。在议会召开会议前，最重要的是，一项法案的草案已经准备就绪，会实现1532年亨利八世未能实现的目标，即"该项法案限制主教传唤或逮捕亨利八世的臣民，除非主教或其委托人对被告没有任何私下的怨恨，有三个或至少两个可信的证人，并且在所有案件中都应向被告人送交一份带有原告姓名的诉状副本"。这样的法案是必要的。这并不是为了保护当时仍然被认为对上帝不虔诚的人。几个月后，英格兰新教牧师约翰·弗里思还因否认耶稣的真实存在而被烧死。这种说法连马丁·路德也称之为异端。这项法案是为了抑制暴躁愤怒的神职人员群体随心所欲、肆无忌惮的暴政。这一神职人员群体用火和剑追捕每一个反对他们的人。托马斯·莫尔写信给德西迪里厄斯·伊拉斯谟，说，在自己的墓志铭

德西迪里厄斯·伊拉斯谟

中，他会刻意指出自己对异教徒很严厉。托马斯·莫尔非常憎恨异教徒，认为异教徒对世界充满恶意。①除非异教徒悔改，否则托马斯·莫尔更希望异教徒恨他。

托马斯·莫尔的这种观点普遍存在，并且十分危险。在天主教教徒的心中，没有什么比宽容异教徒更能证明亨利八世落入恶魔之手的了。看到亨利八世和克莱门特七世的代表安东尼奥·德·普利越来越亲密，天主教教徒更加不安。安东尼奥·德·普利经常和亨利八世或枢密院成员密谈。欧斯塔塞·沙皮提出抗议时，安东尼奥·德·普利说："我只是一个可怜的绅士，靠自己的薪水生活，做不了别的什么事。""克莱门特七世曾建议安东尼奥·德·普利不要忽视任何提高宗教福祉的机会。"欧斯塔塞·沙皮确定"幕后阴谋"仍在继续，而安东尼奥·德·普利是"幕后阴谋"发生的根源。安东尼奥·德·普利向欧斯塔塞·沙皮保证，他曾劝亨利八世把阿拉贡的凯瑟琳请回去。亨利八世回答说不会，和解是不可能的。然而，密谈并没有停止。当得知安东尼奥·德·普利答应陪同亨利八世出席会议开幕式时，欧斯塔塞·沙皮的震惊与恐慌加剧了。安东尼奥·德·普利是从格林尼治乘坐皇家驳船来的。亨利八世坐在王座上，安东尼奥·德·普利坐在亨利八世右边的椅子上，法兰西大使纪尧姆·迪·贝莱坐在亨利八世左边。这样做是向全国人民表明，实际上，被逐出教会的威胁没什么意义，也震慑了主教，并让神职人员了解自己能从安东尼奥·德·普利的主人克莱门特七世那里得到多少支持。安东尼奥·德·普利出现在不同场合。在议会会议进行期间，安东尼奥·德·普利参加了下议院的辩论。托马斯·霍华德通知安东尼奥·德·普利哪几天不会直接提及克莱门特七世，哪几天不会有克莱门特七世的丑闻。托马斯·霍华德承认自己希望全世界都能看到亨利八世和罗马教廷相互理解。欧斯塔塞·沙皮说："按照托马斯·霍华德所说，亨利八世希望利

---

① 托马斯·莫尔致德西迪尼厄斯·伊拉斯谟的信，《英国政府国内外纪事档案——亨利八世时期》，伦敦，1862年到1932年，第6卷，第144页。——原注

用那些至今仍支持罗马教廷的人民和高级教士。现在，看到教廷大使与亨利八世来往密切，这些人不敢说话，不敢与克莱门特七世作对。"①

全世界都感到惊奇，但确信亨利八世和罗马教廷相处融洽。宗教改革反对派不知如何应对。约翰·费希尔向安东尼奥·德·普利抱怨，除让安东尼奥·德·普利表示遗憾和做出不会遵守的承诺外，自己什么也没有得到。一个由贵族、主教和律师组成的委员会再次审议了离婚案，最终达成一致，可以在托马斯·克兰默的法庭上审理离婚案，并且接受已收到的克莱门特七世的确认诏书是克莱门特七世默许的标志。欧斯塔塞·沙皮没能阻止他们。欧斯塔塞·沙皮说："阿拉贡的凯瑟琳如遭雷击，痛斥克莱门特七世。自从阿拉贡的凯瑟琳上诉以来，克莱门特七世让她煎熬了三年半。现在，克莱门特七世非但没有宣判，反倒想出了一个延长她痛苦的办法，使她女儿玛丽·都铎公主变成私生女。她知道亨利八世的性格，一旦克莱门特七世判决不能离婚，就不会再有什么丑闻了。亨利八世会服从。如果亨利八世不服从——她认为这是不可能的——她也会开心地去死，因为她知道克莱门特七世宣布站在她那边。她可以安下心来，玛丽·都铎公主不会失去权力。克莱门特七世如果认为自己能诱使亨利八世改变对教会的行动，那就大错特错了。安妮·博林和父亲托马斯·博林是坚定的路德教教徒。他们一直在催促亨利八世明确立场。光是这次判决就能使亨利八世暂停脚步，他不敢违抗罗马教廷。要是英格兰人民起来反抗，安妮·博林会被粗暴地处理掉。"欧斯塔塞·沙皮说，自己转述的是阿拉贡的凯瑟琳的看法。阿拉贡的凯瑟琳命令欧斯塔塞·沙皮与查理五世沟通。对欧斯塔塞·沙皮来说，他只能重复要求推迟授予确认坎特伯雷大主教就职的教皇诏书，直到罗马教廷宣判离婚案为止。如果克莱门特七世知道托马斯·克兰默是异教徒，就不会急于确认他任职了。②

---

① 《西班牙档案》，伦敦，1877年，第4卷，第2部分，第600页。——原注
② 欧斯塔塞·沙皮致查理五世的信，1533年2月9日，《西班牙档案》，伦敦，1877年，第4卷，第2部分，第592页到第600页。——原注

克莱门特七世很清楚托马斯·克兰默是什么人。在查理五世干预前,教皇诏书就已经寄发出去了。同时,亨利八世已经表了态。现在,他直接行动,让世人知道自己再婚了。托马斯·博林已经撤回了反对意见。① 1533年3月月初,安妮·博林的弟弟乔治·博林被派往巴黎,告知弗朗索瓦一世,亨利八世是按照他在上次会晤中的建议行事的。亨利八世为了国家稳定娶了一个妻子,希望能生下男性子嗣。亨利八世相信弗朗索瓦一世会记住自己的诺言。克莱门特七世把亨利八世传唤到罗马,侵犯了君主的权利,冒犯了所有英格兰人。如果继续容忍,克莱门特七世将拥有万能的权威。能容忍这种自许无上权力的年代已经过去了。②

在英格兰王国国内,亨利八世为最坏的情况做着准备。他建造新的军舰,进一步扩充舰队。义勇骑兵队配上了武器,正在进行训练,战斗装备齐全。英格兰王国响起了备战的号角。在英格兰议会,著名的《议会法案》被提出。它将构成英格兰王国国家独立地位的宪法基础,并且永远结束克莱门特七世在英格兰王国的司法管辖权。从神职人员代表大会承认亨利八世是教会的领袖开始,向罗马上诉的问题就摆在了英格兰王国面前。现在,必须要解决这件事了。从此以后,英格兰王国的诉讼案要在英格兰王国国内由英格兰法官审理和裁决。《蔑视王权法令》已经恢复。克莱门特七世通过诏书和简函干涉英格兰事务的权利被无情剥夺。接下来要取消的是第一年圣俸,随后是上诉管辖权。除宗教上的领导权之外,教皇的权力所剩无几,而且宗教上的领导权可能都保留不了多久了。现在,言语争辩已经够久了,是采取行动的时候了。提出《上诉法案》时,亨利八世就大声对欧斯塔塞·沙皮说,好像金雀花王朝的不屈精神

---

① 欧斯塔塞·沙皮在这里提到了一个非常奇怪的事实。他在1533年2月15日写道,"到目前为止,托马斯·博林还没有公开过自己的立场。相反,正如托马斯·霍华德经常告诉我的那样,他到目前为止一直试图劝阻亨利八世,而不是用其他方式阻止亨利八世结婚",《西班牙档案》,伦敦,1877年,第4卷,第2部分,第602页。——原注

② 亨利八世致弗兰西斯一世的信,1533年3月11日,《英国政府国内外纪事档案——亨利八世时期》,伦敦,1862年到1932年,第6卷,第103页。——原注

在自己身上苏醒了似的。他说了上千件贬低克莱门特七世的事，抱怨克莱门特七世在基督教王国享有的过度权威和权力。他自称看过克莱门特七世图书室里的一本书，书里说所有基督教国家君主都是克莱门特七世的封臣。亨利八世说，他打算纠正这种过分的野心，并且纠正亨利二世和圣约翰的错误。他们被罗马教廷哄骗，让英格兰王国成了罗马教廷的附属国。亨利八世说："查理五世不仅要求正义，而且还要求按照自己的方式、自己的性子来行使正义。我只想收回神职人员的土地，让这些土地归国王所有。这是我的前任国王因没有权利而放弃的。"欧斯塔塞·沙皮建议亨利八世等总参议会召集完毕后再采取这一措施。"但亨利八世不接受"为了这个目的还需要一个总参议会。[1]

  《上诉法案》涉及太多人的利益，被通过前不可能没人反对。一些人及各国君主已经向罗马教廷提出上诉。除非另有法律规定，否则在罗马待决或已决的诉讼可能会被送回国内重新审理，从而造成混乱局面。无论克莱门特七世看起来多么满不在乎，我们都不能认为他会耐心地忍受公开放弃自己的权威。在人们看来，绝罚令多半不过是吓唬人的东西，但这吓唬人的东西并非完全没有恐吓力。如果真的发布绝罚令，随之而来的可能还有禁令和贸易中断，还可能会导致内战和叛乱。伦敦的一个议员说，如果亨利八世将自己和阿拉贡的凯瑟琳之间的问题提交总参议会，伦敦城愿意给他二十万英镑。《上诉法案》仍在讨论阶段时，托马斯·克兰默的任命诏书就已送达。这缓解了人们的惊恐。很明显，克莱门特七世并不好战。他内心深处一直向着亨利八世。希望也许有一天克莱门特七世可以自己公开这么说出来，然后所有充满敌意的立法就会被废除。当群情激愤到最高点，罗马每个人都知道了不仅最后的简函遭到了蔑视，而且亨利八世将与安妮·博林结婚时，克莱门特七世无比平静地接受了这一消息。他对神圣罗马帝国驻罗马大使西富恩特斯伯爵费尔南多·德·席尔瓦说，就算亨利八世结婚了，我们也只需要想一个补救办法就可以了。费尔南

---

[1] 欧斯塔塞·沙皮致查理五世的信，1533年3月11日，《西班牙档案》，伦敦，1877年，第4卷，第2部分，第619页。——原注

多·德·席尔瓦说，补救办法就是让克莱门特七世主持公道，就是因为克莱门特七世的宽容和不断拖延才助长了亨利八世的鲁莽行为。克莱门特七世回答说，他一定会主持公道，但如果这桩婚姻是"既定事实"，他想知道查理五世打算怎么做。费尔南多·德·席尔瓦告诉他，只要克莱门特七世行使完自己的职责，查理五世自会"扮演一个强大而睿智的君主"[①]。

克莱门特七世以前听过这种话。查理五世害怕与英格兰王国开战。克莱门特七世知道这一点。因此，他的选择要么是向亨利八世做出一些让步，要么让亨利八世随心所欲地继续这么做下去，揭露罗马教廷的弱点，使罗马教廷遭到蔑视。对阿拉贡的凯瑟琳和她在英格兰的朋友来说，这两种选择都同样令人沮丧。欧斯塔塞·沙皮写道："每个人都为克莱门特七世的拖延和在最终宣判前不扣押大主教的任命诏书而公开批判克莱门特七世。有人提醒克莱门特七世授予任职确认诏书很危险。英格兰王国宫廷的贵族和神圣罗马帝国宫廷的贵族都曾公开说过克莱门特七世会背叛查理五世。托马斯·霍华德和查尔斯·布兰登谈到这件事时更加肯定，说他们很清楚这件事，并且可以提供很好的证据。"[②]

尽管下议院成员担心《上诉法案》造成的后果不堪设想并强烈反对《上诉法案》，但很明显，《上诉法案》是会被通过的。现在，大家的理解是，一旦《上诉法案》成为法律，托马斯·克兰默就要审判离婚案并做出最终判决了。克莱门特七世的出格行为使英格兰王国宗教改革反对派不知如何应对。神职人员就像一些从未被闯入者惊扰过的野生动物一样，被迫表现出温顺，并且事先同意了托马斯·克兰默计划采取的行动。结婚一事要抓紧，因为安妮·博林已经怀孕了。宗教会议成员只有很少的时间了。他们甚至没时间吃饭，疲惫不堪。但

---

① 《英国政府国内外纪事档案——亨利八世时期》，伦敦，1862年到1932年，第4卷，第171页。——原注
② 欧斯塔塞·沙皮致查理五世的信，1533年3月31日，《英国政府国内外纪事档案——亨利八世时期》，伦敦，1862年到1932年，第6卷，第128页。——原注

除了约翰·费希尔，没有人开口对《上诉法案》提出异议。然而，约翰·费希尔说话没有分量，并且他要独自对抗其他所有人。参会人员如此温顺，而亨利八世如此专横。现在，阿拉贡的凯瑟琳和她所有支持者都认为她在离婚案中败诉了。①佩德罗·奥尔蒂斯从罗马写给查理五世的信中说："自己尽管不应该相信阿拉贡的凯瑟琳会败诉，但担心克莱门特七世已经或可能会给亨利八世发去赦令。"为了撤销最后一封简函，克莱门特七世可能会暗中采取一些措施，尽管克莱门特七世知道这是一件多么邪恶的事，对罗马教廷来说是多么不光彩。②

英格兰王国的改革派对预期会发布的教皇禁令嗤之以鼻。他们说，克莱门特七世不敢这么做。如果他这么做了，基督教国家君主也不会搭理他。亨利八世意味深长地对安东尼奥·德·普利说自己只是出于自我保护。亨利八世说，"如果克莱门特七世给他机会重新考虑这件事，他可能会撤销针对克莱门特七世权威的措施。"③

在讨论后期，《上诉法案》通过的进程更快了。克莱门特七世的司法权被终止了。任何人将绝罚令或禁令带进英格兰王国范围内都将被判犯有叛国罪。约翰·费希尔变得情绪很激烈，由斯蒂芬·加德纳友情监护。现在，斯蒂芬·加德纳是温彻斯特主教。从此以后，任何世俗的或宗教的问题都不得向克莱门特七世上诉。《上诉法案》还可以追溯，适用于正在进行的诉讼。一切就这样结束了。托马斯·克兰默的判决是大家早就知道的，安妮·博林将在圣神降临周加冕。现在，武力是唯一的解决办法，对国家根本法的反对变成了阴谋造反，一直持续到16世纪末。亨利八世确信国家的力量和活力与自己同在。当得知会有外国军队入侵时，亨利八世说，只要英格兰人团结在一起，就永远不会

---

① 欧斯塔塞·沙皮致查理五世的信，1533年3月31日，《英国政府国内外纪事档案——亨利八世时期》，伦敦，1862年到1932年，第6卷，第128页。——原注
② 佩德罗·奥尔蒂斯致查理五世的信，1533年4月14日，《英国政府国内外纪事档案——亨利八世时期》，伦敦，1862年到1932年，第6卷，第159页到第160页。——原注
③ 欧斯塔塞·沙皮致查理五世的信，1533年3月31日，《西班牙档案》，伦敦，1877年，第4卷，第2部分，第626页。——原注

被征服。欧斯塔塞·沙皮则坚信英格兰人不会团结在一起。神职人员和欧斯塔塞·沙皮主要交往的一部分贵族都是一样的口气。欧斯塔塞·沙皮认为他们说的话代表了大家的看法。从那时起,欧斯塔塞·沙皮和他的英格兰王国朋友开始向查理五世鼓吹武装干预的必要性,并且向查理五世保证,只需宣布开战,整个英格兰王国都会支持他。

欧斯塔塞·沙皮写道:"英格兰人,无论身份高低,都希望陛下[1]派遣一支军队,摧毁安妮·博林及其追随者的邪恶影响,并且改革英格兰王国。请原谅我如此大胆,但陛下不应该犹豫。那个被诅咒的安妮·博林只要得了势,绝对会不遗余力地伤害阿拉贡的凯瑟琳和玛丽·都铎公主。她吹嘘说,会让玛丽·都铎公主做她的跟班。也许有一天,她会毒死玛丽·都铎公主,或者把公主嫁给某个无赖。英格兰王国则会被异端控制。征服英格兰王国是非常容易的。亨利八世没有训练有素的军队。除托马斯·霍华德和两三个贵族之外,所有上层人物和贵族都是支持您的。让克莱门特七世召集世俗军队,停止贸易,鼓动苏格兰人开战,派几艘船出海,就可以征服英格兰王国了。正义如果得不到彰显,英格兰王国将会背离神圣的信仰,成为路德教国家。亨利八世给路德教教徒指路,借他们翅膀,托马斯·克兰默做的事甚至更糟。法兰西王国不会干涉,它会观望。弗朗索瓦一世一旦得到他该得到的东西,就不会再给您添麻烦了。再次请您原谅我这么说,但对阿拉贡的凯瑟琳和玛丽·都铎公主的怜悯让我不能不直言不讳。"[2]

亨利八世很难不知道那些心怀不满的贵族和欧斯塔塞·沙皮之间的联系,但似乎没有任何外在迹象表明亨利八世知道。然而,芒乔伊男爵威廉·布朗特被派去看守阿拉贡的凯瑟琳的住所。英格兰议会正在通过关键性的法案。

---

[1] 指查理五世。——译者注
[2] 欧斯塔塞·沙皮致查理五世的信,1533年4月10日,《英国政府国内外纪事档案——亨利八世时期》,伦敦,1862年到1932年,第6卷,第149页到第51页。《西班牙档案》,伦敦,1877年,第4卷,第2部分,第630页。——原注

牛津伯爵约翰·德·维尔

托马斯·霍华德、查尔斯·布兰登、亨利·考特尼和牛津伯爵约翰·德·维尔再次向阿拉贡的凯瑟琳提出请求，请求她撤回上诉，因为她必须明白进一步的抵抗是没有用的，并且告诉她，如果她服从，每一项安排都会照顾到她的情况和感受，给她适合她地位的权威。欧斯塔塞·沙皮要求亨利八世接见以提出抗议。随后，欧斯塔塞·沙皮与亨利八世进行了一次特别的谈话。欧斯塔塞·沙皮说自己听说了神职人员代表大会和议会正在进行的事，他有义务表态，如果亨利八世不想尊重自己藐视的人，希望亨利八世至少尊重上帝。亨利八世平静地回答说："我对上帝问心无愧。"欧斯塔塞·沙皮表示怀疑，亨利八世向他保证，自己绝对真诚。欧斯塔塞·沙皮说他不敢相信，在欧洲被异端邪说所扰时，亨利八世会给人们树立对上帝如此不敬的榜样。亨利八世回答说，如果全世界都觉得他的新婚姻很奇怪，那么克莱门特七世、朱利叶斯二世特赦自己与哥哥威尔士亲王阿瑟·都铎的妻子结婚就更奇怪了。他必须有一个继承人来继承他的王国。查理五世无权阻止他。欧斯塔塞·沙皮谈到了玛丽·都铎公主。为玛丽·都铎公主找个丈夫将是确保继承权的最佳手段。亨利八世说他会有自己的儿子。欧斯塔塞·沙皮冒险说了比他自己能意识到的更危险的话,暗示亨利八世不一定会生出一个儿子。亨利八世尖锐地问:"我不是一个男人?我不是一个像别人一样的男人吗?我不是男人吗?"他重复了三次。亨利八世又说:"但我不会让你知道我的秘密。"欧斯塔塞·沙皮问亨利八世是否打算和查理五世保持友好关系。亨利八世皱着眉头问那是什么意思。在欧斯塔塞·沙皮回答说查理五世的友谊取决于亨利八世对阿拉贡的凯瑟琳的态度时,亨利八世冷淡地说,查理五世无权干涉英格兰王国的法律。

欧斯塔塞·沙皮接着说,查理五世不想干涉亨利八世的法律,除非亨利八世的法律影响到了阿拉贡的凯瑟琳。亨利八世想强迫阿拉贡的凯瑟琳放弃上诉,但没人希望阿拉贡的凯瑟琳服从强制执行的法律。

亨利八世有些不耐烦了。他说,这些法律已经在议会通过,作为臣民,阿拉贡的凯瑟琳必须遵守这些法规。

欧斯塔塞·沙皮反驳说,新的法律不能追溯,至于说阿拉贡的凯瑟琳是英格兰臣民,阿拉贡的凯瑟琳如果是亨利八世的妻子,那就是亨利八世的臣民,如果不是亨利八世的妻子,就不是亨利八世的臣民。

这倒是真的,亨利八世应该感到进退两难。然而,亨利八世给了一个自己满意的答案,说阿拉贡的凯瑟琳必须有耐心,要遵守英格兰王国的法律。查理五世妨碍了他的婚姻,阻止他生男性继承人,伤害了他。阿拉贡的凯瑟琳不再是他的妻子。现在,他愿意做什么就做什么,如果查理五世向他开战,他就会反击。

欧斯塔塞·沙皮问,如果颁布了禁令,居住在英格兰的西班牙人和佛兰德斯人就要遵守禁令,那亨么利八世的法规是否适用于他们。

亨利八世没有回答,但他转身对在场的一个人说:"你听,欧斯塔塞·沙皮在暗示要将我逐出教会。被逐出教会的不应该是我,而是查理五世,他让我长期处于教会重罪之中。将查理五世逐出教会的这条绝罚令是克莱门特七世也不能取消的。"①

阿拉贡的凯瑟琳像往常一样回答那些前来劝说她的贵族,她说自己是王后,绝不会用别的称呼。至于地位,她什么都不想要,只想要一个告解神父、一个医生和几个女仆。如果那样都太过分,她就去周游世界,以上帝仁爱之名乞求施舍。

欧斯塔塞·沙皮说:"亨利八世善良大方,但安妮·博林让他如此堕落,变得不像是同一个人。"除非查理五世采取认真的行动,否则安妮·博林会像除掉托马斯·沃尔西那样除掉阿拉贡的凯瑟琳,因为她对托马斯·沃尔西的恨意不及对阿拉贡的凯瑟琳的一半。欧斯塔塞·沙皮说:"一切都像是一场梦。阿拉贡的凯瑟琳的支持派也不知道该笑还是该哭。每天都有人问我什么时候走。只要我留在这里,人们就会一直认为您已经同意了亨利八世再婚。"

---

① 欧斯塔塞·沙皮致查理五世的信,1533年4月16日,《英国政府国内外纪事档案——亨利八世时期》,伦敦,1862年到1932年,第6卷,第163页等,节略。另见《西班牙档案》,伦敦,1877年,第4卷,第2部分,第635页。——原注

第 13 章

安妮·博林成为王后

克莱门特七世声称自己有权行使特赦权。如果可以想到合理的理由，亨利八世完全有权要求克莱门特七世提供帮助，来解决自己和阿拉贡的凯瑟琳的问题。由于政治原因，亨利八世刚成年就被订下了这一桩合法性成疑的婚事。在他年富力强时，他发现自己被一个大八岁的女人缠住了。除一个女儿之外，阿拉贡的凯瑟琳给他生的别的孩子都死了。阿拉贡的凯瑟琳已经过了有望再生育的年龄。没有男性继承人，可能在亨利八世还没死前英格兰王国就已经发生内战了。在世袭君主统治的国家中，君主是国家的中心，他的家庭安排必须考虑国家的利益。为了加强英格兰王国和西班牙王国之间的联盟，亨利八世与阿拉贡的凯瑟琳违背教会法规结婚。这样的婚姻导致的继承权之争和新一轮内战看来不可避免。亨利八世有明确的权利要求通过同样有违常规的方法解除婚姻关系。现在，被允许使用特赦权的紧急原因处在最紧急的状态，亨利八世应该可以使用特赦权。但特赦权没有被使用，因为查理五世的自尊心受到了冒犯，所以他对克莱门特七世施加了影响。为维护自尊心这样的目的而对克莱门特七世施加影响，损害了圣轮法院被赋予的特殊权威。克莱门特七世坚定地认为亨利八世的要求是正当的。对此，他没有隐瞒。克莱门特七世也没有隐瞒自己屈服于恐吓而拒绝授予特赦令。因出身和地位而备受命运眷顾的王室成员，有时不得不屈从于地位给他们带来的不便。当这种情况出现时，他们通常很少讲礼数。一开始，大家尽了最大的努力不去伤害阿拉贡的凯瑟琳的感情。亨利八世和克莱门特七世都希望避免对婚姻的合法性做出决断。英格兰王国需要一个王位继承人，但阿拉贡的凯瑟琳没有希望再生育了。如果一开始就发现阿拉贡的凯瑟琳不能生育了，婚姻就会自行解除。本质上来讲，这种情况也一样，可以通过克莱门特七世的特赦令来解决。阿拉贡的凯瑟琳本可以保住王后的地位，她的荣誉不会受影响，玛丽·都铎公主身份的合法性也不会受到质疑，罗马教廷、英格兰王室和英格兰天主教教会之间的关系不会受到干扰。阿拉贡的凯瑟琳本人的固执，查理五世支持她的决心和克莱门特七世的懦弱，让这一切都无法合理安排。在这样的情况下，克莱门特七世对欧洲宗教主权的控制必然受到质疑，因为克莱门特七世拥有欧洲教会最高统治权意味着独立的基督教国家君主屈从于控制罗马教廷的另一个强权国家。

这样的问题一经提出，英格兰人只有一个答案。每一种方法都尽可能尝试了。在阿拉贡的凯瑟琳不屈不挠的意志面前，一切都失败了。一个公认合理的请求得到的回应是逐出教会并威胁使用武力。亨利八世和英格兰议会不再承认腐败的圣轮法院，并且决定从此在自己的法庭上审理和判决自己的诉讼案。这合情合理。

1533年5月10日，在邓斯特布尔，在三个主教的陪审下，托马斯·克兰默获得亨利八世许可审理这个欧洲人民长期以来一直在谈论的离婚案。当时在安特希尔的阿拉贡的凯瑟琳也被传唤出庭。她向欧斯塔塞·沙皮请教自己该怎么回答。欧斯塔塞·沙皮建议她不要管法院的传唤。欧斯塔塞·沙皮说："除非她放弃向罗马的上诉，否则这样一个法庭做的一切都损害不到她的利益。"因为她没有提出抗辩，所以很快就做出了判决。[①]就英格兰法律所能决定的范围来说，离婚程序已经完成。直到最后，克莱门特七世是否真心同意都没法确定。

---

① 《英国历史——从托马斯·沃尔西倒台到西班牙无敌舰队失败》，伦敦，朗曼斯格林出版社，1872年，第1卷，第417页到第423页。——原注

当然，这样的判决是预料之中的。1533年4月27日，欧斯塔塞·沙皮就告诉了查理五世当时的情况：

> 如果克莱门特七世按照我们给他的建议去做，并且在托马斯·克兰默的诏书中加入一个条款，禁止托马斯·克兰默插手这件事，克莱门特七世就可以避免太多的伤害。但克莱门特七世选择了自己的道路。因此，英格兰人重复了他们一直说的话：克莱门特七世最终会欺骗您……现在，您要做的事情是逼克莱门特七世迅速、突然地对离婚案做出裁决，以封住一些人的嘴。这些人声称克莱门特七世只是想拖延到可以判亨利八世赢的时候，或者认为您可能会默认判决不会有战争危险……我常常试着向阿拉贡的凯瑟琳打听她想要什么样的选择。我发现，到目前为止，她依然尽心尽力地保持着对亨利八世的敬重和爱戴，甚至认为如果她采取可能导致战争的措施，将永远被诅咒。不过，最近她告诉我，希望尝试别的解决办法，尽管她什么都问过我。[①]

邓斯特布尔法庭的诉讼可能进一步加强了阿拉贡的凯瑟琳对"别的解决办法"日益增长的意愿。从法律层面来说，阿拉贡的凯瑟琳不再是一个英格兰人，她可以随心所欲地行事。然而，同时，西班牙内阁正在就她和她的事情进行磋商，结果与欧斯塔塞·沙皮的看法相去甚远。据说，欧斯塔塞·沙皮竭力主张与英格兰王国开战。磋商过程中，西班牙内阁简述了离婚案的始末，认定判决延误是因为亨利八世抗议，不在罗马出庭，错在亨利八世。克莱门特七世曾向查理五世承诺立即宣判，但没有这样做。他向亨利八世发一份接一份的简函，命令亨利八世在诉讼期间与安妮·博林分开，但亨利八世没有理睬——娶

---

① 欧斯塔塞·沙皮致查理五世的信，1533年4月27日，《西班牙档案》，伦敦，1877年，第4卷，第2部分，第648页。——原注

了安妮·博林并与阿拉贡的凯瑟琳离了婚。查理五世是阿拉贡的凯瑟琳最亲近的亲人。他该怎么办？在他面前有三个办法可供选择：法律程序、武力及法律与武力结合。第一个是最好的，但亨利八世和英格兰王国会拒绝圣轮法院审判，并且在这件事上，克莱门特七世一直非常冷漠，对亨利八世也是宽容有加。在基督教世界目前的状态下，公开使用武力是很危险的。发动攻击是有问题的做法。亨利八世尽管和安妮·博林结婚了，但没有对阿拉贡的凯瑟琳使用任何暴力，所以西班牙王国也没有武装攻击亨利八世的理由。这个问题是"私人问题"，查理五世必须为公共福祉考虑。如果采纳第三个办法，克莱门特七世将不得不宣判并召集世俗军队。所有基督教国家君主都必须帮助克莱门特七世。作为其中的第一个，查理五世将不得不担当这场战争的领导者角色。"但就目前而言，避免可能引发战争和损害贸易的严厉措施，只坚持进一步谴责亨利八世并废黜他的王位，难道不是更好、更方便吗？如果克莱门特七世要求事先知道查理五世将如何执行判决，告诉克莱门特七世他必须先尽自己的职责就足够了。任何进一步的行动都意味着必须先对争端的主因案件有个裁断。最后，必须确定阿拉贡的凯瑟琳是留在英格兰王国还是离开英格兰王国。"

这些都是摆在西班牙内阁面前的问题。一个也许叫尼古拉·佩勒诺·德·格朗韦勒的枢密院官员提出了自己的意见。他的意见似乎被采纳了。

所有方法都要尝试。克莱门特七世必须继续审理此案。目前，必须搁置武力方案，因为这是个人诉讼案，并且之前在康布雷已经达成和平协议。克莱门特七世必须了结主要事项，或者至少坚持撤销自离婚诉讼开始以来做的一切。如果克莱门特七世要求知道查理五世的意图，西班牙内阁建议给克莱门特七世的答复是完全正确的。没有什么比提醒查理五世不要忘记作为教会顺从的孩子应承担的义务更有必要的了。同时，阿拉贡的凯瑟琳必须留在英格兰王国。如果她离开英格兰王国，英格兰王国和西班牙王国关系破裂将不可避免。

尼古拉·佩勒诺·德·格朗韦勒还进一步建议应派一个特别大使团前往英格兰王国向亨利八世提出抗议。

但大家认为如果此行不成功,可能就会导致战争。查理五世本人在这条建议对面的空白处写了个大大的"不"字。①

磋商会提到康布雷的和平协议这一点是很重要的。在和平协议达成前,离婚案已经到了一个严重的阶段。在康布雷和平谈判时,没有人提起过离婚一事。出于外交关系考虑,查理五世也不可能提及此事,让事态雪上加霜。很明显,查理五世与枢密院都不愿意采取行动。克莱门特七世知道他们不情愿,如果可以,他自己也不想在没有基督教国家君主的军队支持的情况下,就将亨利八世逐出教会。

亨利八世写信通知查理五世再婚一事。他说:"苏格兰人对继承权虎视眈眈,为了王室的安全,他还需要再生一些继承人来确保王位后继有人。事已至此,克莱门特七世也该尽力应对。"这正是克莱门特七世想要做的。费尔南多·德·席尔瓦认为,虽然克莱门特七世看起来很不安,但"他真的很高兴"。②"他肯定地说,如果他宣判剥夺英格兰国王王位,查理五世必须立誓执行判决。"③查理五世无意立誓约束自己,他的内阁也不会建议他立誓。天主教君主发动军队执行罗马教皇的法令的时代已经过去了。理论或许还会残存,但事实已经改变了。半个世纪后,即16世纪80年代,腓力二世尝试过实现这个理论,但没有成功。欧洲出现了新的秩序,狂热的天主教教徒无法理解。佩德罗·奥尔蒂斯大声疾呼:"亨利八世再婚犯了异端和分裂罪。"查理五世应该利用这个机会,不要再等克莱门特七世下一步宣判了,拔出上帝放在他手中的剑。④英格兰的贵族和高级教士不能接受下议院日益强大的力量和路德教的壮大,轮番轰炸欧斯塔塞·沙皮,恳求神圣罗马帝国军队登陆英格兰王国进

---

① 《西班牙档案》,伦敦,1877年,第4卷,第2部分,第650页到第658页。——原注
② 费尔南多·德·席尔瓦致查理斯五世的信,1533年5月7日,《英国政府国内外纪事档案——亨利八世时期》,伦敦,1862年到1932年,第6卷,第203页到第204页。——原注
③ 费尔南多·德·席尔瓦致查理斯五世的信,1533年5月10日,《英国政府国内外纪事档案——亨利八世时期》,伦敦,1862年到1932年,第6卷,第203页到第204页。——原注
④ 佩德罗·奥尔蒂斯致查理五世的信,1533年5月3日,《西班牙档案》,伦敦,1877年,第4卷,第2部分,第659页。——原注

行干预。他们告诉欧斯塔塞·沙皮，理查三世都没有亨利八世那样被英格兰人民憎恨。但没有国外力量的帮助，他们不敢自己宣战。[①]他们为什么不敢？亨利八世的王座边没有守卫。为什么他们不能站在上议院中，拒绝批准不赞成的措施？为什么，只是因为他们不是人民。他们的人数也许仍然占多数，但他们要战胜的是英格兰人民的勇敢、智慧与战斗的力量。自由曙光下的新鲜空气使英格兰人民热血沸腾。人们的原则是少数服从多数。如果每一百个人中有五分之四的人投某一边的票，但这一边没有外国人拔剑相助就不敢战斗。剩下五分之一的人投另一边的票并选择为自己而战，即同国内的懦夫和国外的敌人战斗。哪一个更有权统治这个国家？这一理论可能不完善，但很容易预见这个国家将由谁来统治。上议院正式宣布了亨利八世与安妮·博林的婚姻成立。现场有一些反对的声音。亨利八世从王座上站起来，说这是为了国家的福祉。上议院的贵族和下议院都默许了，没有再多说。新王后安妮·博林的加冕典礼定在1533年5月19日。

那些热切渴望欧斯塔塞·沙皮帮助的大人物都是胆小鬼，欧斯塔塞·沙皮本人则不是。英格兰王国谣言四起，说查理五世要来踏平英格兰王国，摧毁英格兰王室，让一个外国王子继承英格兰王位。欧斯塔塞·沙皮给亨利八世写了一封信，说自己有权为维护阿拉贡的凯瑟琳的权利而采取行动。欧斯塔塞·沙皮通知亨利八世，他打算立即履行职责。[②]亨利八世对如此大胆冒昧的一封信并没有表示不满，而是派托马斯·克伦威尔去见欧斯塔塞·沙皮。现在，托马斯·克伦威尔正迅速掌权成为重要人物，他来提醒欧斯塔塞·沙皮，尽管英格兰王国给了欧斯塔塞·沙皮很大的自由，但欧斯塔塞·沙皮不能侵犯英格兰国王的权力，并且警告欧斯塔塞·沙皮要小心。随后，欧斯塔塞·沙皮被传唤到枢

---

① 欧斯塔塞·沙皮致查理五世的信，1533年5月18日，《英国政府国内外纪事档案——亨利八世时期》，伦敦，1862年到1932年，第6卷，第225–226页。——原注
② 欧斯塔塞·沙皮致亨利八世的信，1533年5月5日，《西班牙档案》，伦敦，1877年，第4卷，第2部分，第668页。——原注

密院。此前，托马斯·霍华德曾告诫他不要将克莱门特七世的简函或信带入英格兰王国，告诉他如果这么做了，他会被英格兰人民撕成碎片。枢密院要求查看欧斯塔塞·沙皮手上的授权文件。欧斯塔塞·沙皮出示了关于守护阿拉贡的凯瑟琳的权利的指示，然后，他提到，实际上，在几封简函中，亨利八世已经被逐出教会。托马斯·博林告诉他，如果有人这样做了，会被关进伦敦塔。亨利八世对欧斯塔塞·沙皮心怀好意，但如果欧斯塔塞·沙皮两副面孔，插手与自己无关的事情，可能会陷入麻烦。

欧斯塔塞·沙皮回答说，枢密院就像默伦的鳗鱼[①]，还没剥皮就开始惨叫。到目前为止，他什么也没做，他没有递交任何"罗马教皇的信"。至于两副面孔，他认为托马斯·博林的意思是指他即将作为阿拉贡的凯瑟琳的代理人，同时还是西班牙大使。他不是律师，所以他没有以两副面孔示人这样的野心。然后，欧斯塔塞·沙皮开始用拉丁语讲话，因为枢密院的一部分人不懂法语。欧斯塔塞·沙皮谈到了查理五世和亨利八世之间长久的友谊。他说，查理五世为离婚案做的一切，既是为了阿拉贡的凯瑟琳的利益着想，也是为了亨利八世和英格兰王国的利益着想，尽管阿拉贡的凯瑟琳和玛丽·都铎公主就像查理五世的母亲和妹妹。查理五世将离婚案前后查阅了一番，说亨利八世的法案本身是无效的，即使有效，也不能追溯。托马斯·克兰默刚刚向克莱门特七世宣誓完就违背了自己的誓言，应该被逐出教会。[②]因此，托马斯·克兰默没有宣判离婚案的资格。欧斯塔塞·沙皮提醒枢密院想想玫瑰战争并告诉他们，他们正在激化矛盾，引起新的争端。

亨利八世的施赈人员之一，后来成为主教的福克斯博士回答说，亨利八世无法心安理得地和他哥哥威尔士亲王阿瑟·都铎的妻子生活在一起，所以离

---

① 该谚语起源于法国默伦市的一个叫朗吉耶（法语为"鳗鱼"）的演员的传说，因为朗吉耶混淆了幻想和现实，所以在演一场被活剥的戏时，演刽子手的演员还未把手放朗吉耶身上，朗吉耶就开始尖叫了。——译者注
② 托马斯·克兰麦正常宣誓，但他有一个保留意见，即他的首要职责是维护他的君主和国家的法律。——原注

开了她。这是一个既定的事实，不需要再争论了。欧斯塔塞·沙皮对托马斯·克兰默的行为提出质疑，就是质疑这个国家法律。这是不被允许的。在英格兰王国，无论是宗教的还是世俗事务，克莱门特七世都没有任何权力插手。从罗马带来诏书或简函是非法的，欧斯塔塞·沙皮的豁免权也保护不了欧斯塔塞·沙皮。欧斯塔塞·沙皮是查理五世的代表，而不是克莱门特七世的代表，福克斯博士告诫欧斯塔塞·沙皮不要在英格兰王国制造动乱。

对此，欧斯塔塞·沙皮平静地回答说，无论后果如何，会尽到自己的责任。再次被警告后，欧斯塔塞·沙皮说自己会等两三天。在这两三天内，他要亨利八世给自己一个满意的答复。

离开枢密院会议室时，欧斯塔塞·沙皮就好像在对一帮罪犯训话一样傲慢地对枢密院委员说，自己想通报他们一声，自己传达的都是查理五世的最新意旨。有人说，查理五世同意亨利八世和安妮·博林结婚。还有人认为查理五世想发动战争。两个说法都是虚假和恶意的。查理五世非但不想伤害英格兰王国，反倒希望帮助和支持英格兰王国，并且不愿相信会被迫采取其他行动。至于同意离婚，如果克莱门特七世宣布离婚，查理五世会服从克莱门特七世的判决。否则，全世界谁也不能使查理五世偏离想要遵循的道路。查理五世是亨利八世最好的朋友，如果亨利八世能忘记对安妮·博林的爱慕之情，认真考虑与查理五世的关系，就会承认这一点。因此，欧斯塔塞·沙皮请求枢密院如果不希望查理五世亲自来当面对质，就阻止这些谣言传播。

欧斯塔塞·沙皮说查理五世不想打仗倒是真话。第一次被派往英格兰王国时，欧斯塔塞·沙皮得到的指示是不要把事情弄得比现在更糟，不要拿战争威胁，也不要以任何方式暗示有战争的危险[①]。然而，欧斯塔塞·沙皮自己坚持认为别无选择。他点燃阿拉贡的凯瑟琳的朋友的希望，让他们以为最终可以得到查理五世的帮助，并且继续向查理五世转达他们热切的愿望——在安妮·博

[①] 欧斯塔塞·沙皮致查理五世的信，1533年5月26日，《西班牙档案》，伦敦，1877年，第4卷，第2部分，第687页。——原注

林除掉阿拉贡的凯瑟琳和他们之前,"查理五世的军队很快就会到达英格兰王国"。欧斯塔塞·沙皮告诉查理五世,只要查理五世的军队登陆英格兰,阿拉贡的凯瑟琳和朋友想召集多少人就有多少人,伦敦市民则会袖手旁观,"留着征兵补贴",看哪一方获胜。不过,欧斯塔塞·沙皮说,只要查理五世有丝毫犹豫,他就不会采取任何无益的举动,那样只会带来不便。他只是向亨利八世的枢密院传达了查理五世的"部分心意",说了旁人不敢说的话,因为旁人都怕安妮·博林。

　　欧斯塔塞·沙皮期待亨利八世给他的回信并没有到来,倒是托马斯·霍华德邀请他吃饭,他拒绝了,以免托马斯·霍华德误解他认同亨利八世再婚了。然而,最终,托马斯·克伦威尔还是得到亨利八世的允许来见了欧斯塔塞·沙皮。奇怪的是,托马斯·克伦威尔一直是英格兰王国与神圣罗马帝国联盟的坚定拥护者,他反对与法兰西王国联盟。欧斯塔塞·沙皮与托马斯·克伦威尔的关系比与托马斯·霍华德的关系更融洽。他们的谈话既亲切又私密。欧斯塔塞·沙皮表示,他希望亨利八世对安妮·博林的爱会逐渐消失,并且承诺在接到新的命令前,不会再火上浇油。不过,如果英格兰王国希望和平,必须小心对待阿拉贡的凯瑟琳,他还抱怨说泰晤士河中阿拉贡的凯瑟琳的驳船上属于她的徽章被摘掉了。这种小动作应该避免。摘掉徽章是安妮·博林一个过于热心的朋友干的。托马斯·克伦威尔没有听说,他说亨利八世要是知道了肯定会非常不高兴的。同时,托马斯·克伦威尔相信西班牙王国的自尊心不会影响到对两国大有裨益的友谊。如果战争爆发,英格兰王国不会被轻易征服。托马斯·克伦威尔为亨利八世的行为辩护,称克莱门特七世没有公正地对待亨利八世,所以亨利八世给了克莱门特七世迎面一击。毫无疑问,对安妮·博林的爱慕影响到了亨利八世。无论是亨利八世本人,还是这世界上所有传教士,都无法让托马斯·克伦威尔相信亨利八世要离婚与对安妮·博林的爱慕之情无关。但亨利八世对教规了解得很透彻,只要亨利八世的良心得到安宁,就足够了。

　　托马斯·克伦威尔是如此坦率,所以欧斯塔塞·沙皮问了他亨利八世与安妮·博林何时何地成婚一事。托马斯·克伦威尔要么是不愿意，要么是不能告诉他，只说托马斯·霍华德没有出席仪式，但枢密院的其他人出席了。毫无疑问，婚礼确实举行过了。

英格兰王国的事态就是如此，每个人都在等着看查理五世会怎么做。在圣灵降临周，安妮·博林正式加冕。这是一场盛大的官方庆典，以弥补只为她举行了秘密婚礼的亏欠。街上挤满了好奇的观众，但都没有什么热情。游行就像葬礼。克莱门特七世正要在尼斯会见弗朗索瓦一世。托马斯·霍华德受亨利八世委任参加此次会晤，因为亨利八世仍然希望托马斯·霍华德能让克莱门特七世默许自己心中所愿。在托马斯·霍华德动身之前，欧斯塔塞·沙皮见了他。托马斯·霍华德说现在世界的和平取决于查理五世，又再说了一遍外甥女安妮·博林的婚姻不是自己的促成的。安妮·博林的父亲托马斯·博林和自己一直反对这桩婚事，要不是他们反对，这婚一年前就结了。安妮·博林对他们都很生气。她现在怀孕了，并且告诉父亲托马斯·博林和他，以及查尔斯·布兰登，她现在过得比他们希望的要好。欧斯塔塞·沙皮试图以威胁或争论的方式说服亨利八世把阿拉贡的凯瑟琳接回来只是徒劳，因为亨利八世有"良心上的顾忌和希望安妮·博林为他生下男性继承人的迫切渴望"。

现在，在尼斯会议的效果显现出来前，通过托马斯·克伦威尔的斡旋，约翰·费希尔被释放了。政治局面也很平静。克莱门特七世启程前在罗马举行了紧急磋商会议。枢机主教集合在一起。亨利八世一直相信弗朗索瓦一世已经准备好全力支持自己，并且会带着克莱门特七世一起。但现在，亨利八世发现，自己要么是被误导了，要么是被故意欺骗了。弗朗索瓦·德·图尔农本应向克莱门特七世发出加来会议给出的最后通牒，但只要求克莱门特七世暂停对亨利八世的审判程序。[①]如果克莱门特七世回答说亨利八世罪行太严重，必须剥夺他的权力，弗朗索瓦一世可没说会冒着被逐出教会的风险公开站在亨利八世一

---

① 欧斯塔塞·沙皮致查理五世的信，1533年5月29日，《西班牙档案》，伦敦，1877年，第4卷，第2部分，第699页。——原注

弗朗索瓦·德·图尔农

边。但弗朗索瓦一世已指示弗朗索瓦·德·图尔农敦促克莱门特七世把离婚案转到一个中立的地方审判,正如大家经常提议的那样。克莱门特七世告诉费尔南多·德·席尔瓦,已经和查理五世讨论过这个建议了,查理五世并没有完全反对。[①]老奸巨猾的克莱门特七世已经有了自己的计划,认为可以通过这个计划挽回在英格兰王国的权威,并且惩罚亨利八世。弗朗索瓦一世没有克莱门特七世担心的那么坚定,克莱门特七世觉得如果利用法兰西王国的野心,可以让弗朗索瓦一世完全脱离其盟友英格兰王国。众所周知,法兰西人急于收回加来。

---

① 费尔南多·德·席尔瓦致查理五世的信,1533年5月29日,《西班牙档案》,伦敦,1877年,第4卷,第2部分,第702页。——原注

如果用加来作为诱饵呢？法兰西人可能会像以前那样，立刻背叛盟友。①狡猾和软弱往往是同时存在的。这是一个巧妙的计策，让大家对克莱门特七世的性格又多了解了一点。不过，最终，这个计策无疾而终，因为查理五世为了佛兰德斯的安全和与英格兰王国恢复联盟，拒绝批准改变自己对边境的所有权。克莱门特七世未得到支持，又恢复了原来的态度。神圣罗马帝国继续要求在克莱门特七世离开罗马前宣判。克莱门特七世继续坚持要知道查理五世的意图。

西班牙律师罗德里戈·达瓦洛已被派往罗马，劝阻克莱门特七世不要接受尼斯会晤，并且催促圣轮法院行动。

罗德里戈·达瓦洛说："阿拉贡的凯瑟琳的离婚案几经辗转蹉跎，世上最惨的女子也不至于如此。自从费尔南多·德·席尔瓦和我来了以后，一直在推进离婚案的审理进程，但对方的辩护律师和代诉人从未真正行使职责。他们需要双手涂上圣油才能专心工作。枢机主教七嘴八舌，就是不肯团结起来，做我想让他们做的事。"②

罗德里戈·达瓦洛善于操纵别人，并且选对了发力的方向。在圣轮法院，罗德里戈·达瓦洛推动离婚案的进程，但没有告诉克莱门特七世自己在做什么，因为如果不把克莱门特七世蒙在鼓里，克莱门特七世会阻止这一进程，但"上帝保佑，克莱门特七世再没有借口了"。过场已经全部走完，没有什么需要再做的了，只剩那久经讨论的判决。克莱门特七世被法兰西王国大使和英格兰王国大使"纠缠不休"。法兰西王国大使和英格兰王国大使让克莱门特七世中止审判直到尼斯会议结束。这样一来，最后，罗德里戈·达瓦洛也没法说清到底能不能得到判决。但他告诉克莱门特七世，如果再犹豫不决，查理五世会认为这种行为令人愤慨，会引起全世界的怀疑。克莱门特七世做出了承诺。但当

---

① 哈恩主教埃斯特万·加夫列尔·梅里诺致查理五世的信，1533年6月16日，《西班牙档案》，伦敦，1877年，第4卷，第2部分，第709页。——原注

② 罗德里戈·达瓦洛致查理五世的信，1533年6月30日及1533年7月5日，《西班牙档案》，伦敦，1877年，第4卷，第2部分，第725页到第728页。——原注

一个人失去信誉时，琐碎小事也成了他获得信任的障碍。罗德里戈·达瓦洛说自己不相信克莱门特七世的承诺，担心克莱门特七世一定发布了某份秘密简函，阻碍他行动。①

不过，克莱门特七世还是不由自主地被驱赶着前进。克莱门特七世无法对主要案件做出判断。贝尔纳多·萨尔维亚蒂认为，除非查理五世答应执行判决，否则枢机主教决不会做出判决。②不过，据说，《批准进攻简函》的作用与判决决议差不多。克莱门特七世被要求在上面签字，他确实签了。这份简函就相当于一份教皇诏书。如果有必要，查理五世可以依据这份诏书对英格兰王国发起进攻。克莱门特七世本人发誓，亨利八世曾卑鄙地利用过自己，所以他会贿赂弗朗索瓦一世，承诺给弗朗索瓦一世加来，让弗朗索瓦一世放弃与亨利八世联盟。③

这出让人困扰的闹剧还需再加上一笔。西班牙枢密院提议派一个特别大使团前往伦敦向亨利八世抗议，但查理五世坚决否决了这一提议。欧斯塔塞·沙皮又重新提起了这个建议。可能这主意一开始就是欧斯塔塞·沙皮提出的。他认为可以让西班牙最杰出的代表出现在英格兰宫廷，抗议英格兰王国虐待斐迪南二世和伊莎贝拉一世的女儿阿拉贡的凯瑟琳。如果亨利八世不能给出令他们满意的答复，他们可以要求到议会发表意见。亨利八世就会在自己的人民面前成为过错方。阿拉贡的贵族和卡斯蒂尔的贵族会奉献人力和财力来维护阿拉贡的凯瑟琳的权利。欧斯塔塞·沙皮说："如果西班牙人私下里确信英格兰人不把自己的话当真，那西班牙人是会毫不犹豫采取行动的。"④

---

① 罗德里戈·达瓦洛致查理五世的信，1533年6月30日及1533年7月5日，《西班牙档案》，伦敦，1877年，第4卷，第2部分，第725页到第728页。——原注
② 罗德里戈·达瓦洛致查理五世的信，1533年6月30日和7月5日，《西班牙档案》，伦敦，1877年，第4卷，第2部分，第749页。——原注
③ 罗德里戈·达瓦洛致查理五世的信，1533年6月30日和7月5日，《西班牙档案》，伦敦，1877年，第4卷，第2部分，第734页。——原注
④ 欧斯塔塞·沙皮致查理五世的信，1533年6月28日，《西班牙档案》，伦敦，1877年，第4卷，第2部分，第718-720页。——原注

暂且不管天主教各国如何混乱不堪、前途未卜，我们先去看看英格兰王国。阿拉贡的凯瑟琳拒绝了每一个给她提的建议。同一个国家不可能有两个王后。安妮·博林加冕后，一个代表团等着她发声，暗示她的称号必须改变。她现在必须同意被称为王太后，给她作为亨利八世哥哥威尔士亲王阿瑟·都铎遗孀的待遇。阿拉贡的凯瑟琳那凛然拒绝的态度是众所周知的。对此，托马斯·克伦威尔表示无限钦佩。但这会造成不便，也增加了英格兰王室供养她的难度，因为她拒绝接受任何可能以新头衔发给她的补助金，也拒绝接受任何不把她当作王后或不称呼她为王后的人的照料。如果允许阿拉贡的凯瑟琳回到卡斯蒂尔，情况可能会更好一些。但西班牙枢密院和查理五世都决定让她必须留在英格兰王国。玛丽·都铎公主获准可以和她团聚。母女俩一起进行了一些短途的旅行，沿途受到了热烈的欢迎。这让人觉得有必要把她们再次分开。据说，阿拉贡的凯瑟琳从安妮·博林那里收到侮辱性的消息。这也许是假的，不过是为了激起大众的愤怒。在情感上，大众非常支持阿拉贡的凯瑟琳。阿拉贡的凯瑟琳个人受喜爱的程度正如安妮·博林受憎恨的程度一样。亨利八世本人也未能幸免，遭人憎恶。以下话语堪称言语放纵的范本："一个叫阿玛达斯夫人的女人，是一个女巫和女先知，她被指控说了'安妮·博林应该被烧死，因为她人尽可夫。亨利八世的侍从亨利·诺里斯爵士是安妮·博林和亨利八世之间的连线人。亨利八世将博林母女都收入后宫，托马斯·博林是他妻子和两个女儿的龟公。'"[①]1533年7月，罗马传来了《批准进攻简函》的消息。还有一个令人不快的情报，弗朗索瓦一世不可靠，英格兰王国希望在尼斯会议上实现的愿望也不会实现。英格兰宫廷上下对安妮·博林隐瞒了这一令人失望的消息，怕危及她怀的孩子。在巴黎等着与弗朗索瓦一世随行的托马斯·霍华德奉命返回英格兰王国。亨利八世并不害怕，但他发现除他自己和他的人民之外，他谁都无法依靠。法兰西王国和神圣罗马帝国之间互相对峙的条件非常关键，如果可

---

① 《英国政府国内外纪事档案——亨利八世时期》，伦敦，1862年到1932年，第6卷，第399页。——原注

以控制,他不希望查理五世和亨利八世陷入争端。欧斯塔塞·沙皮似乎在刻意争取托马斯·克伦威尔的友谊。因为托马斯·克伦威尔对亨利八世十分忠诚,所以亨利八世非常有把握,不会对他们的亲密关系感到不安。因此,他们经常见面,并且自由地交换意见。欧斯塔塞·沙皮认为托马斯·克伦威尔"是一个有见识的人,精通国家事务,能够做出正确的判断"。不过,托马斯·克伦威尔对安妮·博林的评价不太好。安妮·博林也表示了对托马斯·克伦威尔的厌恶。安妮·博林支持与法兰西王国联盟,而托马斯·克伦威尔是枢密院里唯一支持与神圣罗马帝国联盟的人。

在一次与托马斯·克伦威尔的谈话后,欧斯塔塞·沙皮写信给查理五世说:"我告诉过托马斯·克伦威尔我常常觉得遗憾,遗憾您在托马斯·沃尔西掌权时不认识他。托马斯·克伦威尔是一个比托马斯·沃尔西更有能力的人。有了他,亨利八世的离婚案也会进展顺利得多。他似乎很高兴,所以我继续说。现在是托马斯·克伦威尔比以往任何人都能更好地为亨利八世服务的时候了。罗马教廷已经宣判亨利八世败诉,您和克莱门特七世再也不可能同意亨利八世离婚了。我猜想亨利八世作为一个公道、贤惠、仁慈的君主,不会再坚持下去,也不会玷污上帝赐予他的许多礼物。我祈祷托马斯·克伦威尔能说服亨利八世。他能做的比其他人都多。这桩被诅咒的离婚案刚提出时,托马斯·克伦威尔还不在枢密院。阿拉贡的凯瑟琳信任他,等她再回到王后之位,也不会忘记他的付出。托马斯·克伦威尔欣然接受了我说的话。他向我保证,整个枢密院都希望得到您的友谊。他会尽力的,希望一切都会好起来。如果我能相信他说的话,亨利八世还是有改变的希望的。我会再尝试一次,看看我能不能抓住亨利八世。但我们要小心行事。亨利八世对罗马发生的事感到不安。他担心克莱门特七世会诱使弗朗索瓦一世背叛他。"[1]

尼古拉·佩勒诺·德·格朗韦勒问过:"这个托马斯·克伦威尔是谁,为何

---

[1] 欧斯塔塞·沙皮致查理五世的信,1533年8月3日,《西班牙档案》,伦敦,1877年,第4卷,第2部分,第759页到第760页。——原注

理查德·威廉姆斯

变得如此重要？"欧斯塔塞·沙皮回答说："他是切尔西一个叫沃尔特·克伦威尔的人的儿子。沃尔特·克伦威尔葬在切尔西的教区教堂里。托马斯·克伦威尔的妹夫[①]，也就是理查德·威廉姆斯的父亲摩根·威廉姆斯，与上任坎特伯雷大主教威廉·沃勒姆是旧识。托马斯·克伦威尔年轻时很狂野，不得不离开英格兰王国。他去了佛兰德斯和罗马。从罗马回来后，他娶了伊丽莎白·怀克斯，替岳父亨利·怀克斯打理生意。后来，他成了一个事务律师。托马斯·沃尔西

---

① 摩根·威廉姆斯是托马斯·克伦威尔的妹妹凯瑟琳·克伦威尔的丈夫。——译者注

发现他很勤奋，是一个有能力做好事或坏事的人，就把他招进来去做镇压宗教团体的工作。托马斯·沃尔西倒台时，托马斯·克伦威尔表现得非常好。亨利八世把他安排进枢密院。现在，他是万人之上，两人之下，地位仅次于亨利八世和安妮·博林，并且他应该比托马斯·沃尔西功劳更多。他热情好客、开明大方，英语说得很好，拉丁语、法语和意大利语说得也还可以。"①

欧斯塔塞·沙皮和托马斯·克伦威尔愈加亲密。虽然托马斯·克伦威尔在政治立场上支持神圣罗马帝国和英格兰王国联盟，并且不欣赏安妮·博林，但众所周知，他是亨利八世神职人员改革的首席顾问。欧斯塔塞·沙皮对他在神职人员改革方面的立场没有任何异议。无论是欧斯塔塞·沙皮还是查理五世，或者欧洲任何一个政治家，只要神职人员改革不是以路德教的形式进行，他们都会无视对神职人员的凶残暴行，也不会愿意为神职人员伸出一根援助的手指。查理五世自己也说过，如果亨利八世只是想矫正宗教，没有别的目标，自己巴不得帮助他，而不是妨碍他。因此，欧斯塔塞·沙皮和托马斯·克伦威尔还是有立场相同的地方的，并且托马斯·克伦威尔暗示亨利八世也许会重新考虑自己的立场，也许并非完全没有根据。

在罗德里戈·达瓦洛的逼迫下，圣轮法院的行动使亨利八世大吃一惊。亨利八世没有料到克莱门特七世会对自己做明确的败诉判决。他对弗朗索瓦一世的支持同样感到失望。现在，亨利八世会踌躇一会儿再自然不过，并且不可避免。但就算亨利八世真的踌躇，也不会持续很久。托马斯·霍华德从巴黎写信给亨利八世，让他"不要理睬克莱门特七世"。在英格兰王国，有足够多的人"站在他那边，用剑捍卫他的权力"。②亨利八世可以向总参议会提出上诉。到时，可以召开协商会议，该会议将不再只是克莱门特七世的代表团的天下。

---

① 欧斯塔塞·沙皮致尼古拉·佩勒诺·德·格朗韦勒的信，1535年11月21日，《英国政府国内外纪事档案——亨利八世时期》，伦敦，1862年到1932年，第9卷，第289页。——原注
② 欧斯塔塞·沙皮致查理五世的信，1533年8月23日，《西班牙档案》，伦敦，1877年，第4卷，第2部分，第777页。——原注

亨利八世扣押了洛伦佐·坎佩焦和吉罗拉莫·吉努奇在英格兰教区,即索尔兹伯里教区和伍斯特教区任主教的收入。这是抛弃可憎的教会制度的信号。

同时,亨利八世的心思全集中在安妮·博林即将分娩一事上。他知道,随着一个男性皇室继承人的诞生,他面临的困难都会消失。护士和医生向他保证会生一个儿子。在这件事上,亨利八世和其他人都满怀期待。一个威尔士亲王的诞生将平息全英格兰王国的这种不确定状态。这将是上天对克莱门特七世和查理五世的回应,也是对亨利八世的反抗精神的认可。如果预期不理想,这解释的分量可能会被反过来压到做解释的人身上。

1533年9月7日,那个后来成为伊丽莎白一世的女孩出生。这是对"亨利八世和安妮·博林的尖刻羞辱,对肯定这孩子是男孩的医生、占星家、男巫和女巫的谴责"①。这让欧斯塔塞·沙皮喜上眉梢,也让一大群等待上天显灵的英格兰人困惑不已。

这是亨利八世受到过的最严重的打击。他不像大多数臣民那样迷信。但在整个争议中,有太多人求助于上天。亨利八世早在基督教世界四处宣扬自己需要一个男性继承人,并且把这当作自己一切行动的理由。亨利八世已经发现即使自己对安妮·博林的过错视而不见,她的所作所为依然比自己想象的更离谱。他喜欢玛丽·都铎公主,安妮·博林却威胁说要让玛丽·都铎公主做自己的侍女。安妮·博林的傲慢让她在宫里备受憎恶。曾经,还有关于安妮·博林的"情人的争论"②,这让阿拉贡的凯瑟琳的朋友看到了希望,幕后一定发生过很多事情,但都没有留下任何记录。安妮·博林寝宫的一个女士听到亨利八世说他"宁可挨家挨户乞讨,也不愿抛弃她"③。安妮·博林后来承认,亨利八

---

① 欧斯塔塞·沙皮致查理五世的信,1533年9月10日,《西班牙档案》,伦敦,1877年,第4卷,第2部分,第789页。——原注
② 欧斯塔塞·沙皮致查理五世的信,1533年9月10日,《西班牙档案》,伦敦,1877年,第4卷,第2部分,第788页。——原注
③ 欧斯塔塞·沙皮致查理五世的信,1533年11月3日,《西班牙档案》,伦敦,1877年,第4卷,第2部分,第842页。——原注

世的爱从未得到过她的回应，而她的所作所为让他不明白这一点都难。要是生下个儿子，安妮·博林就是安全的，但想要靠生个儿子保命，可能需要认真想一想。除亨利·菲茨罗伊之外，亨利八世所有男性子嗣都是在出生时或婴儿期去世的。安妮·博林无意中对弟媳罗奇福德子爵夫人简·博林说出来的话，暗示她怀疑这都是亨利八世的问题。① 在随后对亨利·诺里斯爵士的起诉书中，有人指称，1533年10月6日，安妮·博林分娩后不到一个月，乞求亨利·诺里斯爵士与自己发生非法性关系，并且于1533年10月12日实施了这一行为。这个话题后面再谈。

无论怎样，亨利八世尽量接受了自己的不幸。如果第一次冒险失败了，第二次可能会更成功。在大家的漠不关心中，伊丽莎白·都铎这个不受欢迎的女儿受洗，既没有篝火，也没有庆祝。她被宣布为公主，姐姐玛丽·都铎的威尔士公主的头衔也被夺了过来。欧斯塔塞·沙皮听了托马斯·克伦威尔对自己说的话，自然相信亨利八世会因失望而备受打击。他们又见面了。欧斯塔塞·沙皮催促说，现在把离婚案摆平要比早期阶段容易。亨利八世生性骄傲，心生困惑会让他觉得是羞辱。现在，亨利八世可以听听理智的声音。据说，英格兰人犯了错误时，比其他人更愿意承认错误。如果亨利八世现在承认自己错了，非但不会失去人民的尊重，反倒会得到更多尊重。查理五世会派一个大使团恳切地要求亨利八世把阿拉贡的凯瑟琳接回去。这样一来，亨利八世顺从查理五世的意愿看起来就不像是被强迫的。这个期望很合理。然而，托马斯·克伦威尔不得不用真挚的语言告诉欧斯塔塞·沙皮，这是不可能的。发现玛丽·都铎公主被排除在继承人之外后，和欧斯塔塞·沙皮抱同样希望的英格兰天主教派更失望和怨愤，开始密谋造反。从这一时起，他们最初的叛国行为逐渐变成了明确

---

① 亨利八世身体虚弱不是秘密。1533年，伊丽莎白·都铎公主出生时，托马斯·霍华德的一个密友甘巴罗先生从罗马写给费尔南多·德·席尔瓦的信中对英格兰王国的局势和前景有一段奇怪的描述。在这段描述中，他说："由于父亲的身体情况，孩子也会身体虚弱。"《英国政府国内外纪事档案——亨利八世时期》，伦敦，1862年到1932年，第6卷，第683页。——原注

的造反阴谋。约翰·费希尔是不满群体的领袖和最有影响力的人，他出了名的虔诚与学识渊博。后来，他受到惩罚。这事已成为天主教许多踔厉骏发、痛斥宗教改革演讲的主题。1533年9月27日，欧斯塔塞·沙皮在写给查理五世的信中说："约翰·费希尔派人来通知我，克莱门特七世对付这些顽固之人的武器比铅还软。陛下必须亲自动手。在这件事上，您是顺应上帝之意替天行道，就像对土耳其人开战一样。"① 这并不是全部。约翰·费希尔接着提出了一项措施，这项措施可能会立即造成玫瑰战争再次爆发。"如果英格兰王国和神圣罗马帝国关系破裂，罗切斯特主教约翰·费希尔说您最好拉拢玛丽·都铎公主的家庭女教师索尔兹伯里伯爵夫人玛格丽特·波尔的儿子雷金纳德·波尔。玛格丽特·波尔是克拉伦斯公爵乔治·金雀花的女儿。许多人认为，英格兰王国将属于雷金纳德·波尔。现在，雷金纳德·波尔在帕多瓦学习。由于雷金纳德·波尔和亨利·波尔宣称对王位有继承权。阿拉贡的凯瑟琳想把玛丽·都铎公主嫁给

玛格丽特·波尔

克拉伦斯公爵乔治·金雀花

---

① 《英国政府国内外纪事档案——亨利八世时期》，伦敦，1862年到1932年，第6卷，第486页。《西班牙档案》，伦敦，1877年，第6卷，第2部分，第813页。——原注

雷金纳德·波尔，玛丽·都铎公主不会拒绝的。雷金纳德·波尔和他的兄弟有许多亲属和同盟。您可以将这些纳为己用，获得英格兰王国的大部分领地。"①

约翰·费希尔可能会以更崇高的效忠为借口，密谋推翻他的君主亨利八世。但那些铤而走险的人都是用命在赌博，如果失败了，就必须付出生命的代价。约翰·费希尔并不是唯一建议欧斯塔塞·沙皮鼓动开战的人。亨利八世的反对者打定主意造反和入侵，他们期望阿拉贡的凯瑟琳能露面。在布鲁塞尔，荷兰摄政奥地利的玛格丽特的枢密院委员比西班牙人更大胆，主张立即发动战争。一支德意志军队可能会被派出，横渡英吉利海峡。佛兰德斯的贵族可能会犹豫，但会允许船携带军队前往苏格兰王国。西班牙军队可以向南进军，阿

奥地利的玛格丽特

---

① 《英国政府国内外纪事档案——亨利八世时期》，伦敦，1862年到1932年，第6卷，第486页。《西班牙档案》，伦敦，1877年，第6卷，第2部分，第813页。——原注

拉贡的凯瑟琳也可以加入军队，出现在战场上。①阿拉贡的凯瑟琳命令欧斯塔塞·沙皮以她的名义责令克莱门特七世继续执行判决。②"以尽可能严格的公正原则，"她说，"亨利八世一旦感觉到牵制，就会理智起来。"她并不提倡语言暴力，尽管她提倡的事本身就意味着暴力，并且让暴力不可避免。约翰·费希尔已经做好一切准备。欧斯塔塞·沙皮重复道："善良、神圣的罗切斯特主教约翰·费希尔希望陛下立即采取积极措施，正如我在上一封信中写的那样。约翰·费希尔最近又给我提了一次这个建议，让我再说一遍。③没有您的行动，他们害怕会混乱。您只要轻推他们一把就足够了。"

知道查理五世不情愿，欧斯塔塞·沙皮又进一步煽动。他说，在传道者中，有一个人传播了比马丁·路德更严重的错误。高级教士都想惩罚这个人，但托马斯·克兰默袒护这个人。亨利八世不会听高级教士的话。如果不是怕人民反对，亨利八世早就宣称自己是路德教教徒了。④

---

① 佛兰德斯的新闻，《英国政府国内外纪事档案——亨利八世时期》，伦敦，1862年到1932年，第6卷，第493页。——原注
② 也就是说，实际上，克莱门特七世虽然签署了《批准进攻简函》，但并没有真正做到召集军队。——原注
③ 欧斯塔塞·沙皮致查理五世的信，1533年10月10日，《英国政府国内外纪事档案——亨利八世时期》，伦敦，1862年到1932年，第6卷，第511页。——原注
④ 欧斯塔塞·沙皮致查理五世的信，1533年10月10日，《英国政府国内外纪事档案——亨利八世时期》，伦敦，1862年到1932年，第6卷，第511页。——原注

第14章

克莱门特七世在英格兰王国的权力被废除

　　克莱门特七世的最后一封简函已经十分明确,如果亨利八世仍然不服从,查理五世就可以依照简函实施惩罚。然而,英格兰人的顾虑是离婚案还未得到判决,判决结果出来才能公开使用武力。克莱门特七世得偿所愿。1533年10月,他去了法兰西王国,在马赛会见了弗朗索瓦一世。如前文所述,托马

克莱门特七世与弗朗索瓦一世

斯·霍华德未获准出席。但斯蒂芬·加德纳和埃德蒙·邦纳作为托马斯·霍华德的下级代表出席了会议。费尔南多·德·席尔瓦代表查理五世随罗马教廷代表出席。被从英格兰王国召回的教廷大使安东尼奥·德·普利也在场。会晤的主要结果是弗朗索瓦一世的次子奥尔良公爵亨利①将与克莱门特七世的侄孙女②凯瑟琳·德·美第奇结婚。这就保证了弗朗索瓦一世不会跟随英格兰王国与教会分裂,而是坚持信仰天主教。弗朗索瓦一世引诱亨利八世做出承诺的那些约定就这样被抛弃了。帕维亚之耻后挽回的尊严,弗朗索瓦一世就算没有完

凯瑟琳·德·美第奇

---

① 即位后为亨利二世。——译者注
② 凯瑟琳·德·美第奇的曾祖父洛伦佐·德·美第奇是克莱门特七世的父亲朱利亚诺·德·美第奇的哥哥。——译者注

全丧失，应该也受到了损害。不过，弗朗索瓦一世还得继续努力让克莱门特七世冷静下来。克莱门特七世并没有用加来贿赂弗朗索瓦一世，因为查理五世坚决不同意。法兰西大法官安托万·迪普拉以亨利八世的名义对克莱门特七世的行为提出了正式抗议。安托万·迪普拉坚称克莱门特七世委托洛伦佐·坎佩焦去英格兰王国时，曾正式承诺不会把离婚案提审至圣轮法院，而克莱门特七世已经违背了这一承诺。克莱门特七世回答得很奇怪。他承认做了这一承诺，但他说这是以阿拉贡的凯瑟琳的认同为条件的，尽管为免惹阿拉贡的凯瑟琳抱怨，这一条件没有被列入委任状。[①]克莱门特七世以这样的回答糊弄过去。其他反对意见他也一样不予理会。随后，加布里埃尔·德·格拉蒙自称以亨利八世的名义发言，提议克莱门特七世任命另一个委员会，去康布雷审理离婚案，由克莱门特七世自己提名法官。克莱门特七世如果同意，就有权要求亨利八世必须遵守，并且在审判前，亨利八世会和安妮·博林分开，把阿拉贡的凯瑟琳召回英格兰王宫。费尔南多·德·席尔瓦再次敦促克莱门特七世宣布剥夺亨利八世王位。克莱门特七世拒绝了，理由是除非查理五世立誓以武力执行判决，否则罗马教廷这么做会名誉扫地。[②]因此，克莱门特七世有合理的理由听取法兰西王国的建议。枢机主教考虑了一下，认为应该接受法兰西王国的建议。如果亨利八世真的和安妮·博林分手，离婚案甚至可以在英格兰王国国内审理，何况也没有更好的办法了。这项提议是通过安东尼奥·德·普利转述给查理五世的。在安东尼奥·德·普利来信的边沿，查理五世写道，在和阿拉贡的凯瑟琳沟通前，他不能给出答复，但他会写信建议阿拉贡的凯瑟琳按照克莱门特七世提出的方法去做。[③]

---

① 费尔南多·德·席尔瓦致查理五世的信，1533年10月23日，《英国政府国内外纪事档案——亨利八世时期》，伦敦，1862年到1932年，第6卷，第534页。——原注
② 费尔南多·德·席尔瓦致查理五世的信，1533年10月23日，《英国政府国内外纪事档案——亨利八世时期》，伦敦，1862年到1932年，第6卷，第534页。——原注
③ 安东尼奥·德·普利致查理五世的信，1533年10月22日，《西班牙档案》，伦敦，1877年，第4卷，第2部分，第830页。——原注

西班牙王国怀疑有人会耍花招。他们认为英格兰王国可能出现只是表面遵守教皇简函的情况。阿拉贡的凯瑟琳可能会获准住在王宫里的某个房间,直到离婚案从罗马转移出去为止。答应将阿拉贡的凯瑟琳接回英格兰王宫不过是因为离婚案还在圣轮法院。如果按克莱门特七世的提议将离婚案转回英格兰王国,各种上诉和其他权宜之计就会耽搁离婚案,最后离婚案就没完没了、无疾而终了。西班牙王国还有一个选择就是要求立即将亨利八世逐出教会。但克莱门特七世对这个要求的答案是一样的。他怎么能那么做?他不知道查理五世会不会拿起武器。如果克莱门特七世发布惩戒令,但没有产生后果,那罗马教廷会名誉不保。克莱门特七世要求加布里埃尔·德·格拉蒙出示亨利八世委托他以自己的名义提出建议的委托书。结果检查时发现委托书不足以证明这项委托属实。亨利八世得知这一切时,"变了脸色,把信攥成一团,大声说弗朗索瓦一世背叛了他"。① 但亨利八世确实做出了某些让步。上一封简函限定的时间已经过去了。法兰西王国的枢机主教并没有放弃努力。他们要求暂停六个月,直到亨利八世和弗朗索瓦一世能再次会面,安排一些克莱门特七世可以接受的事情。克莱门特七世自己虚伪,便怀疑每个人都像他一样虚伪。他怀疑亨利八世和查理五世有私下安排。费尔南多·德·席尔瓦不能也不会消除克莱门特七世的疑虑。在这种什么都拿不定的情况下,一个从英格兰王国来的信使送来了一份请愿书。请愿书请求在未来某个可以举行一次互不猜忌的协商会议的时间召开一次总参议会。"参议会"这个词总是让克莱门特七世心烦意乱。他向弗朗索瓦一世抱怨,弗朗索瓦一世发现自己的努力付诸东流,生气地说,如果不是因为现在需要亨利八世的友谊,以免别人先发制人,他会给亨利八世一个教训,叫亨利八世永生难忘。然而,经过一次枢机会议的辩论后,克莱门特七世的惩戒令被无限期中止了。英格兰枢密院收到在康布雷审理此案的提案时,对如何答复有些犹豫。英格兰枢密院告诉欧斯塔塞·沙皮,克莱门特七世提出

---

① 欧斯塔塞·沙皮致查理五世的信,1533年11月3日—同上,第839页到第841页。——原注

的这种妥协方案可能是亨利八世曾经抱有的想法,但现在没有任何东西能诱使亨利八世牺牲他新生女儿伊丽莎白·都铎的利益。"世界上所有大使都说不动他,克莱门特七世本人来访,也说不动他。"①

现在,无论哪一方都急于在最后时刻找到某些条件或其他办法来阻止基督教世界分裂,所以加布里埃尔·德·格拉蒙的主张,或者类似的其他主张都有可能被接受。然而,查理五世同意与否取决于阿拉贡的凯瑟琳的默许。阿拉贡的凯瑟琳本人拒绝了,毅然决然、完完全全、彻彻底底地拒绝了。查理五世如他承诺的那样给阿拉贡的凯瑟琳写了信。欧斯塔塞·沙皮随信给阿拉贡的凯瑟琳寄去了一份提议条款草案,极力劝她同意,要求她明确地说"行"或"不行"。阿拉贡的凯瑟琳回答是"不行"。阿拉贡的凯瑟琳说离婚案必须在罗马审理,除罗马之外,其他地方都不行。把案子转到康布雷只意味着拖延,她已经受够了拖延。要是在此期间,安妮·博林生下一个儿子,亨利八世会变得比以往更顽固。阿拉贡的凯瑟琳要求必须由克莱门特七世亲自了结这桩离婚案,并且要迅速了结。查理五世知道她的决心,也就不再费力劝她了。②阿拉贡的凯瑟琳写信给欧斯塔塞·沙皮说:"一旦宣判,亨利八世虽然会虚张声势、固执己见,但最终还是会听从理智的,战争就可以避免了。"欧斯塔塞·沙皮说:"在这一点上,没有任何人同意她的观点。"③

阿拉贡的凯瑟琳想象着最后的胜利,无法放弃在漫长的审判中给她带来欢乐的唯一希望。在她如此不容置辩的回答后,如果还有任何和解的机会,也在揭露肯特修女,即伊丽莎白·巴顿的叛国罪后烟消云散了。伊丽莎白·巴顿的

---

① 欧斯塔塞·沙皮致查理五世的信,1533年12月6日,《西班牙档案》,伦敦,1877年,第4卷,第2部分,第871页。——原注
② 欧斯塔塞·沙皮致查理五世的信,1533年11月20日,《西班牙档案》,伦敦,1877年,第4卷,第2部分,第859页。阿拉贡的凯瑟琳致查理五世的信,1533年11月21日,《英国政府国内外纪事档案——亨利八世时期》,伦敦,1862年到1932年,第6卷,第578页。——原注
③ 欧斯塔塞·沙皮致查理五世的信,1533年11月24日,《西班牙档案》,伦敦,1877年,第4卷,第2部分,第864页。——原注

故事我在别处也讲过。在这里只需要说一说从离婚诉讼一开始,这个歇斯底里、自称受了神圣的启示的女人,在私下和公开场合谴责亨利八世的行为,并且这一行为影响了贵族、主教、政治家和枢密院委员的判断,就已足够。起初,伊丽莎白·巴顿被当作一个愚蠢的狂热分子,但她的预言经由一个流动的修士组织散布,被加以利用来激化人们对亨利八世的不满情绪。这种不满情绪体现在向欧斯塔塞·沙皮示好的行为中。这时,伊丽莎白·巴顿产生的影响被发现了。伊丽莎白·巴顿遭到逮捕,供认不讳,并且牵连到英格兰王国几个大人物。伊丽莎白·巴顿不止一次给克莱门特七世写信。这影响了威廉·沃勒姆,影响了托马斯·沃尔西,影响了约翰·费希尔、亨利·考特尼及其夫人格特鲁德·布朗特。伊丽莎白·巴顿取得了他们的高度信任。就连托马斯·莫尔爵士也曾一度对伊丽莎白·巴顿受到了神的指引之说半信半疑。正如欧斯塔塞·沙皮想的那样,阿拉贡的凯瑟琳刚巧天意使然拒绝了见伊丽莎白·巴顿。但阿拉贡的凯瑟琳对伊丽莎白·巴顿和亨利·考特尼夫妇之间的一切事情都了如指掌。

  伊丽莎白·巴顿被带到枢密院时,受到了像一个十分有分量的人一样的待遇。这是一个特别严肃的场合,来自全国各地的大人物都出席了。大法官托马斯·莫尔爵士当着伊丽莎白·巴顿的面,宣读了她的诉讼记录。托马斯·莫尔爵士谈到,在这场激烈的争论中,全国人民都对亨利八世表现得忠贞不渝。亨利八世娶了第二个妻子,以确保王位后继有人,确保国家安宁。这个站在他们面前的女人却怂恿克莱门特七世惩戒亨利八世,并且企图引起叛乱,剥夺亨利八世的王位。到此时,观众一直静静地听着。但听到"叛乱"这个词时,突然爆发出"把她钉上火刑柱!把她钉上火刑柱"的叫喊声!伊丽莎白·巴顿并没有惊慌,平静地承认托马斯·莫尔爵士说的是真的。她已经承认了很多,但更多的还在后面。欧斯塔塞·沙皮承认自己对她可能还会透露的情况感到惊慌。托马斯·克伦威尔对欧斯塔塞·沙皮说:"上帝一定是指引了阿拉贡的凯瑟琳保持理性和智慧,没有接近那个女人。"在伊丽莎白·巴顿的同伙中,阿拉贡的凯瑟琳的告解神父兰达夫主教乔治·德·艾斯夸是与伊丽莎白·巴顿最亲密的一个。知道有人可能叛国,但不告发这本身就是叛国行为。托马斯·莫尔爵士洗清了自己的嫌疑。最大的罪人约翰·费希尔,因包庇罪而被送进了伦敦塔。

现在,克莱门特七世的最后判决已成定局。弗朗索瓦一世鼓吹克莱门特七世妥协,消除了自己的良心不安。弗朗索瓦一世说,除非托马斯·克兰默对离婚案的判决被撤销,否则现在没有什么别的可以做的了。弗朗索瓦一世决定不去想妥协方案已被阿拉贡的凯瑟琳本人拒绝,还抱怨说,在他努力研究怎么争取克莱门特七世的支持时,英格兰人却在努力研究怎么失去克莱门特七世的支持。弗朗索瓦一世想出了一个计划,英格兰人却把计划搞砸了。弗朗索瓦一世后悔自己曾插手此事。现在,克莱门特七世逼不得已,必须将亨利八世逐出教会,并且呼吁基督教世界支持自己的决定了。[①]

现在,毋庸置疑,亨利八世身处极度危险之中。除外国军队入侵的危险之外,英格兰王国国内的不满情绪也得算在内。只是亨利八世还不知道这种不满到了什么程度。不过,一直以来,亨利八世都在为未来做准备。舰队秩序井然。多佛尔和加来的防御工事已经修好。他已做好了迎接最坏的情况的准备。贸易中断可能是严重的。阿拉贡的凯瑟琳正是将这一点视为最有力的武器。但英格兰王国的贸易对西班牙王国和佛兰德斯的重要性,就如同佛兰德斯羊毛对伦敦市民的重要性一样,双方的主要商人达成了默契,即不理会禁令。路德教教会敢于提出自己的观点,亨利八世可以依靠路德教教会去斗争。禁止异教徒的法律获准待议。路德教教徒人数增加了。让·迪·贝莱对欧斯塔塞·沙皮说,路德教教徒不会被轻易消灭。许多正统天主教教徒对罗马教廷和罗马天主教心生愤懑。托马斯·霍华德是他们中意见最大的。托马斯·霍华德对一个由人民组成的代表团说,没有英格兰王国的贸易,佛兰德斯也活不下来。至于克莱门特七世,克莱门特七世是一个卑鄙的混蛋,一个骗子,一个坏人。他还说愿意

---

① 斯蒂芬·加德纳致亨利八世的信,1533年11月,《英国政府国内外纪事档案——亨利八世时期》,伦敦,1862年到1932年,第6卷,第571页。——原注

拿妻子、孩子和自己的命来冒险向克莱门特七世复仇。①英格兰枢密院发布了一条命令。从此,在英格兰王国,克莱门特七世将只能被称为罗马主教。欧斯塔塞·沙皮想不明白。他觉得托马斯·霍华德态度转变得很奇怪。托马斯·霍华德曾经自称是一个坚定的天主教教徒。其实,托马斯·霍华德没有变。英格兰国教教会的独特理念开始显露,英格兰国教教会尽管不再承认罗马教皇,但仍然是天主教教会。

弗朗索瓦一世虽然对自己的计划失败感到恼火,但并没有完全放弃努力。对法兰西王国来说,查理五世成功入侵英格兰王国很危险,甚至致命。弗朗索瓦一世写信给安妮·博林,托她的老朋友让·迪·贝莱送达。安妮·博林很高兴。当让·迪·贝莱给安妮·博林信时,安妮·博林亲吻了让·迪·贝莱。让·迪·贝莱去找欧斯塔塞·沙皮,问道:"难道不能阻止英格兰王国与克莱门特七世决裂吗?让英格兰王国、法兰西王国和神圣罗马帝国花上十几万克朗维持统一总比决裂要好。查理五世已经尽了支持姨母阿拉贡的凯瑟琳的责任,现在就不能让一点步,以免事态进一步恶化吗?"欧斯塔塞·沙皮不能给让·迪·贝莱任何希望。单是看亨利八世对待阿拉贡的凯瑟琳的态度,查理五世就不得不采取进一步措施。

到目前为止,阿拉贡的凯瑟琳个人并没有遭受任何虐待。这一点让人无话可说。西班牙枢密院承认了这一点。这一点也被提出来作为反对查理五世武力干涉以支持阿拉贡的凯瑟琳的论据。欧斯塔塞·沙皮设想并希望,枢密院的反对意见正在逐步消除。

拿阿拉贡的凯瑟琳怎么办根本不是亨利八世困惑的事。根据基督教国家的公法,与兄弟的遗孀结婚是非法的。自英格兰王国有相关法律以来,在这种情况下,罗马教皇现在没有,以前也从来没有什么权力特赦这种情况下的人结婚。因此,阿拉贡的凯瑟琳不是亨利八世的王后。阿拉贡的凯瑟琳应该得到最

---

① 欧斯塔塞·沙皮致查理五世的信,1533年12月9日,《西班牙档案》,伦敦,1877年,第4卷,第2部分,第875页。——原注

宽容的体谅,她的愤怒和反抗是理所当然、意料之中的。但他们结过婚这一事实仍然存在。阿拉贡的凯瑟琳拒绝做任何妥协,坚持要一个判决。英格兰法院判她败诉。如果阿拉贡的凯瑟琳是王后,伊丽莎白·都铎公主就是私生女。阿拉贡的凯瑟琳坚持自己的王后头衔就是在引发内战。阿拉贡的凯瑟琳不是一个人在战斗。在亨利八世与安妮·博林结婚时,玛丽·都铎公主曾给亨利八世写过一封信。这封信让亨利八世对她赞不绝口。但安妮·博林的傲慢或母亲阿拉贡的凯瑟琳的劝说让玛丽·都铎公主又回到了阿拉贡的凯瑟琳身边。玛丽·都铎公主的行为可能也确实值得人们在道德上给予最高的敬意。但作为孩子,玛丽·都铎对母亲阿拉贡的凯瑟琳表达的忠诚的方式是保证自己要求继承王

玛丽·都铎公主

位。毫无疑问,一场有国外势力支持的危险活动正在酝酿中。如果阿拉贡的凯瑟琳和玛丽·都铎公主一起逃到欧洲大陆,战争马上就会爆发。如果英格兰王国国内有叛乱,她们的朋友打算公布她们的消息,并且以她们的名义开战。英格兰方面发现有必要再把她们母女分开。如果她们分开,危险就会减少。她们在一起会更确定彼此的决心。阿拉贡的凯瑟琳被送到金博尔顿,随行人员减少,只有她的告解神父乔治·德·艾斯夸、医生、贴身仆人和侍从。按英格兰王宫上位命令,他们只能称阿拉贡的凯瑟琳为公主。但他们不怎么按命令行事。玛丽·都铎公主需寄住在妹妹伊丽莎白·都铎公主那里,由安妮·博林的姑妈①安妮·谢尔顿照顾。

　　历史上,大家都在谴责亨利八世行为残忍、违背人性。对一个被指控肆无忌惮的人来说,这并不残忍。对一个被骂没有感情的人来说,这也并不违背人性。亨利八世因自己的行为而陷入了进退两难的境地。除分开阿拉贡的凯瑟琳和玛丽·都铎公主之外,他别无脱身之法。阿拉贡的凯瑟琳不是他的妻子,他知道这一点。他被托马斯·沃尔西误导,以为克莱门特七世会解救自己。他被人玩弄,被人戏耍。现在,他面临着被逐出教会和剥夺王位的威胁。他的一半臣民,以及那些最勇敢、最坚定的人,都站到了他的身边。他的离婚案成了一场革命的契机。偶然出现的困难也必定会被克服。至于阿拉贡的凯瑟琳,就算他们之间曾经有过爱情,亨利八世也早就不爱她了。但亨利八世敬重阿拉贡的凯瑟琳的性格,钦佩她不屈不挠的勇气。对他的女儿玛丽·都铎公主,他有真挚的感情。就在玛丽·都铎公主从英格兰王宫中搬走后不久,发生的一件小事可以证明亨利八世对玛丽·都铎公主的感情。伊丽莎白·都铎公主住在哈特菲尔德。玛丽·都铎公主同她住在一起。安妮·博林曾威胁玛丽·都铎公主要她谦卑一点,并且命令安妮·谢尔顿,如果玛丽·都铎公主认为自己是公主,就打她耳光。亨利八世对这些指示一无所知。亨利八世发现,除受她母亲阿拉贡的凯瑟

---

① 安妮·谢尔顿是安妮·博林的父亲托马斯·博林的姐姐。——译者注

琳影响的那段时期之外,他的女儿玛丽·都铎公主一直很孝顺。有一天,亨利八世骑马去哈特菲尔德看玛丽·都铎公主。安妮·博林发现亨利八世是瞒着自己离开的。她害怕亨利八世与玛丽·都铎公主见面可能会影响他的态度,于是派人去追亨利八世,阻止亨利八世与玛丽·都铎公主见面或说话。亨利八世听从了专横霸道的安妮·博林的话,只见了与安妮·博林生的孩子伊丽莎白·都铎公主,没见玛丽·都铎公主。玛丽·都铎公主听说亨利八世来了,在亨利八世骑上马准备回去时出现在他的马前,跪了下来,好像在祈求他的祝福。亨利八世见到了她,点了点头,抬了一下帽子,默默地走了。①

随后,在伦敦,让·迪·贝莱觐见亨利八世。亨利八世说没有和自己的女儿玛丽·都铎公主说话,因为她有着西班牙人的固执。让·迪·贝莱说了一些玛丽·都铎公主的好话。"亨利八世的眼里涌出了泪水,称赞她拥有许多美德和成就。"欧斯塔塞·沙皮说,"安妮·博林知道亨利八世对女儿玛丽·都铎公主的爱,所以从未停止过针对玛丽·都铎公主的阴谋诡计。"亨利·珀西曾是安妮·博林的情人。他告诉欧斯塔塞·沙皮说安妮·博林想毒死玛丽·都铎公主。欧斯塔塞·沙皮认为玛丽·都铎公主最好不要惹恼亨利八世,建议玛丽·都铎公主通过表面服从,内心抗议来保护自己,并且主动放弃公主头衔,换取可以和阿拉贡的凯瑟琳住在一起的条件。他认为安妮·博林只会更恶毒,而玛丽·都铎公主的屈服会让朋友灰心丧气。还有一个计划是把玛丽·都铎公主带到国外去,但那时战争将不可避免。在没有查理五世明确同意的情况下,欧斯塔塞·沙皮不敢冒险建议玛丽·都铎公主这么做。②

阿拉贡的凯瑟琳也曾害怕或自称害怕自己被谋杀。金博尔顿是一个很小,但并非居住不便的地方。阿拉贡的凯瑟琳把它描绘成一座监狱。阿拉贡的凯

---

① 欧斯塔塞·沙皮致查理五世的信,1534年1月17日,《英国政府国内外纪事档案——亨利八世时期》,伦敦,1862年到1932年,第7卷,第31页。——原注
② 欧斯塔塞·沙皮致查理五世的信,1534年2月11日,《西班牙档案》,伦敦,1877年,第5卷,第31页。——原注

瑟琳认为亨利八世盼着自己死。在眼下的恩怨中，阿拉贡的凯瑟琳认为亨利八世能犯下任何暴行，就算亨利八世没有，安妮·博林也肯定会这么做。实际上，阿拉贡的凯瑟琳身体不好，有水肿的迹象。医生认为她状况很糟。阿拉贡的凯瑟琳不肯吃新来的仆人送的任何食物，吃下的那一点东西都是她的女管家在她自己的房间里做的。① 查理五世曾暗示说，如果阿拉贡的凯瑟琳被虐待了，那就是逼他出兵干涉。欧斯塔塞·沙皮小心翼翼地记下每一个当下流传的恶意谣言并报告给查理五世，就为了逼他出兵干涉。在写给查理五世的信中，欧斯塔塞·沙皮说，亨利八世对阿拉贡的凯瑟琳和玛丽·都铎公主的所作所为给英格兰人民造成了难以言喻的悲痛。英格兰人民强烈抗议查理五世不作为。只等着一艘军舰的到来，带领他们全体起来反抗。他们说，只要有一个领导人来指挥，剩下的他们就会自己来实现。他们提醒查理五世想想理查德·内维尔。理查德·内维尔将亨利八世的祖父亨利六世赶下了王位，而亨利八世的父亲亨利

亨利六世

亨利七世

---

① 欧斯塔塞·沙皮致查理五世的信，1534年1月17日，《英国政府国内外纪事档案——亨利八世时期》，伦敦，1862年到1932年，第7卷。第31页到第33页。——原注

约翰·博福特

兰开斯特公爵冈特的约翰

七世将理查德·内维尔赶下了台。有人甚至说，查理五世比现在的亨利八世更有权利坐上王位，因为都铎家族的祖先约翰·博福特是英格兰国王爱德华三世之子兰开斯特公爵冈特的约翰的私生子。查理五世才是正统的兰开斯特家族后裔。如果查理五世不想开战，至少可以停止佛兰德斯的贸易。届时，这必将引起叛乱。让亨利八世放弃离婚的希望一点也没有。被诅咒的安妮·博林蛊惑着的亨利八世，让亨利八世听她的话。路德教迅速传播，查理五世拖延的时间越长，就会使情况变得越糟。①

聪明的君主，就算在最激烈的挑拨之下，也迟迟不愿在邻国发起兵变。查理五世不得不审视欧斯塔塞·沙皮的过度热情，并且告诉他"现在不是采取任何武力行为或活动的时候。"欧斯塔塞·沙皮承诺以后按查理五世指示"说服阿拉贡的凯瑟琳耐心一点，不要做任何可能带来麻烦事情"②。被欧斯塔塞·沙皮称作"英格兰人民"的英格兰朋友仍然只能耐心地等待。亨利八世则

---

① 欧斯塔塞·沙皮致查理五世的信，1533年12月16日，《西班牙档案》，伦敦，1877年，第4卷，第2部分，第883页。——原注
② 《西班牙档案》，伦敦，1877年，第5卷，第32页。——原注

在征用造船工、每日铸大炮,并且经常去国外的战争装备集市,继续进行英格兰王国的改革。亨利八世派了一个大使团前往神圣罗马帝国,讨论与施马尔卡尔登同盟联盟之事。在枢密院的授权下,一本关于亨利八世和神职人员权威的书出版了。这本书写明主教和普通神父是平等的,都由君主统治。苏格兰大使亚当·奥特本告诉欧斯塔塞·沙皮,如果这本书在苏格兰王国出版,它的作者会被烧死。① 英格兰议会开会通过一项法案,亨利八世在上届会议上提出了这项法案的草案,用以限制主教惩罚异教徒的权力。最近,在没有等亨利八世令

托马斯·比尔尼被押赴火刑场

---

① 欧斯塔塞·沙皮致查理五世的信,1534年1月3日,《西班牙档案》,伦敦,1877年,第5卷,第1页。——原注

状的情况下，前诺里奇主教理查德·尼克擅自烧死了托马斯·比尔尼。亨利八世逮捕理查德·尼克，在世俗法官面前审判他，没收了他的财产，并且将他囚禁在伦敦塔里。英格兰议会让理查德·尼克这样的出头行为在将来再无可能发生。

法案一个接一个出台，目标一致。任命空缺主教职位不再需要教皇诏书，有亨利八世的提名就够了。到目前为止，罗马以各种各样的形式索取的贡金，最终将被全部取缔。随之而来的是一项与教皇决裂的法案。欧斯塔塞·沙皮说，如果这只是为了反抗克莱门特七世，那么英格兰王国即将采取的措施也就没什么要紧的了，因为其动机是可以理解的。英格兰的传教士正在讲坛上教授路德教义，吸引群众聆听。除非能将路德教连根拔除，否则信仰天主教的英格兰王国将会消失。

在英格兰王国最终出台政策前，罗马教廷这出悲喜剧的最后一幕必须先上演。从马赛归来时，按预期，克莱门特七世会用严厉手段惩戒亨利八世。忠诚的让·迪·贝莱急忙跑去阻止了克莱门特七世。让·迪·贝莱发现，克莱门特七世还像以前一样和费尔南多·德·席尔瓦针锋相对，绝望的费尔南多·德·席尔瓦认为，如果正义不能打动克莱门特七世，就必须用其他办法。英格兰议会的法案并没有吓到克莱门特七世。他已经习惯了那些。但现在，他肯定知道如果自己下令剥夺亨利八世的王位，查理五世什么也不会做。克莱门特七世拐弯抹角地嘲讽查理五世的大臣，为什么你的主人查理五世不按《批准进攻简函》行动呢？对查理五世来说，《批准进攻简函》就像他要求的判决一样有用。按《批准进攻简函》所判，亨利八世已经失去了王位。费尔南多·德·席尔瓦不得不告诉克莱门特七世，克莱门特七世自己也知道，英格兰人并不这么认为。毕竟在主要案件尚未决断前，无法确定亨利八世与安妮·博林的婚姻是否非法。[①]克莱门特七世的情绪阴晴不定。在马赛，克莱门特七世曾说，如果亨利八世派一

[①] 费尔南多·德·席尔瓦致查理五世的信，1534年1月23日，《西班牙档案》，伦敦，1877年，第5卷，第17页。——原注

个代理人到罗马代为辩护,判决会有利于亨利八世。①甚至连查理五世也不确定自己是否真的下定了决心。当被问到是否会执行教皇诏书时,他的回答是那么含糊不清。在离婚案暂停时,让·迪·贝莱抵达罗马,带来了弗朗索瓦一世诚挚的口信,祈祷审判能继续下去,因为这是阻止英格兰王国与罗马天主教教会决裂的最后一次努力,口信的细节内容与各方有一定利害关系。

在与克莱门特七世面谈时,让·迪·贝莱说,当离开伦敦时,他相信决裂是不可避免的。然而,他自己的君主弗朗索瓦一世将他派往罗马教廷,告知克莱门特七世亨利八世正要与路德教君主缔结盟约。弗朗索瓦一世并未自行决断亨利八世的离婚案的是与非,但想提醒克莱门特七世,应该想办法来防止亨利八世与路德教君主缔结盟约此举对天主教教会造成伤害。克莱门特七世回答说,他对自己应该做的事做了长期并痛苦的考虑,并且尽自己所能将判决拖了又拖。阿拉贡的凯瑟琳很生气,指责他是这一切祸端的根源。如果弗朗索瓦一世有任何进一步的提议,他愿意听取。如果没有,这个判决必须要宣布了。

费尔南多·德·席尔瓦发现克莱门特七世又在犹豫,就指出英格兰王国正在进行暴力行动、纵容异端,阿拉贡的凯瑟琳和玛丽·都铎公主正在遭受虐待。如果不采取任何措施帮助阿拉贡的凯瑟琳,阿拉贡的凯瑟琳将面临生命危险。克莱门特七世又把让·迪·贝莱叫来,特别询问让·迪·贝莱是否真的没有带来任何实际的建议。让·迪·贝莱只能说没有。但让·迪·贝莱相信,克莱门特七世可能会想出什么办法,因为如果没有办法,不仅英格兰王国,其他国家也将无可挽回地离开罗马教廷。克莱门特七世说自己什么也想不到。在对费尔南多·德·席尔瓦描述发生的一切时,克莱门特七世声称自己已告知让·迪·贝莱打算继续按计划行动。

费尔南多·德·席尔瓦不满意。他看到克莱门特七世仍然很勉强,知道枢机主教正在酝酿阴谋。费尔南多·德·席尔瓦说亨利八世只是利用法兰西王国

---

① 欧斯塔塞·沙皮致查理五世的信,1534年1月28日,《西班牙档案》,伦敦,1877年,第5卷,第24页。——原注

来恐吓克莱门特七世,并且以足以迷惑整个天主教教派的自信心,断言英格兰王国的反抗是亨利八世的行为,而不是英格兰人民的行为。他说,他确信让·迪·贝莱尽管假装没有权宜之计,但其实有一个不敢透露的计策。费尔南多·德·席尔瓦还是无法让克莱门特七世下定决心。于是,判决又推迟了六周。克莱门特七世派了使者前往英格兰王国,英格兰王国也派了专员前往罗马答复。但他们没有带来任何让步的消息,也没人指望他们会带来让步的消息。他们在路上流连。六周过去了,他们还没到达各自的目的地。枢机会议中的西班牙代表非常强硬。含糊其词地向克莱门特七世保证可以相信查理五世,以此来打消克莱门特七世最后的顾虑。1534年3月23日,教皇诏书发布,宣布亨利八世和阿拉贡的凯瑟琳的婚姻有效,亨利八世如果不服从,将被逐出教会,并且英格兰臣民无须再效忠于他,引起一片哗然。

世俗军队还没有被召集起来。在要求查理五世采取武力行动前,还有召集世俗军队这一步需要完成。但从本质上讲,在引起这场骚乱的主要案件上,克莱门特七世终于开口了,并且开得很彻底。[①]在这样的场合下,热血沸腾、忠心耿耿的佩德罗·奥尔蒂斯倾吐了他作为一个充满感激之情的天主教教徒的心声。佩德罗·奥尔蒂斯写道:"查理五世赢得了最伟大的胜利——战胜了地狱,即使到最后的胜利还有困难。洛伦佐·坎佩焦反对克莱门特七世做这样的判决,但最后还是屈服于真理。克莱门特七世后悔耽搁了这么久。现在,克莱门特七世担心自己迟疑不决这么久是大罪过。那个神圣的殉道者——英格兰王后阿拉贡的凯瑟琳得救了。在过去的几年里,枢机主教收了弗朗索瓦一世的贿赂。但最终,在圣灵的影响下,枢机主教都做出了对阿拉贡的凯瑟琳有利的决定。他们的良心告诉他们不能投对阿拉贡的凯瑟琳不利的票。"[②]

---

① 费尔南多·德·席尔瓦致查理五世的信,1534年3月24日,《西班牙档案》,伦敦,1877年,第5卷,第84页。——原注
② 佩德罗·奥尔蒂斯致查理五世的信,1534年3月24日,《西班牙档案》,伦敦,1877年,第5卷,第89页。——原注

英格兰王国并没有等候发落。教皇诏书发布两日后，英格兰议院最后一次在上议院宣读废除克莱门特七世权威的法案。欧斯塔塞·沙皮说，这一法案令少数好人遗憾，因为他们没法让整个上议院的人都听他们的。

第 15 章
《继承权法案》发布

假装拥有超自然能力的人通常只在朋友和信徒面前展示他们的这种能力。至于他们用这种能力堵住反对者的嘴或者使怀疑者信服的事，只是有人说在过去发生过或者在将来会发生。在现实中，谨慎的人对试验都持谨慎态度，因为如果试验失败了，只会招来嘲笑。绝罚令的恐怖震慑力，只有绝罚的对象脱离宗教服务、被视作贱民和非法分子，满怀恐惧的世人愿意执行对他的惩戒时，才能真正实现。欧洲的君主有真正的理由害怕克莱门特七世的诅咒，因为他们自己的臣民可能会不再服从他们，基督教各强国也准备拿起武器胁迫他们。但克莱门特七世知道，自己的严厉惩罚得不到基督教各国的武装支持，他没有佩德罗·奥尔蒂斯那样的信心。佩德罗·奥尔蒂斯坚信，就算人类没有办法，上天也会惩罚这些违背天理的人。克莱门特七世甚至还没得到准许就去请求查理五世执行自己被迫宣布的判决。神圣罗马帝国的新教教徒也未因异端罪而受到惩罚。马丁·路德及其支持者毫发无损。有人向克莱门特七世保证英格兰人民仍然相信他的权威，亨利八世将受到臣民的审判。但没有任何外在的现象体现这种说法准确。克莱门特七世的诏书再也不能在英格兰王国发布。克莱门特七世的神职人员内心也许对他忠心耿耿，但已经向亨利八世和英格兰议会投降了。英格兰王国的祈祷书上克莱门特七世的名字已经被划掉了。人们的日常生活继续,仿佛克莱门特七世从未说过什么。日常生活中如此,政府工作中也是如此。虽然克莱门特七世的问题解决了,但王位继承的关键问题仍需正式安排解决。

因为查理五世不肯采取行动,所以欧斯塔塞·沙皮一直在小心翼翼地说服苏格兰王国行动。欧斯塔塞·沙皮已经向詹姆斯五世保证,只要詹姆斯五世坚持自己的立场,查理五世会支持他。"他可能会和玛丽·都铎公主结婚,查理五世也会很高兴见到苏格兰王国和英格兰王国的王室结合。"① 如果玛丽·都铎公主向亨利八世屈服,她要求的继承权就不会被剥夺,因为她是亨利八世和阿拉贡的凯瑟琳的亲生女儿,在任何合理的意义上都不会被视为私生女。但玛丽·都铎公主不为所动。无论小事还是大事,她都毫无必要地惹人生气。她的衣柜需要添新,但她拒绝接受任何没有按公主待遇给她送去的东西。安妮·博林指责安妮·谢尔顿对玛丽·都铎公主太仁慈了。安妮·谢尔顿拒绝被安妮·博林当作施暴的工具。欧斯塔塞·沙皮担心"被诅咒的女士"安妮·博林可能会忍不住做更可怕的事。但无论如何,英格兰王国已经与克莱门特七世决裂,玛丽·都铎公主不可能在否认英格兰议会和英格兰法院权限的同时,还有继承王位的希望。因此,英格兰议会提出了一项议案以做出必要的规定,确立安妮·博林的女儿伊丽莎白·都铎公主和未来子女的继承权。

阿拉贡的凯瑟琳还不愿相信英格兰议会竟同意提出这样的议案。阿拉贡的凯瑟琳认为,英格兰议会没有听到过真相。她指示欧斯塔塞·沙皮申请获得批准去上议院会议厅,为自己和玛丽·都铎公主说话。

在神职人员代表大会上,安东尼奥·德·普利劝说失败后,欧斯塔塞·沙皮觉得上议院没有人会听自己说话了。但阿拉贡的凯瑟琳坚持要他申请,因为阿拉贡的凯瑟琳认为,如果申请遭到拒绝,就可以理解为枢密院承认自己有抗议的权利。

---

① 欧斯塔塞·沙皮致查理五世的信,1534年2月21日,《西班牙档案》,伦敦,1877年,第5卷,第53页到第54页。——原注

欧斯塔塞·沙皮写信给枢密院。枢密院想知道他要说什么，于是允许他私下面见托马斯·霍华德。欧斯塔塞·沙皮告诉托马斯·霍华德，他只想讲一讲离婚案的来龙去脉，不会说什么令人恼火的话。托马斯·霍华德说自己会和亨利八世谈谈，但想想亨利八世为查理五世做的一切并没有得到好报，他们宁愿马上和查理五世开战，也不愿被查理五世这么一而再再而三地否定和挫败。欧斯塔塞·沙皮抗议说，他们从来没有考虑过开战。于是，欧斯塔塞·沙皮被安排亲自去见亨利八世并提出要求。在欧斯塔塞·沙皮去面见亨利八世前，托马斯·霍华德警告他要小心说话，因为他要说的事太令人讨厌、引人不快了，世界上所有糖和调味品都无法让这些话顺耳。然而，亨利八世很仁慈。欧斯塔塞·沙皮大胆地开始讨论阿拉贡的凯瑟琳和玛丽·都铎公主的待遇问题。欧斯塔塞·沙皮说，他听说这个问题要提交英格兰议会审议，他想亲自向上议院和下议院提出抗议。

亨利八世礼貌地回答说自己的第一次婚姻已被司法机构宣告无效，欧斯塔塞·沙皮肯定也已经知道。因此，阿拉贡的凯瑟琳不能再被称为王后，玛丽·都铎也不能再被称为他的合法女儿。至于欧斯塔塞·沙皮的要求，让陌生人在英格兰议会发言不符合英格兰王国的惯例。

欧斯塔塞·沙皮竭力争辩说托马斯·克兰默的判决就如同巴斯主教罗伯特·斯蒂林顿宣判爱德华四世的子女非法一样没什么意义。英格兰议会肯定会按亨利八世的意愿投票，但就惯例来说，以前从未出现过这样的情况。英格兰议会无权决定归教会法官管的问题。玛丽·都铎公主是合法的，这无可争议，因为在她出生时，她母亲阿拉贡的凯瑟琳的婚姻毋庸置疑是合法的。

这是一个合理的论点，亨利八世似乎承认了它有道理。但亨利八世说，克莱门特七世和各国君主都无权干涉英格兰的法律和制度。世俗法官完全能够处理婚姻诉讼。直到亨利八世有了儿子为止，伊丽莎白·都铎公主都是下任王位继承人。亨利八世希望很快就能有一个儿子。简单来说，亨利八世拒绝让欧斯塔塞·沙皮在上议院发表演讲。因此，欧斯塔塞·沙皮放弃了这个话题，向亨利八世求情让玛丽·都铎公主和阿拉贡的凯瑟琳住在一起。欧斯塔塞·沙皮坦率地说，在现任家庭教师安妮·谢尔顿照顾期间，如果玛丽·都铎公主受到伤害，全世界人民都会不满。欧斯塔塞·沙皮当然知道，就算拿世上所有金子来换，亨利八世也不会伤害自己的女儿。但即便玛丽·都铎公主死于一场普通的疾病，人们也会怀疑她死于谋杀。欧斯塔塞·沙皮以真正的勇气提醒亨利八世，杀死托马斯·贝克特的骑士正是因知道亨利二世对托马斯·贝克特不满而受到的鼓舞。同样，玛丽·都铎公主的敌人既知道她失宠了，又知道安妮·博林对她心怀恨意。在她受安妮·谢尔顿照顾期间，也可能会想除掉她。

如果欧斯塔塞·沙皮真的说了这样的话①，那么亨利八世比历史上描述的更宽容。亨利八世转移了话题，像托马斯·霍华德那样抱怨查理五世忘恩负义。欧斯塔塞·沙皮说，查理五世那边没有什么可担心的，除非亨利八世自己给机会让查理五世对他出手。亨利八世发出嘲讽一笑，回答说，如果自己想报复，有的是报复的机会。但他只要全世界都知道自己受到了多少伤害就足够了。然后，亨利八世结束了谈话，把欧斯塔塞·沙皮打发走了。亨利八世告诉欧斯塔塞·沙皮自己能耐心听完他的话他就应该心满意足了。②

在没有欧斯塔塞·沙皮出面协助的情况下，王室成员的安置问题议案经过了讨论。读过英国历史的读者都熟悉《继承权法案》的条款和制订的原因。到目前为止，亨利八世为得到男性继承人做的努力只是让一个已经很危险的问题变得更复杂。虽然与阿拉贡的凯瑟琳的婚姻被英格兰王国的法庭宣告无效了，但英格兰人整体还不熟悉英格兰法庭判决婚姻诉讼的权力。克莱门特七世给出了相反的判决。包括托马斯·霍华德在内的许多贵族和普通百姓虽然同意离婚，但还没有下定决心要同克莱门特七世决裂。③玛丽·都铎公主还有许多朋

---

① 这段话是他自己记载的。——原注
② 欧斯塔塞·沙皮致查理五世的信，1534年2月26日，《西班牙档案》，伦敦，1877年，第5卷，第59页等。——原注
③ 欧斯塔塞·沙皮致查理五世的信，1534年3月7日，《西班牙档案》，伦敦，1877年，第5卷，第73页。——原注

友本来对亨利八世忠心耿耿,但在经历了15世纪的风雨后,英格兰各派人士都对可能再次爆发的继承权争斗感到害怕,只有议会的强制性法案才能有效地解决这一问题。因此,最终,《继承权法案》几乎在无反对意见的情况下通过了。托马斯·克兰默的判决得到英格兰议会的认可,与克莱门特七世的判决相反。亨利八世与阿拉贡的凯瑟琳的婚姻被宣布无效,与安妮·博林的婚姻有效,安妮·博林的子女是王位的合法继承人。光靠《继承权法案》是不够的。肯特修女案暴露了许多高级贵族的不满与秘密,让进一步的防范措施显得很有必要。欧斯塔塞·沙皮的信彻底消除了关于自己筹划的阴谋的范围和性质可能产生的所有疑问。克莱门特七世威胁要免除英格兰臣民对亨利八世效忠的义务。他能在多大程度上影响英格兰臣民的思想还有待观察。因此,亨利八世任命了一个委员会,要求所有有理由被怀疑的人员宣誓按照《继承权法案》规定支持继承权,并且接受宣誓。

当《继承权法案》成为法案时,罗马的判决还没有被送达英格兰。直到明确了解克莱门特七世所说条件的具体意义,英格兰王国才开始执行《继承权法案》。然而,阿拉贡的凯瑟琳似乎认为自己越激怒亨利八世,让他采取严厉的措施,自己就能越快得到解脱。阿拉贡的凯瑟琳总是说服自己,一旦罗马判自己赢,亨利八世就会屈服。因此,《继承权法案》令她特别恼火。她表现出一开始的极度不明智,并且不顾欧斯塔塞·沙皮的直接建议,决定是时候让玛丽·都铎公主"向亨利八世展露锋芒了"①。

阿拉贡的凯瑟琳并不是要让玛丽·都铎公主暴露在危险之中。她自称知道这些危险威胁着自己和玛丽·都铎公主的生命。但玛丽·都铎公主听了她的话。当《继承权议案》摆在上议院和下议院讨论时,可能是在亨利八世的要求下,安妮·博林去了哈特菲尔德,请求玛丽·都铎公主接受自己为王后,并且承诺如果玛丽·都铎公主答应,将得到比以往都要好的待遇。玛丽·都铎公主的

---

① 欧斯塔塞·沙皮致查理五世的信,1534年3月30日,《西班牙档案》,伦敦,1877年,第5卷,第96页。——原注

回答是，除自己的母亲阿拉贡的凯瑟琳之外，她不知道还有谁是王后。如果作为亨利八世情妇的安妮·博林能替自己向父亲亨利八世说情，她将不胜感激。欧斯塔塞·沙皮听说，安妮·博林怒气冲冲地说会把玛丽·都铎公主那骄傲的西班牙血统踩在脚下，并且会对玛丽·都铎公主做最恶劣的事。这还不是全部。玛丽·都铎公主这个意志坚定的姑娘拒绝成为伊丽莎白·都铎公主的家眷，也不尊重伊丽莎白·都铎公主的出生。伊丽莎白·都铎公主不久后从哈特菲尔德搬去穆尔庄园。玛丽·都铎公主拒绝和她一起搬过去。随侍的先生只能强行把玛丽·都铎公主放进安妮·谢尔顿的轿子里。欧斯塔塞·沙皮觉得这种徒劳的抵抗是愚蠢的。他说，在安妮·博林还在日夜不停地伤害她的时候，决不会建议玛丽·都铎公主冒险激怒亨利八世。欧斯塔塞·沙皮的建议是，当受到暴力威胁时，她应该屈服。但这被阿拉贡的凯瑟琳否决了。①

现在，欧斯塔塞·沙皮与英格兰王室的交往受到限制。只有申请正式会面后才能受到接见。为了了解英格兰宫廷发生的事情，欧斯塔塞·沙皮只能靠私交或其他从事外交的同事。欧斯塔塞·沙皮问让·迪·贝莱，亨利八世对克莱门特七世的判决有何反应。让·迪·贝莱说亨利八世一点也不在乎。对此，欧斯塔塞·沙皮简直无法相信。英格兰议会的行动让欧斯塔塞·沙皮惊恐不已。其中最严重的打击是主教手中惩罚异教徒的权力被剥夺。这在他看来是侵犯人民的基本权力与国家宪法。他认为对理查德·尼克的严厉惩罚是一种暴行，是犯罪。复活节，传教士奉英格兰政府的命令在布道中谴责克莱门特七世。传教士的话让欧斯塔塞·沙皮感到不寒而栗。"他们的恶言恶语简直不像从人口中说出来的。"比布道更糟的还在后边。克莱门特七世的"判决"一到，特别委员会就开始要求相关人员对《继承权法案》宣誓。那些被伊丽莎白·巴顿招供出来的人自然是首先接受考验的人。约翰·费希尔因包庇而被判叛国罪，但至今没有受到惩罚。目前，尚不清楚枢密院是否知道约翰·费希尔与欧斯塔塞·沙皮

---

① 欧斯塔塞·沙皮致查理五世的信，1534年，《西班牙档案》，伦敦，1877年，第5卷，第96页。——原注

伦敦塔里的托马斯·莫尔，身边是他的女儿

的通信，但有足够理由怀疑他们之间有通信。约翰·费希尔被要求宣誓，但他不肯。于是，约翰·费希尔就真的被送进伦敦塔了。约翰·费希尔曾被判入狱，但在此之前都是自由之身。至于托马斯·莫尔，本来没人管他，因为没人担心他会叛国。然而，托马斯·莫尔也被要求发誓，但他拒绝了。于是，托马斯·莫尔就和约翰·费希尔一道进了伦敦塔。克莱门特七世向亨利八世宣战，克莱门特七世的追随者成了亨利八世的敌人。欧斯塔塞·沙皮本人也遭到怀疑。他在英格兰王国煽动不满情绪不可能完全没被发现。欧斯塔塞·沙皮认为自己的信在加来被打开过，托马斯·克伦威尔也看过。由于查理五世不愿行动，欧斯塔塞·沙皮把詹姆斯五世看作是一个可以扰乱亨利八世安宁的有用武器。在伦敦，一个苏格兰委员会正协商签订一项条约，"因为他们发现对他们来说，英格兰王国太强大了"。欧斯塔塞·沙皮比以往任何时候都更急切地劝阻该苏格兰委员会的首席委员不要同意英格兰王国提出的条款，指出苏格兰王国的状况及苏格兰王国和西班牙王国一起攻击亨利八世的有利条件。那个首席委员听了欧斯塔塞·沙皮的建议,并且答应保守秘密。欧斯塔塞·沙皮向他保证查理五世会感激他。① 尽管条约已经签订,但他安慰欧斯塔塞·沙皮说:"和平阻止不了詹姆斯五世对英格兰人发动战争。借口一大堆,很容易找到。"②

爱尔兰是一个更有希望采取行动的地方。德斯蒙德伯爵托马斯·菲茨杰拉德一听到离婚的传闻就向查理五世表示愿意为他效劳。但欧斯塔塞·沙皮发现基尔达雷伯爵托马斯·菲茨杰拉德是一个更有前途的教会领袖,他将托马斯·菲茨杰拉德描述为"一个前途无量的青年"。如果克莱门特七世将惩戒令送到都柏林,欧斯塔塞·沙皮保证托马斯·菲茨杰拉德会发布这些惩戒令,并且会证明自己是一个很有用的朋友。

欧斯塔塞·沙皮再次不顾拒绝,催促查理五世亲自采取行动。他说,如果再耽搁一段时间,阿拉贡的凯瑟琳和玛丽·都铎公主就会受到伤害。安妮·谢尔顿告诉玛丽·都铎公主,如果坚决不服从,就会掉脑袋。英格兰人民很爱戴阿拉贡的凯瑟琳和玛丽·都铎公主。但没有外力支持,他们不敢行动。路德教教会的人数在增加,并且很快就会变得危险强大。现在,是行动的时候了。亨利八世认为可以通过强迫那些不服从的人发誓遵守《继承权法案》来压制他们。但如果有机会,那些不服从的人会表现出真正的想法。③

要向英格兰开战仍有一个难题。克莱门特七世虽然已经做了判决,但还没有召集世俗军队。作为行动前的准备工作,召集军队是必要的。除阿拉贡的凯瑟琳和她志气昂扬的顾问欧斯塔塞·沙皮之外,哪一方都不愿意采取没有回报的行动。查理五世就不希望这样。弗朗索瓦一世对亨利八世拒绝听让·迪·贝

---

① 欧斯塔塞·沙皮致查理五世的信,1534年4月22日,《西班牙档案》,伦敦,1877年,第5卷,第126页,第127页。——原注
② 欧斯塔塞·沙皮致查理五世的信,1534年5月14日,《西班牙档案》,伦敦,1877年,第5卷,第126页,第151页。——原注
③ 欧斯塔塞·沙皮致查理五世的信,1534年4月14日,《西班牙档案》,伦敦,1877年,第5卷,第125页到131页。——原注

莱的话感到很恼火。弗朗索瓦一世告诉克莱门特七世,自己要抛弃英格兰王国。哈恩主教埃斯特万·加夫列尔·梅里诺给弗朗西斯科·德·洛斯·科沃斯·莫利纳写信道:"克莱门特七世很难驾驭。如果我们把他逼得太紧,他可能会投向敌人怀抱。"[①] 查理五世命令费尔南多·德·席尔瓦严格遵守自己的指示。他们明显的犹豫使英格兰内阁感到欢欣鼓舞。苏格兰大使亚当·奥特本和托马斯·霍华德谈到教皇时,把教皇当作某个争议点的仲裁人。托马斯·霍华德对亚当·奥特本说:"你说哪个教皇?罗马的克莱门特七世还是兰贝斯的坎特伯雷大主教托马斯·克兰默?"亨利八世发现弗朗索瓦一世并没有完全抛弃自己。在一次公开的晚宴上,亨利八世"赞美上帝",因为上帝给了他弗朗索瓦一世这么好的兄弟。

在这种情况下,英格兰天主教一派感到震惊和困惑。终于,阿拉贡的凯瑟琳不再抱有克莱门特七世判决后亨利八世会屈服的幻想。她告诉欧斯塔塞·沙皮,她现在认为有必要采取更有力的解决措施。欧斯塔塞·沙皮说,她不敢在信里写这些解决措施是什么,以防她的信遭拦截。阿拉贡的凯瑟琳也知道,查理五世最清楚该做什么。然而,他们必须迅速行动,因为亨利八世正在积极行动,等待就意味着失败。甚至在阿拉贡的凯瑟琳的朋友中也开始出现极大的意见分歧。欧斯塔塞·沙皮说,有些人可能会改变立场,因为他们担心查理五世在帮助阿拉贡的凯瑟琳时,会再次建立克莱门特七世的权威,而他们认为克莱门特七世太残暴。正是这种担心让亨利八世能够团结臣民。[②]

玛丽·都铎公主尽管听了阿拉贡的凯瑟琳的吩咐"展露了她的锋芒",但并没有惹得亨利八世对她采取严厉的惩罚。亨利八世问安妮·谢尔顿,玛丽·都铎公主的自尊心是否受到了压抑。安妮·谢尔顿说没有任何迹象。亨利八

---

① 欧斯塔塞·沙皮致查理五世的信,1534年5月21日《西班牙档案》,伦敦,1877年,第5卷,第167页。——原注
② 欧斯塔塞·沙皮致查理五世的信,1534年5月14日,《西班牙档案》,伦敦,1877年,第5卷,第153,154页。——原注

世命令安妮·谢尔顿对玛丽·都铎公主再仁慈一些,还给玛丽·都铎公主捎去一个消息,如果她听话,会安排她嫁入王室。玛丽·都铎公主回答说,上帝保佑,自己还不至于盲目到承认她的父母是通奸的关系。这些话也许被原封不动地重述给了亨利八世听。但亨利八世说,这是她母亲阿拉贡的凯瑟琳的影响。这话说得很公正。阿拉贡的凯瑟琳已经让玛丽·都铎公主相信亨利八世的好意是背叛,并且还告诉玛丽·都铎公主亨利八世想毒死她。[①]

现在,《继承权法案》面临一个严重问题。除托马斯·莫尔和约翰·费希尔外,每个被要求发誓的人都已经发过誓了。之所以要求这样做,是因为天主教一派想以维护阿拉贡的凯瑟琳和玛丽·都铎公主利益之名发动战争的意图人尽皆知。还有人要宣誓吗?阿拉贡的凯瑟琳和玛丽·都铎公主不用宣誓吗?阿拉贡的凯瑟琳不再是王后,可能会有人认为她恢复了作为外国人的权利。但她仍然留在英格兰王国,并且是出于她自己的意愿,也是出于查理五世的意愿,来化解这场战争。玛丽·都铎公主无疑是英格兰臣民,阿拉贡的凯瑟琳和她都曾暗示,如果要求她们宣誓,她们会拒绝。贵族和主教被召集在一起来讨论此事,因为阿拉贡的凯瑟琳是西班牙公主,所以欧斯塔塞·沙皮也被邀请参加。

枢密院的会议室里挤满了人。欧斯塔塞·沙皮被引荐进来。一份《继承权法案》的副本摆在他面前。欧斯塔塞·沙皮得知,英格兰臣民一般都是自愿宣誓遵守此法的,只有阿拉贡的凯瑟琳和玛丽·都铎公主谢绝了。他还得知,如果她们坚持不宣誓,可能会遭受痛苦和惩罚。

欧斯塔塞·沙皮曾要求在议会发表意见被拒。现在,枢密院主动提供给他这个机会。如果他愿意,也许谴责亨利八世强迫阿拉贡的凯瑟琳和玛丽·都铎公主同意一项剥夺她们权利的法案这一行为太冷酷,《继承权法案》的序言部分宣布亨利八世与阿拉贡的凯瑟琳的婚姻无效。如果宣誓遵守《继承权法案》,阿拉贡的凯瑟琳就是放弃了之前的所有诉求。不过,议会没有强迫阿拉

[①] 欧斯塔塞·沙皮致查理五世的信,1534年5月14日,《西班牙档案》,伦敦,1877年,第5卷,第153页,第154页。——原注

贡的凯瑟琳宣誓的意思。他们的目标是玛丽·都铎公主。如果玛丽·都铎公主不那么坦率地展露锋芒，她也可以幸免。然而，欧斯塔塞·沙皮大胆地说出了自己对整个问题的看法。他说，亨利八世不能剥夺玛丽·都铎公主作为王位继承人的地位。英格兰议会也无权决定亨利八世与阿拉贡的凯瑟琳的婚姻的有效性。《继承权法案》的序言是个谎言。如果当初《继承权法案》通过时允许他出席讲话，他会证明这一点的。这誓词是用武力强加的，人们之所以起誓，是因为害怕，也不想成为殉道者。但他们知道，这誓词和最近托马斯·克兰默向克莱门特七世发的誓言一样没有约束力。作为对全体枢密院成员的答复，欧斯塔塞·沙皮展示了克莱门特七世的判决。欧斯塔塞·沙皮说，枢密院抱怨的固执的人其实是他们自己，而不是那两位女士。欧斯塔塞·沙皮无法说服两位女士起誓，除非得到查理五世的命令，否则他不会去。欧斯塔塞·沙皮警告枢密院，如果他们采取进一步暴力行动，必须准备好与查理五世和斐迪南一世公开为敌。查理五世视阿拉贡的凯瑟琳为母亲，视玛丽·都铎公主为妹妹。尽管欧斯塔塞·沙皮承认自己是在没有查理五世指示的情况下讲话，但他清楚地表示，查理五世不会不保护阿拉贡的凯瑟琳和玛丽·都铎公主，不会不保护与自己的国家事业交织在一起的教会事业。

欧斯塔塞·沙皮非常大胆，也许比枢密院预期的还要大胆。卡思伯特·滕斯托尔稍做停顿后站了起来。他一直是阿拉贡的凯瑟琳的拥护者，正如欧斯塔塞·沙皮所说，他是这个国家最有学问和最诚实的高级教士之一。但他也看到，现在争论的主要问题是英格兰王国的独立。卡思伯特·滕斯托尔说，《继承权法案》已得到充分考虑，是为国家的安宁而通过的，必须服从。欧斯塔塞·沙皮回答说国家的安宁需要亨利八世回到阿拉贡的凯瑟琳身边，卡思伯特·滕斯托尔提到了诉讼开始时克莱门特七世做的承诺，并且出示克莱门特七世在奥尔维耶托发的教令。这份教令宣布亨利八世与阿拉贡的凯瑟琳的婚姻无效。欧斯塔塞·沙皮在回答时不知不觉地承认了英格兰人的申辩是公正的。他说，这项教令是在克莱门特七世刚从圣安杰洛逃出来时发的，克莱门特七世对查理五世感到愤怒和恼恨。至于其他承诺，克莱门特七世可能给，也可能不给。如果克莱门特七世说会做出有利于亨利八世的判决，可能只是想说这样的判决是为了亨利八世好，或者克莱门特七世像许多刑事法官经常做的那样——给罪犯希望是为了从罪犯嘴里套出口供。这种做法是合法的，值得称赞的。

英格兰人给出的理由是，像欧斯塔塞·沙皮所说这样的法官是不可能受委托审理英格兰王国的诉讼案的。亨利八世对离婚案的处理再有效不过了。约翰·斯托克斯利发完言，接着是爱德华·李，然后是皇家礼拜堂的主持牧师理查德·桑普森。理查德·桑普森直言不讳地肯定克莱门特七世在英格兰王国没有什么固有的权利。人民可以给克莱门特七世权威，就可以夺去克莱门特七世的权威。欧斯塔塞·沙皮回答说，在亨利八世即位时，克莱门特七世的权威就已经确立。亨利八世自己也承认这一点，才把自己的案子交给克莱门特七世判决。托马斯·克兰默在场，但没有直接参与。不过，他提出了真正的问题，他通过卡思伯特·滕斯托尔暗示克莱门特七世屈服于查理五世的控制，丧失了判案的能力。这就是问题的关键。允许查理五世来裁定英格兰王国的诉讼案，就是要使英格兰王国成为神圣罗马帝国的附庸国。对这一点，欧斯塔塞·沙皮没有什么有力的答案，因为给不出答案。欧斯塔塞·沙皮也谨慎地提出了托马斯·克兰默的不恰当之处，从而扭转了争论。

枢密院的普通信徒都把讨论留给了主教。欧斯塔塞·沙皮认为自己占了上风。他以为托马斯·霍华德也这么想，因为托马斯·霍华德在爱德华·李被奚落后站了起来，说亨利八世的第二次婚姻是既成事实，再行争论是浪费时间。英格兰王国已经通过了《继承权法案》。托马斯·霍华德作为一个英格兰臣民，将维护《继承权法案》到滴尽最后一滴血。拒绝遵守《继承权法案》是严重叛国罪。既然如此，阿拉贡的凯瑟琳和玛丽·都铎公主必须依法处理。亨利八世本人也不能违抗事关国家安宁的《继承权法案》。

欧斯塔塞·沙皮是不会屈服的。他说，他们的律法，就像穆罕默德的律法，是以刀剑执行的律法，甚至比这更恶劣，因为穆罕默德没有强迫他的臣民向自己立的律法起誓。欧斯塔塞·沙皮没有完全说实话，因为他知道阿拉贡的凯瑟琳已经同意使用武力。他补充说，如果枢密院害怕两个既没有办法也没有意愿给他们带来麻烦的可怜软弱的女士，他们就对自己的力量太没信心了。

枢密院说他们会向亨利八世报告此次谈话内容。于是，谈话结束了。后来，欧斯塔塞·沙皮又私下和托马斯·克伦威尔谈了话，再次警告托马斯·克伦威尔，如果使用暴力，英格兰王国将面临真正的危险。托马斯·克伦威尔说会尽全力阻止。但人们普遍担心，在安妮·博林的怂恿下，亨利八世会采取极端的手段。也许这个问题会被提交给议会。有人认为也许阿拉贡的凯瑟琳和玛丽·都铎公主会被送进伦敦塔。①欧斯塔塞·沙皮认为战争很快就会爆发。于是，他问亚当·奥特本，如果克莱门特七世下令起兵征讨英格兰王国，苏格兰人是否会听从。亚当·奥特本的答案是，他们当然会听从，尽管他们可能会假装惋惜没有必要兵戎相见。

欧斯塔塞·沙皮期待的暴力手段并没有在各国的考虑之中。如果再也没有温和处理的充分理由，欧洲方面会有很大的意见。枢密院尝试呼吁阿拉贡的凯瑟琳本人遵守《继承权法案》。爱德华·李和卡思伯特·滕斯托尔都曾是她的朋友。他们去找阿拉贡的凯瑟琳，向她解释《继承权法案》的性质，说服她遵守。关于这次面谈有两个记录，一个是爱德华·李和卡思伯特·滕斯托尔的记录，还有一个是阿拉贡的凯瑟琳的朋友提供给欧斯塔塞·沙皮的。爱德华·李和卡思伯特·滕斯托尔说阿拉贡的凯瑟琳非常愤怒和痛苦，用激烈的言辞打断他们，宣布自己是亨利八世的合法妻子，她和威尔士亲王阿瑟·都铎从来没有过正式的关联。克莱门特七世已经宣布支持她。托马斯·克兰默不过是个傀儡。议会的法案与她无关。②欧斯塔塞·沙皮的记录并没有太大的不

---

① 欧斯塔塞·沙皮致查理五世的信，1534年5月19日，《西班牙档案》，伦敦，1877年，第5卷，第155页到第166页。——原注
② 爱德华·李和卡思伯特·滕斯托尔致亨利八世书信，1534年5月21日，《英国政府国内外纪事档案——亨利八世时期》，伦敦，1862年到1932年，第7卷，第270页。——原注

同，尽管爱德华·李和卡思伯特·滕斯托尔都曾经是她坚定的支持者，极不可能像欧斯塔塞·沙皮描述的那样残暴。欧斯塔塞·沙皮说爱德华·李和卡思伯特·滕斯托尔不仅提到了违反《继承权法案》的惩罚①，还告诉阿拉贡的凯瑟琳，如果她坚持不遵守，可能会被处死。阿拉贡的凯瑟琳回答说，他们中的任何人如果有执行令，可以立即处死她。她只请求行刑仪式公开，面对民众，她不要在自己的房间里被谋杀。②

爱德华·李和卡思伯特·滕斯托尔此次的任务与其说是强求，不如说是建议。提出特别要求的与其说是亨利八世，不如说是阿拉贡的凯瑟琳。阿拉贡的凯瑟琳不愿意对《继承权法案》起誓，坚持她的家眷也应该得到豁免。阿拉贡的凯瑟琳要求一个告解神父，一些王室教堂神父，一个医生，一些男仆，以及亨利八世能允许范围内尽可能多的女仆，并且除对亨利八世和她自己宣誓忠诚之外，这些人都不用进行其他宣誓。亨利八世没有过多为难阿拉贡的凯瑟琳。这出乎阿拉贡的凯瑟琳意料之外。要是亨利八世早知道这些随从的用途，就不会这样了。誓言是为本国臣民而准备的，不能强迫阿拉贡的凯瑟琳起誓，也不能牵连她的西班牙告解神父或她的外国仆人。③亨利八世说如果阿拉贡的凯瑟琳的要求合理，可以批准一些。阿拉贡的凯瑟琳可以随心所欲地安排家里的人，只要这些人发誓效忠于亨利八世，效忠于阿拉贡的凯瑟琳。但只能把她当作王太后效忠，而不是当作王后。

欧斯塔塞·沙皮的任务是把这事以最坏的样子告知查理五世。亨利八世和朝臣都在里士满。欧斯塔塞·沙皮去了里士满，向枢密院提出抗议，要求与亨利八世面谈。亨利八世不想见他，但给他捎了一个口信，告诉他会调查过去的事，并且给他一个答复。两年来，欧斯塔塞·沙皮一直在徒劳地煽动战争，对

---

① 爱德华·李和卡思伯特·滕斯托尔也承认这一点。——原注
② 欧斯塔塞·沙皮致查理五世的信，1534年5月29日，《西班牙档案》，伦敦，1877年，第5卷，第169页。——原注
③ 因此，亨利八世的话无疑意味着，"他不允许任何一个本国臣民拒绝宣誓"。《英国政府国内外纪事档案——亨利八世时期》，伦敦，1862年到1932年，第7卷，第272页。——原注

阿拉贡的凯瑟琳和玛丽·都铎公主受到的伤害夸大其词。其他人，也许还有欧斯塔塞·沙皮自己，真的认为阿拉贡的凯瑟琳的生命处于危险之中。在描述了发生的事情后，欧斯塔塞·沙皮写道："每个人都害怕阿拉贡的凯瑟琳受伤害。安妮·博林说不将阿拉贡的凯瑟琳除掉会永不瞑目。这真是可怕，简直不可思议。然而，考虑到亨利八世如此固执，安妮·博林又如此邪恶，这一切就都可以理解了。"[①]安妮·博林可能真的是个很危险的人物。从表面上看，亨利八世是在尽可能挽回一个不愉快的局面。枢密院司法委员会向欧斯塔塞·沙皮保证，他们会受理他的抗议。现在，阿拉贡的凯瑟琳可以自己过自己的日子，自己管理自己的家眷，不会再受一点迫害。她的家眷可以按自己的意愿或她的意愿起誓或不起誓。他们忠心耿耿，继续为她服务，协助她处理日益危险的信。

欧洲的天空因即将来临的暴风雨而渐渐变得阴沉。弗朗索瓦一世没有忘记帕维亚之耻。查理五世无法征服英格兰王国，就如他无法许诺用加来贿赂法兰西王国一样。查理五世的代表继续在罗马忙着牵制克莱门特七世。又有新的建议提出，让弗朗索瓦一世和亨利八世会晤。1534年夏，在加来，亨利八世将再次与弗朗索瓦一世会面。气势汹汹的英法同盟仍是查理五世不得不担心的事。查理五世对欧斯塔塞·沙皮的话没有多少信心，还是非常希望通过平稳的措施挽回亨利八世。查理五世和克莱门特七世可能会派一个联合大使团到英格兰王国，就英格兰王国与罗马教廷决裂问题提出抗议。就算没有结果，他们的立场也已让全世界都看到了，能经受住英格兰舆论的审视。然而，现在，克莱门特七世故意制造麻烦，并不想帮助查理五世摆脱窘境。查理五世强迫克莱门特七世做出判决，但没有答应帮他执行惩戒措施。现在，查理五世可能会意识到把克莱门特七世逼上绝路带来的麻烦。费尔南多·德·席尔瓦再次接到指示，要求推迟执行令的发布，或者推迟召集世俗军队。克莱门特七世觉得自己被利用了，被骗了，自然很气愤。费尔南多·德·席尔瓦提出了建议。克莱门特七世"用

---

① 《西班牙档案》，伦敦，1877年，第5卷，第172页。——原注

他一般被某个话题惹恼时表现出的那种平静态度说……如果查理五世愿意,可以派去大使团……这样一点用处也没有……但可能也不会有什么害处。当然,他必须先问问弗朗索瓦一世"。费尔南多·德·席尔瓦不喜欢克莱门特七世提到法兰西王国。克莱门特七世继续满怀敌意地说,如果他没有去马赛,法兰西王国肯定会像英格兰王国那样与罗马天主教教会决裂,建立法兰西自己的宗主教区。事实上,克莱门特七世害怕事情会变成那样。弗朗索瓦一世告诉他,自己是如何被逼同意支持英格兰王国,又是如何将自己的反悔说成是正义之举的。费尔南多·德·席尔瓦只能说弗朗索瓦一世的宗教信仰真是独特。[①]

联合大使团并未被派往英格兰王国。在未找到愿意发动战争的君主前,克莱门特七世无法召集世俗军队。没有人愿意先动。亨利八世和弗朗索瓦一世在加来的会晤被无限期推迟。弗朗索瓦一世抱怨亨利八世态度专横,"他有时和我说话,好像我是他的臣民一样"。对放弃会晤,亨利八世对外的解释是自己觉得离开英格兰王国不方便。欧斯塔塞·沙皮的一封信解释了亨利八世的不便之处是什么:亨利八世不在英格兰王国时,安妮·博林会摄政。目前,安妮·博林的精神状态难担此任。1534年6月23日,在写给查理五世的信中,欧斯塔塞·沙皮说:"我得到可靠消息称,安妮·博林不止一次非常肯定地说,亨利八世一跨过英吉利海峡去见弗朗索瓦一世,她一当上摄政王后,就会用剑或其他方法杀死玛丽·都铎公主。安妮·博林的弟弟乔治·博林告诉她,这么做会冒犯亨利八世。安妮·博林回答说,她不在乎会不会冒犯亨利八世。就算事后被活活烧死或剥皮,她也会这么做的。玛丽·都铎公主知道自己危险,但并不担心,她相信上帝会保佑自己。"

因故意轻信而流传的故事,不可全信。但这样的故事的存在,体现了安妮·博林为自己挣得了什么名声。在某种程度上,这些名声她当之无愧。欧斯塔塞·沙皮又向查理五世发出了一次警告。

---

① 费尔南多·德·席尔瓦致查理五世的信,1534年6月6日,《西班牙档案》,伦敦,1877年,第5卷,第174页。——原注

欧斯塔塞·沙皮接着说："请原谅我强求于您,但除非您立即考虑,否则一切都将无法补救。路德教传播得很快,亨利八世认为路德教教会帮自己得到人民的支持,并且能让自己获得德意志人的支持。只要没有外在的危险,英格兰议会就会同意亨利八世的所有愿望。如果您对亨利八世所作所为视而不见,他会继续这样下去。虔诚的天主教教徒认为,牵制法兰西王国和神圣罗马帝国最容易的方法是从英格兰王国下手。这做起来很容易。准备起义的人只等您发出信号。"①

阿拉贡的凯瑟琳的朋友无法理解查理五世为什么无动于衷。阿拉贡的凯瑟琳也因此心烦意乱。她曾寄希望于克莱门特七世的判决,以为判决一出,自己的离婚案也就结束了。欧洲天主教的态度会迫使亨利八世屈服。克莱门特七世的惩戒令就像闪电般闪了闪,但制裁的行动迟迟未发生。英格兰王国的普通信徒悬着心等了很久。现在,他们已经开始在想,与克莱门特七世相比,托马斯·克兰默才是真实存在的教皇。由于与外界隔绝,阿拉贡的凯瑟琳以为自己被抛弃了,不然就是查理五世对自己的关心还没有到让他出兵干涉的地步。如果在西班牙都没有人替她说话,欧斯塔塞·沙皮至少可以向她表明她的同胞没有忘记她。阿拉贡的凯瑟琳向欧斯塔塞·沙皮发出紧急信息,求他去看望自己。欧斯塔塞·沙皮对查理五世犹豫不决的政策感到不耐烦,决定去看望阿拉贡的凯瑟琳。欧斯塔塞·沙皮向枢密院申请探视许可,被拒绝了。但枢密院不能禁止他到英格兰王国的沃尔辛厄姆朝圣。去沃尔辛厄姆的路就在金博尔顿附近。欧斯塔塞·沙皮写信给托马斯·克伦威尔说,无论离不离开英格兰王国,自己都要去诺福克,并且打算去见阿拉贡的凯瑟琳,随便金博尔顿城堡的守卫让不让自己进。反正自己已经正式告知此事,所以不能说自己是暗中行动了。

1534年7月中旬,欧斯塔塞·沙皮带着六十个骑马的随从和一队居住在伦敦的西班牙人,耀武扬威、大张旗鼓地骑马穿过伦敦,从大北路出发。欧斯塔

---

① 欧斯塔塞·沙皮致查理五世的信,1534年6月23日,《西班牙档案》,伦敦,1877年,第5卷,第198页到第199页。——原注

塞·沙皮在路上走了一晚。第二天晚上，欧斯塔塞·沙皮到了离阿拉贡的凯瑟琳住处不到几英里的地方。这时，阿拉贡的凯瑟琳家里的两个手下赶到，暗示欧斯塔塞·沙皮不会让他进去。欧斯塔塞·沙皮要求看他们接到的命令，但他们拿不出来。欧斯塔塞·沙皮说，由于马上就要到达旅程的目的地，他不打算回头。欧斯塔塞·沙皮本想坚持下去的，但阿拉贡的凯瑟琳或她的人给欧斯塔塞·沙皮捎来了一个口信，说自己不能接待他，如果他愿意，可以去沃尔辛厄姆，但决不能进入金博尔顿城堡的弓箭范围内。阿拉贡的凯瑟琳一定是接到了什么强制命令。接着，又传秘来了第二个秘密消息：虽然她不敢说，但她很感激他的到访。尽管欧斯塔塞·沙皮不能自己去，但他的一队随从可以走到金博尔顿城堡门口。

于是，第二天早晨，在七月晴朗的天空下，人们看到一支华丽的西班牙骑兵队在金博尔顿城堡的窗户下游行，"阿拉贡的凯瑟琳感受到极大的安慰，从城垛上对他们说话。农民既惊讶又高兴，好像救世主弥赛亚真的来了似的"。去沃尔辛厄姆朝圣也被放弃了，以免有人认为这是此次旅程的真正目的。欧斯塔塞·沙皮带着礼貌的讽刺语气，给亨利八世送去了一个消息，说他是遵照亨利八世陛下的意愿放弃了朝圣。他从另一条路返回伦敦，以便让更多百姓看到。

欧斯塔塞·沙皮在讲述自己此次探险之旅时说："现在，查理五世应该看到情况如何了。阿拉贡的凯瑟琳几乎是亨利八世的俘虏。"他说，"那所房子保存得很好，也很好找，就是有人抱怨供给不足。除宫廷侍女以外，阿拉贡的凯瑟琳还有五六个侍女。"[①]

[①] 欧斯塔塞·沙皮致查理五世的信，1534年7月27日，《西班牙档案》，伦敦，1877年，第5卷，第219页到第220页。——原注

第 16 章

克莱门特七世去世

在别人看来，英格兰贵族不过是亨利八世实施无常暴政的听话工具，只要亨利八世高兴，一声令下，他们随时可以离婚或谋杀妻子，或者处决主教。但英格兰贵族即将证明，他们的服从是有限度的，看到时机，就会证明自己是独立的。威廉·戴克男爵是英格兰北方最强大的贵族之一。他因支持阿拉贡的凯瑟琳而闻名，尤其受到安妮·博林的憎恶。他的名字出现在欧斯塔塞·沙皮拿到的起义支持者的名单中。在起义时，名单中的人都是可以依靠的力量。因此，英格兰政府有理由紧紧盯着威廉·戴克男爵。作为戍边大臣，威廉·戴克男爵一直与苏格兰人保持着联系。让苏格兰人入侵英格兰王国以执行克莱门特七世的惩戒令也是欧斯塔塞·沙皮计划的一部分。威廉·戴克男爵涉嫌与苏格兰人暗中交易。1534年6月，在卡莱尔，威廉·戴克男爵因叛国罪受到指控并被送往伦敦受审。威廉·戴克男爵被带到上议院会议厅。英格兰上议院将在十二个法官的协助下对他进行审判。被英格兰王国政府起诉，最后无罪释放的犯人非常少。枢密院准备了证据，起草了辩词，如果将威廉·戴克男爵带进了上议院会议厅，枢密院也必须对自己的指控负责，因为如果枢密院指控有误，会降低人民对枢密院的信任度。对威廉·戴克男爵的起诉是托马斯·克伦威尔着手的。托马斯·克伦威尔也许已经得知威廉·戴克男爵的所作所为中许多不便提交法庭审理的细节。上议院贵族把托马斯·克伦威尔看作是另一个托马斯·沃尔西，另一个入侵贵族阶层的平民，在对有着古老血统的贵族放肆。安妮·博林则对威廉·戴克男爵怀有恶意。上议院贵族马上就会让安妮·博林知道她的权力是有限的。在法庭上，威廉·戴克男爵讲了七个小时，法庭上的人无不对他满怀同情，一致宣判他无罪。伦敦城点燃篝火和彩灯庆祝威廉·戴克男爵被无罪释放。上议院法庭颜面扫地。托马斯·霍华德作为审判长，不得不接受一个只有他自己不赞成的判决。[1]在神圣罗马帝国，威廉·戴克男爵被无罪释放被当作是上帝准备惩罚亨利八世而制造的骚乱的开始。[2]

爱尔兰传来了更严重的消息。当英格兰天主教教徒低声抱怨不满，等待外援时，欧斯塔塞·沙皮向查理五世推荐的"前途无量的青年"托马斯·菲茨杰拉德公开叛乱了。他抛弃了对亨利八世的忠诚，将亨利八世当成一个被逐出教会的君主。托马斯·菲茨杰拉德是个凶残的野蛮人，但他的罪行是以宗教的名义犯下的。在《英国历史——从托马斯·沃尔西倒台到西班牙无敌舰队失败》中，我描述这场叛乱时，把它与托马斯·莫尔和约翰·费希尔的神圣宗教事业联系在一起，被指有失公允，受到许多严厉指责。在这里，我要提到一些新细节证明我是正确的。爱尔兰的起义是被用同样的手段策动起来的，就是同一个阴谋的一部分。罗马和各地教皇的党羽都认为这是圣战的第一击。

一开始，爱尔兰叛乱者谋杀了一个虚弱的老人——都柏林大主教约翰·阿伦。约翰·阿伦被从床上拖出来，托马斯·菲茨杰拉德亲手杀死了他。在帕莱地区[3]叛乱迅速蔓延开来。欧斯塔塞·沙皮高兴地记录了叛乱的进展。英格兰人对叛乱措手不及。爱尔兰总督威廉·斯凯芬顿是个傻瓜。欧斯塔塞·沙皮认为，爱尔兰实际上已经回归罗马教廷。查理五世和克莱门特七世只要稍

---

[1] 欧斯塔塞·沙皮致查理五世的信，1534年7月27日，《英国政府国内外纪事档案——亨利八世时期》，伦敦，1862年到1932年，第7卷，第389页。——原注
[2] 费尔南多·德·席尔瓦致查理五世的信，1534年8月1日，《西班牙档案》，伦敦，1877年，第5卷，第229页。——原注
[3] 中世纪后期爱尔兰岛上由英格兰政府直接控制下的领土。——译者注

微帮助托马斯·菲茨杰拉德一下，就能让爱尔兰的异教徒和他们所有努力成果化为乌有。①

两周后，欧斯塔塞·沙皮的信写得更热情洋溢。托马斯·菲茨杰拉德是爱尔兰岛真正的主人。亨利八世被迫问托马斯·菲茨杰拉德要什么条件。托马斯·菲茨杰拉德拒绝听从并在爱尔兰到处驱逐英格兰人。

欧斯塔塞·沙皮说，所有准备起义的优秀人物对托马斯·菲茨杰拉德的做法都感到欢欣鼓舞。这个局势的逆转是解决英格兰王国问题的良好开端。天主教一派热切地希望查理五世不要错失这个机会。欧斯塔塞·沙皮被来自四面八方的恳求包围。"一位杰出的贵族在英格兰国内约见了我，并且郑重地向我保证，只要查理五世稍微采取一点行动，就可以结束这一切。"托马斯·菲茨杰拉德"点燃了所有人的心，他们渴望追随"。

由于托马斯·菲茨杰拉德这个消息可能无法激起查理五世的斗志，欧斯塔塞·沙皮又补充了要抓紧行动的另一个理由，即阿拉贡的凯瑟琳和玛丽·都铎公主有生命危险。有人听托马斯·克伦威尔说她们的死能结束所有争斗。托马斯·博林也说过同样的话。现在，令人担心的是议会重新开会时会根据《继承权法案》对阿拉贡的凯瑟琳和玛丽·都铎公主进行审判。②

如果托马斯·克伦威尔和托马斯·博林真的像别人说的那样说了这些话，其邪恶目的昭然若揭。阿拉贡的凯瑟琳是一个确诊的病人。玛丽·都铎公主刚刚患了一种可怕疾病。终于，欧斯塔塞·沙皮劝玛丽·都铎公主不要再和安妮·谢尔顿吵架。玛丽·都铎公主勉强忍着这种屈辱的处境，无可奈何地跟着伊丽莎白·都铎公主从一处搬到另一处。然而，这种烦恼已经影响到她的健康。在欧斯塔塞·沙皮与那个"杰出的贵族"的谈话中，玛丽·都铎公主的生命

---

① 欧斯塔塞·沙皮致查理五世的信，1534年8月11日，《西班牙档案》，伦敦，1877年，第5卷，第243–244页。——原注
② 欧斯塔塞·沙皮致查理五世的信，1534年8月29日，《西班牙档案》，伦敦，1877年，第250页。——原注

因各种可能的正常死亡原因处于危险之中。安妮·博林希望玛丽·都铎公主死是再自然不过的事。不过，安妮·博林再次失望了，并且未能让亨利八世达成心中最大的愿望。这一点也很让亨利八世失望。安妮·博林说自己怀孕了，但后来，怀孕迹象又消失了。有传闻说，亨利八世对安妮·博林越来越冷淡。据宫廷丑闻所说，亨利八世对安妮·博林一些飞扬跋扈的言语的回答是自己为她做到这个份上，她应该知足了。如果要一切重新开始，他就不会做那么多了。报道还说，亨利八世有新的情妇。但由于丑闻中说亨利八世心仪的对象是一位忠于阿拉贡的凯瑟琳的女士，这段恋情可能不是真的。欧斯塔塞·沙皮没有在这一点上做什么文章。他知道安妮·博林想伤害玛丽·都铎公主的意愿从未停止。他相信安妮·博林对亨利八世的影响力仍然是巨大的。玛丽·都铎公主亲自告诉欧斯塔塞·沙皮，她发现有人想要杀了她。

正如欧斯塔塞·沙皮不得不承认的那样，玛丽·都铎公主可能面临的任何危险都来自同一个地方。他确定，"当枢密院的某些成员建议对玛丽·都铎公主采取严厉措施以取悦安妮·博林时"，亨利八世告诉他们，他绝不会同意。宫廷里没有任何人，无论是安妮·博林还是其他人，敢说玛丽·都铎公主的坏话。托马斯·克伦威尔说："亨利八世对玛丽·都铎公主的爱是对他最近出生孩子的一百倍。"枢密院要强制执行《继承权法案》并判玛丽·都铎公主死刑的说法纯属恶意编造。玛丽·都铎公主生病时，亨利八世表现出了深切的焦虑。他派自己的医生去照料玛丽·都铎公主，派人去金博尔顿请阿拉贡的凯瑟琳的医生。欧斯塔塞·沙皮承认，亨利八世生性善良。玛丽·都铎公主的死会对亨利八世造成沉重打击，无论安妮·博林和政客多么想看到玛丽·都铎公主死。除天性善良之外，亨利八世还意识到，在目前的情况下，如果玛丽·都铎公主遇害，将会成为自己名誉上的一个污点。

亨利八世不止一次出手干预，保护玛丽·都铎公主。亨利八世也许听说过安妮·博林威胁要在他按计划去加来时对玛丽·都铎公主做些什么。无论怎么说，玛丽·都铎公主是亨利八世和安妮·博林产生尖锐分歧的原因。当发现玛丽·都铎公主是怎样被强行押去了穆尔庄园后,亨利八世感到非常气愤。他允许玛丽·都铎公主在穆尔庄园时接受宫里各位女士、先生的公开探视。这让安妮·博林非常恼火。玛丽·都铎公主还获准在安妮·博林派人来叫她时拒绝离开房间。亨利八世还通过托马斯·克伦威尔下了最严格的命令,任何不尊重玛丽·都铎公主的人都会受到严厉的惩罚。①

尽管这一切可能是真的,但欧斯塔塞·沙皮对亨利八世的看法并没有改变,恐惧也没有减少,或者他挑起叛乱和革命的渴望也从未减弱。托马斯·菲茨杰拉德在爱尔兰的作为激起了英格兰王国的不满。欧斯塔塞·沙皮提到的贵族是林肯郡的斯利福德的赫西男爵约翰·赫西。在玛丽·都铎公主还是王位继承人、有自己的府邸和人马时,约翰·赫西曾是她的管家。约翰·赫西是阿拉贡的凯瑟琳的挚友。在公开自己的立场后,约翰·赫西又"极其秘密地"拜访了欧斯塔塞·沙皮。他告诉欧斯塔塞·沙皮,自己和英格兰王国里所有诚实的人都对查理五世迟迟不把事情摆平感到气馁,因为这是一件很容易办得到的事情。阿拉贡的凯瑟琳和玛丽·都铎公主的生命无疑受到了威胁。他们的事业是上帝的事业,查理五世必须维护这一事业。英格兰人民把查理五世视为他们天定的君主。欧斯塔塞·沙皮回答说,如果按照约翰·赫西的意愿行事,查理五世担心入侵英格兰王国会给许多无辜的人带来很大的伤害和痛苦。约翰·赫西被誉为智者。欧斯塔塞·沙皮问他,如果他在查理五世的位子上,他自己会做什么。约翰·赫西回答说,欧斯塔塞·沙皮和他自己都很了解英格兰王国的状况,几乎每个人都在盼着查理五世的帮助。英格兰人民不怕他带来的伤害,他们义愤填膺,不会有谁反对开战。战争可能只要一开始就能结束。约翰·赫西说,细节问题托马斯·达西男爵比他解释得更清楚。查理五世应该先发表开战宣言,那样英格兰人民就会拿起武器支持,英格兰贵族和神职人员也会加入。

---

① 欧斯塔塞·沙皮致查理五世的信,1534年10月24日,《西班牙档案》,伦敦,1877年,第5卷,第294页。——原注

约翰·费希尔也说过同样的话。不过，约翰·费希尔在伦敦塔里，旁人再也无法接近。大家都知道托马斯·达西男爵起草了托马斯·沃尔西的诉状。托马斯·达西男爵曾加入十字军，曾在斐迪南二世和伊莎贝拉一世手下打过仗。他同情西班牙人，并且能够像他自己说的那样，从北方各郡带八千人上战场。在约翰·赫西的推荐下，欧斯塔塞·沙皮悄悄派一个仆人去见托马斯·达西男爵。托马斯·达西男爵说，他和他的朋友约翰·赫西一样，对讨伐亨利八世满怀热忱。托马斯·达西男爵曾经和别人一样忠诚于亨利八世，但事情发展得太离谱了，尤其在宗教问题上，他不能再忍受下去了。北方有六百个贵族和绅士，他们和托马斯·达西男爵想的一样。英格兰议会即将采取有利于路德教教会的措施。托马斯·达西男爵要去约克郡，打算在约克郡发动反抗。如果查理五世愿意帮助他，他会站在十字军的阵营，举起卡斯蒂尔的旗帜，与苏格兰人保持步调一致。托马斯·达西男爵揭竿起义后，苏格兰军队可能会立即越过边境入侵英格兰王国。同时，神圣罗马帝国军队会抵达泰晤士河河口。佛兰德斯一个营的士兵登陆赫尔，带上武器和金钱分给穷一些的绅士，让这些绅士加入战斗。托马斯·达西男爵和托马斯·菲茨杰拉德将让自己的军队参战。托马斯·达西男爵说，许多贵族完全同意自己的看法。他特别提到了德比伯爵爱德华·斯坦利和威廉·戴克男爵。[①]

这封信十分重要，它解释了为什么在随后的议会中必须通过一些法律来强迫英格兰臣民对国王忠诚。一场筹谋已久、危险至极的叛乱正在迅速酝酿。后来的求恩巡礼就能证明其危险程度。托马斯·达西男爵和约翰·赫西是求恩巡礼事件的主要领导者。英格兰政府部门行事利落。亨利八世和托马斯·克伦威尔知道的比他们为了谨慎起见公布的要多得多。酝酿中的这场叛乱难以对付，因为它被以宗教的名义神圣化了，公开宣称其目的是执行克莱门特七世的

---

① 欧斯塔塞·沙皮致查理五世的信，1534年9月30日，《英国政府国内外纪事档案——亨利八世时期》，伦敦，1862年到1932年，第7卷，第466页。《西班牙档案》，伦敦，1877年，第5卷，第608页。——原注

简函。这场风暴按计划会席卷整个英格兰王国。托马斯·菲茨杰拉德在爱尔兰的起义不过是第一场叛乱。在议会，亨利八世身边投票赞成宗教改革法案的贵族中，有一半人的内心深处支持他的敌人。亨利八世有权对他们进行忠诚度测试，并且强迫他们宣布他们是自己的臣民还是克莱门特七世的臣民。

有那么一段时间，危险好像已经过去了。1534年10月，克莱门特七世结束了教皇生涯。枢机主教法尔内塞以称号保罗三世继任教皇，在英格兰王国广为人知。根据欧斯塔塞·沙皮的说法，克莱门特七世死后，亨利八世指望教会内部出现分裂，选举如此顺利进行让亨利八世感到失望。但在离婚案中，保罗三世是站在亨利八世一边的。英格兰枢密院原以为与罗马教廷的争吵现在可以平息了。在谴责克莱门特七世时，托马斯·霍华德声音最大。但他认为亨利八世作为天主教国家的君主，应该服从克莱门特七世的继任者。甚至托马斯·克伦威尔也把同罗马教廷决裂的责任归咎于克莱门特七世本人。他听到克莱门特七世去世时大声地说"大魔鬼死了"。亨利八世比他的大臣更清楚，"大魔鬼"不是哪一个教皇，而是教皇职位本身。亨利八世已经解放了自己的王国，并不想把王国带回到原来的束缚中。亨利八世对托马斯·霍华德说："不要让任何人试着说服我再往回迈出这样一步。对我来说，教皇就和我王国中任何一个神父一样。"① 保罗三世无疑希望亨利八世向自己示好，并且做好了准备接受示好。保罗三世告诉格雷戈里·迪·卡萨莱，他已经就克莱门特七世对离婚案的判决是否可以收回重判及是否做出对亨利八世有利的判决征求了律师观点，律师向他保证不会有任何困难。保罗三世显然希望亨利八世相信，如果亨利八世把自己交到教皇手里，现在就可以心想事成。然而，亨利八世非常谨慎，不会被掌控。亨利八世说，保罗三世必须用行动，而不是言语来证明。如果保罗三世是真诚的，会主动撤销克莱门特七世的判决。保罗三世是靠弗朗索瓦一世的影响力当选的。他试图使亨利八世屈服，但徒劳无功。亨利八世再也不会

---

① 欧斯塔塞·沙皮致查理五世书信，1534年10月13日，《西班牙档案》，伦敦，1877年，第5卷，第279页。——原注

被那些含糊不清的话打动了。他曾经相信他们的话，却尝尽了苦头。亨利八世尽管知道自己被背叛者包围，但不愿再寻求缓和妥协的办法，而是径直朝前走。下议院和亨利八世站在一起，每召开一届会议就变得对他更死心塌地。贵族和神职人员可能会私下密谋，但在公共场合，作为英格兰王国的高级阶层，他们没有胆量反对亨利八世。

  1534年11月，英格兰议会召开会议。这届会议载入史册的伟大使命，就是通过《至尊法案》，详细说明并解释两年前，即1532年召开的神职人员代表大会授予亨利八世的头衔的含义。《至尊法案》不再受保留条款限制，规定无论什么案件，法律规定的一切宗教和民事的最高权力都归王国政府所有。罗马教廷在英格兰王国残留的最后一点司法权被彻底清除，消失殆尽。此后，未经英格兰政府和议会的批准，再没有法律、禁令或自以为是审判英格兰臣民良心的权力可以作为约束英格兰臣民行为的规则。此后，无论是英格兰王国的神职人员还是外国的神职人员，都不得行使任何未经英格兰王国授予和受英格兰王国法律限制的权力。管理圣事的特殊权力除外，这一特殊权力是无法剥夺的。自此，对亨利八世和教皇双重忠诚是不可能的。教皇曾试图废黜亨利八世，而《至尊法案》是英格兰王国的回答。

  仅仅制订一项法律是不够的。爱尔兰处于暴乱之中。英格兰王国一半的贵族和一半以上的神职人员[①]，都在请求西班牙王国攻打英格兰。在认真进行已经开始的宗教改革时，亨利八世和下议院不得不采取更有力的措施来区分朋友和敌人。如果持反对意见的天主教教徒真的占了他们自称的绝大多数，宪法会赋予他们合法反对的权力。如果持反对意见的天主教教徒嘴里说着和投票支持着某项政策方针，暗地里却谋划着要推翻它，那么迫使他们露出自己的真实面目也是公平合理的。因此，议会进一步规定，否认王权至上，也就是支持教皇剥夺亨利八世王位的权力，就是严重叛国罪，并且在《至尊法案》解释得

---

① 无论是宗教的还是世俗的。——原注

如此清楚明了，还公开持疑问的人，应该被审问，如果拒绝回答，则应被视为承认自己有罪。在和平时期，这样的措施是没有必要的，也是专制的。只有事实才能证明是否有罪未罚。面对欧斯塔塞·沙皮的信，我们很难坚持说亨利八世的政府进行宗教改革没有危险。我们必须根据《至尊法案》面临的现实危险来评判它。如果宗教改革是犯罪，那么用以维持宗教改革的法律也是犯罪。如果宗教改革是英格兰王国全新辉煌时代的曙光，如果宗教改革打开了一个喷泉，让英格兰人的智慧从喷泉中涌出，流向整个地球广阔的表面，那么那些守护宗教改革试行阶段，使改革得以推进，使宗教改革不受到内战伤害和侮辱的人，他们的决心值得尊重，他们不应该被骂是专横的暴君。在民族危亡之际，以和平时代的标准来评判政治家的行为，是最不公平的历史评判。

真相就是如此。基督教世界的普世法律禁止教徒与兄弟的妻子结婚。国王、公爵和其他大人物，他们乐意替自己的儿女安排一切。他们发现，出于政治或家庭的原因，建立法律禁止的姻亲关系往往是适宜的。因此，他们供养教皇，让教皇声称可以考虑将错误的变成正确的。对这样安排的婚姻来说，给它附加与合法缔结婚姻相同的义务是荒谬的。如果这样的婚姻未修成正果，教皇同样可以将这样的婚姻终结。这种事并不少见。教皇一再被要求行使这项职能，也被要求考虑行使这项职能。教皇通常是顺从的。亨利八世还是个男孩时就娶了阿拉贡的凯瑟琳。这是他们各自的父亲之间达成的协议。这桩婚姻失败的原因是没达到王室婚姻最重要的目标：没有男性王位继承人，也没有任何生下男性继承人的可能。因此，亨利八世和欧洲其他君主一样，向教皇申请援助。教皇很愿意承认这是一个可以发挥自己的权力批准的请求。但他的另一个支持者干涉了，逼他拒绝。亨利八世一直支付着自己那一份给教皇的赡养费。但他被粗暴地剥夺了一项特许权，而这项特许权是大家公认他有权要求的。要不是教皇假装能让非法行为合法化，亨利八世就不会落到今天这步田地。亨利八世发现自己受到了不公待遇，开始怀疑教皇到底有没有能力把错误的变成正确的，怀疑这段婚姻是不是从一开始就是错的。这是再自然不过的事情了。当人们怀疑教皇是不是全能的神父时，教皇开始习惯性地诅咒，还有什么比抛弃教皇、剥夺教皇权力更自然的事情呢？

　　《至尊法案》的通过加剧了人们对玛丽·都铎公主地位的焦虑。在大多数通情达理的人看来，玛丽·都铎公主对王位的继承权高于伊丽莎白·都铎公主。如果玛丽·都铎公主向亨利八世屈服，她的继承权很可能会得到允许和确立。然而，在心怀不满的人眼中，克莱门特七世的判决已经让玛丽·都铎公主成为王位的合法拥有者。雷金纳德·波尔还在国外。亨利八世曾试图拉拢他，但没有成功。雷金纳德·波尔拥有白玫瑰家族的血统。他和哥哥亨利·波尔一道成为亨利八世的对手。在那个忠于血统的年代，雷金纳德·波尔的出生给了他在英格兰王国的影响力。正如人们所见，阿拉贡的凯瑟琳把雷金纳德·波尔当作玛丽·都铎公主的丈夫。雷金纳德·波尔已经引起了查理五世的注意，很可能会在这场酝酿的叛乱中发挥作用。在写给查理五世的一封信中，欧斯塔塞·沙皮说，阿拉贡的凯瑟琳不知道自己更希望女儿嫁给谁。许多有正义心的人认为，王位会落到克拉伦斯家族手中，因为作为爱德华三世的子孙，都铎家族都是私生子。如果查理五世派遣一支有雷金纳德·波尔的军队出战，每个人都会拥护他。他的弟弟杰弗里·波尔也是查理五世的常客。欧斯塔塞·沙皮再次坚称，没有什么比征服整个英格兰王国更容易的了。①

　　现在，欧斯塔塞·沙皮的目的是把玛丽·都铎公主带到国外，一部分原因是为了让她和雷金纳德·波尔结婚，一部分原因是为了她的安全着想。尽管亨利八世非常关心玛丽·都铎公主的健康和治疗，但亨利八世无法了解她日常生活的细节。安妮·博林变得越来越危险。在王宫里，阿拉贡的凯瑟琳和玛丽·都铎公主还有许多女性朋友。据说，其中一个年轻漂亮——因此当然不是朴素的简·西摩——的女性引起了亨利八世的注意。和前面提到的另一个女士

---

① 欧斯塔塞·沙皮致查理五世的信，1534年11月3日，《英国政府国内外纪事档案——亨利八世时期》，伦敦，1862到1932年，第7卷。第519页。——原注

简·西摩

一样,简·西摩也一心维护阿拉贡的凯瑟琳的利益。很明显,简·西摩不会企图得到亨利八世的爱慕。安妮·博林装出吃醋的样子,但她在其他方面也有不安的理由。她曾要求把这个女士赶出宫廷,并且情绪非常激烈。"亨利八世任安妮·博林在那里不高兴,抱怨她胡搅蛮缠、无理取闹。"玛丽·都铎公主可能重新复位经常让安妮·博林感到惊恐不安。安妮·博林有一个由她赞助的派系,受她影响，随时准备为取悦她而行动。因此，阿拉贡的凯瑟琳和玛丽·都铎公主抱怨的烦恼并未停止过。金博尔顿的随侍人员减少了，一个给阿拉贡的凯瑟琳通风报信的女佣被抓到并被解雇了。玛丽·都铎公主还在安妮·谢尔顿的监护下，她不敢公开得罪安妮·博林。欧斯塔塞·沙皮责怪的是安妮·博林。

安妮·博林讨厌玛丽·都铎公主，但亨利八世非常爱玛丽·都铎公主。在玛丽·都铎公主生病时，亨利八世一直刻意示好。当得知这病是由精神困扰引起时，他叹了口气说："很遗憾，她的固执让我无法按照自己的意愿和她应得的方式对待她。因为我知道她的行为是她母亲阿拉贡的凯瑟琳指示的，所以我不得不把她们分开。"①

枢密院委员似乎已就安妮·博林对玛丽·都铎公主的行为向安妮·博林提出了抗议。无论怎么说，安妮·博林和亨利八世的大臣之间出现了激烈争吵。安妮·博林对舅舅托马斯·霍华德说了一句"连对狗都不会说"的话。托马斯·霍华德愤怒地离开了房间，喃喃自语，她是一个"十分该死的女人"。托马斯·霍华德的这种不满情绪与日俱增，在言语和行动上表现得更大胆。亨利·珀西是安妮·博林早年的情人。托马斯·达西男爵一直怀疑他与安妮·博林有染。现在，亨利·珀西也公开表示对安妮·博林的恶意和傲慢非常反感，也把查理五世的到来当作唯一的解决办法。亨利八世的宫务大臣威廉·桑兹男爵假装生病，避居自己家中，给欧斯塔塞·沙皮送去一个消息，说查理五世拥有英格兰人民的民心，查理五世只要微微一动，整个英格兰王国就会陷入混乱。②托马斯·菲茨杰拉德那边传来的消息不太令人满意。他的人力物力不足，需要帮助，但他仍然很突出。然而，英格兰王国越来越有把握赢，北方各郡目标一致。在英格兰南部和西部，亨利·考特尼和波尔家族比任何可能对他们不利的势力都

---

① 欧斯塔塞·沙皮致查理五世的信，1534年12月19日，《西班牙档案》，伦敦，1877年，第5卷，第343页。——原注
② 欧斯塔塞·沙皮致查理五世的信，1535年1月14日，《英国政府国内外纪事档案——亨利八世时期》，伦敦，1862年到1932年，第8卷，第14页。——原注

要强。路德教的传播甚至比离婚案更令人恼火。温和派希望与新教皇保罗三世达成协议。而异端传教士比以往任何时候都更强烈地反对此举,据说是亨利八世鼓励了他们。乔治·布朗博士是奥斯定会修士,也是托钵修会的总长。正如一些人相信的那样,乔治·布朗博士为亨利八世和安妮·博林主持了婚礼,在布道时,乔治·布朗大胆坚持"主教和其他所有人,如果没有将教皇发给他们的诏书烧掉,同时还接受亨利八世的诏书,都应该受到惩罚。他们只能服从来

亨利八世和安妮·博林的婚礼

自亨利八世一人的权威。当他们听命于魔鬼的左右手——教皇时,神圣的圣油对他们毫无用处"。

在报告此事时,欧斯塔塞·沙皮说:"如此可憎的话一定是亨利八世或托马斯·克伦威尔鼓励的。托马斯·克伦威尔把乔治·布朗变成了自己的得力助手,做尽一切非法之事。托马斯·克伦威尔和托马斯·克兰默认同马丁·路德的观点,认为神父和主教之间没有区别,英格兰王国政府专门许可指派的除外。在这个问题上,托马斯·克伦威尔和一些法官还在摸索。"在一次枢密院会议上,托马斯·克伦威尔问斯蒂芬·加德纳和其他人,亨利八世是不是不可以随心所欲地任命和撤销主教。他们不得不回答说亨利八世可以随心所欲地任命和撤销主教以维护自己的利益。[①]

如此肆无忌惮的暴行使英格兰王国的保守思想派震惊到无法忍受。在1535年伊始,托马斯·达西男爵给欧斯塔塞·沙皮送去了一把剑作为礼物,暗示拔剑的时候到了。[②]只要让查理五世送一点钱过来,并且让人以查理五世的名义宣布英格兰人民为上帝和阿拉贡的凯瑟琳的崇高事业而战,为人民的安逸、秩序和恢复正义而战,届时,会有十几万人奔赴战场。现在是个好时机,如果行动再推迟,那就太晚了。[③]

对满腔热忱的人和满怀渴望的人来说,和自己最相关的事业似乎总是世界上最重要的。查理五世一直在努力逃避教皇和命运一起强加给他的责任。神圣罗马帝国动荡不安,土耳其人在匈牙利作乱,巴巴罗萨的海盗舰队控制着地中海,骚扰着西班牙海岸,另一场与法兰西王国的战争显然就要打响了,还有意大利又再次入侵,查理五世没有条件让亨利八世也成为他的敌人。欧

---

① 欧斯塔塞·沙皮致查理五世的信,1535年1月28日,《英国政府国内外纪事档案——亨利八世时期》,伦敦,1862年到1932年,第8卷,第38页。——原注
② 欧斯塔塞·沙皮致查理五世的信,1535年1月1日,《英国政府国内外纪事档案——亨利八世时期》,伦敦,1862年到1932年,第8卷,第1页。——原注
③ 欧斯塔塞·沙皮致查理五世的信,1535年1月28日,《英国政府国内外纪事档案——亨利八世时期》,伦敦,1862年到1932年,第8卷,第38页。——原注

斯塔塞·沙皮、托马斯·达西男爵、约翰·费希尔和雷金纳德·波尔受激烈情绪影响，相信亨利八世是反基督的，是扰乱世界的，是所有混乱的中心。其他一切都可以等，但查理五世必须先打倒反基督者，然后其他事情就容易了。查理五世比他们聪明，能更好地估计自己需要承担的风险。但他不能完全不听这样反复的恳求。然而，在采取任何行动前，必须采取措施保护阿拉贡的凯瑟琳和玛丽·都铎公主的人身安全，特别是玛丽·都铎公主，因为她最危险。到目前为止，当有人向查理五世建议时，查理五世都一直劝阻玛丽·都铎公主不要逃跑，因为查理五世认为玛丽·都铎公主一旦到了自己的手里，战争就再也无法避免了。现在，查理五世允许欧斯塔塞·沙皮尽他所能带玛丽·都铎公主离开英格兰王国，同时让欧斯塔塞·沙皮更详细地报告入侵部队如何登陆英格兰。

逃跑本身并不困难。玛丽·都铎公主一般都在格林尼治宫。她的朋友晚上会让她出去，一艘武装的驳船可以在城墙外等着她，另一艘佛兰德斯的军舰可以在诺尔河准备好接应。军舰的大小足以击退可能被派去追捕的船。如果玛

格林尼治宫

丽·都铎公主被转移到别处，讨伐英格兰就没那么容易了。欧斯塔塞·沙皮说，万一玛丽·都铎公主还在英格兰时就发生暴动，上议院的第一步就是控制阿拉贡的凯瑟琳和玛丽·都铎公主。如果起义失败，亨利八世会把她们送到伦敦塔去。但在伦敦塔里，她们会脱离危险，因为伦敦塔警官威廉·金斯顿爵士是她们的朋友。无论如何，欧斯塔塞·沙皮都不相信她们会受到伤害，亨利八世肯定觉得，如果战争爆发，她们就像科里奥拉努斯[①]的妻子和母亲一样，可以充当调解人。

[①] 公元前5世纪罗马共和国的将军，因脾气暴躁被逐出罗马，后率领军队攻打罗马，因其母亲和妻子替罗马求情而退兵。——译者注

第 17 章

英格兰王国爆发内战的可能性

表面上看,现在,英格兰王国正处于一场血腥并令人绝望的战争的前夕。谋反者对成功充满信心,但他们只与和自己见解一致的人交往,所以很难准确判断对手的实力。欧斯塔塞·沙皮及其朋友对爱尔兰同样充满信心。现在,爱尔兰的暴动正在逐渐平息,托马斯·菲茨杰拉德是一个亡命之徒。然而,亨利八世面临的战斗至少也会像他外祖父爱德华四世遇到的那样激烈,英格兰可能会四分五裂。只有一个情况非常不一样,爱德华四世时,是各玫瑰家族间自己发起的战争,没有等待国外援助,而亨利八世的反对派承认,如果查理五世没有公开宣布支持他们,他们是不敢行动的。当这个严肃的问题摆在面前时,查理五世不可能不问自己,亨利八世的反对派如果真像自己假装的那样强大,同时亨利八世的党羽像他们说的那样软弱,那为什么要忍受可以轻而易举阻止的事情。

在不得不决定要支持哪一方时,查理五世和西班牙枢密院自然而然会想到这些。按欧斯塔塞·沙皮说的,发动对英格兰的战争只是一场示威。但如果这场示威变成了一场严重的战争,那么英格兰王国和法兰西王国将真正地团结起来,英法同盟会再与德意志各邦国联合起来。欧洲将因一场无法预见结局的动乱而动荡不安。这个决定事关重大,查理五世在做出决定前停顿了一下。

几周过去了，除要他给阿拉贡的凯瑟琳的朋友都送去鼓励，让他们知道查理五世很重视他们的忠诚之外，欧斯塔塞·沙皮没有得到肯定的答复。阿拉贡的凯瑟琳厌倦了查理五世的犹豫不决，希望能让他快点下决心，便向欧斯塔塞·沙皮转达了这样一个消息：玛丽·都铎公主将被迫向《至尊法案》宣誓，如果拒绝，将被处死或终身监禁。阿拉贡的凯瑟琳也许写了她以为的，但实际并不知道的东西。当事情悬而未决、令人煎熬时，人们总是会想到最坏的情况。有消息传来，在西班牙塞维利亚，英格兰王国的海员被西班牙宗教裁判所当作异教徒烧死。托马斯·克伦威尔对欧斯塔塞·沙皮说："我听说查理五世要征服英格兰王国。"欧斯塔塞·沙皮很冷静地向托马斯·克伦威尔保证他是在做梦，查理五世从来没有过这样的企图，但托马斯·克伦威尔心里十分清楚。首先，托马斯·克伦威尔知道了玛丽·都铎公主的逃跑计划。他知道那意味着什么，也许他还阻止了。逃跑计划暂时被放弃了。玛丽·都铎公主没有逃走，而是表现出了与她以前患的疾病一样的症状。这是最大的危险信号，医生拒绝给玛丽·都铎公主开药，以免她死后，被怀疑给她下了毒。这是男性懦弱心理耐人寻味的证据。亨利八世的医生拒绝给玛丽·都铎公主诊断。阿拉贡的凯瑟琳的医生也拒绝了，除非有人来帮忙，否则不幸的玛丽·都铎公主得不到医疗帮助，很可能会马上死亡。每个人都觉得玛丽·都铎公主在这样的时刻死去会被归因为谋杀。亨利八世叫欧斯塔塞·沙皮来，求他选一个或两个有声望的医生来和他自己的医生一起给玛丽·都铎公主看病。欧斯塔塞·沙皮礼貌地讥讽道，这不是他可以选择的。亨利八世肯定比他更了解伦敦有哪些知名医生，如果他对亨利八世照顾自己的孩子都表示不信任，查理五世会不高兴的。当时在场的托马斯·克伦威尔表示，如果玛丽·都铎公主的病情恶化，希望欧斯塔塞·沙皮能派个人看着她。亨利八世继续对玛丽·都铎公主遭受痛苦表示悲痛。英格兰枢密院的一些成员"毫无廉耻地说"由于人类找不到调和亨利八世和查理五世关系的方法，上帝可能会打开一扇门，把玛丽·都铎公主带去自己身边。这种想法是再自然不过的。克莱门特七世对阿拉贡的凯瑟琳也有同样的看法。但如果不公开这么说，就更好了。①欧斯塔塞·沙皮的疑虑并没有消除。他觉察到亨利八世的担心是真挚的。但他太痛恨亨利八世了，不敢相信亨利八世会在什么事情上表现出好意。玛丽·都铎公主康复了。阿拉贡的凯瑟琳利用玛丽·都铎公主这次病倒为借口再次恳求由自己来照顾女儿玛丽·都铎公主。亨利八世被迫拒绝了阿拉贡的凯瑟琳。现实多么残酷啊！

阿拉贡的凯瑟琳的这个要求是通过欧斯塔塞·沙皮向亨利八世提出的。欧斯塔塞·沙皮说，亨利八世耐心、亲切地听了他的话，不再像往常那样回答知道如何抚养自己的女儿，而是温和地回答说，将尽最大努力保障玛丽·都铎公主的健康。既然阿拉贡的凯瑟琳的医生不愿意帮忙，他会去找别人。但为了让欧斯塔塞·沙皮明白他并不是不知道欧斯塔塞·沙皮的那些秘密勾当，亨利八世说不会忘记做什么事都要对得起自己的荣誉。玛丽·都铎公主可能被带出英格兰王国，也可能自己逃走。如果让阿拉贡的凯瑟琳负责照顾她，她很容易逃走。亨利八世还意味深长地补充说，他已经察觉到的一些迹象表明，查理五世希望把玛丽·都铎公主掌握在他手中。

大使都会撒谎。欧斯塔塞·沙皮大胆地宣布，查理五世不可能试图带走玛丽·都铎公主。这场架吵了五年，没有任何迹象表明查理五世有这样的目的。亨利八世说是阿拉贡的凯瑟琳让玛丽·都铎公主变得如此固执。女儿需要对母亲有所顺从，但女儿的首要义务是顺从父亲。这一点欧斯塔塞·沙皮没有争论，但提出了一个替代方案，让玛丽·都铎公主和她以前的家庭教师玛格丽特·波尔住②。亨利八世说玛格丽特·波尔是个愚蠢的女人，毫无照顾人的经验。

亨利八世面临重重困难，拒绝这样正常的请求，会显得冷酷无情，但允许阿拉贡的凯瑟琳和玛丽·都铎公主住在一起，就等于是助长她俩对自己的不

---

① 欧斯塔塞·沙皮致查理五世的信，1535年2月9日，《英国政府国内外纪事档案——亨利八世时期》，伦敦，1862年到1932年，第8卷，第68页到第72页。——原注
② 欧斯塔塞·沙皮致查理五世的信，1535年2月25日，《英国政府国内外纪事档案——亨利八世时期》，伦敦，1862年到1932年，第8卷，第100页。——原注

满,他自己完全清楚这种不满到了何种程度。亨利八世了解阿拉贡的凯瑟琳,他描述她的话是了解他们之间关系的关键,亨利八世说:"她有如此巨大的勇气,有了玛丽·都铎公主在她身边,她可以带着她母亲伊萨贝拉一世那样的意志组起一支军队,向我宣战。"

阿拉贡的凯瑟琳有许多历史上无人给予的品质。她不是一个耐心受苦的圣徒般的人,而是一个勇敢又大胆的女人。如果有机会,阿拉贡的凯瑟琳有能力使亨利八世后悔他所做的一切。但机会还会来吗?查理五世仍然保持沉默。欧斯塔塞·沙皮继续用承诺来煽风点火。查理五世的大臣尼古拉·佩勒诺·德·格朗韦勒可能比欧斯塔塞·沙皮自己更能说服查理五世。在给尼古拉·佩勒诺·德·格朗韦勒的信中,欧斯塔塞·沙皮写道:"安妮·博林贿赂了一个人。这个人假装得到了上帝启示,说她在阿拉贡的凯瑟琳和玛丽·都铎公主还活着的时候怀不上孕。安妮·博林让这个人把这个消息传到亨利八世那里,并且从未停止过啼叫①,说阿拉贡的凯瑟琳和玛丽·都铎公主都是造反派和叛徒,都应该死。"②

托马斯·霍华德因安妮·博林对他无礼而恼怒,心情糟糕地不再管英格兰宫廷事务。托马斯·霍华德向雷金纳德·波尔的哥哥蒙塔古男爵亨利·波尔抱怨说,没有人听他的劝告,他的外甥女安妮·博林也叫人无法忍受。亨利·考特尼向欧斯塔塞·沙皮表示遗憾,说他至今没有机会为阿拉贡的凯瑟琳和玛丽·都铎公主浴血奋战,"战斗打响时,我绝不会落后,"尽管亨利八世采取了预防措施来保证玛丽·都铎公主安全留在宫中,但玛丽·都铎公主并没有放弃逃跑的希望。玛丽·都铎公主以为如果亨利八世不让她和母亲阿拉贡的凯瑟琳在一起,查理五世也许会和亨利八世说情,让她摆脱安妮·谢尔顿的控制。欧斯塔塞·沙皮说,亨利八世可能会同意。欧斯塔塞·沙皮还说,如果泰晤士河中

---

① 托马斯·沃尔西叫安妮·博林"夜鸦"。——原注
② 欧斯塔塞·沙皮致尼古拉·佩勒诺·德·格朗韦勒的信,1535年3月23日,《西班牙档案》,伦敦,1877年,第5卷,第432页。——原注

有一艘平底驳船和两艘轮船的情况下,她可能还能从格林尼治宫逃走,因为自己可以想办法晚上帮她逃出去。①

最后,查理五世终于不再拖延,做出了欧斯塔塞·沙皮等待已久的决定。查理五世说,考虑过托马斯·达西男爵和威廉·桑兹男爵的信,他承认英格兰的混乱需要一个解决办法,但目前不可能进行武装干涉。②对英格兰贵族和神职人员,这是一种可怜的安慰,更糟糕的还在后头。查理五世不仅无意向亨利八世宣战,而且如果可能,还打算恢复英格兰王国与勃艮第家族之间的旧日联

勃艮第家族的纹章

---

① 欧斯塔塞·沙皮致查理五世的信,1534年2月25日,《英国政府国内外纪事档案——亨利八世时期》,伦敦,1862年到1932年,第8卷,第105页。——原注
② 《西班牙档案》,1535年2月26日,第5卷,第402页。——原注

盟,尽管有阿拉贡的凯瑟琳,有绝罚令,还有异端邪说这一系列的阻碍。政治是君主的宗教。对明智的君主来说,世界和平比宗教纷争和家庭纠纷更重要。荣誉、骄傲、天主教的义务要求查理五世孤注一掷地发起战争。谨慎和更高的责任要求查理五世放弃战争。英格兰驻巴黎代表约翰·沃洛普爵士是阿拉贡的凯瑟琳真诚的朋友,但考虑到阿拉贡的凯瑟琳的安危,约翰·沃洛普爵士不愿意看她陷入叛乱的旋涡。隆贝克子爵让·阿纳尔——一个与英格兰人有姻亲关系的佛兰德斯贵族——是查理五世宫廷里的大臣。让·阿纳尔和约翰·沃洛普爵士一起讨论了各自国家的情况。两人都认为对人民来说,亨利八世和查理之间五世的战争是一场灾难,但如果两国联盟,可以抑制法兰西王国蠢蠢欲动的野心。约翰·沃洛普爵士建议,两国可以在双方同意的情况下,暂时停止在离婚问题上的分歧,可以让离婚案暂时被压下去,以便日后解决,并且再次成为朋友。

　　该提案已提交给西班牙枢密院。反对一方给出的理由是,面对克莱门特七世的判决,亨利八世已经对阿拉贡的凯瑟琳和玛丽·都铎公主犯下了错误,并且仍在犯错,查理五世有义务确保克莱门特七世的判决得到执行。查理五世和亨利八世之间按照建议的条件做出安排,基督教世界不会接受。神圣罗马帝国和英格兰王国暂时压下离婚案争议联盟将使阿拉贡的凯瑟琳、玛丽·都铎公主及她们在英格兰的朋友感到沮丧,因为他们一直支持玛丽·都铎公主拥有王位继承权,而这可能进一步鼓励其他君主以类似的理由与妻子离婚。此外,赞成神圣罗马帝国和英格兰王国联盟的一方给出的理由是弗朗索瓦一世在打什么如意算盘人尽皆知。法兰西王国依仗的是英格兰王国的支持。如果不采取任何措施来解决现存的分歧,亨利八世可能会被逼得走向绝路。教会的信仰会受损。各国迫切希望成立的总参议会,将无法成立。弗朗索瓦一世会受鼓舞发动战争。弗朗索瓦一世和亨利八世都会支持路德教教会。阿拉贡的凯瑟琳和玛丽·都铎公主的生命可能会成为牺牲品。临时签订的联盟条约可能会改变亨利八世的行动,罗马天主教教会可能会因此得救,阿拉贡的凯瑟琳和玛丽·都铎公主的生命可能能得以保全。英格兰王国和法兰西王国之间会产生怀疑和不信任。然后，在总参议会被召集起来解决所有问题前①，查理五世就可以对付土耳其人，其他困难也可以解决。

欧斯塔塞·沙皮非常有信心地写了一封信，信中提到了英格兰王国准备起义一方的实力。人们一度怀疑，由欧斯塔塞·沙皮来做两个备选路线之间的决定是不是更好。不过，查理五世能更准确地估量不满臣民做出的承诺的价值。他确定了选择别的路线。因此查理五世告知欧斯塔塞·沙皮，发动战争会带来诸多不便。托马斯·达西男爵必须先按兵不动，并且要按照约翰·沃洛普爵士建议的办法尝试与英格兰王国和解。同时，塞维利亚的宗教裁判所审判长也接到指示，要求他们在与英格兰海员打交道时不要太草率。

一开始，托马斯·克伦威尔就希望并坚信，公开宣战可以避免。英格兰枢密院的亲法派安妮·博林、她的家人和朋友一直在敦促英格兰王国与法兰西王国联盟，并且怂恿英格兰王国对查理五世分散的领地发动全面攻击。托马斯·克伦威尔虽然是一个新教教徒，但不信任曾经向英格兰王国做出承诺，又另外私立协议，任亨利八世自生自灭的弗朗索瓦一世。在政治上，托马斯·克伦威尔一贯支持与神圣罗马帝国联盟。托马斯·克伦威尔已经说服亨利八世允许玛丽·都铎公主搬去离金博尔顿更近一点的地方，阿拉贡的凯瑟琳的医生就可以负责照顾她。托马斯·克伦威尔以亨利八世的名义感谢查理五世因英格兰海员一事对西班牙宗教法庭的干涉。他把所有能做的缓解摩擦的事情全做了，为英格兰王国和神圣罗马帝国和解做好了准备。他认为阿拉贡的凯瑟琳和玛丽·都铎公主是恢复英格兰王国和神圣罗马帝国友好情谊的唯一障碍。她们一个健康受损，另一个患有重病。如果最终她们都因病香消玉殒，作为一个政治家，托马斯·克伦威尔会很高兴障碍被清除了。

---

① 《英国政府国内外纪事档案——亨利八世时期》，伦敦，1862年到1932年，1535年2月26日，第8卷，第106页。——原注

欧斯塔塞·沙皮与英格兰贵族的阴谋一直持续到此刻。所有安排都已做好,以确保起义爆发时阿拉贡的凯瑟琳和玛丽·都铎公主的安全。托马斯·达西男爵每天都在等开战信号,他只要求欧斯塔塞·沙皮及时通知自己查理五世发布了开战宣言,以便能逃到北方的城堡里去。① 现在,欧斯塔塞·沙皮不得不改变方向。查理五世准备批准延期执行克莱门特七世的判决,直到总参议会成立,并且在不损害各方权利的情况下拟定一份协议,给阿拉贡的凯瑟琳和玛丽·都铎公主以尊重,并且保证她们的朋友不受打扰。对阿拉贡的凯瑟琳来说,失望难以忍受。英格兰王国和神圣罗马帝国在讨论联盟条约的消息让那些一直支撑着阿拉贡的凯瑟琳的希望破灭了。欧斯塔塞·沙皮和托马斯·克伦威尔之间因讨论初步条件建立了密切的秘密联系,尽管欧斯塔塞·沙皮不喜欢自己现在做的事情,希望它失败,并且在努力寻找任何可以引起怀疑的点。

玛丽·都铎公主是第一个障碍。托马斯·克伦威尔答应让玛丽·都铎公主搬到阿拉贡的凯瑟琳附近的地方去,但不能比安特希尔更近。托马斯·克伦威尔说会尽自己所能,但亨利八世不高兴再讨论这个话题,他就不能再说了。不过,托马斯·克伦威尔马上着手促成亨利八世想和查理五世和睦相处的愿望。亨利八世指示托马斯·克伦威尔与欧斯塔塞·沙皮讨论整个局势。托马斯·克伦威尔说,如果让两位女士的利益影响到国家重大事务,那将是不幸的。阿拉贡的凯瑟琳重病不止一次了,她活不久了。玛丽·都铎公主也不太可能活下去。西班牙王国或法兰西王国似乎也不太担心三国现在的处境会有实质性的改变。同时,法兰西人不断要求亨利八世参与对抗查理五世的战争。托马斯·克伦威尔说,他本人一直反对这一点,查理五世与土耳其人交战时是亨利八世最不愿意选择的开战时机。亨利八世想要达成的目标是安抚基督教世界和成立所有主要大国的总联盟。亨利八世想尽自己所能达成这个目标,并且一直在阻止法兰西王国向神圣罗马帝国宣战。

---

① 《西班牙档案》,伦敦,1877年,第5卷,第421页到第422页。——原注

的确，世界的和平比阿拉贡的凯瑟琳和玛丽·都铎公主的抱怨更重要。当查理五世亲自提出让阿拉贡的凯瑟琳妥协时，阿拉贡的凯瑟琳拒绝了。玛丽·都铎公主遵从母亲的命令，既违抗了她父亲的命令，也违抗了议会的命令。她们有权要求的牺牲让步是有限度的。托马斯·克伦威尔认为，各欧洲大国对阿拉贡的凯瑟琳母女的命运漠不关心。对此，欧斯塔塞·沙皮表示异议。欧斯塔塞·沙皮说，各国都密切关注她们的命运，如果她们受到伤害，随之而来的就是无尽的麻烦，全世界肯定都会认为有人对她们使了卑劣手段。查理五世会因未尽到责任执行克莱门特七世的判决而被指控是造成这一切的罪魁祸首。也许还会有人说，如果不是查理五世给了她们会支持她们计划的希望，她们就会遵从亨利八世的意愿，就会得到应有的尊重，摆脱现在承受的痛苦了。托马斯·克伦威尔承诺说，会格外小心警惕，不让她们受到伤害。托马斯·克伦威尔说，会像欧斯塔塞·沙皮一样照顾玛丽·都铎公主，绝不会遗漏任何一件能替她们做的事。但欧斯塔塞·沙皮和查理五世的其他代表就像鹰一样，往目标相反的方向飞不过是为了捕获目标时能俯冲得更快。他们的目的是让玛丽·都铎公主宣布自己是英格兰下一任王位继承人，但因为最近议会通过的法案，这一点是不可能实现的。

　　欧斯塔塞·沙皮向查理五世报告了英格兰王国发生的事情，但几乎没有掩饰对自己做的事情的不屑。他写道："我不知道亨利八世拒绝恢复阿拉贡的凯瑟琳和玛丽·都铎公主的地位，或者拒绝挽回给教会和信仰造成的日益严重的伤害，他能缔结什么样的条约。1535年3月3日之前的某日，一个传教士提出了这样一个问题，基督的身体是否包融在圣饼中。[1]您可以想象他提这个问题是什么用意。"[2]

---

[1] 指宗教意义上的神是否无处不在之意。——译者注
[2] 欧斯塔塞·沙皮致查理五世的信，1535年3月7日，《西班牙档案》，伦敦，1877年，第5卷，第413页到第422页。——原注

几天后，欧斯塔塞·沙皮与同盟贵族又进行了一次更重要的谈话。毫无疑问，欧斯塔塞·沙皮一再宣称阿拉贡的凯瑟琳和玛丽·都铎公主都有人身危险。安妮·博林肯定会觉得只要她们还活着，并且拒绝承认自己的婚姻，自己的地位就岌岌可危。安妮·博林也许觉得，如果造反成功，自己的日子会很艰难。安妮·博林已经尽自己所能敦促依据法案对阿拉贡的凯瑟琳和玛丽·都铎公主进行审判，但亨利八世甚至不允许有人在他面前提起这样的提议。不过，安妮·博林肯定还能想到其他办法除掉阿拉贡的凯瑟琳和玛丽·都铎公主。托马斯·达西男爵的儿子阿瑟·达西爵士认为，阿拉贡的凯瑟琳和玛丽·都铎公主待在伦敦塔比待在现在的住处更安全。"这歹毒的安妮·博林不达到目的，恐怕不会罢休。"

欧斯塔塞·沙皮和托马斯·克伦威尔再次见面时，关于安妮·博林的谣言四起。查理五世主动提出和解提议。托马斯·克伦威尔说，亨利八世已经给了他一份书面声明，表示如果能保障亨利八世的荣誉和名声，愿意恢复与查理五世的旧日情谊，并且与查理五世订立新条约。但查理五世要清楚明了的是，亨利八世不会允许再重新讨论离婚案问题。亨利八世宁愿没有王位和生命，也不会同意再重审离婚案或让自己服从任何外国权威。这是他坚定的决心，希望欧斯塔塞·沙皮向查理五世表明这一点。

西班牙王国的全体神父一直希望由一个总参议会修订克莱门特七世的判决。欧斯塔塞·沙皮问道，为什么将案件提交总参议会，亨利八世也不同意？亨利八世知道他说的有道理。亨利八世曾经愿意，为什么现在要拒绝呢？据说，教皇会召集总参议会，由与教皇没有私人交情的神职人员组成。但欧斯塔塞·沙皮保证不会有不公平的操作。如果教皇和神职人员有意造成伤害，基督教世界的所有君主都会干涉。查理五世不会提议任何亨利八世不同意的事情。总参议会的有利裁决将恢复英格兰王国的和平，也能让查理五世免受良心谴责。就目前的情况来看，查理五世必须执行已经发布的判决。如果亨利八世没有妥协的可能，查理五世就不能再拖延下去了。

托马斯·克伦威尔承认欧斯塔塞·沙皮的建议是合理的。查理五世已经有所行动,向人们表明自己希望和解。由欧洲各国君主控制的总参议会或许是一个有用的工具。托马斯·克伦威尔答应两天内给出答复。

　　停顿了一下后,托马斯·克伦威尔又回到了以前说过的话题上。他说,这件事对世界影响如此之大,对查理五世和亨利八世的名声影响如此之大,查理五世不应该因阿拉贡的凯瑟琳和玛丽·都铎公主而犹豫不决。她们不过是普通人。如果玛丽·都铎公主死了,那么她的死也并非什么非常不幸的事,因为她的死带来的结果是两个君主的联盟和友谊。①托马斯·克伦威尔请求欧斯塔塞·沙皮一个人在闲暇时好好考虑一下。托马斯·克伦威尔接着问新条约里是否会悄悄地跳过阿拉贡的凯瑟琳和玛丽·都铎公主的事,并且在亨利八世的有生之年都不再提及这事。在如何安排阿拉贡的凯瑟琳和玛丽·都铎公主的答案已经很明确时,可以召开一次由亨利八世和查理五世提前联合任命成员的总参议会大会或代表大会来讨论基督教世界的其他混乱情况的治理。然后,正如欧斯塔塞·沙皮所想,托马斯·克伦威尔明显刻意地问如果玛丽·都铎公主死了会有什么危害。人们或许会猜疑,但查理五世为什么要对此感到愤恨呢?

　　欧斯塔塞·沙皮的回答是,玛丽·都铎公主突然以如此可疑的方式死去会引起多大的麻烦姑且不说——但愿这样的事情永远不会发生!查理五世怎么受得了因自己同意让表妹去死而招来的指责,怎么能为了和平而出卖玛丽·都铎公主呢?

　　欧斯塔塞·沙皮声称他相信,显然也希望查理五世相信,托马斯·克伦威尔是认真在提议除掉玛丽·都铎公主。不过,一次秘密谈话的单一版本不足以证明这是一次蓄意谋划的滔天罪行。我们不知道这谈话中用的什么语言。除英语之外,托马斯·克伦威尔什么语言都不会说。欧斯塔塞·沙皮对英语的理

---

① 欧斯塔塞·沙皮致查理五世的信,1535年3月23日,及《西班牙档案》,伦敦,1877年,第5卷,第426页。这封信和其他欧斯塔塞·沙皮的重要信是我亲自在维也纳抄写的。——原注

解也不完全准确。最近，玛丽·都铎公主患了一种令人担忧的疾病，由克制、恐惧和恼怒引起。她的病情一直是欧斯塔塞·沙皮向亨利八世抗议的主题。托马斯·克伦威尔想的和说的可能只是玛丽·都铎公主在长期监禁下自然死去。欧斯塔塞·沙皮始终不变的目的是让查理五世感觉到玛丽·都铎公主有生命危险。但欧斯塔塞·沙皮承认托马斯·克伦威尔对玛丽·都铎公主一直都很友好，并且如果亨利八世真的在考虑谋杀亲生女儿玛丽·都铎公主，查理五世的大使欧斯塔塞·沙皮肯定是最后一个得知的人。

他们二人的对话并没有以欧斯塔塞·沙皮的回答结束。欧斯塔塞·沙皮接着说①，托马斯·克伦威尔继续猛烈抨击教皇和枢机主教，说希望这个群体很快灭绝，希望世界摆脱他们的卑劣行径与暴政。接着，托马斯·克伦威尔又谈到了法兰西王国，以及法兰西王国逼亨利八世加入战争给亨利八世造成了多大压力。他说，他总是劝阻亨利八世不要卷入欧洲大陆国家之间的纷争。托马斯·克伦威尔拒绝了法兰西政府向他提供的大笔养老金，打算在下一届议会上提出一项法案，禁止英格兰大臣从外国君主处领取养老金，否则处以死刑。

那些提议要杀人的人是不会轻易转到其他不那么严重的话题的。

几天后，欧斯塔塞·沙皮才再次见到托马斯·克伦威尔，继续从托马斯·克伦威尔那里得知正在发生的各种阴谋。在亨利八世确定自己对查理五世的立场前，英格兰宫廷里的亲法派继续与弗朗索瓦一世通信。英法同盟的代价是弗朗索瓦一世承诺在预期的总参议会上讨论亨利八世与罗马教廷的争端时支持亨利八世。欧斯塔塞·沙皮建议查理五世不要对与英格兰王国签订条约表现出太大的渴望，不然会让亨利八世更难以驾驭。

欧斯塔塞·沙皮说，英格兰政府如果能诚恳地回应神圣罗马帝国的提议，能推动召集总参议会，更好地对待处于极大人身危险之中的阿拉贡的凯瑟琳和玛丽·都铎公主，那么查理五世提出的解决英格兰王国问题的办法就再好

---

① 依然唠叨着最有可能刺痛查理五世的点。——原注

不过了。但欧斯塔塞·沙皮认为英格兰政府永远不会这样做。阿拉贡的凯瑟琳命令欧斯塔塞·沙皮向查理五世抗议说，玛丽·都铎公主仍然被她的敌人控制着，如果玛丽·都铎公主死了，那肯定是因为遭到了虐待。但阿拉贡的凯瑟琳确信，如果亨利八世和查理五世达成谅解，危险就会消失。同时，如果能让阿拉贡的凯瑟琳确信事情会按照查理五世的建议进行，欧斯塔塞·沙皮就能说服她同意整个计划。

欧斯塔塞·沙皮再也没有说过怀疑托马斯·克伦威尔会威胁到玛丽·都铎公主的生命。欧斯塔塞·沙皮如果真的相信托马斯·克伦威尔会伤害玛丽·都铎公主，绝对会向查理五世重提这个阴暗的计划。欧斯塔塞·沙皮对真相并没有那么体察入微。有强烈个人信念的外交官很少能体察真相。欧斯塔塞·沙皮向亨利八世保证，自己从来没有考虑过武装干涉英格兰王国，但他几个月以来的信中充满了暴动和入侵的阴谋。欧斯塔塞·沙皮渴望战争能开始。不相信任何其他解决办法，如果他有足够的胆量，就会强迫查理五世动手。他的消息都来自英格兰王国宫廷中最痛恨安妮·博林的人，他用最坏的解释来讲述他听到的故事。他说，托马斯·克伦威尔说话就像该亚法①。托马斯·克伦威尔竟出言侮辱查理五世，惹人臆断自己是一起犯罪案的帮凶。这简直叫人不敢相信。不过，尽管我认为欧斯塔塞·沙皮更可能是误解或歪曲了托马斯·克伦威尔的意思，而不是准确地记录了托马斯·克伦威尔的话，但可以肯定的是，英格兰枢密院中确实有一些成员真的希望审判和处决阿拉贡的凯瑟琳和玛丽·都铎公主。她们都很危险。她们的朋友以她们的名义参与了一场公开叛乱的阴谋。在都铎王朝的君主的统治下，靠近王室血脉和地位与其说是一种保护，不如说是一种危险。王位觊觎者都没有什么好的下场，即使他们并未造成直接的危害。亨利七世根本无须忌讳理查德·内维尔，但理查德·内维尔还是躺在了坟墓里。玛丽·都铎公主亲手处死了她姑姑②法兰西王后玛丽·都铎的外孙女简·格雷，并

---

① 《圣经》中主使杀害耶稣的犹太大祭司。——译者注
② 法兰西王后玛丽·都铎是玛丽·都铎公主的父亲亨利八世的妹妹。——译者注

且差点处死自己的妹妹伊丽莎白·都铎公主。伊丽莎白·都铎公主又把简·格雷的妹妹凯瑟琳·格雷囚禁起来，不管她的死活，就像现在欧斯塔塞·沙皮担心会让玛丽·都铎公主马上死去的处境那样。对王位之争的恐惧，像噩梦一样，笼罩着一代又一代人。他们带着玫瑰战争的永恒记忆。

第 18 章

爱尔兰叛乱

自1534年克莱门特七世对离婚案做出判决以来，已经过去一年多了。到目前为止，判决都未生效。执行教令、直接下达给天主教国家废黜亨利八世王位的命令，以及下达给亨利八世的臣民让他们放弃对亨利八世效忠的命令，仍处于未予执行状态。在英格兰王国与罗马教廷争议的问题上，新教皇保罗三世提的建议没有得到回应。保罗三世准备做最后的努力，但他的行动受查理五世限制。现在，查理五世希望通过签订条约来恢复与英格兰王国的同盟关系。阿拉贡的凯瑟琳已经同意了，但比较勉强，她对这种尝试不抱什么期望。欧斯塔塞·沙皮并不希望谈判成功，也不愿意放弃因托马斯·达西的承诺而燃起的对起义的期望。在建议西班牙王国选择查理五世所选择的道路时，西班牙枢密院预见到这条道路可能会使阿拉贡的凯瑟琳的朋友感到沮丧，也预见到查理五世因无视自己曾坚持的判决而对罗马教廷造成伤害。条约没有取得任何进展。阿拉贡的凯瑟琳的牺牲似乎没有什么结果。阿拉贡的凯瑟琳又用她的那套老腔调向查理五世求助。阿拉贡的凯瑟琳说，如果不向那些能给自己有效帮助的人寻求帮助，那她就未尽到保护自己的义务，就冒犯了上帝。她必须再次向查理五世强调，天主教信仰面临越来越大的危险，而查理五世的疏忽正在对英格兰王国造成伤害。克莱门特七世的判决没有任何威慑力。作为一个基督教教徒，阿拉贡的凯瑟琳用全部精力恳求查理五世不要再犹豫了。她的女儿玛丽·都铎公主病了，还没有痊愈。就算玛丽·都铎公主的健康状况很好，玛丽·都铎公主受的虐待也会毁掉她的身体，如果玛丽·都铎公主死了，那就更是罪过。阿拉贡的凯瑟琳说，查理五世不需要在意自己，她习惯了受苦，什么都能忍受。但她必须让查理五世知道，自己和约伯一样可怜。阿拉贡的凯瑟琳预见有那么一天，自己只能乞求别人看在上帝的分上给予自己施舍。[1]

玛丽·都铎公主的情况根本没有阿拉贡的凯瑟琳说的那么糟。她的精神打败了她的疾病，又恢复了警觉和活力。亨利八世给了玛丽·都铎公主金钱，给她各种各样的亲切问候。但玛丽·都铎公主仍然渴望逃离英格兰王国。查理五世再次表示，如果逃跑一定会成功，他就同意玛丽·都铎公主逃离英格兰王国。玛丽·都铎公主在他手里，他和亨利八世打交道有更大的优势。有一天，一个有利的时机出现了。三艘西班牙船停在了泰晤士河下游。玛丽·都铎公主仍在格林尼治宫，船员听候她的安排。欧斯塔塞·沙皮问玛丽·都铎公主是否准备好了。玛丽·都铎公主不仅准备好了，而且还很着急。有了同伙的帮助，她可以在晚上离开王宫，由人护送上船，然后顺河而下，消失在夜色中。

然而，出了一个意外，或者说是一个警告，扰乱了玛丽·都铎公主的计划。玛丽·都铎公主突然接到命令，要从格林尼治宫搬去埃尔特姆宫。亨利八世让玛丽·都铎公主搬家，但没有表露出任何对她的怀疑，她受到了明显的尊重。接玛丽·都铎公主的是一项国事规格的华丽轿子。然而，安妮·谢尔顿仍然留在玛丽·都铎公主身边。安妮·谢尔顿这个讨厌的存在让玛丽·都铎公主更难以逃走。离开格林尼治前，玛丽·都铎公主给欧斯塔塞·沙皮写了一封信，恳求他给予建议和帮助，恳求他看在上帝的分上再给自己想想别的办法，让自己离开英格兰王国。欧斯塔塞·沙皮认为，此事现在很危险，但并非不可能，如果成功，那将是光荣的胜利。玛丽·都铎公主告诉欧斯塔塞·沙皮，在自己现在的

---

[1] 阿拉贡的凯瑟琳致查理五世的信，1535年4月8日，《英国政府国内外纪事档案——亨利八世时期》，伦敦，1862年到1932年，第8卷。第197页。——原注

住处，晚上没法把自己带走，但天气晴朗时，自己白天可以外出散步，可以假装被突袭，在未经本人同意的情况下被带走。这里离河边没有多少英里。如果能偶然碰到她独自一人外出，那可能比在格林尼治的时候还要容易，因为她可以在泰晤士河下游的格雷夫森德上船。①

由于需要一艘佛兰德斯的船，欧斯塔塞·沙皮直接与尼古拉·佩勒诺·德·格朗韦勒取得了联系。欧斯塔塞·沙皮意识到，如果自己还在英格兰时就尝试此计划，肯定会被怀疑参与了此计划。这会对他不利。因此，欧斯塔塞·沙皮提议自己以在低地国家经商为借口，提前渡过英吉利海峡。

欧斯塔塞·沙皮说，这是一条绝佳的妙计，考虑到玛丽·都铎公主迫切的希望，并且她非常谨慎勇敢，肯定是可以设法成功逃跑的。只要能接到她，骑上马，再有一艘军舰，一艘或两艘大船，就不会有什么大困难。英格兰王国的人民会帮助她，被派去追捕她的人也会故意不紧不慢。②

事实证明，要么是因为困难比预期的要大，要么是查理五世仍然希望缔结条约，不愿冒险尝试带玛丽·都铎公主逃跑，破坏达成和解机会。查理五世再次改变了主意，禁止欧斯塔塞·沙皮冒这个险。欧斯塔塞·沙皮不得不重新开始谈判，他对谈判不抱任何期望。他不时会见托马斯·克伦威尔。查理五世乐意在可容忍的条件下维持和平。欧斯塔塞·沙皮继续提议将离婚案提交给总参议会。托马斯·克伦威尔似乎不愿意听取欧斯塔塞·沙皮的意见。如果亨利八世能被含糊不清的承诺诱惑，将自己的行为与处事交给教皇召集的总参议会来讨论，那么他将再次陷入已经被自己断了退路的牢笼中。狡猾的欧斯塔塞·沙皮力劝托马斯·克伦威尔，如果总参议会批准亨利八世做的事情，亨利八世将获得荣誉。当托马斯·克伦威尔回答说，在查理五世的影响下，总参议会

---

① 欧斯塔塞·沙皮致查理五世的信，1535年4月4日，《英国政府国内外纪事档案——亨利八世时期》，伦敦，1862年到1932年，第8卷。第193页。——原注
② 欧斯塔塞·沙皮致尼古拉·佩勒诺·德·格朗韦勒的信，1535年4月5日，《英国政府国内外纪事档案——亨利八世时期》，伦敦，1862年到1932年，第8卷，第194页，及《维也纳手稿》。——原注

可能会做出对亨利八世不利的判决时,欧斯塔塞·沙皮回答道,如果是那样,亨利八世可以自愿服从,证明自己的动机是纯洁的,完全可以相信查理五世会秉公办理。托马斯·克伦威尔说会问亨利八世意见,但真正的困难在于玛丽·都铎公主总是自作主张。托马斯·克伦威尔的手下办事得力。他可能也知道欧斯塔塞·沙皮他们打算从埃尔特姆宫劫走玛丽·都铎公主,以及其他所有相关事宜。"愿上帝保佑。"托马斯·克伦威尔突然不耐烦地破口而出,但没有说完这句话。欧斯塔塞·沙皮觉得自己知道托马斯·克伦威尔要说的是什么。[①]亨利八世对麻烦的玛丽·都铎公主可能有点宽容。玛丽·都铎公主公然违抗亨利八世的法律,玛丽·都铎公主的支持者试图夺走亨利八世的王冠,玛丽·都铎公主本人则试图逃往国外,向亨利八世开战。亨利八世的前辈中很少有人会犹豫对这样顽固的人采取更粗暴的方法。玛丽·都铎公主自认为逃跑是她唯一活下去的机会。有人告诉玛丽·都铎公主现在掌控她的人打算毒死她。这些人不择手段、不遗余力地恶化亨利八世对她的看法。亨利八世那边有人告诉他,玛丽·都铎公主不可救药、冥顽不灵。一切可能会让亨利八世对玛丽·都铎公主改观的事情都被隐瞒起来。在公务缠身之际,亨利八世不知道在埃尔特姆宫的宫墙里发生着什么。亨利八世偶尔会发现自己被骗了,向托马斯·克伦威尔抱怨说:"我发现玛丽·都铎公主身上有很多好的东西,但没有人恰如其分地告诉我。"但如果有人陷害玛丽·都铎公主,就也会有人陷害亨利八世,并且是在最令人意想不到的地方。

威廉·巴茨是亨利八世的医生。大家都很熟悉德意志画家小汉斯·霍尔拜因给威廉·巴茨画的肖像。威廉·巴茨是阿拉贡的凯瑟琳最忠实的朋友之一。在玛丽·都铎公主生病期间,威廉·巴茨假装害怕承担照顾她的责任。后来,威廉·巴茨同意照顾玛丽·都铎公主,虽然表面上不情愿,但还是与阿拉贡的凯瑟琳的医生会诊了。阿拉贡的凯瑟琳的医生经人劝说,最终同意给玛丽·都

[①] 欧斯塔塞·沙皮致查理五世的信,1535年4月17日,《英国政府国内外纪事档案——亨利八世时期》,伦敦,1862年到1932年,第8卷,第209页。——原注

威廉·巴茨

铎公主看病。亨利八世用自己的马把威廉·巴茨送到埃尔特姆。威廉·巴茨发现他的病人玛丽·都铎公主比他预期的状况要好。他没有谈论玛丽·都铎公主的病情,而是和他的同伴阿拉贡的凯瑟琳的医生谈论起英格兰王国的状况。在报告从阿拉贡的凯瑟琳的医生那里听到的谈话时,欧斯塔塞·沙皮写道:"威廉·巴茨是一个非常聪明的人,与贵族和枢密院关系密切。他说只有两种方法可以帮助阿拉贡的凯瑟琳和玛丽·都铎公主,还可以解决英格兰王国国内的政治事务。第一种方法是让亨利八世生点小病,上帝不会介意给亨利八世送点小病。"①第二种方法就是使用武力。威廉·巴茨说，亨利八世和大臣对使用武力感到非常害怕。如果战争爆发，他觉得亨利八世会特别小心阿拉贡的凯瑟琳和玛丽·都铎公主。如果情况恶化，亨利八世会利用她们当和平调解人。但如果这两种手段都没用上，那威廉·巴茨真的觉得她们会有生命危险了。威廉·巴茨认为亨利八世很幸运，因为查理五世不知道进攻英格兰王国有多容易。威廉·巴茨说，现在正是进攻的好时候。

我们应该记住，亨利八世的私人医生一定是亨利八世所有仆人中最受信任的。威廉·巴茨不满足于间接给欧斯塔塞·沙皮建议，还给欧斯塔塞·沙皮捎去一条秘密消息：二十个贵族、一百个骑士和他们的下属，已经准备赌上财富和生命，只要查理五世给一点点帮助，他们就揭竿而起，发动革命。②

想给亨利八世送点小病的威廉·巴茨是一个"大叛徒"。不过，让威廉·巴茨高兴的是，自己没被发现。历史上，人们总会不可避免地同情受难者一方，忘记了有些事情是因为受难的一方逼迫别人导致的。人们并不会对阿拉贡的凯瑟琳和那些为她的计划与教皇计划密谋并献出生命的忠实天主教教徒有什么不好的看法。亨利八世的暴政和残忍倒很可能永远是人们谴责的对象。但人们对亨利八世还有一种看法。我们认可这种看法也无愧于心。总体来说，亨利八世是对的，他为之奋斗的宗教改革事业是一项对英格兰人民有益的事业。亨利八世的胜利开启了英格兰王国的独立民族生活，为英格兰王国赢得了宗教自由。宗教自由的背后是英格兰王国的政治自由。亨利八世如果失败，必将引发英格兰各城镇大规模的殉道，会导致成千上万和阿拉贡的凯瑟琳一样的人殉道。亨利八世把对一个愚蠢坏女人的微弱热情与自己的行为交织在一起，玷污了他行为的纯洁性。他不得不为自己的错误忍受痛苦。但反抗和推翻教会的专

---

① "小"（petite）这个词可能给欧斯塔塞·沙皮的暗示是威廉·巴茨想到了某种可以控制其发病程度的疾病。如果威廉·巴茨用的是这个词，至少证明他的话和托马斯·克伦威尔说的关于玛丽·都铎公主的话一样可疑。——原注

② 欧斯塔塞·沙皮致查理五世的信，1535年4月25日，《英国政府国内外纪事档案——亨利八世时期》，伦敦，1862年到1932年，第8卷，第222页。——原注

制统治是为人民做的宝贵贡献,应当以他的名义来纪念。他相信能照顾好自己身体的好医生,出于对一个不幸的女士,即阿拉贡的凯瑟琳的同情,也许愿意给他开一种有问题的药剂,或者帮忙招来一支天主教军队入侵英格兰王国,掐灭英格兰的自由曙光。只有那些首先是天主教教徒,然后才是英格兰人的人才会说,这个医生干得好。

英格兰国内的敌对情绪越来越危险,宗教改革支持派与反对派都在为战斗做准备。据说,约翰·费希尔的态度从未改变。到现在,约翰·费希尔和托马斯·莫尔已经在伦敦塔里待了好几个月。约翰·费希尔与欧斯塔塞·沙皮的联系也被切断了,无法继续恳求欧斯塔塞·沙皮支持自己。但欧斯塔塞·沙皮已经替所有天主教神职人员做出了承诺,只等查理五世宣战,他们就会投入战斗。路德教的发展深深地刺痛了天主教神职人员虔诚、愤怒的心。他们对异端的仇恨几乎是他们保留下来的唯一属于神圣使命的仇恨了。正常的秩序对他们来说是最没有价值的。小小的修道院也是堕落的巢穴,存在的目的是歌唱,让灵魂逃离炼狱。现在,没人再相信他们唱歌祈愿的功效。亨利八世得出结论,修士和修女可以去发挥别的、更好的作用,并且将供养他们的钱财另作更好的用途,特别是用来保卫王国,抵抗他们及他们的阴谋。各地的修士都是活跃的叛国传教士。《至尊法案》让他们痛苦不堪。他们坚持下去的希望就是恢复教皇权威。当发现他们既无用又背信弃义时,亨利八世从他们手中夺走土地,并且把卖土地的钱用于舰队和海岸上的要塞建设。这并不失公允。

在亨利八世的宗教改革中,托马斯·克伦威尔是主要顾问。托马斯·沃尔西第一次镇压最腐败的小修道院时,托马斯·克伦威尔是托马斯·沃尔西的手下。在工作过程中,托马斯·克伦威尔对修道院人员的丑恶习惯有了深刻的认识。这使他相信试图延长修道院人员的存在是失策的、无用的。无论修道院多么古老,教会组织多么神圣,都无法超越这样一种认识,即它们制造的罪恶是永恒的,它们带来的好处却是虚无缥缈的。

修道院系统注定要灭亡。这已经成为共识。即将被推翻的对象再也无法忍受自己的命运。这是再自然不过的事。这次宗教改革计划规模之大,威胁到的利益之多,教堂财产被赋予的神圣性,让抗议亨利八世政府亵渎圣灵的声音不断。全体修士按照不同命令,组成了一支起义的传教大军。他们钱财充裕,吓唬弱者,鼓动强者,在英格兰这样一个固守陈规、思想保守的民族中,利用强大的迷信观念蛊惑人心。

修道院长和副院长曾宣誓王权至高无上,但都是不情不愿的。为了不违背自己的良心,他们私下保留誓言。随着查理五世的出现,他们正在恢复勇气,反抗被逐出教会的亨利八世。那些保留了最原始宗教精神的人是第一批振作起来抵抗的人。伦敦卡尔特修道院的修士是神职人员普遍腐败现象的例外。他们是虔诚、有品格的人。现在,他们都站出来否认自己的誓言,并且敢于直面法律的惩罚。所有读过英国历史的读者都熟知他们的悲剧故事。欧斯塔塞·沙皮补充了一些细节。卡尔特修道院的副院长约翰·霍顿宣誓承认《至尊法案》,但

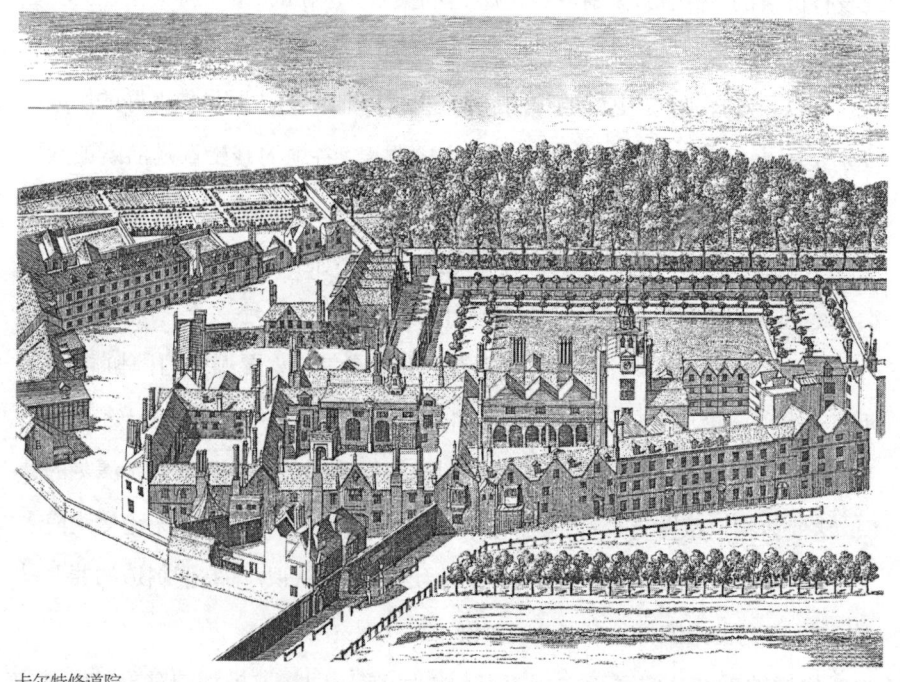

卡尔特修道院

他的良心告诉他,这是在发假誓。约翰·霍顿自愿带着三个教会兄弟去见托马斯·克伦威尔,收回了誓言,宣称亨利八世自称为教会领袖,是在篡夺教皇的权力。他们并没有被抓走,卡尔特修道院也没有立刻遭殃,也没有人有要惩罚他们。他们的行为属于无端蔑视王权。在英格兰王国当前的情况下,这是一种斗争行为。其结果——如果不是目的——肯定是导致叛乱爆发。托马斯·克伦威尔警告他们会带来这样的危险,并且建议他们自己的良心不安自己知道就行。他们说宁愿死十万次也要收回誓言。于是,他们被传唤到一个贵族委员会面前。嘉德骑士正在举行他们的年度大会,出席人很多。重回王宫的托马斯·霍华德主持了庭审,庭审异常严肃。卡尔特修道院的修士被要求撤回不承认《至尊法案》的宣言,并且告知他们《至尊法案》是毋庸置疑的。但他们坚持不撤

嘉德骑士的纹章

回。委员会允许他们反思一晚，他们跪着祈祷了一晚上。第二天早晨，他们被召回法庭，依然无惧无畏。于是，他们被判处了死刑。一个同样因为不愿承认《至尊法案》发表过宣言、写过信的修士也一并被处以死刑。

修士向政府发出挑战，政府接受了。判处修士死刑标志着政府维护《至尊法案》的决心。他们不只是几个普通神职人员，而是起义的先锋。让他们获得胜利就是承认宗教改革失败。他们被一支武装部队带着穿过街道。托马斯·霍华德、亨利八世的私生子亨利·菲茨罗伊、托马斯·博林和乔治·博林都在行刑台上。亨利·诺里斯爵士也在行刑台上，戴着面罩，领着四十个皇家卫队士兵。在刑台上，英格兰政府又给了卡尔特修道院的修士一次活下去的机会。但他们又拒绝了。于是，他们勇敢赴死。英格兰王国的王位之争已经开始。在维护教皇至高无上的地位时，这些人放弃了效忠被教皇驱逐出教会的亨利八世。良心不能作为借口，动机也不能作为借口。当一个路德教教会的人受到木桩火刑的威胁时，良心是不能作为解释的理由的。在所有英格兰王国国内的冲突中，冲突双方都有很高尚的动机。郑重发表的言论不会毫无意义。《至尊法案》是亨利八世对剥夺王位和剥夺英格兰王国独立的企图的反击。不遵守《至尊法案》是叛国罪，叛国罪的刑罚是死刑。[①]

在讲述这些情况时，欧斯塔塞·沙皮极力向查理五世证明亨利八世毫无悔改的可能。据欧斯塔塞·沙皮预期，托马斯·莫尔和约翰·费希尔，也许还有阿拉贡的凯瑟琳和玛丽·都铎公主，也会被要求承认《至尊法案》，如果拒绝，就会遭受同样的命运。欧斯塔塞·沙皮说，众所周知，亨利八世的大臣经常责备亨利八世，并且告诉他，如果亨利八世和英格兰王国不将这四个人以叛国罪论处，那将是一种耻辱。安妮·博林比以往任何时候都更凶猛、傲慢。[②]托马

---

① 欧斯塔塞·沙皮致查理五世的信，1535年5月5日，《西班牙档案》，伦敦，1877年，第5卷，第452页。——原注

② 欧斯塔塞·沙皮致查理五世的信，1535年5月5日，《西班牙档案》，伦敦，1877年，第5卷，第452页——原注

斯·莫尔也有同样的看法,认为安妮·博林是这些暴行的策划者。托马斯·莫尔说,安妮·博林会取自己首级,还预言说,安妮·博林自己的头也会掉。她父亲托马斯·博林、弟弟乔治·博林及她最喜欢的亨利·诺里斯爵士出现在卡尔特修道院修士的处决现场证实了这一看法。与其说修士被处死是安妮·博林的极力主张,不如说这是英格兰政府的行动。后一种说法的理由更充分。托马斯·莫尔和约翰·费希尔收到通知,政府将审查他们对《至尊法案》是否忠诚,并且给他们六周准备答案。欧斯塔塞·沙皮相信没有任何危险会威胁到阿拉贡的凯瑟琳或威胁到她身边的人。然而,阿拉贡的凯瑟琳自己预料到了最坏的情况,只希望自己的命运最终能刺激查理五世宣战。

查理五世并没有被刺激到。查理五世正准备远征突尼斯铲除海盗,他手头还有其他事。欧斯塔塞·沙皮试图让查理五世相信托马斯·克伦威尔在盘算毁掉玛丽·都铎公主,但这没有用。欧斯塔塞·沙皮又告诉查理五世,语言是没有用的,"刮骨烧皮是唯一的补救办法",英格兰贵族渴望有人激励自己拿起武器。结果也是白费口舌。查理五世对那些不会通过宪法维护自己利益的反叛分子没有信心。查理五世看到亨利八世以严厉的法律镇压反叛,对欧斯塔塞·沙皮的恳求做出了回答,说尽管良心上不能抛弃阿拉贡的凯瑟琳和玛丽·都铎公主,但欧斯塔塞·沙皮必须顺应时势。查理五世改变了对玛丽·都铎公主逃跑计划的态度,他说这很危险,不是明智之举,不值得考虑。[①]目前还不是合适的时机。查理五世给亨利八世写了一封言辞谨慎的信,让欧斯塔塞·沙皮转交。尽管有卡尔特修道院的修士和路德教教会的传教士的事,欧斯塔塞·沙皮还是要重新开始条约的谈判。

于是,托马斯·克伦威尔和欧斯塔塞·沙皮重新开始了秘密会议。为此,他们选择了一所乡间别墅。在那里,没人会注意到他们会面。欧斯塔塞·沙皮建议亨利八世协助召集一个总参议会。托马斯·克伦威尔保证说亨利八世会同

---

① 欧斯塔塞·沙皮致查理五世的信,1535年5月10日,《西班牙档案》,伦敦,1877年,第5卷,第459页。——原注

意，前提是总参议会不在意大利召开，也不在保罗三世或查理五世的领地内，并且离婚案是不应该提交给总参议会讨论的问题之一。托马斯·克伦威尔还说，查理五世已经为自己的荣誉做了足够的努力，现在，可以把这件事留给亨利八世自己凭良心看着办了。关于对阿拉贡的凯瑟琳和玛丽·都铎公主的安排，亨利八世已经写信给约翰·沃洛普爵士，约翰·沃洛普爵士将把信交给西班牙驻巴黎大使让·阿纳尔。亨利八世曾说过，虽然查理五世为了一个女人抛弃了一个忠实的朋友，对自己很不友好，但自己愿意原谅并忘记。如果查理五世能建议阿拉贡的凯瑟琳和玛丽·都铎公主接受欧洲各学院的裁断，她们就没有任何可以抱怨的地方。[①]这个裁断是经由英格兰王国上议院、下议院批准的，就像枢密院的法令一样合理。欧斯塔塞·沙皮说这样的信在寄出前应该先给自己看一看。不过，这都无足轻重。托马斯·克伦威尔接着说，弗朗索瓦一世为了收复米兰，会把土耳其人和灾难一并带到基督教世界来。亨利八世和查理五世应该齐心协力控制法兰西王国。然而，托马斯·克伦威尔为了暗示欧斯塔塞·沙皮自己知道他在做什么，说尽管自己不相信，但听说查理五世和教皇曾想过入侵英格兰王国，以为他们可以轻而易举地征服英格兰王国。不过，他们会发现入侵英格兰王国比预期要付出的代价更昂贵。即使征服了英格兰王国，他们也难以维持下去。欧斯塔塞·沙皮想知道托马斯·克伦威尔发现了多少，问他是什么意思。托马斯·克伦威尔告诉了他确切的真相，说神圣罗马帝国的计划是要停止英格兰王国和佛兰德斯之间的贸易。这样一来，英格兰国内必定会发生叛乱。托马斯·克伦威尔承认这并非不可能。然后，托马斯·克伦威尔气定神闲、详细入微地提到了有人不断向查理五世发出的派军请求。

托马斯·克伦威尔让欧斯塔塞·沙皮自己琢磨他哪里来的这么准确的信息来源。托马斯·克伦威尔继续谈到即将在加来举行的会议。这次会议是应弗朗索瓦一世的要求举行的。他认为不会有什么结果。他本人拒绝出席，但会议上

---

① 《西班牙档案》，伦敦，1877年，第5卷，第459页。——原注

瓦卢斯的查理二世

腓力二世

要提出的建议之一是让弗朗索瓦一世的第三个儿子瓦卢斯的查理二世与年轻的伊丽莎白·都铎公主联姻。托马斯·克伦威尔说，枢密院正在审查查理五世与亨利八世的妹妹法兰西王后玛丽·都铎的旧婚约。亨利八世对查理五世依然褒奖有加。如果离婚案再无争议，托马斯·克伦威尔认为伊丽莎白·都铎公主可以与查理五世的儿子、未来的西班牙国王腓力二世订婚。如果查理五世同意和认可，玛丽·都铎公主也可以嫁去国外。如果是这样，亨利八世会给玛丽·都铎公主最豪华、最丰厚的嫁妆，超过任何王后或皇后的嫁妆。①

---

① 欧斯塔塞·沙皮致查理五世的信，1535年5月8日，《西班牙档案》，伦敦，1877年，第5卷，第457页。——原注

欧斯塔塞·沙皮指出，离婚案必须在考虑新的联姻前解决。托马斯·克伦威尔说，希望欧斯塔塞·沙皮能和亨利八世谈谈。欧斯塔塞·沙皮礼貌地拒绝了托马斯·克伦威尔这一微妙的谈判建议。对欧斯塔塞·沙皮自己来说，他还没有放弃对英格兰开战的希望。托马斯·达西男爵仍然像以前一样急切，希望与查理五世直接沟通。来自爱尔兰的消息也不是那么令人沮丧。暴动已经平息，但仍未被完全征服。托马斯·菲茨杰拉德发现自己的困难之一在于教皇的惩戒不够彻底。正式的废黜诏书仍未公布。托马斯·菲茨杰拉德这个年轻的暴乱领导者曾写信给保罗三世请求保罗三世立即提供废黜诏书，并且说如果没有这一点不足，他会把英格兰人赶出爱尔兰岛。也许托马斯·菲茨杰拉德有自己的过错。谋杀没有被直接逐出教会的约翰·阿伦是不合常规的，甚至可能是犯罪。托马斯·菲茨杰拉德祈求保罗三世授予自己赦令。读这封信时，保罗三世表现得很开心。保罗三世为自己犹豫不决找到的借口是自己已经从对亨利八世会悔改的希望中清醒过来。保罗三世说将来他会尽自己的职责，并且立即发给托马斯·菲茨杰拉德他要求的赦令，赦免他实际值得称赞的行为。①

赦令可能有益于托马斯·菲茨杰拉德的灵魂，但并没有把他从绞刑架上救下来。

托马斯·克伦威尔和欧斯塔塞·沙皮又见面了。讨论又回到了无法解决的问题上。西班牙枢密院曾有一半的人建议离婚，就像在康布雷时一样。欧斯塔塞·沙皮竭力想让亨利八世承诺把离婚案提交给计划召集的总参议会。他俩还是像往常那般争论。托马斯·克伦威尔说，亨利八世不能撤销所做的一切，那样会让他颜面尽失。欧斯塔塞·沙皮回答说，这是唯一避免丢脸的办法，也是亨利八世能采取的最体面的做法。在这件事上，亨利八世不应该只满足自己国家的法律和宪法的要求。如果在这一点上让步，那么在某种程度上，剥夺神职人员财产可能会得到认可。亨利八世可以解释说这么做是为了保卫英格兰王国，

---

① 佩德罗·奥尔蒂斯致查理五世的信，1535年5月27日，《西班牙档案》，伦敦，1877年，第5卷，第462页。——原注

将来再采取这种措施的机会很少。查理五世允许亨利八世选择任何他愿意选择的形式让步,一切都会按亨利八世的意愿顺利进行。

据欧斯塔塞·沙皮所说,托马斯·克伦威尔承认他的话是正确的。但托马斯·克伦威尔说,说服亨利八世既不在他的能力范围之内,也不在任何人的能力范围之内。亨利八世宁愿冒所有风险也不会让步。托马斯·克伦威尔还说,保罗三世还是枢机主教时就给亨利八世写了一封亲笔信,告诉亨利八世他自己有权要求离婚,克莱门特七世对亨利八世的所作所为是大错特错。

欧斯塔塞·沙皮顺势说,那么现在拒绝把这件事提交给总参议会的理由就更少了。

尽管没有期望得到任何结果,但欧斯塔塞·沙皮尽职尽责地完成了自己的工作。欧斯塔塞·沙皮做的有关英格兰大臣所作所为的报告通常都以自己认为更明智的做法结尾。他说,约翰·赫西曾写信给欧斯塔塞·沙皮说自己不能再留在一个所有阶层的人都被逼成异端的国家里。因此,他会亲自穿越英吉利海峡去见查理五世,向查理五世竭力主张自己的看法,并且听查理五世亲口说出他的决定。如果查理五世的答案是不同意,他会告知朋友。这样一来,他们就不会再被欺骗,空抱期望,然后自己采取行动。①

欧斯塔塞·沙皮很可能受查理五世指示先不告知英格兰方面自己准备做出哪些让步,直到确定如果不做这些让步,将无法缔结条约为止。同时,法兰西王国开出的条件超过了查理五世的条件,亨利八世毫不加掩饰地利用各国家开出的条件来吓唬另一方。在接下来的一次会面中,托马斯·克伦威尔告诉欧斯塔塞·沙皮,如果亨利八世能帮助弗朗索瓦一世夺取米兰,弗朗索瓦一世准备毫无保留地支持他离婚。欧斯塔塞·沙皮说,如果亨利八世相信查理五世的提议,就应该坚决拒绝法兰西人的联盟请求。英格兰枢密院的亲法派和亲

---

① 欧斯塔塞·沙皮致查理五世的信,1535年5月23日,《英国政府国内外纪事档案——亨利八世时期》,伦敦,1862年到1932年,第8卷,第280页;《西班牙档案》,伦敦,1877年,第5卷,第465页。——原注

神圣罗马帝国派之间正在进行激烈的较量。托马斯·克伦威尔由衷地盼望着自己参与的这次谈判取得成功。托马斯·克伦威尔说,自己在安妮·博林面前遭受的耻辱比以往任何时候都要严重。安妮·博林从未喜欢过托马斯·克伦威尔,最近还对他说,想看到他人头落地。①对托马斯·霍华德,安妮·博林也感到很愤怒,因为托马斯·霍华德说起自己时言语太过直接。如果她发现了托马斯·克伦威尔同欧斯塔塞·沙皮见面,只怕会让他们都吃不了兜着走。

亨利八世也同意托马斯·克伦威尔的意见,认为查理五世比弗朗索瓦一世更值得结成联盟,但在确信查理五世不会再伤害他前,不会与弗朗索瓦一世断绝关系。如果大家还记得,查理五世曾写信给亨利八世。此时,那封信已送到欧斯塔塞·沙皮手里。欧斯塔塞·沙皮担心,如果公开展示这封信,英格兰王室成员会断定查理五世已经同意达成和解,并且已经抛弃了阿拉贡的凯瑟琳和玛丽·都铎公主,所以他申请私下递交此信。亨利八世同意了,读了这封信,并且礼貌地谈到了土耳其远征、自己的军备及多佛尔和加来的新防御工事。正如欧斯塔塞·沙皮从玛丽·都铎公主那里听到的那样,亨利八世相信如果自己能渡过眼下这个夏天的难关,就能平安度过冬天。在接下来的一年里,他就可以强大到不惧任何人。欧斯塔塞·沙皮见亨利八世对联盟条约只字未提,就开始说,只要在荣誉和良心允许的范围内,查理五世想尽快与亨利八世缔结联盟条约。亨利八世一点也不急切。他直接坦率地回答说法兰西王国将为米兰开战,并且已经给自己开出了丰厚的条件。到目前为止,他还没有接受,但他可能会受诱惑接受,除非他能更确信查理五世的意图。②

很明显,亨利八世既不会被哄骗,也不会被吓倒。那么查理五世是否应该放弃力争的条件?西班牙枢密院再次开会讨论该怎么办。很明显,除非查理五世明确同意不提及离婚一事,否则无法与亨利八世签订任何条约。对阿拉贡的

---

① 《西班牙档案》,伦敦,1877年,第5卷,第484页。——原注
② 欧斯塔塞·沙皮致查理五世的信,1535年6月5日,《西班牙档案》,伦敦,1877年,第5卷,第483页。——原注

凯瑟琳和罗马教廷的伤害，查理五世的义务，基于不再提及离婚一事这个条件签订的条约对基督教国家和英格兰王国的不良影响，对其他君主效仿亨利八世的激励，以往的反对意见被再次权衡，这些都是这次和解无法回避、难以抹去的事实。此外，弗朗索瓦一世的危险态度，亨利八世的固执，法兰西王国和英格兰王国联合起来的可能性，以及二者一旦联盟查理五世将无力抵抗的局面，这些也都是事实。弗朗索瓦一世和亨利八世都是有权势的君主。如果查理五世无力帮忙，那么与英格兰王国和法兰西王国起冲突对阿拉贡的凯瑟琳和玛丽·都铎公主没有半点好处。离婚案就是困难所在。查理五世是否应该坚持承诺，即把离婚案提交给总参议会？在某些情况下，在英格兰王国和爱尔兰制造动乱，逼亨利八世按照查理五世的条件结成同盟，也许是明智的做法。但如果亨利八世能够被诱使中止或减缓对宗教和教会的攻击，中断与法兰西王国的联系，并且退出与德意志人的谈判，保证在没有查理五世同意的情况下，不会逼迫阿拉贡的凯瑟琳和玛丽·都铎公主签署或许诺任何东西，那么西班牙枢密院的意思就很明显，即暂停反对亨利八世离婚案的诉讼，也许是终身停止，以及不再坚持任何条约中的条款，无论是要亨利八世返回教会，还是要亨利八世同意召集总参议会。上帝也许可以在不使用武力或暴力威胁的情况下让亨利八世良心发现。查理五世在开始征战突尼斯前，可以告诉英格兰大使理查德·佩特，自己希望成为亨利八世的朋友，除非被迫无奈，否则不会与任何基督教国家君主开战。当然，这么做之前征得阿拉贡的凯瑟琳的同意是必要的。如果让阿拉贡的凯瑟琳和玛丽·都铎公主觉得没有人帮助她们了，那么她们会比以往任何时候都更悲惨可怜。① 但如果别无选择，她们可以假装同意，因为拒绝也没有用。

　　如果说做出让步的意愿是衡量英格兰王国和神圣罗马帝国各自对达成协议的急切程度，那么神圣罗马帝国比英格兰王国更急切，因为查理五世愿意屈

---

① 《西班牙档案》，伦敦，1877年，第5卷，第486页。——原注

服到打破基督教的团结,并且满足于言语承诺,而亨利八世除不与法兰西王国联盟之外,什么也不肯屈服,自从法兰西王国拒绝和他一起同教会决裂以来,他对英法同盟已经毫不在意。

面对自己曾坚持的判决,再加上那份随时准备宣判的废黜诏书,查理五世依然选择与一个被逐出教会的君主联盟。这么做就是侮辱罗马教廷,比某个王国叛乱更危险。然而,这份联盟条约可能是按照约翰·沃洛普爵士和神圣罗马帝国大使让·阿纳尔在巴黎商定的条件下完成的。西班牙枢密院并没有否决条约中这些的条件。保罗三世预见到联盟条约的危险性,插手干预,使联盟条约无法缔结。在对卡尔特修道院的修士进行审判和处决时,亨利八世向欧洲表明了自己是认真地要与罗马天主教教会决裂。保罗三世算计得对,要伤害亨利八世,没有什么比逼他再次严厉处决神职人员,从而引发暴动的效果更好。对他选择特定的时刻采取必将会产生预期结果的行动,没有其他更好的解释了。约翰·费希尔和托马斯·莫尔获准在六周内考虑是否承认《至尊法案》。除路德教教徒之外,每个人都尊敬托马斯·莫尔。托马斯·莫尔也承认自己讨厌路德教教徒。约翰·费希尔被英格兰天主教教徒视为圣徒。亨利八世毕竟还是要依靠臣民的支持,不想让臣民感到震惊或与自己疏远。除非受到某些人的刺激,否则亨利八世很可能不会再进一步逼约翰·费希尔和托马斯·莫尔了。约翰·费希尔深陷叛国罪指控,但其实并没有什么证据可以证明约翰·费希尔犯了叛国罪。也许亨利八世也明白这一点。六周还没到,英格兰宫廷和全世界都惊闻保罗三世任命约翰·费希尔为枢机主教,并且枢机主教帽已经在路上了。预见到后果的格雷戈里·迪·卡萨莱曾向保罗三世和枢机会议抗议这一任命。保罗三世假装害怕,请求格雷戈里·迪·卡萨莱原谅。保罗三世声称,本来只是打算向英格兰王国致意,这解释自然很难让人相信。总参议会即将召集,保罗三世希望英格兰王国派一个以学问和圣洁闻名的高傲教士代表出席。虽然罗马教皇的名声已经千疮百孔,但哪怕是能力最弱的教皇,也从来没有人怀疑他会缺乏对世故的敏锐观察力。罗马教廷和欧斯塔塞·沙皮一样清楚了解英格兰王国情况。还有佩德罗·奥尔蒂斯的报告，保罗三世一定很熟悉英格兰王国每个贵族和高傲教士的性格。在七年的争论中，他对约翰·费希尔的名字耳熟能详，因为约翰·费希尔对亨利八世政策的每一步都持反对意见。保罗三世刚刚为约翰·阿伦谋杀案赦免了托马斯·菲茨杰拉德，对这一阴谋恐怕是了如指掌，对约翰·费希尔在这场阴谋中起了哪些作用也一清二楚。找借口是一种比无礼行为本身更无礼的无礼行为。亨利八世不可能承认自己被蔑视和打败。亨利八世言简意赅地说会把约翰·费希尔的头送到罗马接受枢机主教帽。托马斯·莫尔是约翰·费希尔最亲密的朋友。他与约翰·费希尔一起反对宗教改革，并且因同样的行为与约翰·费希尔一并入狱。这次，托马斯·莫尔又与约翰·费希尔一起承受了保罗三世狡猾行为或愚蠢行为的致命后果。六周过去了，约翰·费希尔和托马斯·莫尔再次被召到枢密院。他们拒绝承认君主的至高无上地位，被交付审判。

在加来，法兰西王国和英格兰王国的参会委员开了会，又散会。托马斯·克伦威尔很高兴地对欧斯塔塞·沙皮说，在加来没有达成任何对查理五世不利的结论。但托马斯·克伦威尔重申，亨利八世不会考虑将自己的行为与处事决定提交总参议会。就算没有别的理由，所有英格兰王国的神职人员都对亨利八世怀恨在心，因为亨利八世推翻了教会的暴政，试图改革教会。这个原因就足够了。总参议会将由神职人员组成。托马斯·克伦威尔说，此外，在保罗三世新一轮的侮辱和挑衅下，亨利八世和他的臣民都不会承认保罗三世召集的任何参议会，倒是会承认由查理五世召集的参议会，但教皇召集的参议会是绝不会承认的。英格兰人民打算让英格兰国教会成为整个基督教世界真实而独特的一面镜子。①

保罗三世可能从未小心翼翼、深思熟虑过他设计的这一切会导致什么样的后果。保罗三世很可能是这样想的，要么亨利八世不敢对约翰·费希尔这样

---

① 欧斯塔塞·沙皮致查理五世的信，1535年6月30日，《西班牙档案》，伦敦，1877年，第5卷，第500页。——原注

法恩扎主教鲁道夫·皮奥·达·卡尔皮

一个圣洁的人用极端手段,要么是这种极端手段的威胁会迫使约翰·费希尔和阿拉贡的凯瑟琳的朋友及时赶去刑场救约翰·费希尔。阿拉贡的凯瑟琳的朋友夸口说全国人民都和自己站在一起。保罗三世信了他们的话。但保罗三世自己的想法误导了他。巴黎的教廷大使法恩扎主教鲁道夫·皮奥·达·卡尔皮奉命请求弗朗索瓦一世调解。弗朗索瓦一世说自己会尽最大努力,但担心"枢机主教帽"会加快约翰·费希尔的死亡。弗朗索瓦一世说,亨利八世并不总是容易对付的。亨利八世几乎把弗朗索瓦一世当作一个臣民,是这个世界上最奇怪的人。弗朗索瓦一世担心亨利八世会对自己不利。[①]亨利八世不可能允许弗朗索瓦一世或其他任何人插手。《至尊法案》规定的罪行是通过言语或行为否认亨利八世的主权，无论犯下罪行的是神职人员还是普通民众，其目的是制止和惩罚煽动性言论或布道。《至尊法案》第一稿起草时，出言反对王权至高无上的人就受到了惩罚。下议院不愿意把单纯的言语反对判为叛国罪，并且极力引入"恶意"一词。人们可能会因无知或不谨慎而否认亨利八世是教会领袖。给予在不知道的情况下发表不当言论的人严厉处罚是不合适的。但那些引人怀疑的人可能会被审问，他们的回答可以作为旁证，以证明他们有不忠意图。欧斯塔塞·沙皮的信无疑证明了约翰·费希尔是真的不忠。但约翰·费希尔想招来一支神圣罗马帝国军队的愿望得到了一半贵族的认同。如果能拿出证据，反对派贵族的罪恶感可能会逼得他们不得不公开反抗。据证实，在伦敦塔里，约翰·费希尔和托马斯·莫尔已经就他们要给出的答案互相交流过了。但出现了约翰·费希尔没有准备好的意外情况。搜查人员在约翰·费希尔的书房搜到的文件中，有一些写给阿拉贡的凯瑟琳的信。这些信不知是谁写的，很明显是要约翰·费希尔转交给阿拉贡的凯瑟琳的，可能由于约翰·费希尔被捕未得以实现。这些信是阿拉贡的凯瑟琳和某位外国君主之间的部分通信，通过一个被称为E.R.的德高望重的神父传递……信中间接提到"除应该知道的人之外，不能让其他任何人知道"的事情，还提及E.R.从约翰·费希尔本人那里收到的另一封信。约翰·费希尔被问到这些是谁写的信："E.R.是谁？君主是谁？"那些没有人知道的事情是什么？如果是小事，为什么要保密，要向谁隐瞒？约翰·费希尔本人寄往海外的信是什么？搜到的信中还要求知道阿拉贡的凯瑟琳是否希望写信人去找德意志的其他君主并征求他们的意见。同时，写信人再次承诺，将向虔诚的天主教教徒宣扬阿拉贡的凯瑟琳在离婚案中是正义的一方，并且让阿拉贡的凯瑟琳知道自己成功说服德意志的君主同意了哪些条件。

---

① 鲁道夫·皮奥·达·卡尔皮致蒙斯·安布罗焦的信，1535年6月6日，《英国政府国内外纪事档案——亨利八世时期》，伦敦，1862年到1932年，第8卷，第320页。——原注

约翰·费希尔还被问到，不考虑他的信仰和忠诚，是否应该帮助做这种事情的人，又为什么要隐瞒这件他明知道对亨利八世不利的事情，以及这封信是怎么送到他手中的，是谁寄的，又是谁带来的。如果约翰·费希尔拒绝回答或含糊其词，他就会明白其实亨利八世知道真相，因为亨利八世手里有证据。这个写信人诡计多端、奸诈狡猾，曾答应与德意志的君主们一起，携手为阿拉贡的凯瑟琳的离婚案辩护。

亨利八世掌握着解开整个谜团的钥匙。这场阴谋中埋下的地雷已经被破坏了。对亨利八世和托马斯·克伦威尔来说，还在策划中的叛乱已经不是什么秘密。阿拉贡的凯瑟琳，一个离了婚的妻子，一个西班牙公主，英格兰人无须效忠她。但约翰·费希尔是英格兰人，在叛国成功前，良心不安不能当作叛国的借口。

约翰·费希尔小心翼翼，但肯定没有诚实地回答、他想不起写这封信的君主的名字，也想不起送信的使者的名字。写信的可能是某个德意志的君主。但约翰·费希尔不记得写信的是谁。也许是斐迪南一世。E.R.不是约翰·费希尔自己。约翰·费希尔也从来没有同意让写信人试图与德意志的君主一起反抗亨利八世。

这个写信人很小心。从一开始就希望欧斯塔塞·沙皮不要提自己的名字，除非用密码。写信人也许放弃了直接向斐迪南一世求助，因为没有查理五世的批准，斐迪南一世是不能采取行动的。写信人通过欧斯塔塞·沙皮给查理五世送的消息连约翰·费希尔都难以矢口否认。但英格兰政府就算查到了这些消息，也无法提起指控。英格兰王国和神圣罗马帝国正在协议建立同盟，这个问题可能并没有人向写信人提及。①

然而，正如法律解释的那样，约翰·费希尔心怀恶意是毫无疑问的。约翰·费希尔坚决拒绝承认亨利八世至高无上的地位。审问后第五天，在威斯敏

---

① 对伦敦塔中约翰·费希尔的调查，1535年6月12日，《英国政府国内外纪事档案——亨利八世时期》，伦敦，1862年到1932年，第8卷。第331页及以下。——原注

约翰·费希尔被押赴刑场

斯特大厅，约翰·费希尔接受审判。一周后，在伦敦塔，约翰·费希尔被处决，为一项他认为正确的事业英勇赴死。最后时刻，约翰·费希尔本可以屈服自救，但他从未动摇。约翰·费希尔知道自己死了比活着能更好地为阿拉贡的凯瑟琳和天主教教会服务。托马斯·克伦威尔对欧斯塔塞·沙皮说：“保罗三世是他受到惩罚的原因，因为保罗三世让亨利八世最大的敌人约翰·费希尔当自己的枢机主教。”约翰·费希尔"深受人民同情"。不过，如果约翰·费希尔的真实行为被揭露出来，人们就不会那么同情他了。

一个身份地位更高的受害者紧随其后。在准备向亨利八世开战的人的名单上，托马斯·莫尔的名字并没有出现。但托马斯·莫尔是约翰·费希尔的密友和伙伴，几乎不可能不知道约翰·费希尔如此密切关注的阴谋。就算不用什么不公正的手段，也可以从其他人那里推断出来约翰·费希尔的恶意。托马斯·莫尔为自己所依附的社会阶层付出代价。在最反对宗教改革的党派中，与其说约翰·费希尔是领袖，不如说托马斯·莫尔才是领袖。托马斯·莫尔作为一个极其憎恶路德教教会的大法官闻名于世。如果反对宗教改革的党派赢得了胜利，玛丽·都铎公主成为女王后，他们会一如既往反对路德教教会。没有人比托马斯·莫尔更清楚教会有多需要果断，没有人比托马斯·莫尔更清楚地看到修士斗篷下狡猾的脸孔。但和其他温和派改革者一样，托马斯·莫尔痛恨那些不耐烦的狂热改革分子，嫌他们过于极端，破坏了温和派改革者的事业。托马斯·莫尔反对英格兰王国正在蔓延的新教，就如下议院辉格党议员埃德蒙·伯克反对法兰西国民公会和雅各宾俱乐部那样。在托马斯·莫尔公然违抗法案的年代，在他的榜样影响下，尚未决定立场的广大中间党派受到了要勇于反抗的鼓舞。历史学家一致谴责约翰·费希尔被处决是亨利八世政府的肆意暴政。然而，这不是肆意行为，也不是暴政。这是一场神圣革命不可避免的悲伤插曲。

有关托马斯·莫尔审判的报道，大家公认的版本是经由英格兰王国的一份报纸稍加补充后予以证实的版本。这份报纸也被送到了神圣罗马帝国宫廷。

托马斯·莫尔被指控否认亨利八世"教会最高领袖"的头衔。这一头衔是上一届议会授予亨利八世的。托马斯·莫尔回答说，当亨利八世的国务大臣托马斯·克伦威尔问自己对《至尊法案》的看法时，自己回答说，作为对世人来说已经死去的人，自己根本不关心这些事情。不能因沉默而定自己罪。亨利八世的代理人说，所有好臣民都必须毫无掩饰或毫无保留地回答这个问题，沉默和讲话是一样的。托马斯·莫尔反驳道，沉默通常被认为是同意。无论托马斯·莫尔的想法是什么，他从来没有说出来过。

托马斯·莫尔被指控在伦敦塔时与约翰·费希尔私自通信，串通在审问时给什么答案。托马斯·莫尔和约翰·费希尔都说《至尊法案》是把双刃剑，一刃杀身体，一刃削灵魂。因为他们说了同样的话，所以很明显他们是同谋。

托马斯·莫尔回答说，他是听从自己的良心做回答，并且他建议约翰·费希尔也这样做。他不相信约翰·费希尔曾说过或做过任何恶意违反《至尊法案》的事情。

陪审团只审了十五分钟，就做出了"有罪"的判决，并且理所当然地通过了判决。随后，托马斯·莫尔做了发言。托马斯·莫尔说，既然自己已经被判有罪，那现在可以发表意见了。他研究了七年，确信没有哪个世俗君主能够成为宗教领袖。对站在王权至高无上一方的主教，他可以说出一百个与他们立场相反的圣徒的名字。至于议会，与之对立的是早就存在了一千年的教会大会。至于英格兰王国，与它对立的是所有其他基督教国家。主教违背了誓言；议会无权制定破坏基督教统一的法律，制定这些法律本身就是罪过。他的罪是反对亨利八世再婚。虽然圣保罗迫害了圣斯蒂芬，但两人现在都去了天堂。因此，他相信，他和审判他的法官，尽管现在有分歧，但将来也会对彼此心怀仁爱。[①]

结局来得很快。审判是在1535年7月1日。1535年7月6日，英格兰王国有史以来最有趣的人之一——托马斯·莫尔人头落地了。如果王权至高无上是一个观

---

① 来自英格兰的消息，1535年7月1日，《西班牙档案》，伦敦，1877年，第5卷，第507页。——原注

托马斯·莫尔临刑前与女儿告别

阿尔瓦公爵费尔南多·阿尔瓦雷斯·德·托莱多

点的问题，没有人密谋用武力恢复教皇的暴政，没有神职人员和贵族恳求外国军队像在阿尔瓦公爵费尔南多·阿尔瓦雷斯·德·托莱多指挥下打败佛兰德斯的军队一样登陆英格兰王国，没有爱尔兰贵族谋杀大主教还能得到教皇赦免，那么托马斯·莫尔因相信教皇是英格兰的主人而被送上断头台就是一场野蛮的谋杀，亨利八世政府理应受到人们的唾骂。在没有这样的危险扰人安宁的时代，人们会忘记那些用火和剑威胁要毁灭这个国家的敌人，只崇拜那些永远保持鲜亮的美德。我们也一样，如果遇到类似的情况，可能也不会比我们的祖先更仁慈。

  处决约翰·费希尔和托马斯·莫尔是亨利八世对保罗三世的惩戒和英格兰政府对国内阴谋者的回应，其效果是令人激动的。托马斯·达西男爵再次向欧斯塔塞·沙皮提出请求，请求立即宣判最后的判决结果。他不想再等神圣罗马帝国的援助了。保罗三世发话，现在，英格兰王国自己起来反抗了。神职人员会提供开战所需的所有资金，并且可能会想到办法获取国库中的黄金。时间紧迫，必须马上行动。如果再磨蹭一段时间，新教传教士和教长就会教化人民，那他们就什么也没有了。① 费尔南多·德·席尔瓦从罗马写信给查理五世，说让·迪·贝莱正在赶往罗马的路上，他带着弗朗索瓦一世希望能够与英格兰王国达成一致的提议。这一提议会给阿拉贡的凯瑟琳、教会和基督教道德观念带来致命的影响。费尔南多·德·席尔瓦请求查理五世批准，让自己向保罗三世施压，要求保罗三世准备好一份废黜亨利八世的简函。这封简函一旦发布，就无法收回。②

---

① 欧斯塔塞·沙皮致查理五世的信，1535年7月11日，《西班牙档案》，伦敦，1877年，第5卷，第512页。——原注
② 费尔南多·德·席尔瓦致查理五世的信，1535年7月16日，《西班牙档案》，伦敦，1877年，第5卷，第515页。——原注

第 19 章

弗朗切斯科二世·斯福尔扎去世

费尔南多·德·席尔瓦得到错误消息，担心弗朗索瓦一世又要代表亨利八世插手罗马教廷与英格兰王国的事情。加来的会议没有取得任何明确的结果就中断了。法兰西王国的政策是让亨利八世放弃与查理五世签订条约。亨利八世更愿意让两个天主教大国针锋相对，自己对两方都不予承诺。弗朗索瓦一世知道约翰·费希尔被处决会在罗马引起愤怒。于是，他想通过其他方法来实现自己的目的。查理五世在非洲的战役非常成功。对此，梵蒂冈的保罗三世开始不乐意了。保罗三世作为基督教世界的领袖，非洲的异教徒失败当然令他高兴，但他担心查理五世在陆地和海上征途都取得胜利后，可能会给自己的领地带来麻烦。[①]不过，保罗三世仍然想惩罚亨利八世，亨利八世需要小心。英格兰枢密院亲法派希望亨利八世立即对玛丽·都铎公主采取极端手段。这将有效终结英格兰王国和神圣罗马帝国联盟的希望。安妮·博林不断告诉亨利八世，阿拉贡的凯瑟琳和玛丽·都铎公主是他最大的危险。"她们比那几个最近被处死的人更应该被处死，因为她们是所有祸害事端的根源。"[②]欧斯塔塞·沙皮

---

① 《西班牙档案》，伦敦，1877年，第5卷，第532页。——原注
② 欧斯塔塞·沙皮致查理五世书信，1535年7月25日，《西班牙档案》，伦敦，1877年，第5卷，第518页。——原注

发现自己已经无法与玛丽·都铎公主取得联系,因为亨利八世对她的保护措施更严了。据说,这是担心玛丽·都铎公主被法兰西人带走。

  罗马教廷的神圣罗马帝国支持者不知该怎么办,也不知道该怎么建议,所以起草了一份奇怪的备忘录,供查理五世考虑。他们说,离婚案在罗马审理时,罗马教廷告知查理五世英格兰是罗马天主教教会的领地,亨利八世违抗罗马教廷命令,理应被剥夺王位。查理五世不赞成采取如此严厉的措施。但现在,亨利八世已经将保罗三世任命的枢机主教约翰·费希尔斩首。一听到处决约翰·费希尔的消息,保罗三世和枢机主教就提议应该为此事和亨利八世犯的其他罪行立即剥夺亨利八世的王位,不能再拖延。反对采取此举的人非常担心这会给阿拉贡的凯瑟琳带来危险,并且还担心宣判后,英格兰王权被移交给罗马教廷,损害玛丽·都铎公主的前途。他们可能想到让保罗三世剥夺亨利八世的王位后将王位指派给亨利八世的女儿玛丽·都铎公主,或者在枢机会议秘密宣布此举是在支持玛丽·都铎公主,不会损害她的王位继承权。然而,有人反对这么做,称亨利八世可能会从一些枢机主教那里听到这件事。所有办法都很危险,但无论如何都得做点什么。于是,罗马教廷的神圣罗马帝国支持者要求查理五世做出决定。①

  现在,政治的这口大锅中又被扔进了新的原料。保罗三世非但不想让英格兰王国与罗马教廷和解,反倒告诉费尔南多·德·席尔瓦,现在,弗朗索瓦一世已经准备好,愿意帮助罗马教廷执行对亨利八世的判决。弗朗索瓦一世认为查理五世应该先开始行动,因为这件事是查理五世个人的事。一旦迈出第一步,弗朗索瓦一世自己也将受保罗三世支配。在费尔南多·德·席尔瓦看来,这样做的意义只是让查理五世卷入与英格兰王国的战争中,然后任查理五世在这漩涡里挣扎。保罗三世本人也是这么认为的。有人听弗朗索瓦一世说,查理五世对英格兰王国开战后,他会下一个加入战斗,并且只做最符合自己利益的事。不

---

① 事务备忘录,《西班牙档案》,伦敦,1877年,第5卷,第522页。——原注

过,保罗三世说只要查理五世和弗朗索瓦一世联合起来对付英格兰王国,对亨利八世的"处决"结果就能令人满意。之前,克莱门特七世也说过这样的话。费尔南多·德·席尔瓦回答说,他未受查理五世委任来调查这个问题。他向查理五世报告了发生的事情,并且说不会急于催促保罗三世采取进一步的措施。①

亨利八世对法兰西王国没有什么更高的期望了。他曾挑衅保罗三世尽管放马过来。他孤立无援,没有任何保障,只有敌国的嫉妒。除自己的能力之外,他也没有什么值得信赖的东西来保卫国家和王位。他最担心的是海上的安全。托马斯·克伦威尔承认,如果真的停止贸易,势必造成混乱和暴动。一艘接一艘的战舰建造好后在泰晤士河下水。紧张备战的号角响彻英格兰全国。托马斯·达西男爵曾说过,神职人员将为起义者提供资金。亨利八世正在采取预防措施,以缩减神职人员的资源,并且把他们的收入用于保护英格兰王国。托马斯·克伦威尔的手下在英格兰各地考察修道院的状况,揭露神职人员滥用职权的情况并扣押他们的财产。据调查,这些可耻的修道院成了英格兰广袤大地上"违背人性的罪恶之潭"。这群一无是处、背信弃义的人作恶敛收的财富被没收。英格兰王国政府官员接手管理他们的教区。他们的最终命运将留给议会决定。

同时,亨利八世对自己的臣民充满信心,并未把面临的危险放在心上。亨利八世沿着威尔士边界周游各处,打猎、探访、到处露面,受到人们非常热情的欢迎。人们的行为使欧斯塔塞·沙皮感到困惑。欧斯塔塞·沙皮写道:"有人告诉我,在亨利八世去过的地方,有很大一部分农民在听了宫廷神父的布道后,竟然上当受骗,相信亨利八世是受上帝的启发而与他哥哥威尔士亲王阿瑟·都铎的妻子阿拉贡的凯瑟琳离婚的。他们不过是白痴。只要事情稍有变化,他们很快就会回头相信原本的真相了。"他们不会再回头了,他们也不是欧斯塔塞·沙皮口中的白痴。神职人员生活放荡,教会法庭实施暴政。英格兰下议院对神职人员痛恨至极。欧斯塔塞·沙皮自己也承认了这一点。太多修道院

---

① 事务备忘录,《西班牙档案》,伦敦,1877年,第5卷,第535页。——原注

沦为耻辱和欺诈的巢穴,被天主教世界称为反基督者的亨利八世似乎是将人们从这可恶的专制统治中解救出来的救星。

罗马教廷的情况仍不确定。保罗三世犹豫不决。查理五世在非洲征战,分身乏术。查理五世回来前,什么决定也做不了。在还没取得胜利前,各国就在如何分割胜利的果实的问题上起了分歧。急不可耐的英格兰天主教教徒问为什么保罗三世还不出手除掉亨利八世。现在,就连一直不让保罗三世动手的弗朗索瓦一世都在催促他动手。弗朗索瓦一世可能就像费尔南多·德·席尔瓦想的那样口是心非。但仅仅是能从法兰西王国得到帮助这一希望,就给了疲惫的阿拉贡的凯瑟琳和她的支持者新的力量。

在给查理五世的信中,佩德罗·奥尔蒂斯写道:"保罗三世剥夺了亨利八世的权力,并且将英格兰视为罗马教廷的领地,交由洛伦佐·坎佩焦、贾科莫·西蒙内塔和费代里奥·切西裁决。保罗三世延迟颁布主要案件的执行令着

费代里奥·切西

实令人诧异。尽管废黜亨利八世这一问题在枢机会议讨论得非常激烈,并且枢机主教也把废黜亨利八世的消息写信告知了所有君主,但枢机主教还是在拖延,并且只给亨利八世发了训诫令,威胁会将此事告知英格兰各邻国。这完全多此一举。亨利八世信奉异端、与罗马教廷分裂及其他罪行早就臭名昭著、人尽皆知。不用训诫令拖延也可以立即剥夺他的王位。如果坚决执行惩戒,恐怕正中弗朗索瓦一世下怀。对弗朗索瓦一世来说,这是对亨利八世绝妙的报复。一开始,弗朗索瓦一世支持亨利八世,直到亨利八世陷入与教会决裂和信奉异端的罪名中,再抛弃亨利八世,把亨利八世骗上绞刑架,让亨利八世被绞死。亨利八世杀害的所有圣徒的鲜血都在呼唤着上帝行使正义。"①

愿望迟迟不能实现,阿拉贡的凯瑟琳忧虑成疾,也厌倦了查理五世的迟疑。现在,阿拉贡的凯瑟琳要抓住身边这根新的救命稻草。佩德罗·奥尔蒂斯一定把法兰西王国在梵蒂冈的提议告诉了她。阿拉贡的凯瑟琳祈求兄嫂②奥地利的玛格丽特利用法兰西王后的影响力帮助自己。现在,是弗朗索瓦一世向亨利八世展示自己是真朋友,并且帮助亨利八世摆脱罪恶的时候了。③

法兰西王国和英格兰王国流传着为什么保罗三世的惩戒令一再拖延的奇怪谣言。保罗三世承认对查理五世在突尼斯大获全胜感到震惊。有人认为,刚获得胜利的查理五世,可能会听从洛佩·德·索里亚这样的人的建议,将保罗三世控制在自己手里,废除保罗三世的世俗权力。保罗三世知道这一点,因此害怕进一步激怒英格兰王国,恶化事态。④

保罗三世和君主之间可能会保持安全的距离,他们互不信任。但对英格兰王国的阴谋家来说,漫长的停顿关乎他们的生死。阴谋家如果意欲造反,拖

---

① 佩德罗·奥尔蒂斯致葡萄牙的伊莎贝拉的信,1535年9月1日,《英国政府国内外纪事档案——亨利八世时期》,伦敦,1862年到1932年,第9卷,第84页。——原注
② 奥地利的玛格丽特第一任丈夫是阿拉贡的凯瑟琳的哥哥阿斯图里亚斯亲王约翰。——译者注
③ 《维也纳手稿》。——原注
④ 欧斯塔塞·沙皮致查理五世的信,1535年9月25日,《英国政府国内外纪事档案——亨利八世时期》,伦敦,1862年到1932年,第9卷,第140页到141页。——原注

延往往是致命的。唯一安全的做法就是立即行动。一旦热情冷却，秘密就会泄露。约翰·费希尔的命运再次刺激英格兰王国的阴谋家行动起来，但英格兰政府证明了自己对此了解得很透彻，并且不打算退缩。

欧斯塔塞·沙皮再次尝试鼓动尼古拉·佩勒诺·德·格朗韦勒。欧斯塔塞·沙皮说："英格兰的每个有地位的人都对保罗三世的不作为感到绝望。如果不立即采取行动，阿拉贡的凯瑟琳、玛丽·都铎公主和宗教也就没有希望了，因为宗教在一天天走向灭亡。事情发展到这样的地步，有些地方甚至有人鼓吹反对圣礼。查理五世一定会干涉的。他在非洲做的一切，在英格兰做起来要轻松得多，政治优势也无与伦比。"①

尼古拉·佩勒诺·德·格朗韦勒只能回答说，亨利八世是个怪物，上帝肯定会惩罚他。但查理五世太忙了，几乎喘不过气来。尼古拉·佩勒诺·德·格朗韦勒仍然希望能有一个和平的解决方案。

同时，费尔南多·德·席尔瓦还控制着保罗三世。费尔南多·德·席尔瓦的任务很艰难。他接到的命令是阻止保罗三世发布执行判决令。查理五世害怕法兰西王国会利用执行判决令采取行动，并且如果让人们知道是查理五世在阻止罗马教廷复仇，会从根本上动摇罗马天主教教会。即使是在保罗三世面前，费尔南多·德·席尔瓦也不能坦诚相对。佩德罗·奥尔蒂斯只顾煽动保罗三世的嫉妒心，无法理解保罗三世面对的阻碍，所以他说服保罗三世起草了《执行判决简函》，并且弄到了一封简函副本。②

在写给查理五世的信中，费尔南多·德·席尔瓦说："我严格遵照您的指示，让执行判决的信搁置了一年半，丝毫未露出是我们扣押了这封信的迹象，

---

① 欧斯塔塞·沙皮致尼古拉·佩勒诺·德·格朗韦勒的信，1535年9月25日，《英国政府国内外纪事档案——亨利八世时期》，伦敦，1862年到1932年，第9卷，第141页。——原注
② 执行令与罢黜诏书不一样。前者是阿拉贡的凯瑟琳诉讼案的最后一步，宣布亨利八世因违背了克莱门特七世对离婚的判决而被逐出教会，并且邀请天主教各国以武力执行判决。后者是罗马教廷将英格兰王国当作教会属地，暗示亨利八世已丧失王位，英格兰臣民的效忠已被最高宗教领袖保罗三世收回。保罗三世和枢机主教议会更倾向于前者，因为这样他们自己更满意。天主教各国则出于同样的原因反对前者。两种令状产生的实际影响是一样的。——原注

我们表现出来的是相反的态度。当各国要求发布执行令，保罗三世却不提笔起草时，我们很失望。除您希望等待法兰西王国提议的结果之外，另一情况也符合您的目的。在保罗三世给我看的草案中，有些条款我不能同意，因为这些条款损害了阿拉贡的凯瑟琳和玛丽·都铎公主的权利，也损害了您的权利。"

"看到亨利八世服从罗马教廷的希望已经完全破灭了，佩德罗·奥尔蒂斯不知道您希望判决执行推迟，将那些执行判决的信拿了出来，差点趁我不在佩鲁贾时寄了出去。信已经准备好了，除保罗三世的印章之外，什么也不差了。我说信要在我这里保管几天，假称我必须检查一下措辞。在您告知我心仪的时间前，我会一直保管。"①

无论有没有查理五世的支持，只要保罗三世以《执行判决简函》或《废黜诏书》的形式发布惩戒命令，英格兰人就准备起义。托马斯·达西男爵和他的朋友都已经准备好，决心要发动战争了。但如果没有保罗三世的直接批准，这场起义会失去宗教鼓舞的力量。爱尔兰造反失败就是因为没有宗教的鼓舞。托马斯·菲茨杰拉德投降了，现在是伦敦塔里的囚犯。

无论在玛丽·都铎公主的想象中父亲亨利八世犯了多大的错误，故意煽动暴乱推翻父亲，都不是为人子女的本分。亨利二世的儿子杰弗里曾经这么做过，但时代变了。玛丽·都铎公主的所作所为就是枢密院建议对她采取最严厉措施的理由。玛丽·都铎公主给欧斯塔塞·沙皮写了一封信。这封信如果被截获，亨利八世可能再难救她。

玛丽·都铎公主说："现状悲惨至极。除非查理五世陛下，为了替天行道，为了基督教世界的福祉，为了我父亲亨利八世的荣誉，为了对这个国家受苦受难的灵魂的同情，能够怜悯我们并采取措施，否则这个国家将会毁灭。我希望并确信，如果有人准确告知查理五世英格兰王国正在发生什么，他会这么做的。他在非洲征战时，可能无法意识到我们的处境。真相的全部无法用信表

---

① 费尔南多·德·席尔瓦致查理五世的信，1535年10月8日，《西班牙档案》，伦敦，1877年，第5卷，第547页。——原注

达。因此，我想请你派一个自己人去告诉查理五世这一切，并且代表我母亲阿拉贡的凯瑟琳和我本人恳求查理五世，为了主的荣耀，也为了照顾和赡养我们。他做的事，就是全能的主喜欢的事，也少不了为自己赢得的名声和荣耀。这名声和荣耀不会比他征服突尼斯或非洲获得的少。"①

同时，阿拉贡的凯瑟琳也给保罗三世写了一封性质相同的信。"执行令"是离婚案诉讼程序的正常结局。在判阿拉贡的凯瑟琳赢得诉讼后，阿拉贡的凯瑟琳有权要求执行令。保罗三世希望阿拉贡的凯瑟琳提出申请。这样一来，执行令就像是按照阿拉贡的凯瑟琳的命令下发的，而不是保罗三世自己冲动下发的。

阿拉贡的凯瑟琳写道："最圣洁的、最受祝福的神父，让我亲吻您的双手。我的信中充满了抱怨与强求，可能带给您更多的是痛苦，而不是快乐。因此，我有一段时间未给您写信，虽然我的良心会谴责我一直保持沉默，但我还是有一段时间未给您写信。想到现在的情况，我唯一感到满意的是：我不断感谢我们的主耶稣指派了您这样的神父。在基督教世界如此艰难时，大家对您都是褒扬之辞。上帝仁慈，在这样的时刻留下了您。因此，作为罗马教廷顺从的孩子，我再次恳请您特别留意英格兰王国，我的主人和丈夫亨利八世及我的女儿玛丽·都铎公主。您知道，整个基督世界都知道，这里发生了什么事，亨利八世犯下了多么忤逆上帝的大罪，发生了多让世人惊骇的丑闻，您又受到了怎样的谴责。如果不立即采取措施，灵魂毁灭和圣徒殉道将无休无止。虔诚的信徒会因坚定不移的决心被镇压而痛苦。如果找不到帮手，那些不冷不热的信徒就会放弃，剩下的虔诚信徒就会像失去牧羊人的羊一样迷失方向。我把这些事实摆在您面前，因为我知道，由于没有抵抗那些在我们看来是魔鬼煽动的祸害，让这么多圣洁善良的人殉道，这么多的灵魂毁灭，您比任何人都要内疚。"

"我写信给您，是为了释放我自己的灵魂，与我和我女儿玛丽·都铎公主

---

① 玛丽·都铎公主致欧斯塔塞·沙皮的信，1535年10月，《西班牙档案》，伦敦，1877年，第5卷，第559页。——原注

一样,您同情这些可敬的殉道者。我怀着悲哀与喜悦,预计也会像他们那样经受痛苦并追随他们而去。我在此停笔吧,等待上帝和您的救赎。愿这救赎快点到来。如果现在不行动,时机就会过去。愿主保佑您。"[1]

同一天,经由同一个信使,阿拉贡的凯瑟琳还给查理五世写了一封信,祝贺他在非洲取得胜利,并且恳求他,既然有空了,就敦促保罗三世采取行动。换句话说,阿拉贡的凯瑟琳希望查理五世带着军队横扫英格兰王国。如果六年前,即1529年,阿拉贡的凯瑟琳能受教皇克莱门特七世的指引,去做修女,就不会有离婚、决裂和殉道者,欧洲也不会因她而面临动乱的危险。阿拉贡的凯瑟琳和其他人一样,被自己受伤的自尊心支配,并且称之为良心不安。

欧斯塔塞·沙皮向查理五世和尼古拉·佩勒诺·德·格朗韦勒转达了阿拉贡的凯瑟琳给的开战理由。欧斯塔塞·沙皮再次向他们保证,阿拉贡的凯瑟琳和玛丽·都铎公主确实有死亡的危险。他说,如果查理五世继续犹豫不决,那么非洲的辉煌胜利后将是深深的绝望。机会转瞬即逝,一件现在容易的事过一会儿就会很艰难,甚至再没有希望。

现在是向英格兰开战的时候了。对托马斯·莫尔和约翰·费希尔的处决,对修道院的镇压,对教堂的掠夺,使英格兰王国的高级教士和贵族充满了恐惧和愤怒。1535年收成不好,被解释为是上天对亨利八世行为的审判。欧斯塔塞·沙皮确信查理五世现在会采取行动。他向阿拉贡的凯瑟琳做了保证,即查理五世在恢复她的权利前不会返回西班牙。就连再次来到伦敦的加布里埃尔·德·格拉蒙也认为亨利八世迷失了自我。加布里埃尔·德·格拉蒙说,整个英格兰王国,无论是贵族还是平民,甚至是亨利八世的仆人,都忠于玛丽·都铎公主和她的母亲阿拉贡的凯瑟琳。他们会加入任何一个愿意承担起义大业的君主的队伍。英格兰民众普遍不满,一部分原因是他们认为玛丽·都铎公主是王位的正当继承人,另一部分原因是害怕战争和贸易中断。这个秋季多

---

[1] 阿拉贡的凯瑟琳致保罗三世的信,1535年10月10日。——原注

雨，一半的玉米还在地里没来得及收回。安妮·博林受到大家的诅咒，甚至连亨利八世对她的爱也消失了。如果查理五世向亨利八世宣战，整个英格兰就会揭竿而起。①

有人看到，保罗三世曾想过宣布玛丽·都铎公主为女王，取代她父亲亨利八世。如果保罗三世冒险尝试这样做，对玛丽·都铎公主来说必然是致命的。玛丽·都铎公主的英格兰朋友希望看到她嫁给某个外国王子，如果可能，嫁给法兰西王储。这样一来，她就可以安然无恙，远离危险。玛丽·都铎公主本人，甚至查理五世，应该都渴望与法兰西王储婚配，因为如果他们联姻，神圣罗马帝国与法兰西王国的争端可能会被遗忘，查理五世和弗朗索瓦一世可能会联合起来逼亨利八世服从罗马天主教教会。

现在，对亨利八世最疯狂的指控已经在德意志各地和低地国家印刷发行。托马斯·克伦威尔向欧斯塔塞·沙皮抱怨说："就算骂犹太人或魔鬼都不会用那么糟糕的词。"欧斯塔塞·沙皮讽刺道，他很抱歉这样的东西发行出来了。查理五世会尽力阻止它们传播，但在整体混乱的情况下，查理五世也管不住别人嚼舌根。

1535年秋天的几个月里，英格兰的政治局势变得十分危急，托马斯·克伦威尔不得不采取非寻常手段干涉伦敦市市长选举。当然，这是在亨利八世同意的情况下进行的。英格兰政府给出的理由是国家处于如此险境，由一个有影响力、有经验的良善之人当伦敦市市长至关重要。

1535年10月13日，欧斯塔塞·沙皮写信给查理五世说："今天早上，托马斯·克伦威尔来找我，说亨利八世得知您打算以保罗三世的名义去攻打他。托马斯·克伦威尔称保罗三世为'罗马主教'，但在这样叫时他说了请见谅。还有一个使者或主教到佛兰德斯来煽风点火。亨利八世不敢相信，在表现出这样真诚的友谊后，您竟真有要攻打他的意图，特别是在没有任何理由的情况下。

---

① 加布里埃尔·德·格拉蒙致让·德·丹特维尔的信，1535年10月，《英国政府国内外纪事档案——亨利八世时期》，伦敦，1862年到1932年，第9卷，第187页。——原注

与保罗三世决裂时,亨利八世没有做任何违背上帝律法的事,世上再没有哪个国家比英格兰王国将宗教管理和改革做得更好了。如果我认为可以,亨利八世会派一个特别大使团来见您。我说,亨利八世这么伟大的君主用不着我建议。我相信,如果这个特别大使团的目标是亨利八世出于荣誉和良知成立的,那么这个大使团不仅会受到热烈欢迎,而且会成功实现目标。否则,我既不会推荐也不会劝阻。"①

欧斯塔塞·沙皮写完这封信,转手又将阿拉贡的凯瑟琳和玛丽·都铎公主的信转寄了过去给查理五世,又自己给尼古拉·佩勒诺·德·格朗韦勒写了一封信。在给尼古拉·佩勒诺·德·格朗韦勒的信中,欧斯塔塞·沙皮说:"如果查理五世想给基督教世界带来和平统一,必须从英格兰王国开始下手。推翻亨利八世很容易,因为每个人都对他不满。亨利八世的金库会为这一仗买单,并且会支援神圣罗马帝国对抗土耳其人。是时候惩罚亨利八世的愚蠢与不虔诚了。"②

查理五世好像得出了同样的结论。他从突尼斯一回来,就在梅西纳分别给欧斯塔塞·沙皮和让·阿纳尔写了信,说只要亨利八世留着安妮·博林,坚持与阿拉贡的凯瑟琳离婚,拒绝承认玛丽·都铎公主是继承人,他就不会对亨利八世客气。③保罗三世收到阿拉贡的凯瑟琳的信时,正因爱尔兰叛乱的结局而怒火中烧。尽管托马斯·菲茨杰拉德已经得到了保罗三世的赦免和祝福,但依然被囚禁在伦敦塔里。其实,托马斯·菲茨杰拉德已经向舅舅④伦纳德·格雷子爵投降了,并且得到了会获赦免的承诺。当托马斯·菲茨杰拉德被架到了亨利八世面前时,如果能做出令人满意的让步,几日后他就可以获得自由,得到原谅。但他推测英格兰起义建立"新世界"之日并不遥远了,可以安安全全地坚持下去。

---

① 欧斯塔塞·沙皮致查理五世的信,1535年10月13日,《英国政府国内外纪事档案——亨利八世时期》,伦敦,1862年到1932年,第9卷,第196页。——原注
② 欧斯塔塞·沙皮致尼古拉·佩勒诺·德·格朗韦勒的信,1535年10月13日,《英国政府国内外纪事档案——亨利八世时期》,伦敦,1862年到1932年,第9卷,第199页。——原注
③ 欧斯塔塞·沙皮致尼古拉·佩勒诺·德·格朗韦勒的信,1535年10月13日,《英国政府国内外纪事档案——亨利八世时期》,伦敦,1862年到1932年,第9卷,第225页,第228页。——原注
④ 伦纳德·格雷是托马斯·菲茨杰拉德的母亲伊丽莎白·格雷哥哥。——译者注

这样的"野猫"就需要更严厉的管教。于是，伦敦塔大门在他面前再次关上。不久，托马斯·菲茨杰拉德就因杀害都柏林大主教约翰·阿伦被处死。

佩德罗·奥尔蒂斯听说托马斯·菲茨杰拉德被囚禁时，说托马斯·菲茨杰拉德面前只有两个选择，要么殉道，要么投降。他希望托马斯·菲茨杰拉德选择第一个，因为有一个被谋杀的加尔都西会教士的灵魂出现在其他修士面前，告诉其他修士约翰·费希尔获得了殉道者的光荣王冠。[①]

保罗三世和罗马神职人员收到阿拉贡的凯瑟琳的信后，意气风发。保罗三世已经通知费尔南多·德·席尔瓦，说自己打算继续"剥夺亨利八世王位"。执行令写了又写，都是要收回亨利八世的王位[②]，佩德罗·奥尔蒂斯认为，现在，是保罗三世自己主动要下令，而不是应阿拉贡的凯瑟琳的要求，这是天意。然而，费尔南多·德·席尔瓦认为，保罗三世就是在等阿拉贡的凯瑟琳要求。这样一来，责任就在她了。欧斯塔塞·沙皮的信使奉命将阿拉贡的凯瑟琳的信交给保罗三世本人。费尔南多·德·席尔瓦擅自把信扣留，直到了解查理五世的意思为止。但没人再怀疑时机已经到了。法兰西王国和英格兰王国不再团结，终于要公开宣战了。

在统治生涯中，亨利八世从未处于如此大的危险中。英格兰国内，人民情绪动荡。一个由贵族和神职人员组成的强大派系正准备起义。英格兰国外，亨利八世不再是谁的盟友。英格兰王国似乎正处于一场无人能预见何时会爆发的战争前夕。这时，天意或长久以来一直伴亨利八世左右的好运拯救了他和他的宗教改革。

1535年10月24日，丹麦的克里斯蒂娜的丈夫米兰公爵弗朗切斯科二世·斯福尔扎死亡，无子嗣。米兰的归属一直是法兰西王国和神圣罗马帝国之间闹分歧的原因。这场争论在弗朗切斯科二世·斯福尔扎活着时暂停了。弗朗切斯科

---

① 1535年10月24日，《西班牙档案》，伦敦，1877年，第5卷，第559页。——原注
② 佩德罗·奥尔蒂斯致查理五世书信，1535年11月4日，《西班牙档案》，伦敦，1877年，第5卷，第565页。——原注

丹麦的克里斯蒂娜

二世·斯福尔扎去世后，争论又开始了。法兰西王国和神圣罗马帝国为争夺米兰早就准备要打的仗已不可避免，迫在眉睫。

现在，一切又都变了。弗朗索瓦一世也许从来没有认真想过要加入对英格兰王国执行保罗三世惩戒的队伍。但他本来打算鼓励查理五世去尝试，以便过后自己可以浑水摸鱼、从中获利，也许还可以趁机夺取加来。现在，弗朗索瓦一世又要求亨利八世把自己当朋友。老难题与旧猜忌又以老样子恢复了。两个天

弗朗切斯科二世·斯福尔扎

主教大国都希望暂时停止保罗三世的惩戒。因为不确定弗朗索瓦一世的意图，查理五世又不愿意充当保罗三世的拥护者了。弗朗索瓦一世希望恢复作为亨利八世拥护者的地位。保罗三世是意大利的君主，也是教会的君主，与他世俗利益更相关的是法兰西王国，而不是神圣罗马帝国。

弗朗切斯科·斯福尔扎二世刚去世，弗朗索瓦一世就派让·迪·贝莱和梅肯主教夏尔·德·埃马尔·德·德农维尔从巴黎出发去了罗马觐见保罗三世。让·迪·贝莱和夏尔·德·埃马尔·德·德农维尔发现保罗三世依然执着于英格兰王国的问题，此外什么也顾不上。保罗三世怀着格列高利七世那样意气风发的心情，想象着自己将重振教皇自古以来就拥有的特权，清理各王国异端。

前去觐见的让·迪·贝莱和夏尔·德·埃马尔·德·德农维尔写道，在听说英格兰王国发生了饥荒和瘟疫后，保罗三世已经下定决心要对英格兰王国实施惩戒。保罗三世非常兴奋。判决书已准备妥当，将像一道晴天霹雳般突然发布。两人附上一份判决书副本，等待弗朗索瓦一世指示自己该走哪条路。他们说，要把事情重新摆平几乎是不可能的，但他们会尽最大努力防止出现极端情况，并且向亨利八世表明自己曾尽力为他服务了。保罗三世做的这份判决前所未见。为了逼弗朗索瓦一世在自己和亨利八世之间做出选择，还插入了一些条款。满纸恶意、不公与暴虐。①

保罗三世这个全新的希尔德布兰特②，用《圣经》中先知耶利米的话来形容自己："看啊，我已经立你为列国的王，使你可以斩草除根，毁天灭地。"现在，保罗三世要去将亨利八世斩草除根了。他诅咒亨利八世，诅咒教唆亨利八世的人。亨利八世将死无葬身之地，亨利八世的灵魂将永远留在地狱。亨利八世的臣民会受命放弃对他效忠，如果他们继续听亨利八世的命令，将被禁止参

---

① 让·迪·贝莱与夏尔·德·埃马尔·德·德农维尔致弗朗索瓦一世的信，1535年11月12日，《英国政府国内外纪事档案——亨利八世时期》，伦敦，1862年到1932年，第9卷，第273页。——原注
② 格列高利七世的原名，格列高利七世是罗马天主教历史中重要的改革者，保罗三世此处为吹嘘自己。——译者注

加圣事。没有哪个真正的教会的孩子会与亨利八世或他的信徒交往或联盟,像亨利八世一样遭天谴。欧洲的君主、英格兰上下议院,如果要效忠罗马教廷,就必须按要求将亨利八世赶下王位。①

这就是阿拉贡的凯瑟琳为了"误入歧途"的亨利八世苦苦求来的"办法"。阿拉贡的凯瑟琳想拯救亨利八世的灵魂。她宣扬的爱是亨利八世根本不需要的爱。

鲁道夫·皮奥·达·卡尔皮从巴黎向保罗三世报告了法兰西王国打算采取什么态度。鲁道夫·皮奥·达·卡尔皮一直在和法兰西海军上将菲利普·德·沙博谈英格兰王国的事。菲利普·德·沙博承认,亨利八世肯定做过残暴的事情,保罗三世有权了解这些事情。法兰西王国并不想在保罗三世面前维护亨利八世,但如果保罗三世受到查理五世的攻击,法兰西王国肯定会维护他。鲁道夫·皮奥·达·卡尔皮说,自己已经指出亨利八世与上帝为敌。因此,亨利八世将彻底毁灭,并且保罗三世希望弗朗索瓦一世能成为教会的拥护者。菲利普·德·沙博说,英格兰王国当然应该回归对罗马天主教会的信仰。保罗三世可以在这之后再收拾亨利八世,但法兰西王国必须考虑自己的利益。②

查理五世也很不安,很迟疑。在米兰问题被重新提起前,法兰西人言之凿凿不会为亨利八世阻挡罗马教廷的惩罚。但现在,查理五世确信英格兰王国和法兰西王国会回到原来的关系。离婚拉锯战中法兰西人一直支持亨利八世。即使约翰·费希尔被送上断头台,法兰西人也没有断了与亨利八世的联系。查理五世知道,亨利八世很害怕,如果法兰西王国坚定立场不支持英格兰,亨利八世会屈服的。但除非保罗三世手里有弗朗索瓦一世做出会协助执行惩戒令的承诺,否则保罗三世最终只会落得个失望的下场。现在,查理五世担心的是,弗

---

① 詹姆斯·安东尼·弗劳德,《英国历史——从托马斯·沃尔西倒台到西班牙无敌舰队失败》,伦敦,朗曼斯格林出版社,1872年,第2卷,第386页。——原注
② 鲁道夫·皮奥·达·卡尔皮致蒙斯·安布罗焦的信,1535年11月15日,《英国政府国内外纪事档案——亨利八世时期》,伦敦,1862年到1932年,第9卷,第276页。——原注

菲利普·德·沙博

朗索瓦一世会让自己卷入与英格兰王国的战争，然后任由自己去与英格兰王国讨价还价，进行交涉。①

王位和生命都受到威胁的君主不能仁慈。被叛徒包围，法兰西王国的立场又暧昧不明，阿拉贡的凯瑟琳和玛丽·都铎公主对自己态度强硬，这些都大大增加了亨利八世面临的危险。埃克塞特侯爵夫人格特鲁德·考特尼向欧斯塔塞·沙皮报告说，有人听到亨利八世说阿拉贡的凯瑟琳和玛丽·都铎公主如果不能屈服，就只能接受惩罚。阿拉贡的凯瑟琳和玛丽·都铎公主引起的焦虑再也无法拖延下去了。议会就要开会讨论怎么处置她们了。②

格特鲁德·考特尼恳求欧斯塔塞·沙皮让查理五世知道这件事，并且告诉查理五世，如果再等下去，就来不及救她们了。欧斯塔塞·沙皮确保这些令人震惊的消息一字不漏地传达给了查理五世。两周后，格特鲁德·考特尼再次乔装打扮来找欧斯塔塞·沙皮，再次发出警告。格特鲁德·考特尼说，安妮·博林一门心思、不择手段地只想把阿拉贡的凯瑟琳母女打发走。安妮·博林控制着枢密院，亨利八世也不敢反对她。③正如欧斯塔塞·沙皮所说，人们担心的是，亨利八世会让议会成为暴行中的同伙。如果没有希望得到查理五世的原谅，亨利八世和议会会更有决心保卫他们自己。④

阿拉贡的凯瑟琳和玛丽·都铎公主如果真有什么危险，也是欧斯塔塞·沙皮自己想象的。正是欧斯塔塞·沙皮鼓励她们反抗亨利八世，让她们成为叛乱中醒目的号召力。查理五世比欧斯塔塞·沙皮更理智，并没有轻易相信亨利八世如此邪恶。查理五世对欧斯塔塞·沙皮是这样回答的："我不能相信你说的，亨利八世不可能如此变态，要杀死自己的妻子和女儿。你说的威胁可能只

---

① 查理五世致费尔南多·德·席尔瓦的信，1535年11月，《英国政府国内外纪事档案——亨利八世时期》，伦敦，1862年到1932年，第9卷，第277页。——原注
② 欧斯塔塞·沙皮致查理五世的信，1535年11月6日。——原注
③ 此处为格特鲁德·考特尼故意说给欧斯塔塞·沙皮听的话，目的是让后者转述给查理五世听，激发战争。——译者注
④ 欧斯塔塞·沙皮致查理五世的信，1535年11月23日。——原注

是编出来吓唬她们的。如果可以不让步,她们决不能让步。然而,如果她们真的处于危险之中,就没有别的选择。你可以告诉她们让她们必须投降。这种情况下做出的让步不会损害她们的权利。她们可以抗议说自己是被迫这么做的,因为怕自己有生命危险。我会盯着她们在罗马天主教教会法庭的代理人妥善批准她们的抗议。"①欧斯塔塞·沙皮是个政客,按命行事,但无论是阿拉贡的凯瑟琳还是玛丽·都铎公主让步,都是欧斯塔塞·沙皮、佩德罗·奥尔蒂斯或任何狂热主张战争的人最不愿意看到的。殉道者是教会仇恨的种子。如果玛丽·都铎公主放弃了继承权,她的名字就不能再当作战争的口号了。狂热主张战争的人的目标是发起一场革命,动摇亨利八世的王位。玛丽·都铎公主如果为了对阿拉贡的凯瑟琳和罗马教廷忠诚殉道,被送上断头台,那么势必引发一场势不可当的起义。

象征战争与死亡的乌鸦的叫声日益尖厉。格特鲁德·考特尼宣称,亨利八世说过应该让玛丽·都铎公主成为一个警示,告诫大家,无论你是什么人,都不得违犯法律。曾有一个关于亨利八世的预言,说在统治之初,他会像羔羊一样温柔,但到最后,他会变得比狮子还凶残。亨利八世想要实现这个预言。②

从阿拉贡的凯瑟琳那里得到了消息的佩德罗·奥尔蒂斯说,阿拉贡的凯瑟琳正准备像约翰·费希尔和其他人那样殉道。她只遗憾自己的生命没有他们的那么神圣。"那个厨房丫头"——佩德罗·奥尔蒂斯这样称呼安妮·博林——经常说自己和玛丽·都铎公主不是你死就是我活,她要确保玛丽·都铎公主先死。这样一来,玛丽·都铎公主就没法在自己死后嘲笑自己了。③

在这样的时刻,满天飞的流言有一半是愤怒和恐慌的产物,连说的人都不会完全相信。报告这些流言给查理五世是为了点燃查理五世那难以点燃的

---

① 查理五世致欧斯塔塞·沙皮的信。——原注
② 欧斯塔塞·沙皮致尼古拉·佩勒诺·德·格朗韦勒的信,1535年11月21日,《英国政府国内外纪事档案——亨利八世时期》,伦敦,1862年到1932年,第9卷,第290页。——原注
③ 佩德罗·奥尔蒂斯致葡萄牙的伊莎贝拉的信,1535年11月22日,《英国政府国内外纪事档案——亨利八世时期》,伦敦,1862年到1932年,第9卷,第293页到第294页。——原注

怒火。但这些流言体现的是当下英格兰王国充斥着的某种情绪。罗马教廷依然不信任法兰西王国。弗朗索瓦一世已经把打算发布的判决书副本给巴黎各位大使看了。弗朗索瓦一世曾说过,保罗三世为罗马教廷要求的地位是不可能得到允许的,他必须小心行事。① 保罗三世同意查理五世的意见,不过,在宣判前,必须要求弗朗索瓦一世做出一定会协助执行的承诺。但保罗三世想,自己可以完全相信法兰西王国和英格兰王国之间的世袭仇恨会让它们无法联盟。费尔南多·德·席尔瓦告诉保罗三世必须根据过去来判断未来。法兰西人垂涎意大利。与这相比,其他事情就不算什么了。保罗三世暗示,有消息说查理五世正在私下与亨利八世签订条约。由于这份条约已被放弃,费尔南多·德·席尔瓦可以断然否认这一点。然而,如果查理五世决定执行判决,就不能让弗朗索瓦一世听到这个消息,因为弗朗索瓦一世一旦得知这个消息,势必会提醒亨利八世加以防范。②

说原话传假意,欧斯塔塞·沙皮堪称大师。

尽管费尔南多·德·席尔瓦没有说,弗朗索瓦一世还是知道了罗马教廷的计划,并且提醒亨利八世查理五世要入侵英格兰王国。弗朗索瓦一世甚至说,查理五世曾许诺,如果自己不干涉,英格兰王位可能会传给某个与玛丽·都铎公主结婚的法兰西王储。托马斯·克伦威尔就这些"奇怪的消息"问过欧斯塔塞·沙皮。欧斯塔塞·沙皮自然撒谎。撒谎又不用付出任何代价。这些"奇怪的消息"是真的,但欧斯塔塞·沙皮回答说那是胡说八道,还说查理五世不仅从来没有说过这样的话,甚至从来没有想到过任何对亨利八世不利的事情,并且一直在为英格兰王国的荣誉和安宁而担忧。查理五世希望增加,而不是减少亨利八世的权力。即使是为了阿拉贡的凯瑟琳和玛丽·都铎公主,查理五世也不

---

① 鲁道夫·皮奥·达·卡尔皮致蒙斯·安布罗焦的信,1535年12月9日,《英国政府国内外纪事档案——亨利八世时期》,伦敦,1862年到1932年,第9卷,第317页。——原注
② 费尔南多·德·席尔瓦致查理五世的信,1535年11月30日,《英国政府国内外纪事档案——亨利八世时期》,伦敦,1862年到1932年,第9卷,第303页。——原注

希望亨利八世被驱逐，因为查理五世知道她们对亨利八世的爱。托马斯·克伦威尔说自己一直告诉亨利八世，除非迫不得已，否则查理五世不会采取任何针对亨利八世的行动。欧斯塔塞·沙皮对此表示赞同。他说，自从离婚案判决后，查理五世并未煽动对亨利八世的敌意，而是一直在阻止判决执行。如果真采取进一步措施，也是保罗三世和枢机主教做的，而不是查理五世。①

事实上，欧斯塔塞·沙皮的最后一条暗示可能比他自己意识到的还要准确许多。

保罗三世厌倦了天主教大国的犹豫不决与相互仇视，决定自己采取行动。他愿意听阿拉贡的凯瑟琳支持者的话。无论发生什么事情，阿拉贡的凯瑟琳的支持者都知道自己想要的是什么。1535年12月10日，保罗三世召开了枢机会议，说自己在离婚案中受够了苦，再也忍受不了了。要求枢机主教就执行令一事发表意见。这一幕被让·迪·贝莱记录下来。让·迪·贝莱是枢机主教之一，当时在场。七年来，枢机主教一直在争辩和反对，他们仍然赞成进一步拖延，都觉得发布废黜亨利八世的简函或诏书是没有退路的一步。枢机主教很清楚，各大国憎恨保罗三世如此傲慢掌权。除一个人之外，所有人都说在执行令发表前，必须先给亨利八世送去一封告诫书。此外，执行令的措辞牵涉很广，亨利八世的臣民和亨利八世的同盟者都在惩戒范围之内，如果没有过错，就不应该受罚。也有声音说，亨利八世是享有特权的人，不应怠慢。

现在，保罗三世还未对枢机主教的反对表达不满，就对最后一个建议感到非常愤怒了。保罗三世宣布不会姑息任何一个君主，是上帝让教皇的地位高于所有这些人。教皇的权威并没有减弱，比以往任何时候都要强大。如果有一个教皇敢于行动，不懦弱，教皇的权威就会更强大。保罗三世斥责枢机主教纠缠于一件再清楚不过的事情。保罗三世坚持认为，这份执行令是一份很好的令书，也许在措辞风格上有缺陷，但实质上是正确的，并且立即批准了它。

---

① 欧斯塔塞·沙皮致查理五世的信，1535年12月18日，《英国政府国内外纪事档案——亨利八世时期》，伦敦，1862年到1932年，第9卷，第333页。——原注

这份执行令打击甚广，打击了继续忠于自己君主的英格兰人民，还打击了欧洲各国，因为它们与亨利八世签有条约，并且没有毁约。枢机主教认为保罗三世会毁掉一切。洛伦佐·坎佩焦说，这份执行令伤害了弗朗索瓦一世，一定不能让它发布。卡普阿大主教尼古劳斯·冯·舍恩伯格站在保罗三世一边。尼古劳斯·冯·舍恩伯格说："马上发布执行令，否则亨利八世会像克莱门特七世那时一样发起抗议。"保罗三世义正词严，但毫无目的、枉费心机。大多数枢机主教反对这么做，执行令被获准搁置到更有利的时机再发布。让·迪·贝莱说："这段搁置时间会很长，因为保罗三世不那么受枢机主教、罗马天主教教徒和全世界的喜爱。"[1]

---

[1] 让·迪·贝莱致弗朗索瓦·德·图尔农的信，1535年12月22日，《英国政府国内外纪事档案——亨利八世时期》，伦敦，1862年到1932年，第9卷，第341页到第343页。——原注

第 20 章

阿拉贡的凯瑟琳疑被毒害

这边保罗三世被枢机主教拦住了，那边各大国都在彼此观望，不敢妄动。离婚案这解不开的死结就要被齐根切断了。它会给阿拉贡的凯瑟琳的命运带来什么影响，恐怕一点也不叫人觉得反常，一点也不在托马斯·克伦威尔和其他许多人意料之外。旷日持久的冲突引起的骚动和焦虑已使阿拉贡的凯瑟琳的健康受到严重损害，好几次重病发作都威胁到阿拉贡的凯瑟琳的生命。几个月前，人们认为阿拉贡的凯瑟琳康复的可能性很小，甚至不可能康复了。托马斯·克伦威尔曾对欧斯塔塞·沙皮说过，阿拉贡的凯瑟琳的死也是一种可能出现的情况，对欧洲的和平有益。托马斯·克伦威尔认为，对查理五世来说，这消息也并非完全不能接受。16世纪的政治家并非那么刚正不阿。欧斯塔塞·沙皮也许真的认为托马斯·克伦威尔这么说暗示着更黑暗的目的。但在亨利八世和宗教改革义务允许的范围内，托马斯·克伦威尔一直都是把阿拉贡的凯瑟琳当朋友的。欧斯塔塞·沙皮认为是托马斯·克伦威尔说的那些话能够解释他是无辜的。在所有人中，托马斯·克伦威尔是最不可能谋害阿拉贡的凯瑟琳的人，因为这样做的危险远高于这么做带来的益处，而阿拉贡的凯瑟琳很可能几周或几个月内就会自然死亡。如果托马斯·克伦威尔真的有这样的打算，他会向欧斯塔塞·沙皮吐露。1535年秋，阿拉贡的凯瑟琳变得极度容易激动。她写给保罗三世的信中流露出一种近乎心碎的情绪。如果欧斯塔塞·沙皮带给她查理五世的最后一句话,如果她得知查理五世的意思是如果受到极端情况威胁,她和女儿玛丽·都铎公主必须妥协,她一定会痛苦万分,因为她祈求的办法永远不会被采用,而这场争斗将以牺牲她自己的形式结束。

  在金博尔顿城堡的生活就像在一般的英格兰乡村别墅里的生活一样一应俱全。金博尔顿城堡虽然建造得很一般,但屋况良好,家具也很齐全。安逸生活所需的一切应有尽有。阿拉贡的凯瑟琳有自己的仆人、告解神父、医生和两三个侍女。如果阿拉贡的凯瑟琳没有得到更高的待遇,那是她自己的选择。正如大家所见,阿拉贡的凯瑟琳认识到要作为王后接受更高的待遇要接受什么样的条件。生活上,阿拉贡的凯瑟琳其实没吃什么苦头。但阿拉贡的凯瑟琳患有一种慢性疾病,在过去的六年中,由于阿拉贡的凯瑟琳高度紧张、过度期望加重了病情。约翰·沃洛普爵士一直是"她的好仆人"。沃洛普夫人是阿拉贡

金博尔顿城堡

的凯瑟琳的人，对她忠心耿耿。1535年12月中旬，在法兰西宫廷上，鲁道夫·皮奥·达·卡皮听到约翰·沃洛普夫妇说阿拉贡的凯瑟琳最多只能再活六个月。他们是从她的医生那里得知她生病的"秘密"的。他们的悲痛之情溢于言表，让鲁道夫·皮奥·达·卡皮相信他们说的都是实话。弗朗索瓦一世也意识到了阿拉贡的凯瑟琳的病情很严重。大家都知道阿拉贡的凯瑟琳快要死了。法兰西宫廷上下都认为阿拉贡的凯瑟琳死后，"亨利八世会离开安妮·博林，重新归顺教会"①。

托马斯·克伦威尔向欧斯塔塞·沙皮提及阿拉贡的凯瑟琳病重。欧斯塔塞·沙皮要求去看望。托马斯·克伦威尔说他会立刻派一个仆人去金博尔顿城堡，看看阿拉贡的凯瑟琳的情况，并且会请求亨利八世允许让自己跟着去。阿拉贡的凯瑟琳危急的病情症状暂时消失了。这次，她病倒后又恢复了过来。1535年12月13日，她可以写信给佩德罗·奥尔蒂斯了。阿拉贡的凯瑟琳告诉佩德罗·奥尔蒂斯自己从他的信中得到了安慰和鼓励，从保罗三世即将采取行动这个消息中得到了安慰和鼓励。仅这一点，就足以解除她和女儿玛丽·都铎公主的痛苦，让"一切变得美好"。阿拉贡的凯瑟琳说，魔鬼只被束缚了一半，一旦松懈，就会跑出来。阿拉贡的凯瑟琳不能，也不敢说得更清楚了。佩德罗·奥尔蒂斯是个聪明人，会理解的。②

就在同一天，阿拉贡的凯瑟琳给查理五世写了最后一封信。她曾经遒劲有力的笔迹，现在变得绵软无力，颤颤巍巍，模糊不清，只表明自己估计在即将召开的会议上亨利八世有所行动，并会引起公愤，给他和女儿玛丽·都铎公主带来毁灭。③

---

① 鲁道夫·皮奥·达·卡尔皮致蒙斯·安布罗焦的信，1535年12月13日，《英国政府国内外纪事档案——亨利八世时期》，伦敦，1862年到1932年，第9卷，第326页。——原注
② 阿拉贡的凯瑟琳致佩德罗·奥尔蒂斯的信，1535年12月13日，《英国政府国内外纪事档案——亨利八世时期》，伦敦，1862年到1932年，第9卷，第325页。——原注
③ 阿拉贡的凯瑟琳致查理五世的信，1535年12月13日。——原注

发现自己好了一点后，阿拉贡的凯瑟琳就想让欧斯塔塞·沙皮和托马斯·克伦威尔谈谈给自己换换环境的事，并且要求枢密院给自己提供一笔钱来支付仆人的工资。钱其实是一个不是难题的难题。阿拉贡的凯瑟琳拒绝接受任何把自己当作威尔士亲王阿瑟·都铎的遗孀发放的东西，而津贴又还未发放。尽管欧斯塔塞·沙皮讲了不少抹黑托马斯·克伦威尔的故事，但阿拉贡的凯瑟琳对托马斯·克伦威尔还有点信心，查理五世也相信托马斯·克伦威尔对阿拉贡的凯瑟琳还是心怀好意并愿意帮她的。查理五世亲自写信给托马斯·克伦威尔，告诉他，他的忠诚服务会被铭记于心。[①]

欧斯塔塞·沙皮已经两周没有听到有关金博尔顿城堡的消息了，他希望阿拉贡的凯瑟琳的病能像前几次那样逢凶化吉。然而，1535年12月29日，阿拉贡的凯瑟琳的西班牙医生给欧斯塔塞·沙皮写了一封信，说她又病得很重，想见他。欧斯塔塞·沙皮立刻找了托马斯·克伦威尔。托马斯·克伦威尔向欧斯塔塞·沙皮保证，不会有人反对他去见她，但在出发前，亨利八世想和他谈谈。欧斯塔塞·沙皮急忙赶到王宫所在地格林尼治，发现亨利八世比平时更和蔼可亲，但显然专注于政治。亨利八世搂着欧斯塔塞·沙皮的脖子在房间里走来走去，抱怨查理五世没有给自己写信，害得自己总觉得自己手中缺点什么。亨利八世说，法兰西人正在向自己示好，自从弗朗切斯科二世·斯福尔扎死后，法兰西人变得非常迫切，除非自己能确定查理五世的意图，否则也只能听听法兰西人说什么。亨利八世不会被蒙骗到两国的友谊都失去的境地。弗朗索瓦一世渴望战争，亨利八世则只想光明磊落。亨利八世对欧斯塔塞·沙皮是完全坦诚的。亨利八世是一个英格兰人，不会口是心非。为什么查理五世不清楚地告诉亨利八世会不会谈判呢？

欧斯塔塞·沙皮暗示查理五世担心亨利八世只是在玩弄自己，这样就可以

[①] 查理五世致托马斯·克伦威尔的信，1535年12月13日，《西班牙档案》，伦敦，1877年，第9卷，第588页。——原注

向法兰西王国勒索更好的条件。为争夺米兰可能会引发一场战争。但在成功征服非洲后,查理五世比以往任何时候都更强大,没有什么可害怕的。

亨利八世说,那样是很好,但如果自己的剑伸向神圣罗马帝国和法兰西王国之间相互制衡的天平,情况可能就不同了。不过,到目前为止,他都拒绝了法兰西的提议,如果查理五世不逼他,他并不打算加入法兰西王国的意大利之战。至于对自己的威胁,如果与低地国家的贸易被中止,英格兰王国的商业当然会受到重创,但他可以在其他地方找到暂时应对的方法。亨利八世没有隐瞒自己怀疑查理五世对自己怀有恶意,也没有隐瞒自己认为查理五世过去待自己不公。①

欧斯塔塞·沙皮询问亨利八世希望查理五世做什么。亨利八世回答说,自己希望查理五世放弃鼓动玛丽·都铎公主和阿拉贡的凯瑟琳反抗,并且要求撤销对离婚案的判决。欧斯塔塞·沙皮回答说,就算查理五世想这样做,也做不到。亨利八世说,他知道保罗三世曾要求查理五世执行这一判决,但阿拉贡的凯瑟琳去世以后,查理五世就再也没有干涉英格兰王国事务的理由了。欧斯塔塞·沙皮回答说,阿拉贡的凯瑟琳的死不会给事态带来什么改变,判决是必须的。亨利八世结束了谈话,告诉欧斯塔塞·沙皮,如果他想去,可以去看望阿拉贡的凯瑟琳,但阿拉贡的凯瑟琳已经奄奄一息,几乎看不出她还活着。应玛丽·都铎公主的要求,欧斯塔塞·沙皮问玛丽·都铎公主是否也可以去找母亲阿拉贡的凯瑟琳。起初,亨利八世拒绝了。但过了一会儿亨利八世又说,自己会考虑一下。后来,欧斯塔塞·沙皮回忆起来,亨利八世又加了几句捎给阿拉贡的凯瑟琳本人的好话。

人们会惊呼亨利八世冷酷无情。也许,亨利八世表现出了更多的感情,比欧斯塔塞·沙皮愿意注意到的更多。但在侵略和叛乱威胁到王位时,国王没有

---

① 欧斯塔塞·沙皮致查理五世的信,1535年12月30日,《西班牙档案》,伦敦,1877年,第5卷,第595页。——原注

多少时间来表达个人情感。不过，亨利八世对阿拉贡的凯瑟琳没有一点感情，如果有感情，就是装模作样了。阿拉贡的凯瑟琳折磨了亨利八世七年，催促教皇夺去亨利八世的王冠，尽了最大的努力煽动他的臣民起义，把一支西班牙舰队和军队带到了英格兰的水域和土地上。亨利八世尊重阿拉贡的凯瑟琳的勇气，如果在这样的婚姻中曾经有过爱，也一定早就消失殆尽了。亨利八世也没有故意表现出自己没有的遗憾。也许亨利八世认为，在议会建议对阿拉贡的凯瑟琳采取更强硬的措施时，自己拒绝了，就已经做的够多了。

在寄出告知查理五世格林尼治面谈内容的信后，欧斯塔塞·沙皮开始安排去金博尔顿城堡的随行人员，托马斯·克伦威尔府中的一位绅士也一同前往。欧斯塔塞·沙皮一到金博尔顿城堡，阿拉贡的凯瑟琳就把他叫到床边，并且请这个绅士也来听听他们说了什么话。阿拉贡的凯瑟琳感谢欧斯塔塞·沙皮的到来。她说，如果上帝要带走自己，那么对她来说，死在欧斯塔塞·沙皮的怀里，而不是像野兽一样孤独地死去是一种安慰。她说，1535年11月月底，自己就病得厉害，胃痛，恶心。随后，圣诞节再次犯了同样的病，比前一次更严重，自己什么也吃不下，觉得病情正在恶化。欧斯塔塞·沙皮鼓励阿拉贡的凯瑟琳，表达了愿她康复的希望，亨利八世委托自己告诉她，她可以选任何一个皇家庄园为自己的住处，亨利八世会给她钱，听到她生病的消息很难过。亨利八世亲自恳求她振作起来，因为她恢复健康并活着决定了基督教世界的和平。这次拜访让阿拉贡的凯瑟琳很兴奋，她很快就筋疲力尽了。然后，他们就让阿拉贡的凯瑟琳休息了。过了一会儿，阿拉贡的凯瑟琳又叫了欧斯塔塞·沙皮来，单独和他谈了两个小时。阿拉贡的凯瑟琳高兴起来了。第二天早上，阿拉贡的凯瑟琳好了很多。在金博尔顿城堡，欧斯塔塞·沙皮待了四天。这四天他们都是私下里谈话。她还是那个阿拉贡的凯瑟琳，一直勇敢、坚定、不屈不挠地走到最后。她没完没了地谈论查理五世，谈论自己和女儿玛丽·都铎公主的处境。她不断地重复着那句老话："解决办法"拖延造成了无穷的恶果，摧毁了所有诚实和令人尊敬之人的灵魂及身体。

欧斯塔塞·沙皮向阿拉贡的凯瑟琳解释查理五世的处境有多难，没有办法为她再多做些什么。不过，欧斯塔塞·沙皮详细铺叙了保罗三世对处决约翰·费希尔有多愤怒和对最终采取认真行动有多坚决。这让阿拉贡的凯瑟琳备感欣慰。欧斯塔塞·沙皮告诉阿拉贡的凯瑟琳，弗朗索瓦一世一直是最大的难题，现在，弗朗索瓦一世与亨利八世越来越疏远了。欧斯塔塞·沙皮让她相信，判决执行耽搁不是由于查理五世忘了她和玛丽·都铎公主。有了这些美好的期望，阿拉贡的凯瑟琳恢复了精神，似乎正在恢复健康。四天拜访结束时，阿拉贡的凯瑟琳睡得很香，吃得很饱，笑着和欧斯塔塞·沙皮带来的一个西班牙人交流了西班牙的笑话。阿拉贡的凯瑟琳好多了，那么高兴，那么满足，欧斯塔塞·沙皮不为她担心了。欧斯塔塞·沙皮认为没有必要再多待些时日，滥用亨利八世的探望许可未免显得轻率。阿拉贡的凯瑟琳的医生不反对欧斯塔塞·沙皮离开，答应如果情况再次恶化一定让欧斯塔塞·沙皮知道。很明显，这个医生认为阿拉贡的凯瑟琳没有太大的危险了，因为他对欧斯塔塞·沙皮说的最后一句话是请欧斯塔塞·沙皮安排把阿拉贡的凯瑟琳从金博尔顿城堡转移到别的空气更好的地方去。欧斯塔塞·沙皮离开时，阿拉贡的凯瑟琳嘱咐他写信给查理五世、尼古拉·佩勒诺·德·格朗韦勒和弗朗西斯科·德·洛斯·科沃斯·莫利纳，恳求他们，看在上帝的分上，以任何一种方式结束这一切，因为这种飘忽不定的局面正在毁灭英格兰王国，并且也会带来自己和女儿玛丽·都铎公主的毁灭。

这是1536年1月4日，星期二的晚上。第二天，即1536年1月5日早上，欧斯塔塞·沙皮就要走了。临走前，欧斯塔塞·沙皮确定阿拉贡的凯瑟琳又睡得很好，便骑着马走了，没有打扰她。整个星期三和星期四，阿拉贡的凯瑟琳都在好转。1536年1月6日，星期四下午，阿拉贡的凯瑟琳很高兴，很满足，要人拿来梳子替自己梳头。然而，这天午夜，阿拉贡的凯瑟琳突然变得很不安，乞求行圣礼，急不可耐地等着早晨到来可以举行圣礼。阿拉贡的凯瑟琳的告解神父乔

阿拉贡的凯瑟琳之死

治·德·艾斯夸①，主动提出提前做圣礼，但阿拉贡的凯瑟琳不允许。1536年1月7日，星期五拂晓，阿拉贡的凯瑟琳领受了圣餐，祈求上帝宽恕亨利八世对自己犯下的所有过错，并且接受了临终涂油礼，对自己的私人财产如何处置给了一些指示，然后静等最后一刻。1536年1月7日14时，阿拉贡的凯瑟琳平静地去世了。

---

① 从西班牙陪阿拉贡的凯瑟琳一起来到英格兰的，主管兰达夫教区。——原注

随后的情况有些古怪。阿拉贡的凯瑟琳的尸体要进行防腐处理。根据欧斯塔塞·沙皮的说法，当时，屋里的三个人都是经常做这种手术的人，但都不是专业的外科医生。在阿拉贡的凯瑟琳死后八小时，这些人按平常方式打开了胃。但当时，阿拉贡的凯瑟琳的告解神父乔治·德·艾斯夸和医生都没有在场。欧斯塔塞·沙皮说，这些人是奉亨利八世之命去对尸体进行防腐处理的[1]。乔治·德·艾斯夸和医生认为自己有必要在场，也没有什么证据表明他们当时不在手术现场。之前，欧斯塔塞·沙皮曾问过阿拉贡的凯瑟琳的医生，阿拉贡的凯瑟琳是否有可能被下毒。医生说自己有此担心，因为阿拉贡的凯瑟琳喝了一些威尔士麦酒后就一直不舒服。不过，如果有毒药，那一定是非常难以察觉的毒药，因为自己没有观察到任何有人下毒的症状。但当尸体被打开时，医生就会知道的。[2]因此，阿拉贡的凯瑟琳的医生很期待检查，如果他真的怀疑，肯定会想办法参加检查的。如果阿拉贡的凯瑟琳的医生被禁止参加，或者检查是在阿拉贡的凯瑟琳的医生不知情的情况下仓促进行的，那么阿拉贡的凯瑟琳的医生离开英格兰王国回到自己的国家后，不可能不向全世界揭发这么恶劣的罪行。但阿拉贡的凯瑟琳的医生从未这样做过。同样值得注意的是，在离开金博尔顿城堡后，阿拉贡的凯瑟琳的医生获准去照料玛丽·都铎公主，如果他有任何神秘的消息可以告诉玛丽·都铎公主，或者英格兰政府担心他可能会说些什么的话，这件事就让人无法理解了。然而，手术结束后，其中一个男子好像害怕自己有生命危险，找到乔治·德·艾斯夸向他告解，说死者身体和肠子都是自然健康状态，但心脏是黑色的。这个男子说，他们已经洗过，把心脏分割开了，但心脏仍然是黑色的，从里到外透着黑。根据这一证据，阿拉贡的凯瑟琳的医生断定阿拉贡的凯瑟琳无疑是被毒死的。

---

[1] 欧斯塔塞·沙皮致查理五世的信，1536年1月21日，《西班牙档案》，伦敦，1877年，第5卷，第2部分，第18页。——原注

[2] 欧斯塔塞·沙皮致查理五世的信，1536年1月9日，《英国政府国内外纪事档案——亨利八世时期》，伦敦，1862年到1932年，第10卷，第22页。——原注

任何读者,只要不先入为主地认定亨利八世险恶至极,看到这里,可能都会对阿拉贡的凯瑟琳的死因有不同的看法。全世界都不相信阿拉贡的凯瑟琳是被谋杀的,因为当时和后来饱受折磨的天主教教徒对亨利八世的诸多诽谤中,都没有指控亨利八世做了这样的事。然而,欧斯塔塞·沙皮相信,或者假装相信阿拉贡的凯瑟琳是被某个人谋杀的。欧斯塔塞·沙皮写道,这是一桩令人发指的勾当。玛丽·都铎公主会因悲伤过度而死,就算没死,安妮·博林也会杀了她。欧斯塔塞·沙皮认为,就算阿拉贡的凯瑟琳和玛丽·都铎公主接受了查理五世的建议妥协,安妮·博林也会在随后和解的粉饰下更无所顾忌地处理掉她们,因为这时就不会有那么多人怀疑了。欧斯塔塞·沙皮并不担心亨利八世会害她们,危险的是安妮·博林。安妮·博林曾发誓要取她们的性命,并且不达目的誓不罢休。不过,因为害怕判决执行令发布,所以亨利八世和安妮·博林选了一种更快的方法。阿拉贡的凯瑟琳死了,罗马的诉讼程序就会中止,因为离婚案的主要当事人不在了。保罗三世不能再以阿拉贡的凯瑟琳为借口了,将不得不以维护自己作为教皇的权威为借口采取进一步的行动。保罗三世可能会犹豫。一旦阿拉贡的凯瑟琳不在了,对付玛丽·都铎公主就没那么难了,因为玛丽·都铎公主是英格兰臣民,亨利八世和安妮·博林可以约束她。①

确实,保罗三世威胁要发布的执行令是离婚案的一部分。现在,当事人一方不在了,就必须撤销或召回执行令。亨利八世不能因没有取消和阿拉贡的凯瑟琳的离婚诉讼而受到惩罚,因为阿拉贡的凯瑟琳已经死了。这样看来,阿拉贡的凯瑟琳的死倒是给大家带来了便利。这就为除掉阿拉贡的凯瑟琳提供了一个动机。也有人坦白承认过,阿拉贡的凯瑟琳的死为亨利八世和查理五世和解带来了便利,因为和解的主要障碍清除了。当然,前提是阿拉贡的凯瑟琳是自然死亡的。如果查理五世被欧斯塔塞·沙皮说服,相信阿拉贡的凯瑟琳

---

① 欧斯塔塞·沙皮致查理五世的信,1536年1月21日,《英国政府国内外纪事档案——亨利八世时期》,伦敦,1862年到1932年,第10卷,第47页。——原注

是被谋杀的，和解就永远不可能了。亨利八世也会为这可恶罪行受到应有的惩罚。欧斯塔塞·沙皮一开始的目的就是要把查理五世推向与英格兰王国的战争，如果可以推测出谋杀阿拉贡的凯瑟琳的动机，也就可以推测出欧斯塔塞·沙皮指控阿拉贡的凯瑟琳被谋杀的动机，更何况欧斯塔塞·沙皮的指控还没有其他直接或间接的证据可以支撑。

如果真的是谋杀，就会有人假装悲伤，但一点都没有。当消息传来时，安妮·博林和她的朋友表现得无比高兴。亨利八世感谢了上帝，说现在没有战争的恐惧了。[①]法兰西人知道当亨利八世和查理五世之间不会再有任何争议时，亨利八世就可以对自己为所欲为了。欧斯塔塞·沙皮说，这是亨利八世收到阿拉贡的凯瑟琳去世的消息后的第一句话。如果阿拉贡的凯瑟琳的死与他无关，说这样的话就很自然，但如果阿拉贡的凯瑟琳是被谋杀的，这话就很不可信。

一个巨大的危机过去后，人们普遍会松一口气。大家认为现在保罗三世会撤销对亨利八世的惩戒。托马斯·克伦威尔说，也许过不了多久，保罗三世就会派教廷公使来了。欧斯塔塞·沙皮即使经过深思熟虑后，也认为自己可能对阿拉贡的凯瑟琳的死因说得过于自信了。欧斯塔塞·沙皮认为，阿拉贡的凯瑟琳的死因部分是由于毒药，部分是由于沮丧。他如果再想一想，可能会问自己，对方是怎么投下的毒药，因为阿拉贡的凯瑟琳不吃任何不是自己仆人准备的东西。这些仆人可都是可以为她而死的忠仆。

不过，毫无疑问的是，阿拉贡的凯瑟琳死了以后，亨利八世更自由了。再也没有一个自称是他妻子的女人了，他的王国里再也不会有人因哪个女人的存在而质疑自己第二个女儿身份的合法性。在接下来的星期天，伊丽莎白·都铎公主被带到教堂举行特别的仪式。晚上，英格兰王宫的大厅里有一场舞会。亨利八世抱着伊丽莎白·都铎公主出现在舞会中间。我们必须体谅在描述这一场景时欧斯塔塞·沙皮有多愤怒。欧斯塔塞·沙皮刚从阿拉贡的凯瑟琳床边回来，

---

① 欧斯塔塞·沙皮又是唯一听到亨利八世这么说的人。他给查理五世报告了这一消息。——原注

亲眼看见了她的痛苦,亲耳听到她诉说的冤屈。欧斯塔塞·沙皮满怀希望地和她谈了将来的事,并且鼓励她期待马上就会得到巨大的补偿。现在,阿拉贡的凯瑟琳已经死了,因悲伤过度而死,死因甚至可能更惨。哪怕是最迟钝的心也会同情她。但英格兰王宫里没有任何怜悯她的迹象。该怎么办?欧斯塔塞·沙皮一点也不怀疑,敌人放下了防备,现在是进攻的最佳时刻了。

安妮·博林给玛丽·都铎公主送了一个信,说只要她肯低头,就乐意做她的朋友和第二个母亲。玛丽·都铎公主回答说,为了维护自己的名誉和良心,她什么事都会服从亨利八世,但要求自己放弃信奉教皇是白费力气。有人告诉玛丽·都铎公主,亨利八世会利用自己的权威命令她屈服。玛丽·都铎公主向欧斯塔塞·沙皮请教,如果亨利八世发出这样的命令,自己该怎么回答。欧斯塔塞·沙皮劝玛丽·都铎公主要坚决、谨慎,必须请求不让人打扰,好为母亲的灵魂祈祷,必须说自己是一个可怜的孤儿,没有经验,也没有见识,让亨利八世给自己时间考虑。欧斯塔塞·沙皮已经亲自派了一个信使去奥地利的玛格丽特那里,商讨帮玛丽·都铎公主逃出英格兰王国的大计。欧斯塔塞·沙皮说,保罗三世必须马上发布判决执行令,一日也不能再耽搁,为了阿拉贡的凯瑟琳的荣誉,必须声明阿拉贡的凯瑟琳是以王后的身份去世的。必须立即着手准备执行判决。同时,欧斯塔塞·沙皮还建议查理五世派一个厉害人物来英格兰王国,抗议玛丽·都铎公主未得到合理待遇,要大胆犀利地抗议。欧斯塔塞·沙皮写道,已故的王后阿拉贡的凯瑟琳过去常说,亨利八世和他的谋士在那些看起来像狼的人面前就像绵羊,对那些害怕他们的人却像狮子。此时对亨利八世仁慈将带来基督教世界的毁灭。如果查理五世再犹豫一段时间,那些对阿拉贡的凯瑟琳的死无动于衷的人就敢动手除掉她的女儿玛丽·都铎公主,甚至不需要毒药,悲伤和虐待就足够了。[①]

---

① 欧斯塔塞·沙皮致查理五世的信,1536年1月21日及29日,《西班牙档案》,伦敦,1877年,第5卷,第2部分,第10页到26页。——原注

亨利八世有些犹豫，但还是同意了欧斯塔塞·沙皮的请求，允许阿拉贡的凯瑟琳的医生去照看玛丽·都铎公主。这个医生在场必然是一种对玛丽·都铎公主的保护。这个医生获准照顾玛丽·都铎公主只能说明要么是安妮·博林的影响力没有欧斯塔塞·沙皮担心的那么大，要么是安妮·博林阴险设计一事纯属捏造。但安妮·博林会害玛丽·都铎公主，这样的告诫一再发出并持续这么长时间，应该并非毫无根据。如果宫廷内部的秘密可以公开，人们可能会发现玛丽·都铎公主一直是安妮·博林和亨利八世之间多次争吵的主题。就连欧斯塔塞·沙皮也总是承认，危险是由安妮·博林，而不是亨利八世造成的。亨利八世曾满怀温情地谈起玛丽·都铎公主。当玛丽·都铎公主的行为威胁到自己的安全时，亨利八世依然表现出对她的慈爱。亨利八世欣赏玛丽·都铎公主的性格，并且喝止那些建议对玛丽·都铎公主采取更严厉措施的大臣。但亨利八世不仅是玛丽·都铎公主的父亲，也是英格兰国王，如果要继续推行宗教改革政策，那么一个被四分之三的臣民视为合法继承人的孩子对他赤裸裸的敌意是令人难堪的，甚至是危险的。如果安妮·博林把那个大家念念不忘的儿子生下来，事情就容易多了。也就不会有人说亨利八世偏爱小女儿伊丽莎白·都铎公主了。两个公主都会输给这个全英格兰人都满意的弟弟，玛丽·都铎公主也不再拥有查理五世认为必须维护的继承权了。全英格兰王国的人民都渴望有一个威尔士亲王，但让亨利八世陷入巨大麻烦中的男性继承人仍然迟迟不至。亨利八世把阿拉贡的凯瑟琳生的儿子全部夭折解释成上天对自己第一次婚姻的惩罚。如果安妮·博林让亨利八世失望，未诞下儿子，那么在亨利八世迷信的观念里，似乎也是上天对第二次婚姻的谴责。安妮·博林在过去两年里的行为既没有让英格兰人民满意，也没有让亨利八世满意。撇开后来对她提出的更严重的指控不谈，很明显，安妮·博林非常积极地投身于当时的政治斗争中。对天主教教徒来说，安妮·博林是一个恶魔，一只母老虎，是所有降临在英格兰王国和他们身上厄运的始作俑者。审慎派和温和派也一样，几乎都不喜欢安妮·博林。整个英格兰王国，甚至托马斯·克伦威尔和托马斯·克兰默这样的改革者都是亲神圣罗马帝国派,安妮·博林则是狂热的亲法派。就安妮·博林个人而言,她目中无人、傲慢自大,不受人待见。亨利八世宣布同她结婚后,她被封为王后,人们对此反应冷淡,甚至带着敌意。安妮·博林如果彬彬有礼,谦虚恭顺,本可以减少别人对自己的部分成见。但安妮·博林被自己的虚荣心冲昏了头脑,她侮辱英格兰贵族,对托马斯·霍华德说话的态度"就像对一条狗那样",威胁要把托马斯·克伦威尔的头摘下来。这样的举止和语言不可能帮亨利八世减少难题,也不可能取悦一个靠民意获得权威的君主。亨利八世爱上了一个不值得爱的女人,就像所有男人都会爱上那样,即使最聪明的男人也是如此。然而,在初陷爱河时,亨利八世都没有忽视安妮·博林的缺点,甚至在结婚前,就有人听到亨利八世说,如果重来一遍,自己不会和安妮·博林结婚。也许亨利八世坚持结婚一半出于爱恋,一半出于骄傲,因为他不愿服从查理五世的命令。亨利八世敬佩的品质,安妮·博林一种也没有。阿拉贡的凯瑟琳去世了,从此以后,亨利八世与她再无瓜葛。即使在罗马教廷眼中,也是如此。但在许多忠诚的英格兰人心目中,亨利八世与安妮·博林的婚姻是否合法是一个值得怀疑的问题。对亨利八世最好的朋友来说,对查理五世和整个欧洲来说,离开安妮·博林,与另一个不会有人质疑的女士结婚,产下大家渴望已久的儿子,大家倒可以当作和平的礼物接受。安妮·博林没有做任何让英格兰人民原谅她的事。激怒英格兰人民的事,安妮·博林倒是一件未落。人们认为,安妮·博林明里暗里都在想毁了玛丽·都铎公主。阿拉贡的凯瑟琳的死也被归咎于她,因为阿拉贡的凯瑟琳死后,她对玛丽·都铎公主表现出了愧疚与同情。英格兰王国被孤立并陷入险境也都算在了安妮·博林头上。安妮·博林又怀孕了。如果诞下儿子,那么她的所有过错都会被遗忘。但生下伊丽莎白·都铎公主后,安妮·博林曾流产过一次,如果再流产一次,会十分危险。安妮·博林想安抚玛丽·都铎公主的做法失败了。如果不是出了意外,玛丽·都铎公主本可以逃出英格兰王国。逃离英格兰王国的准备工作快完成时,玛丽·都铎公主又被转移到另一所房子里去了。欧斯塔塞·沙皮无法把她从那里带走。但欧斯塔塞·沙皮提到，在阿拉贡的凯瑟琳去世时，安妮·博林表现得很高兴，但并没有自己假装的那么自在。亨利·考特尼和格特鲁德·考特尼向欧斯塔塞·沙皮转述了一个宫廷里的谣言：亨利八世说"自己是受巫术蛊惑与安妮·博林结的婚，上帝不悦，不让自己和安妮·博林生下男婴，所以他得另娶"。

亨利·考特尼和格特鲁德·考特尼是不值得信赖的权威消息发布者。在这件事上，甚至连欧斯塔塞·沙皮也不相信他们。但这类的故事已经传开了。现在，每个人都知道亨利八世和安妮·博林关系不和。玛丽·都铎公主拒绝了安妮·博林的求和后，安妮·博林给安妮·谢尔顿写了一封信。这封信给人们了解安妮·博林的心理提供了一份不寻常的资料。安妮·谢尔顿把信敞开放在桌子上。玛丽·都铎公主发现了这封信并誊写了一份，然后换掉了真的。现在，玛丽·都铎公主誊写的那份信还在维也纳。

> 安妮·谢尔顿，我很高兴，你不想再进一步把玛丽·都铎公主推向亨利八世了。他自己愿意遵守对玛丽·都铎公主的承诺与她亲近，让他去。我做得更多的是出于善心，而不是因为亨利八世或我在乎她走什么道路，或者她是否会改变自己的目的。按预期我很快就会生下儿子。等我生下儿子，我就能知道玛丽·都铎公主是什么下场了。我牢记上帝的话，我们应该善待我们的敌人，所以我想提前通知玛丽·都铎公主。根据我的经验，我认识的亨利八世英明睿智，当玛丽·都铎公主不再有被选择的可能时，就算玛丽·都铎公主悔改或停止她疯狂和极度固执的行为，亨利八世也不会再多看她一眼。如果不是盲目的爱把玛丽·都铎公主的眼睛蒙闭得如此严实，导致她只能看到自己喜欢的东西，她就会根据上帝和亨利八世的律法承认自己的错误和罪恶。
>
> 安妮·谢尔顿，我恳求你，不要费心把玛丽·都铎公主从任何任性的行为中拉出来，因为对我来说，她既不能做好事，也不能做坏

事。你要照亨利八世的命令，对玛丽·都铎公主尽你的责任。我向亨利八世保证过，你现在是这么做的，并且会一直这么做。无论发生什么事，我都是你的好侄女。

你的完美女主人
安妮王后

第 21 章

联盟的抉择

　　1536年1月29日，在彼得伯勒大教堂，阿拉贡的凯瑟琳下葬，仪式还算隆重。在仪式上，阿拉贡的凯瑟琳被称为威尔士亲王阿瑟·都铎的遗孀，而不是英格兰王后。因此，欧斯塔塞·沙皮拒绝出席。同一天，安妮·博林再次流产。这一次流产的是男婴。安妮·博林把自己的不幸归咎于托马斯·霍华德。她

彼得伯勒大教堂

说，亨利八世从马背上摔下来，托马斯·霍华德向自己报告事故时太突然，让自己受到了惊吓。欧斯塔塞·沙皮恶意地说，亨利八世知道这不是事实，因为安妮·博林得知消息后，非常镇静。果然，求子的夙愿再次落空让亨利八世产生了这是报应的迷信想法。他说自己清清楚楚地看到上帝不会让安妮·博林为自己生下儿子。亨利八世曾到安妮·博林床边，说了几句冷冰冰的话，告诉安妮·博林等她康复后再和她讲话。有人推断安妮·博林的体质有缺陷，还有人窃窃私语说安妮·博林为亨利八世青睐简·西摩一事恼羞成怒，早前，简·西摩是阿拉贡的凯瑟琳的宫廷侍女。据欧斯塔塞·沙皮讲述的一个不太可信的故事所说，安妮·博林本人并没有什么不安，但她的侍女都在哀叹。安妮·博林安慰侍女说，这是最好的结果。那个夭折的孩子是在阿拉贡的凯瑟琳还活着时怀上的，合法身份还存疑。下一个孩子就不会再没把握了。① 安妮·博林不太可能在这一点上感到没把握，或者就算她没把握，也不会承认。安妮·博林可能有自己的理由，相信还有再来一次的机会。但亨利八世似乎一点希望都不抱了。他通过托马斯·克伦威尔给欧斯塔塞·沙皮捎去一条消息说，现在，玛丽·都铎公主的地位已经改变了，她的随从人员应该增加，她的待遇也应该提高。不过，她肯定必须得先服软。

在欧斯塔塞·沙皮的建议下，玛丽·都铎公主已经下定决心，如果安妮·博林生下儿子，玛丽·都铎公主会像查理五世建议的那样，表面上发誓承认《至尊法案》和《继承权法案》，但私下向上帝发誓说自己是被逼的。不过，如果没有让她无可置辩的弟弟继承王位，她无意放弃自己对王位的继承权，也无意疏远自己的支持者。欧斯塔塞·沙皮曾设想，玛丽·都铎公主也曾相信，查理五世会对阿拉贡的凯瑟琳中毒而亡的指控感到愤慨。现在，战争比以往任何时候都更有可能爆发。现实并不是像亨利八世想的那样，阿拉贡的凯瑟琳的死会消除战争的风险。带着这样的想法，玛丽·都铎公主仍然一心想逃出英格兰王

---

① 欧斯塔塞·沙皮致尼古拉·佩勒诺·德·格朗韦勒的信，1536年2月25日，《英国政府国内外纪事档案——亨利八世时期》，伦敦，1862年到1932年，第10卷，第135页。——原注

国,继续催促欧斯塔塞·沙皮把她带走。她有无穷的勇气。一艘佛兰德斯的船在泰晤士河河口附近徘徊,随时准备接到通知后逆流而上,到达离格雷夫森德两三英里的地方。玛丽·都铎公主新搬去的那所房子离上船的地方有四十英里远。对她的逃跑大计来说,这很不方便。也许玛丽·都铎公主不知道,但还有人在盯着她。不过,玛丽·都铎公主想,如果欧斯塔塞·沙皮能给自己送些药迷晕看管自己的女士,她就可以跑到花园,大门也可以被撞开。欧斯塔塞·沙皮说:"她非常渴望逃跑,就算自己叫她用筛子渡过英吉利海峡,估计她也会冒险去的。"离格雷夫森德这么远是个难题。佛兰德斯的船的船长不敢往河上游走。四十英里的路程需要中途换马,玛丽·都铎公主必须经过住满了人的乡村。也许可以想办法让玛丽·都铎公主坐船去佛兰德斯。欧斯塔塞·沙皮相信,一旦玛丽·都铎公主离开英格兰,在查理五世的保护下,亨利八世就不会再做无益的抵抗了。

玛丽·都铎公主本人对这点不太满意。她尽管很高兴自己能脱离个人危险,但担心亨利八世仍会坚持异端信仰,使更多的灵魂走向灭亡。玛丽·都铎公主说,自己完全偏向于选择更普遍、更彻底的解决办法来为上帝服务。玛丽·都铎公主希望欧斯塔塞·沙皮再派一个使者去见查理五世,让查理五世行动起来。欧斯塔塞·沙皮仅能靠苦苦哀求激起查理五世的斗志。不过,欧斯塔塞·沙皮鼓励玛丽·都铎公主逃出英格兰,认为这是与亨利八世算总账最可靠的办法。困难不会很大。亨利八世已经有待玛丽·都铎公主更温和的倾向。安妮·谢尔顿接到命令,在亨利八世许可的时间里,阿拉贡的凯瑟琳的医生随时可以给她看病。金博尔顿城堡里的其他人也要转去为她服务。这些放宽的措施会让玛丽·都铎公主的逃跑计划容易很多。欧斯塔塞·沙皮有意一试。然而,查理五世同意玛丽·都铎公主逃跑肯定是有一个先决条件的。查理五世的最新指示是不同意玛丽·都铎公主逃跑。因此,欧斯塔塞·沙皮只得再次把这件事报告给查理五世。为了自己的安全,欧斯塔塞·沙皮只加了一句,他说,如果玛丽·都铎公主逃走,马上就会有人怀疑到这事自己有份儿。谁也不怕的亨利八世肯定会杀了他。在秘密计划执行过程中,他毫无用处。因此,他会找借口在逃跑计划实施前横渡英吉利海峡抵达佛兰德斯。①

之前,欧斯塔塞·沙皮的期望落空过,现在又要落空了。欧斯塔塞·沙皮曾努力让查理五世相信阿拉贡的凯瑟琳是被谋杀的。从查理五世听到该情报的态度来看,欧斯塔塞·沙皮的陈述并没有使他信服。查理五世写信给葡萄牙的伊莎贝拉告知阿拉贡的凯瑟琳的死讯,说有关她最后一次病情的说法不一致,有人说是因为胃部受了感染,并且已经持续了好几天,还有人说她喝了一些疑似含有毒药的东西。查理五世并没有说自己相信阿拉贡的凯瑟琳是被毒死的。他也不希望这句话从自己嘴里传出去。他听说玛丽·都铎公主伤心极了,希望上帝怜悯她。查理五世已经开始服丧,并且命令整个西班牙王宫也这样做。②

西班牙人民明显以为英格兰方面没做什么引起注目的事。这么骄傲的一个民族如果相信一个西班牙公主在英格兰被谋害,结束了饱受迫害的一生,无疑会要求对方给出令人满意的解释的。不过,现实结果正好相反。西班牙枢密院起草了一些条款,要求与法兰西王国签订一项条约,以解决米兰争端。其中一个条件是托马斯·克伦威尔在与欧斯塔塞·沙皮的谈话中提到的一项规定,即法兰西王国将执行教皇的判决,并且让英格兰王国回归教会。阿拉贡的凯瑟琳死了,西班牙枢密院建议撤回这一条款。亨利八世服从罗马天主教教会与否还需再谈判。③西班牙枢密院认为阿拉贡的凯瑟琳的死不是爆发武力冲突的借口,而是促进和平的新契机。

据推测,如果玛丽·都铎公主逃跑了,亨利八世还不妥协,战争将会立刻爆发。查理五世总是不愿意接受欧斯塔塞·沙皮长期以来一直敦促他采取的"解

---

① 欧斯塔塞·沙皮致查理五世的信,1536年2月17日,《英国政府国内外纪事档案——亨利八世时期》,伦敦,1862年到1932年,第10卷,第116页。——原注
② 欧斯塔塞·沙皮致查理五世的信,1536年2月1日,《西班牙档案》,伦敦,1877年,第5卷,第2部分,第33页。——原注
③ 西班牙枢密院报告,1536年2月26日,《西班牙档案》,伦敦,1877年,第5卷,第2部分,第60页。——原注

决办法",而是按托马斯·克伦威尔期望的那样行动。查理五世认为必须得让玛丽·都铎公主放弃逃往格雷夫森德的冒险之旅。查理五世决定,玛丽·都铎公主必须得安安静静地待着。阿拉贡的凯瑟琳活着时,查理五世一直都在尽责保护她,他的行为称得上是正人君子。查理五世是阿拉贡的凯瑟琳最亲近的亲人,不可能眼睁睁看她被抛弃而不阻止。但作为一个政治家,查理五世自始至终都觉得,在教皇地位下降的情况下,自己的亲属受了委屈,甚至罗马教廷被冒犯,都不足以成为发动战争让基督教世界乱上添乱的理由。对英格兰教会的内部改革,查理五世更愿意表示赞成,而不是谴责。在经过一段时间反省后,也许是更仔细地调查阿拉贡的凯瑟琳去世的情况后,查理五世表现得一如确信阿拉贡的凯瑟琳是自然死亡的那样。在那不勒斯,查理五世写了一封信知会欧斯塔塞·沙皮[①],如果有新的机会,欧斯塔塞·沙皮必须重新争取已被放弃的那份条约。欧斯塔塞·沙皮和英格兰国务大臣托马斯·克伦威尔之间的会谈也将重新开始。

这些指示一定是在玛丽·都铎公主逃跑的计划制订完成一周后才抵达英格兰的。欧斯塔塞·沙皮只好忍住失望,全心全意地服从命令。在最初的接触中,欧斯塔塞·沙皮和托马斯·克伦威尔都很谨慎。托马斯·克伦威尔说,自己没有接到讨论条约的直接授命,并且因为双方已经同意放弃先前的谈判,所以现在主动提议和解的人应该是查理五世。不过,现在阿拉贡的凯瑟琳已经去世,分歧的根本原因已不复存在。对基督教国家来说,恢复旧联盟非常重要。亨利八世和查理五世的联合可以缔造世界和平。法兰西王国即将入侵意大利,还请求亨利八世同时发起对佛兰德斯的进攻。英格兰议会中的部分成员希望亨利八世同意这么做。但亨利八世更青睐查理五世的友谊。阿拉贡的凯瑟琳已经不在人世,没有什么可以再让他们产生隔阂了。

欧斯塔塞·沙皮根本不喜欢缔结条约的提议,他冷冷地听着,说自己以前

---

① 《英国政府国内外纪事档案——亨利八世时期》,伦敦,1862年到1932年,第10卷,第224页。——原注

听过这种说法，希望能听到更准确的信息。托马斯·克伦威尔回答说："他只是在说自己的意见。"他没有权力，所以不能谈细节。托马斯·克伦威尔又重复道："如果要和解，必须查理五世先主动提议。"

欧斯塔塞·沙皮又说："查理五世可能会提出四个条件：亨利八世必须服从罗马天主教教会；必须与查理五世和解；必须恢复玛丽·都铎公主的地位并宣布她合法；必须协助西班牙与土耳其人打仗，联盟必须攻防并重。"

托马斯·克伦威尔的回答也许比欧斯塔塞·沙皮希望的更令人鼓舞。托马斯·克伦威尔说："第四条可能马上会被接受，第三条亨利八世会尽他所能，第二条也不会有太大的反对意见，和平的大门是敞开着的。"服从罗马天主教教会这一点困难重重。即便如此，也并非不可能。如果查理五世亲自写信给托马斯·霍华德和查尔斯·布兰登，以及身形与思想都像父亲亨利八世的亨利·菲茨罗伊，英格兰王国和神圣罗马帝国将有很多内容可以谈。

作为亨利八世的心腹大臣，托马斯·克伦威尔如果不知道亨利八世的个人观点，是不会冒险说这样的话的。这么大的让步是安妮·博林影响力下降的一个衡量标准。至于玛丽·都铎公主，欧斯塔塞·沙皮发现亨利八世确实对她越来越好，还送给她一个阿拉贡的凯瑟琳的耶稣受难十字架，里面有一块木料是从真正的耶稣受难十字架上取下来的。阿拉贡的凯瑟琳曾希望玛丽·都铎公主继承这个十字架[①]。在其他方面，亨利八世对玛丽·都铎公主也是慈爱有加。

现在，查理五世本人出场了，他急于寻求和解。这表明他对亨利八世的行为几乎没有什么非议。只要阿拉贡的凯瑟琳还活着，道义上查理五世就有责任坚决拥护阿拉贡的凯瑟琳。但她已经去世了，查理五世愿不再提她。欧斯塔塞·沙皮，也许还有其他更值得信赖的联络人，向查理五世保证，如果事态继续发展下去，天主教教会很快就会丧失对英格兰人民的控制权。亨利八世就算愿意，可能也无法阻止大趋势的发展。臣民的意见和亨利八世专横的性格可能

---

① 欧斯塔塞·沙皮致查理五世的信，1536年2月25日，《英国政府国内外纪事档案——亨利八世时期》，伦敦，1862年到1932年，第10卷，第131页。——原注

会使亨利八世像马丁·路德那样与罗马天主教会决裂。在亨利八世陷入与罗马天主教会决裂的困境前，查理五世非常想要及时帮他摆脱困境。查理五世称赞欧斯塔塞·沙皮思维敏捷，对托马斯·克伦威尔说的话表示很满意，并且开始讨论提议的要点。

查理五世说："亨利八世退出罗马天主教教会，兹事体大。亨利八世的骄傲可能会阻碍他回头。如果让臣民看到自己没有决心，亨利八世一定会感到羞耻，何况他对自己的观点也很固执。"因此，查理五世指示欧斯塔塞·沙皮把那些可能影响亨利八世判断的因素都摆在他面前，如他的灵魂会迷失，他的王国肯定会出现分裂和混乱，还有如果保罗三世继续执行判决，并且请求基督教国家君主协助，显然会给他带来战争的危险。哪怕是在最有利的情况下，亨利八世及他的支持者都会一直焦虑不安。尽管只要亨利八世还活着，就能够推行发起的一切改革，但不可能不费吹灰之力。同时，亨利八世还会不可避免地给后人留下灾难。因此，欧斯塔塞·沙皮要建议亨利八世及时采取措施维护国家安全，或者将他与教皇之间的分歧提交总参议会，或者委托查理五世替他与罗马教廷谈判。亨利八世可以相信查理五世将会以体面、有利于他的条件进行谈判。亨利八世可能提出的主要反对理由是克莱门特七世在离婚案中的判决、第一年圣俸方面的利益问题及保罗三世声称在英格兰王国拥有的其他权力。第一个反对理由可以通过为玛丽·都铎公主安排好的一切解决；第一年圣俸问题可以折中处理，并且对保罗三世的其他要求加以限制；至于英格兰教会的最高权力，欧斯塔塞·沙皮可以说服亨利八世，英格兰王室和罗马教廷的相对地位可以由亨利八世的荣誉及王国的利益和福祉决定。查理五世不得不补充说，未经保罗三世同意，他不能做任何有损罗马天主教教会的保证。但欧斯塔塞·沙皮可以保证，查理五世会尽最大努力促成合理的和解。很明显，查理五世不打算让保罗三世的主张妨碍欧洲的安定。如果欧斯塔塞·沙皮认为亨利八世与罗马天主教教会和解无望，那么条约缔结失败前，只要亨利八世不要求自己直接支持英格兰王国的宗教改革，查理五世就会同意把承认教皇权威这一点剔除，只保留其他条款。至于玛丽·都铎公主的事情，必须谨慎行事，以免损害阿拉贡的凯瑟琳的名誉，也不要损害玛丽·都铎公主的合法身份和权利。如果亨利八世不同意正式承认玛丽·都铎公主的王位继承权，那么这一点也可以先不决定，直到亨利八世去世为止。查理五世愿意保证，只要亨利八世还活着，就不会对他采取任何行动，也不允许任何人，甚至是教皇，以亨利八世伤害了阿拉贡的凯瑟琳为由惩罚他，尽管有些人怀疑亨利八世用了阴险手段加快了阿拉贡的凯瑟琳的死亡。亨利八世和查理五世可以为玛丽·都铎公主安排两国联姻。如果亨利八世为方便自己而决定放弃安妮·博林，欧斯塔塞·沙皮不会提出任何反对意见，查理五世也不会反对遵照条约给亨利八世提供帮助。①

人人都清楚，亨利八世如果和安妮·博林分居，马上就会和另一个人结婚。查理五世已经在权衡这一可能性，等亨利八世和安妮·博林一分开，就可以看出查理五世一直在马不停蹄地努力让亨利八世再与自己某个亲戚联姻，一刻也没耽误。在安排政治联盟时，君主和政治家并不谨慎，但考虑到所有已经发生和即将发生的事情，查理五世如此想给阿拉贡的凯瑟琳的丈夫再送去一个妻子，也许可以证明查理五世对亨利八世性格的看法并不像历史学家普遍所说的那样不好。

托马斯·克伦威尔说，教皇也不是没有可能恢复在英格兰王国的权威。这种说法未免为时过早。查理五世迫切希望条约谈判能顺利进行。查理五世曾建议，可以找到办法，让亨利八世享有至高无上的实权，把形式上的至高无上权留给教皇。但实际上，这样的安排是不可能的。亨利八世还在不断立法限制罗马天主教教会，好像没有考虑任何条约似的。英格兰议会再次开会，通过了一项镇压小修道院的法案。在亨利八世被教皇逐出教会期间，在亨利八世故意推行一项令神职人员很恼火的政策期间，查理五世还向亨利八世谋求联盟。这

---

① 也就是说，支持亨利八再婚也可以作为条约的一部分。查理五世致欧斯塔塞·沙皮的信，1536年3月28日，《英国政府国内外纪事档案——亨利八世时期》，伦敦，1862年到1932年，第10卷，第224页。——原注

一点对亨利八世特别受用。亨利八世享受着这件事带给自己的胜利感，而更大的胜利将是与西班牙王室的另一桩联姻。亨利八世希望自己能结成某种姻亲，合法性无可争议、他的臣民都接受并可以自由谈论的姻亲。在查理五世的信还没来得及抵达英格兰前，欧斯塔塞·沙皮就开始积极鼓吹查理五世想让亨利八世与神圣罗马帝国联姻这件事了。欧斯塔塞·沙皮已经和玛丽·都铎公主谈过这件事。玛丽·都铎公主听到亨利·八世要和安妮·博林分手感到非常高兴，说尽管亨利八世再婚可能意味着自己会失去继承权，但还是很高兴看到他们分手。[①]亨利八世很可能会放弃安妮·博林，伦敦人民都在这么说。欧斯塔塞·沙皮拜访了托马斯·克伦威尔，提到了自己听到的这个谣言，并且暗示如果亨利八世能下定决心另结一门无人反对的婚事，可以避免不少危害。托马斯·克伦威尔说，自己从来就不赞成亨利八世和安妮·博林结婚，不过，看到亨利八世一心想和安妮·博林结婚，自己只能尽力帮亨利八世。但他相信，既然事已至此，亨利八世会遵守婚姻的约定。亨利八世可能会注意到其他女人，但同其他女人什么事也不会发生。

托马斯·克伦威尔的态度看起来很奇怪。欧斯塔塞·沙皮更仔细地观察着他。托马斯·克伦威尔靠在窗户上，把脸转过去，好像在掩饰微笑。有人报告说，英格兰枢密院在考虑让亨利八世娶某个法兰西公主。也许在谈话间，欧斯塔塞·沙皮曾对此有所暗示。托马斯·克伦威尔回答说，欧斯塔塞·沙皮可以相信，就算亨利八世真要再娶，也不会在法兰西王国找。

这个微笑可能有一层欧斯塔塞·沙皮无法猜测到的含义。此时，托马斯·克伦威尔已经了解到了一些安妮·博林所作所为的细节。这些细节可能会给事情带来转变。但时机还没有到，这些细节不能被揭露。亨利八世很可能受到了这些细节的干扰，并且开始对自己的婚姻感到犹豫。格特鲁德·考特尼告诉欧斯塔塞·沙皮，亨利八世给简·西摩寄了一个钱包和一封信。这让安妮·博林嫉妒

---

① 欧斯塔塞·沙皮致查理五世的信，1536年4月1日，《英国政府国内外纪事档案——亨利八世时期》，伦敦，1862年到1932年，第10卷，第243页。——原注

不已。简·西摩把信和钱原封不动地还给了亨利八世，并且请求送信人对亨利八世说，他应该留着自己的礼物，直到能与自己缔结体面的婚约。

格特鲁德·考特尼和朋友发表了自己的看法。据说，安妮·博林的敌人正在加强与简·西摩建立友好关系，并且让简·西摩告诉亨利八世，全国人民都讨厌他与安妮·博林的关系，没有人相信他们的关系合法。在安妮·博林的敌人看来，一个处在简·西摩这个位置的女人就应该和亨利八世说这样的事情一样。或者如果简·西摩说了，就会向亨利八世证明自己的价值一样。同时，亨利八世注意到简·西摩沉默寡言、谦虚正直的性格，也许会把简·西摩和安妮·博林做对比，也许希望自己能把安妮·博林换成简·西摩，甚至可能会很想这样做。但正如托马斯·克伦威尔说的那样，亨利八世觉得自己不应该再做任何改变，必须遵循自己安排给自己的命运。[①]

事实上，亨利八世不能提出与安妮·博林结婚是否合法的问题，也不能在别人提出的情况下利用这一问题为自己谋便利。他对保障这桩婚姻合法的措施执行得太彻底。议会也和他一样。然而，安妮·博林风光不了几天了，不祥的乌云正在她头顶慢慢聚集。在她婚后早期，人们肆无忌惮诽谤她和亨利八世。亨利八世被称为魔鬼。托马斯·霍华德曾说他的外甥女安妮·博林是一个十分该死的女人。为了禁止这些贬损安妮·博林的言论，英格兰王室发布公告，再有人敢诽谤安妮·博林，将被处以最严厉的刑罚。后来，再没有人敢说安妮·博林一句坏话。但安妮·博林已经被英格兰王宫中的人盯上了，她平常的一言一行都被人留意并仔细记录了下来。她颐指气使的态度使她除直系亲属和私人盟友之外，再没别的朋友。"男人知道有些事情不能隐瞒时，就会闭上嘴。"[②]安妮·博林一连串的不端行为被记录在册，包括日期和细节。她身边的女士把这

---

① 欧斯塔塞·沙皮致查理五世的信，1536年4月1日，《英国政府国内外纪事档案——亨利八世时期》，伦敦，1862年到1932年，第10卷，第242页。——原注
② 《英国政府国内外纪事档案——亨利八世时期》，伦敦，1862年到1932年，1536年6月2日，第10卷，第428页。——原注

些都珍藏起来备用，一旦说话安全时就会拿出来谈论。如果安妮·博林的行为真的像后来人们说的那样放任骄纵，那么亨利八世对她日益疏远也就很容易理解了。任何一个女人都不可能戴这么久的面具，让自己的丈夫无可挑剔。日常生活中一定有某些细节，就算未引起亨利八世的怀疑，也让他看到，他为之战斗的女人，根本就不值得他付出这么大的代价。

然而，安妮·博林的命运和阿拉贡的凯瑟琳的命运一样，只是英格兰王国和基督教世界斗争中的一个插曲。与查理五世签订条约一事，双方都真心实意，仿佛什么都不是问题。对当代政治家来说，与王室的悲剧或喜剧相比，国家的重大问题更重要。大事一件接一件。大事发生时是公众关注的焦点，过后要么被新发生的事情取代，要么被遗忘。但个人对一件事情的关注会一直持续。现代读者认为，对自己影响最大的事件发生时，也一定是当时的每一个人关注的焦点。产生这种错误观念是正常的，但始终是错误。对当时的英格兰人民来说，最重要的问题是与神圣罗马帝国还是与法兰西王国联盟，以及英格兰王国与罗马天主教教会决裂的后果。

正如托马斯·克伦威尔建议的那样，查理五世给托马斯·霍华德、查尔斯·布兰登和亨利·菲茨罗伊写了信。1536年4月中旬，欧斯塔塞·沙皮到托马斯·克伦威尔的乡间别墅拜访，再次讨论了那四个条件。托马斯·克伦威尔已与亨利八世谈过此事，不得不告诉欧斯塔塞·沙皮亨利八世的答案。亨利八世已经宣布与罗马天主教教会和解是不可能的。亨利八世说，克莱门特七世的判决对英格兰王国造成的伤害太大，并且英格兰王国刚颁布的这些法案太新，无法废除。现在，保罗三世正在主动示好，并且打算尽可能地满足亨利八世的要求。因此，英格兰王国可能会对宗教改革政策做一些改变，但目前不会考虑这个问题。托马斯·克伦威尔表示，如果欧斯塔塞·沙皮想看信，自己愿意把保罗三世的信给他看。欧斯塔塞·沙皮讽刺道，在经过这一切后，亨利八世应该非常高兴地发现保罗三世和查理五世还在寻求自己的友谊。他们是被亨利八世伤害最深的两方。也许现在有人希望亨利八世在享受了胜利的喜悦后会想起某些人主动示好不过是为了基督教世界的和平。托马斯·克伦威尔根本懒得回答,略过了这通言论。不过,托马斯·克伦威尔说,希望时间能带来更多惊喜。在其他问题上,必须一切为了玛丽·都铎公主考虑。但亨利八世不同意让玛丽·都铎公主成为条约中某一条款的主题。在协助土耳其战争方面不会有任何困难。至于法兰西王国,现在,英格兰议会成员一致建议与神圣罗马帝国建立联盟,并且向亨利八世表达了自己的看法。亨利八世尚未下定决心,他严厉地谴责了弗朗索瓦一世背信弃义,但并不像托马斯·克伦威尔期望的那样愿意与法兰西王国决裂。托马斯·克伦威尔说,在亨利八世最困难时,弗朗索瓦一世是作为朋友站在亨利八世身边支持他的人。亨利八世不希望与弗朗索瓦一世陷入争端。不过,亨利八世想和欧斯塔塞·沙皮谈谈。

亨利八世在格林尼治过复活节,欧斯塔塞·沙皮就去了格林尼治。复活节的星期日是1536年4月16日。嘉德骑士年度大会将在格林尼治举行。嘉德骑士年度大会规模宏大,场面壮观。安妮·博林以王后的身份与弟弟乔治·博林一同出席。他们两人的举止丝毫没有被即将来临的风暴扰乱。欧斯塔塞·沙皮出现时,乔治·博林特别留意他,因为欧斯塔塞·沙皮许久未出现在王室社交圈。托马斯·克伦威尔告诉欧斯塔塞·沙皮,如果他现在向安妮·博林表示敬意,亨利八世会很高兴的,因为欧斯塔塞·沙皮从来没有这样做过。托马斯·克伦威尔补充说,如果欧斯塔塞·沙皮不想这么做,自己也不会强求。欧斯塔塞·沙皮为自己做了辩解。他说,由于种种原因,自己认为这不可取。托马斯·克伦威尔说,会接受他答复中的好意并希望其他事务进展顺利。

当托马斯·克伦威尔和欧斯塔塞·沙皮谈话时,亨利八世从他们身边经过。亨利八世点头示意,摘下帽子,示意欧斯塔塞·沙皮也摘掉自己的帽子。接着,亨利八世询问了欧斯塔塞·沙皮的健康状况,问查理五世怎么样,意大利的情况如何等。简单来说,亨利八世表现得特别有礼貌。

接着,大家去教堂里做弥撒。乔治·博林把欧斯塔塞·沙皮带到教堂。因为做弥撒时安妮·博林要在场,所以她与欧斯塔塞·沙皮的见面无法避免。人们很好奇安妮·博林和欧斯塔塞·沙皮会如何对待对方。安妮·博林十分"和蔼可亲",走过欧斯塔塞·沙皮身边时行了一个很低的屈膝礼。

弥撒结束后,亨利八世和几个枢密院委员在安妮·博林的住处用餐。考虑到欧斯塔塞·沙皮不想加入,就由其他王室成员接待他。安妮·博林问为什么没有邀请欧斯塔塞·沙皮,亨利八世说事出有因。

晚餐结束后,亨利八世领着欧斯塔塞·沙皮走进私人密室。托马斯·克伦威尔跟在大法官托马斯·奥德利后面也走了进去。会议开始时,没有其他人在

托马斯·奥德利

第21章 联盟的抉择 ● 361

场。亨利八世把欧斯塔塞·沙皮拉到一旁的窗户边。欧斯塔塞·沙皮再次详尽地提出了那四个条件。在欧斯塔塞·沙皮细数法兰西人的行为时，亨利八世耐心地听着，只说米兰和勃艮第属于法兰西王国，不属于查理五世。这一言论让欧斯塔塞·沙皮意识到情况可能并不像自己希望的那样。欧斯塔塞·沙皮问道，签订条约后，如果弗朗索瓦一世与格尔德公爵查理二世开战，英格兰王国是否愿意帮助查理五世。亨利八世回答说，自己会对查理五世尽自己的职责，甚至比其他人更尽职尽责。然后，亨利八世把托马斯·克伦威尔和托马斯·奥德利叫了过来，让欧斯塔塞·沙皮又重复了一遍自己说的话。说完，欧斯塔

格尔德公爵查理二世

爱德华·西摩

塞·沙皮退到房间的另一个角落,和刚进来的爱德华·西摩聊了起来,好让亨利八世与托马斯·克伦威尔和托马斯·奥德利认真地谈话。欧斯塔塞·沙皮发现他们之间意见分歧很大。亨利八世的声音越来越大。过了一会儿,托马斯·克伦威尔起身离开,说自己渴了。接着,他就坐到了一个亨利八世看不见的箱子上,要了水喝。然后,亨利八世又坐到欧斯塔塞·沙皮身边,说欧斯塔塞·沙皮的话非常重要,必须用书面形式记下来。欧斯塔塞·沙皮表示反对,说这么做很少见。欧斯塔塞·沙皮没有接到过任何写下的命令,也不敢僭越查理五世的指示行事。亨利八世很有礼貌,但坚持说自己不能给出明确的答案,除非查理五世白纸黑字把提议放到自己面前。不过,亨利八世说,整体来讲,他与罗马天主教教会的争端与查理五世无关。如果自己想和保罗三世达成协议，可以不经查理五世干涉就这么做。玛丽·都铎公主是他的女儿，自然有她要尽的职责。与查理五世重新建立联盟后，他可能会考虑为查理五世对土耳其的战争提供资金帮助。最后，亨利八世说，自己不会拒绝与那些以合适条件寻求友谊的人建立友谊，但他不是一个孩子，可以先打一顿鞭子，然后再摸一摸，找回来说几声好听的就可以哄好。说话时，亨利八世用手指敲了敲膝盖，强调说自己受到了伤害，并且希望对方承认伤害到了自己。亨利八世又重复道，这些主动示好的提议一定得由查理五世亲自提。查理五世必须给他写一封信，请他忘记和原谅过去，以后就既往不咎了，但他必须得到，也终将会得到这样一封信。欧斯塔塞·沙皮克制住了火气，说亨利八世这样指望查理五世自取其辱是不合理的。亨利八世更激动，骂查理五世忘恩负义，说如果不是因为他，查理五世永远也登不上皇位，甚至在西班牙百姓造反时，都是他帮查理五世恢复了在西班牙的威信。作为回报，查理五世却煽动克莱门特七世剥夺他的王位。

欧斯塔塞·沙皮说，查理五世没有煽动。克莱门特七世是应其他各方的恳求自己做的决定。

会议就这样结束了，结果并不令人满意。亨利八世不是一个鞭打一顿再摸摸就可以哄好的孩子。查理五世现在想要同他和好，是因为受到了法兰西王国的威胁。虽然亨利八世和其他同胞一样，更愿意同神圣罗马帝国联盟，但查理五世曾强迫克莱门特七世拒绝让步，而克莱门特七世都已经承认这样的让步很公正。亨利八世比英格兰议会更清楚地知道，保住查理五世友谊的方法是不要表现得过于急切。

亨利八世的言辞如此犀利，让托马斯·克伦威尔十分惊讶，甚至很失望。这次接见结束时，托马斯·克伦威尔几乎说不出话来，因为他很恼火。很明显，托马斯·克伦威尔认为亲法派对亨利八世的影响仍然太大。亲法派就是安妮·博林派。当欧斯塔塞·沙皮告诉他查理五世准备做出哪些让步时，托马斯·克伦威尔恢复了精神，说仍然希望"有个好结果"。

第二天，即1536年4月19日，星期三早上，英格兰枢密院再次举行全体会议。英格兰枢密院委员坐着谈了三个小时。在他们看来，英格兰的未来，欧洲的未来，在那一刻，似乎取决于亨利八世的决心。他们走到他跟前，跪下来表示，自己认为与神圣罗马帝国联盟对英格兰王国的安全至关重要，恳求亨利八世不要因个人尊严而拒绝一只如此出乎意料地伸出来的友谊之手。毫无疑问，亨利八世和他们有一样的感觉。自从和查理五世产生分歧以来，亨利八世几乎未有过安宁的时刻。他受到了战争、贸易破坏、禁令和内部叛乱的威胁。如果亨利八世回归旧日友谊，闷闷不乐的神职人员和怒气冲冲的贵族将被迫屈服，因为他们最依赖的朋友查理五世将抛弃他们；商人将不再为投资担惊受怕；保罗三世和他的威胁将沦为笑柄。在离婚争议中，大家都会默认亨利八世有理。不会有人再提离婚一事，这事也就这么过去了。这些都对亨利八世十分有利。但亨利八世傲慢自大，不但要求查理五世有明确忏悔的言语，还要求查理五世用实际行动表达忏悔。亨利八世遇到的一切麻烦，包括与教皇的争端、阿拉贡的凯瑟琳和玛丽·都铎公主的顽强抵抗、敌人入侵的威胁，都被统统视为查理五世的杰作。当然，查理五世主动送上的友谊对英格兰王国很重要，但英格兰王国的友谊对查理五世也很重要，查理五世必须亲自请求得到亨利八世的友谊。亨利八世对下跪的议员说，自己宁愿失去王位，也不愿承认给过查理五世抱怨的理由，哪怕暗示都不曾有过。亨利八世愿意与查理五世携手共进，但不愿意去寻求或要求对方的友谊。查理五世必须亲自写信给他。

在给欧斯塔塞·沙皮描述事情经过时，托马斯·克伦威尔说，很抱歉事情没有好转。但托马斯·克伦威尔没有气馁。亨利八世让托马斯·克伦威尔感谢欧斯塔塞·沙皮的努力，托马斯·克伦威尔则相信欧斯塔塞·沙皮会坚持下去。查理五世哪怕只是写封确认信，亨利八世都会满意。尽管托马斯·克伦威尔的所有私人谈话都是由自己负责的，但他还是在按照亨利八世的指示行事的。欧斯塔塞·沙皮问托马斯·克伦威尔，如果现在的情况是这样，要怎么做才能扭转事态。托马斯·克伦威尔回答说，国王都有自己的脾气和怪癖，普通人是不会懂的。尽管发生了这一切，亨利八世还是写信给弗朗索瓦一世，要求弗朗索瓦一世停止对意大利的进攻。

　　欧斯塔塞·沙皮回答说自己会尽力从查理五世那里求得亨利八世想要的信。欧斯塔塞·沙皮写信给查理五世，对事情的发展经过做了详尽并也许准确的叙述。但他最后提出了自己的建议。这也证明了亨利八世有多么了解欧斯塔塞·沙皮的性格及他不可靠的立场。从一开始，欧斯塔塞·沙皮就不乐意与英格兰王国签订条约。欧斯塔塞·沙皮告诉查理五世，亨利八世的真正目的是想让查理五世逼保罗三世撤销对离婚案的判决。欧斯塔塞·沙皮再次建议查理五世放弃与亨利八世联盟，与法兰西王国和好，让亨利八世自食冥顽不灵的恶果，让保罗三世发布废黜亨利八世的诏书，附带条件是查理五世和弗朗索瓦一世都不得认定亨利八世未来可能拥有的孩子合法，无论是安妮·博林生的，还是他娶的其他女人生的。除非亨利八世求得教皇的特赦令，但他不可能去求。欧斯塔塞·沙皮不敢奢望查理五世会同意。但他说，这么做能让亨利八世恢复理智，而不必动用武力。①

　　欧斯塔塞·沙皮给尼古拉·佩勒诺·德·格朗韦勒写了封更简短的信表达了同样的目的。欧斯塔塞·沙皮说："上帝知道我花了多少心思想把亨利八世引上正途。但我发现亨利八世固执到难以言喻。亨利八世似乎决意要逼查理五世承认克莱门特七世是在查理五世的压力下做出的判决。托马斯·克伦威尔倒是行为坦荡，因悲伤过度都已经卧病在床。托马斯·克伦威尔知道查理五世与亨利八世的友谊是有多重要，但上帝或魔鬼都不会让亨利八世得到查理五世的友谊。"②

---

① 欧斯塔塞·沙皮致查理五世的信，1536年4月21日，《英国政府国内外纪事档案——亨利八世时期》，伦敦，1862年到1932年，第10卷，第287页。《西班牙档案》，伦敦，1877年，第5卷，第2部分，第85页。——原注
② 欧斯塔塞·沙皮致查理五世的信，1536年4月21日，《英国政府国内外纪事档案——亨利八世时期》，伦敦，1862年到1932年，1862年到1932年，第10卷，第287页。《西班牙档案》，伦敦，1877年，第5卷，第2部分，第85页。——原注

亨利八世也将这件事以自己的版本讲给了在查理五世宫廷上的英格兰大臣听。

> 查理五世的大使到格林尼治来找我们,提出愿与我们恢复同盟关系,条件是他会让查理五世帮我们达成与保罗三世的和解。我们可以宣布玛丽·都铎公主合法,并且给她王位继承权,但必须帮助查理五世对抗土耳其人。同时,如果法兰西入侵米兰,我们就要向法兰西王国宣战。
>
> 我们的回答是,先失礼的是查理五世本人。当我们负责处理西班牙王位时,我们把王冠交到了查理五世手里。在查理五世遇到困难时,我们借钱给他。作为回报,除忘恩负义之外,查理五世还煽动教皇伤害我们。如果他以书面的形式要求我们忘记他的不义之举,或者宣布我方认定的不义之举并非他的过错,我们将欣然接受他提议的条件。但如果我们不接受和解,就还要忍受这些不义之举。至于教皇的权威,我们不会基于如此微不足道的理由撤销或改变我们行为的任何部分。我们的行为都是基于上帝的原则及自然和诚实的原则进行的。我们的工作都是经由王国不同阶层公开同意的,也是经由议会高等法院批准的。保罗三世亲自向我们提出了一项我们尚未接受的建议。这也无法成为以任何其他方式来实现和解的权宜之计。如果查理五世想要我们做任何改变来满足我们的敌人保罗三世,我们就会认为他并不是真的希望与我们和解。
>
> 至于玛丽·都铎公主,如果她遵行律法,我们就承认她的身份。但我们不会接受别人的指示,也拒绝被迫接受对玛丽·都铎公主的安排。在英格兰王国,我们下命令不用征求其他国家的意见,就像查理五世不用征求我们的意见决定自己的事情一样。这都是合情合理的。至于土耳其人,我们不能达成任何确定的解决办法。但如果基督

教世界的纠纷得到和解,我们不会不履行自己的职责。在我们考虑援助神圣罗马帝国抵抗法兰西王国前,必须先恢复查理五世与我们的友好关系。①

---

① 亨利八世致理查德·佩特的信,1536年4月25日,《英国政府国内外纪事档案——亨利八世时期》,伦敦,1862年到1932年,第10卷,第306页。——原注

第 22 章

安妮·博林被判死刑

在亨利八世统治时期最重大的危机中,亨利八世表现得如此骄傲神气时,正统历史学家却想要我们相信亨利八世在暗中策划一项恶毒的虚假指控来摆脱安妮·博林,以便立即与另一个女士开始新的婚姻。正在谋划重大罪行的人通常既没有闲暇,也没有精力管理公共事务。在事关英格兰王国命运的重大问题处于成败关头之际亨利八世最不可能想的就是以家庭丑闻震惊欧洲。这一点可以和历史上所有可以肯定的事情那样肯定。在这场宗教改革中,亨利八世选择了骄傲与独立,需要尽自己最大的努力和获得所有臣民对他的信心才能胜利。此时,除非发疯,否则谁也不会想着阴谋算计一个可怜无辜女人的名誉与生命。造谣者一直在忙着散布亨利八世对安妮·博林感到厌倦并打算和她分手的故事。但就在几天前,亨利八世刚解散了议会。七年来,议会一直被说成是亨利八世满足个人意志的有力利器。在人民惶恐不安时匆忙选择另一个女人结婚,亨利八世无法像了解安妮·博林那样了解另一个女人的脾性。没有议会,亨利八世不能做出任何影响王位继承的行动。无论亨利八世对现在的王后安妮·博林有多不满,议会已解散都是一个确凿的证据。这证明在欧斯塔塞·沙皮访问格林尼治期间,亨利八世并没有考虑变动自己的婚姻。尽管王宫的女士把所有故事都传到欧斯塔塞·沙皮的"顺风耳"里去了,但亨利八世还是下定决心要背负起自己糟糕的命运。此时,亨利八世对即将揭开的惊天秘密一无所知。众所周知,丈夫总是最后一个知道妻子不忠的人。如果对安妮·博林这个地位的女人提出的指控无法得到证实,那么在有把握提出证据前,就必须闭口不谈。托马斯·克伦威尔似乎已经掌握重要信息好几周了。然而,如果不是亨利八世拒绝了查理五世的求和,让主张恢复与神圣罗马帝国友好关系的托马斯·克伦威尔感到非常痛苦,这个秘密可能还会推迟曝光。现在,法兰西王国要向查理五世开战了,并且向英格兰王国开出了结盟的丰厚条件。亨利八世虽然对安妮·博林的感情已经冷淡了,但仍为查理五世曾待自己不公耿耿于怀。现在是一个报仇的好机会。大臣中最明智的这一个,即托马斯·克伦威尔反对在事关欧洲大陆国家和平的事情上冒险,真诚地希望亨利八世能接受查理五世友谊的回归,因为曾经丧失过这份友谊,让英格兰王国付出了惨重的代价。但英格兰王宫里的亲法派,也就是安妮·博林和她的亲戚,以及亨利八世身边那群年轻气盛的年轻人,仍然可以在亨利八世受伤的自尊心上做文章。他们如果能让英格兰王国站在弗朗索瓦一世那边向查理五世开战,就能扬眉吐气。亨利八世每天都有可能采取无法挽回的致命一步。安妮·博林和乔治·博林都胆大包天、精明能干、不择手段。托马斯·克伦威尔手中握有一个可以毁掉他们的秘密。现在,托马斯·克伦威尔觉得是时候利用这个秘密了。

从托马斯·克伦威尔自己的话中可以肯定,安妮·博林与政治谈判有关并非偶然的。托马斯·克伦威尔告诉欧斯塔塞·沙皮,自己正是因为对亨利八世在复活节后的周三给自己的答复感到失望,所以才点燃这根导火线。[①]

---

① 欧斯塔塞·沙皮致查理五世的信,1536年6月6日,《西班牙档案》,伦敦,1877年,第5卷,第2部分,第137页。有人根据"密谋"一词推断,对安妮·博林和她的同伙的指控是托马斯·克伦威尔的阴谋,是为一个迫在眉睫的政治目的而匆忙挑起来的。托马斯·克伦威尔的办事速度一定非常惊人,因为在四天内,他就能够提出一起案件,提交给特别委员会审理。特别委员会由英格兰权力最大的一群人组成,由法官协助。案件还牵涉到安妮·博林和王宫里一个实力犹存的派系。我们还得相信,托马斯·克伦威尔愚蠢得有点不可思议,竟然向欧斯塔塞·沙皮承认了这一点。把这样的秘密告诉欧斯塔塞·沙皮是最危险的。托马斯·克伦威尔不是蠢人。在这么短的时间内,也不可能有这么多证据被发掘,并且准备得如此充分,甚至能骗过法官。——原注

还有一个偶发事件帮了托马斯·克伦威尔一把。一个未被提及姓名的枢密院委员尖锐地批评自己依附王室的妹妹行为轻率。这个年轻女士承认了自己的罪行。但她说，这与安妮·博林的行为比起来不过是小巫见大巫。她嘱咐哥哥去查马克·斯密顿。马克·斯密顿是王宫里的内侍官，也是最得宠的乐师。① 这个枢密院委员把听到的话转告给了亨利八世的两个朋友，托马斯·克伦威尔肯定是其中之一。这事太严重了，他们一致认为必须告知亨利八世。亨利八世惊跳起来，脸色突变，向他们表示感谢，并且指示严格保密并进行调查。安妮·博林寝宫的女士受到盘问。伍斯特女士② 是"第一原告"。一个叫"南·科巴姆"的女仆和另一个女仆提供了其他证据，但"伍斯特夫人是第一原告"。③

亨利八世下令不得泄露任何秘密以免影响格林尼治的庆祝活动。1536年4月23日，圣乔治节，安妮·博林和弟弟乔治·博林收到了一个暗示，暗示他们不如以往受宠了。嘉德骑士大会即将举行，有一个勋章名额空出。安妮·博林要求把这个勋章名额给乔治·博林，但这个请求被拒绝了。勋章颁给了安妮·博林的远亲尼古拉·卡鲁，这令她非常恼火。然而，这件事根本没有引起安妮·博林的警惕。第二天，即1536年4月24日，一个秘密委员会成立，奉命接受证词，由大法官托马斯·奥德利、各个法官、托马斯·克伦威尔和其他枢密院委员组成。到了这个时候，流言已经传开。在1536年4月29日的信中，欧斯塔塞·沙皮写道："如果安妮·博林没有马上下台，那安妮·博林下台就不能算是尼古拉·卡鲁的错了。听说尼古拉·卡鲁天天都在密谋算计安妮·博林，并且试图说服简·西摩和她的朋友一起努力毁了安妮·博林。四天前，即1936年4月25日，尼古拉·卡鲁和其他一些绅士给玛丽·都铎公主捎信让她鼓起勇气，因为亨利八世已经厌倦

---

① 《英国政府国内外纪事档案——亨利八世时期》，伦敦，1862年到1932年，1536年6月2日，第10卷，第428页。——原注
② 安东尼·布朗爵士的女儿，马的主人。——原注
③ 约翰·胡西致莱尔子爵夫人霍诺尔·格伦维尔的信，1536年5月24日，《英国政府国内外纪事档案——亨利八世时期》，伦敦，1862年到1932年，第10卷，第397页。——原注

了安妮·博林,不用再忍受她很久了。"①雷金纳德·波尔的弟弟杰弗里·波尔是一个多嘴的绅士,他告诉欧斯塔塞·沙皮,最近有人问伦敦主教约翰·斯托克斯利亨利八世是否可以抛弃安妮·博林,约翰·斯托克斯利回答说在亨利八世提出这样的要求前,自己拒绝发表意见,就算亨利八世提出了要求,他也得知道了亨利八世的意图后才会开口。欧斯塔塞·沙皮说,约翰·斯托克斯利是亨利八世第一次离婚的推动者之一,现在,他在忏悔了。安妮·博林和她的家人都是该死的路德教教徒。②

这些故事只是猜测和传说。我插入这些文字,是不想遗漏任何可能被解释为阴谋的信息。同时,秘密委员会正在收集日益严重的事实证据。1536年4月27日,星期四,亨利八世寝宫的一个绅士威廉·布里尔顿被秘密关进了伦敦塔。1536年4月30日,乐师马克·斯密顿紧随其后。第二天,即1536年5月1日早上,在格林尼治举行盛大的节日庆典。节日庆典的一部分是比赛,由王室成员参加。当安妮·博林的骑士在赛场为她而战时,安妮·博林正以王后的身份坐在楼座里,对满天飞舞的丑闻毫不在意。作为保卫者和挑战者,亨利·诺里斯爵士和乔治·博林正在竞技场上拼杀。这时,亨利八世突然站了起来,这场盛会仓皇解散。亨利八世骑上马,身后跟着一列随从,带着亨利·诺里斯爵士,往伦敦而去。亨利·诺里斯爵士是亨利八世私下最亲密的朋友之一。他是亨利八世的侍从官,经常睡在亨利八世的房间里或紧挨着亨利八世房间的密室里。秘密委员会的调查还没有证明亨利·诺里斯爵士是当事人,但他似乎已经知道了自己本应披露的情况。亨利八世答应亨利·诺里斯爵士,如果他说实话就原谅他,但事实是他不敢透露的。第二天,即1536年5月2日,经过秘密委员会委员一番审问后,亨利·诺里斯爵士也被送进了伦敦塔。一开始,接受秘密委员会委员审问

---

① 欧斯塔塞·沙皮致查理五世的信,1536年4月29日,《西班牙档案》,伦敦,1877年,第105页。——原注
② 欧斯塔塞·沙皮致查理五世的信,1536年4月29日,《西班牙档案》,伦敦,1877年,第105页。——原注

时,受威廉·菲茨威廉爵士提出的某种类似赦免的希望误导,亨利·诺里斯爵士供出了某些不可赦免的作为。但随后,他又否认了自己承认的一切。^①到目前为止,马克·斯密顿只承认了"任何是事实的事实"。大家认为,如果其他人的罪行没有得到更清楚的证明,亨利八世的荣誉就会受到损害。

安妮·博林留在格林尼治。第二天,即1536年5月2日早上,她被带到枢密院,她的舅舅托马斯·霍华德主持会议。安妮·博林得知自己被控与几人通奸。

安妮·博林被控告

---

① 《英国历史——从托马斯·沃尔西倒台到西班牙无敌舰队失败》,伦敦,朗曼斯格林出版社,1872年,第2卷,第454页。——原注

虽然她给了回答，但托马斯·霍华德认为她的回答与本案无关。她事后抱怨说，受到了枢密院的"残酷虐待"。她认为的残酷很难避免。安妮·博林也被顺河而上送到了伦敦塔。在伦敦塔，安妮·博林发现除马克·斯密顿、威廉·布里尔顿和亨利·诺里斯爵士之外，还有她宫里的另一个绅士弗朗西斯·韦斯顿也被抓了进来。在写给查理五世的信中，欧斯塔塞·沙皮提到了一件小事，这件小事里保留着在那个年代已经失传的习俗。"安妮·博林被送进伦敦塔的那天晚上，亨利·菲茨罗伊按照英格兰王国的旧俗，去见父亲亨利八世，请求他的祝福。亨利八世泪流满面地说，他和妹妹玛丽·都铎公主，应该感谢上帝，感谢上帝让他们从那个想毒死他们的女人手中逃脱。"①

欧斯塔塞·沙皮急忙告知查理五世这场可喜可贺的惨祸。欧斯塔塞·沙皮说，查理五世也许还能想起自己之前报告过托马斯·克伦威尔说亨利八世和安妮·博林可能分手。从那时起，欧斯塔塞·沙皮和玛丽·都铎公主就一直渴望他们早日散伙。他们的心愿超乎意料之外地顺利。大白天，安妮·博林被托马斯·霍华德和两个内侍押着从格林尼治送到了伦敦塔。据说，这是因为安妮·博林与宫里的一个乐师长期通奸。这个乐师也被关进了伦敦塔。除乐师以外，还有亨利八世最熟悉的密友亨利·诺里斯爵士，因为亨利·诺里斯爵士没有及时报告此事。②

欧斯塔塞·沙皮在写信时，新消息纷至沓来。在信结尾前，他又补充说弗朗西斯·韦斯顿和乔治·博林也被捕了。这个劲爆的故事被口口相传，内容越攒越多。送信员迅速把它送到巴黎。当时的神圣罗马帝国驻巴黎大使让·阿纳尔写信给尼古拉·佩勒诺·德·格朗韦勒，说安妮·博林和亨利八世的琴师被捉奸在床。在调查过程中，有目击者站出来说，九年前，安妮·博林就和亨

---

① 欧斯塔塞·沙皮致查理五世的信，1536年5月19日，《西班牙档案》，伦敦，1877年，第5卷，第2部分，第125页。——原注
② 欧斯塔塞·沙皮致查理五世的信，1536年5月2日，《英国政府国内外纪事档案——亨利八世时期》，伦敦，1862年到1932年，第10卷，第330页。《西班牙档案》，伦敦，1877年，第5卷，第2部分，第107页。——原注

亨利·珀西

利·珀西结了婚。然而,在托马斯·霍华德和当时的坎特伯雷大主教托马斯·克兰默及约克大主教爱德华·李面前,亨利·珀西宣誓并接受了圣礼,说与安妮·博林之间没有任何形式的契约或婚姻承诺。[①]在伦敦塔,安妮·博林的侍从奉命记下她说的话。安妮·博林否认自己有罪,有时迸发歇斯底里的情绪,有时露出轻浮孟浪之态。但就她的话语记录来说,里面没有明确表明她有意辩称自己无辜的语言。安妮·博林承认和亨利·诺里斯爵士、弗朗西斯·韦斯顿及马克·斯密顿在一起时,自己曾愚蠢地说过爱他们,也谈过亨利八世驾崩后可能会发生什么事。在第二次审问中,马克·斯密顿供认,曾三次与安妮·博林通奸。亨利·诺里斯爵士否认自己向威廉·菲茨威廉爵士承认过的事,并且提出

---

① 亨利·珀西致托马斯·克伦威尔的信,1536年5月13日,《英国政府国内外纪事档案——亨利八世时期》,伦敦,1862年到1932年,第10卷,第356页。——原注

用剑和长矛维护自己与安妮·博林的清白。弗朗西斯·韦斯顿和威廉·布里尔顿则坚持完全否认。

同时，秘密委员会继续取证。在英格兰王国，没有比下列名单更强大的阵容了。名单包括大法官托马斯·奥德利、托马斯·霍华德、查尔斯·布兰登、托马斯·博林、约翰·德·维尔，威斯特摩兰伯爵亨利·内维尔、托马斯·拉德克利夫、威廉·桑兹男爵、托马斯·克伦威尔、威廉·菲茨威廉爵士、海军大臣威廉·保莱特、财务大臣威廉·菲茨威廉及威斯敏斯特法院的九个法官。在这些

威廉·保莱特

人面前，证人接受讯问，供词记录在案。后来，托马斯·克伦威尔写信给斯蒂芬·加德纳说："这些供词内容太令人发指，很大一部分供词都没用作呈堂证供。很明显，这部分供词被要求保密了。"①

被指控的罪行发生在两个郡。肯特郡和米德尔塞克斯郡的大陪审团对呈交上来的起诉状做了判决。1536年5月7日，亨利八世发出了召集新议会的命令，要求选出新议会成员并立即开会。具体的指控已经被提交给陪审团，包括时间、地点和细节。这些细节我在其他地方提到过。②总体来讲，诉状是说在两年多的时间里，从伊丽莎白·都铎公主出生后的几周到紧接着的1533年11月，安妮·博林多次与亨利·诺里斯爵士、威廉·布里尔顿、弗朗西斯·韦斯顿、马克·斯密顿及弟弟乔治·博林通奸。每个人的案子中教唆和主动提出请求的一方都被指控是安妮·博林。细节很充分，但都是无法证实的间接证据，包括安妮·博林提出请求的时间，提出请求与实施罪行之间间隔的时间，以及几次罪行发生的时间和地点。最后，有人说，安妮·博林曾承诺，只要亨利八世驾崩，就会嫁给这些叛徒中的一个。安妮·博林肯定自己永远不会爱亨利八世。

所有这些细节中，一定有某种证据被提交给了秘密委员会。在给斯蒂芬·加德纳的信中，托马斯·克伦威尔提到了这一点。被告的人都是可以出没王宫里的机密场合的，很容易接触到安妮·博林本人。如果他们的罪行是真的，那他们凭职位之便与安妮·博林走得越近就越是罪加一等。

在这个充满嫉妒与分裂的王宫里，多少眼睛在盯着别人的动静，多少舌头在忙着搬弄是非。谁也不知道谁会被牵连，也不知道安妮·博林的罪孽有多深重。她的表兄弗朗西斯·布赖恩爵士遭到怀疑，受到了托马斯·克伦威尔的严厉盘问。安妮·博林以前的情人——萨里伯爵亨利·霍华德的朋友托马斯·怀亚

---

① 托马斯·克伦威尔致斯蒂芬·加德纳的信，1536年7月5日，《英国政府国内外纪事档案——亨利八世时期》，伦敦，1862年到1932年，第11卷，第17页。——原注
② 《英国历史——从托马斯·沃尔西倒台到西班牙无敌舰队失败》，伦敦，朗曼斯格林出版社，1872年，第2卷，第470页。——原注

亨利·怀亚特

特也遭到怀疑。在这个时刻,托马斯·怀亚特的父亲亨利·怀亚特给他写的一封信留存至今。亨利·怀亚特对儿子托马斯·怀亚特说,在亨利八世遭受虚伪的叛徒背叛的危险时刻,自己病得太重,不能对亨利八世尽到责任,自己感到很遗憾。祈求上帝赐予托马斯·克伦威尔恩典,与托马斯·克伦威尔在一起,与揭发这件事的人在一起,并且惩罚那些虚伪的叛徒,以儆效尤。[1]

托马斯·克兰默很喜欢安妮·博林。天主教对安妮·博林充满怨恨,但她让自己变成了新教传教士的守护神,保护他们不受迫害。托马斯·克兰默把安

---

[1] 亨利·怀亚特致托马斯·怀亚特的信,1536年5月7日,《英国政府国内外纪事档案——亨利八世时期》,伦敦,1862年到1932年,第10卷,第345页。——原注

妮·博林看作是上帝指派来的人，当得知她被逮捕的消息和被逮捕的原因时，托马斯·克兰默大吃一惊。给亨利八世写了一封充满焦虑，但不失优美的信，表达了一种热切的信念，并且希望安妮·博林能够证明自己的清白。托马斯·克兰默还没来得及把信寄出去，就被邀请到星室法庭面见枢密院。从星室法庭回来后，托马斯·克兰默又加了一句附言，说自己听到了安妮·博林与各涉事人员的关系，没想到她竟然会被证明犯下这样的错误，觉得很遗憾。①

1536年5月12日，星期五，亨利·诺里斯爵士、威廉·布里尔顿、弗朗西斯·韦斯顿、马克·斯密顿这四个不再是贵族的平民被带往法庭受审。法庭设在威斯敏斯特大厅，托马斯·博林和其他人都坐在长凳上。四个平民的罪行一经证实，肯定会牵涉到托马斯·博林的女儿安妮·博林的罪行。囚犯被带到审讯室围栏外。法官宣读了起诉书。马克·斯密顿承认犯了通奸罪，但不承认企

星室法庭

---

① 《英国历史——从托马斯·沃尔西倒台到西班牙无敌舰队失败》，伦敦，朗曼斯格林出版社，1872年，第2卷，第459页到第462页。——原注

图谋害亨利八世的推断性指控。其他三个人坚决否认。弗朗西斯·韦斯顿结婚了。在法庭上,弗朗西斯·韦斯顿的母亲安妮·桑兹和年轻的妻子安妮·皮克林"悲痛欲绝"地为他请愿,愿意缴纳"租金和货物"换他自由。①但这没有什么用。陪审团裁定他们都有罪,都被判处死刑。莱尔子爵阿瑟·金雀花及莱尔子爵夫人霍诺尔·格伦维尔在伦敦的一个朋友约翰·胡西写给他们的两封信中,表达了当时人们的普遍感受。

约翰·胡西致莱尔子爵夫人霍诺尔·格伦维尔:

夫人,在我看来,翻遍所有书籍,里面记录、编造和书写的、自亚当和夏娃被逐出伊甸园以来受到最严重起诉与审判的妇女,都无法与安妮·博林相比。尽管我认为真相和现在谣传的一切可能并不完全一致,但根据安妮·博林及她的共犯的供词,都是她在主动诱惑、勾引和唆使对方犯罪。安妮·博林实在可憎可恶至极。我替任何听到此事的良善女子感到羞愧。祈求上帝在安妮·博林活着时给她恩典让她悔改。我只希望她和她的共犯都为自己犯下的错感到痛苦。②

1536年5月13日

致莱尔子爵阿瑟·金雀花:

故事太多了,我不知道该写哪个。有人说,年轻的弗朗西斯·韦斯顿将成为替罪羊;有人说,除安妮·博林和弟弟乔治·博林之外,没有人会死;还有人说,托马斯·怀亚特、理查德·佩奇爵士和其他

---

① 《英国政府国内外纪事档案——亨利八世时期》,伦敦,1862年到1932年,第10卷,第430页。——原注
② 《英国政府国内外纪事档案——亨利八世时期》,伦敦,1862年到1932年,第10卷,第357页。——原注

人一样，都会遭受一样的惩罚。如果有人能逃脱惩罚，那一定是年轻的弗朗西斯·韦斯顿，因为有人为他恳求法外开恩。

1536年5月13日

人们对弗朗西斯·韦斯顿非常感兴趣。他的妻子安妮·皮克林和母亲安妮·桑兹出现在法庭上引起了人们对他的普遍同情。他年轻、富有、有成就。他在巴黎很有名，很受欢迎。法兰西大使德因特维尔是弗朗西斯·韦斯顿的朋友，也急忙赶过来救他。法兰西驻英格兰大使加布里埃尔·德·格拉蒙也诚恳地替他求情。加布里埃尔·德·格拉蒙说如果能用钱解决，可以随意开价。但和亨利·诺里斯爵士一样，弗朗西斯·韦斯顿也因亨利八世的特别偏爱而特殊。如果他辜负了亨利八世对他的信任，就没有什么理由可以恳求特殊恩惠了。在被判死刑后，弗朗西斯·韦斯顿写给家人的一封信被保存了下来。信中包括弗朗西斯·韦斯顿希望偿付的债务清单。如果有人读了这封信后还认为写信人将要为一项自己觉得很无辜的罪行而死，我也不会再与他理论。

父亲、母亲和妻子：
　　我要谦卑地求你们，为了让我的灵魂得到救赎，请为我偿付这张账单。原谅我对你们，尤其对我的妻子所犯的一切罪行。请看在上帝的分上原谅我，为我祈祷，因为我相信祈祷对我有益。愿上帝保佑我和我的孩子。

我，上帝的大罪人留笔①

---

① 弗朗西斯·韦斯顿爵士亲笔签名信，1536年5月3日，《英国政府国内外纪事档案——亨利八世时期》，伦敦，1862年到1932年，第10卷，第358页。——原注

1536年5月14日，星期天，托马斯·克伦威尔向人在巴黎的约翰·沃洛普爵士和斯蒂芬·加德纳发送了一份截至当时的诉讼报告。托马斯·克伦威尔说，现在，这件事人尽皆知，但自己必须进一步告诉他们真相是如何被揭露的，亨利八世是如何行动的。安妮·博林生活放荡，粗鄙不堪，令人发指，甚至寝宫的女侍都无法替她掩饰。这件事传到了枢密院一些人的耳朵里。他们尽管很惶恐，但形势所迫，还是将此事告知了亨利八世。一些安妮·博林宫里的人，还有长期接近安妮·博林的人都被审问过了。事情很明显，除已知罪行之外，他们还企图设计谋害亨利八世。其狠毒程度令审问的人都因亨利八世所处的险境而颤抖。审问的人跪在地上，赞美颂扬上帝长久以来一直保护着亨利八世，让他未受伤害。有些人被送去了伦敦塔，包括马克·斯密顿和亨利·诺里斯，还有安妮·博林的弟弟乔治·博林。接着，安妮·博林自己也被逮捕了，弗朗西斯·韦斯顿和威廉·布里尔顿爵士紧随其后。就在过去的一周周五，即1536年5月12日，在威斯敏斯特法庭，亨利·诺里斯、弗朗西斯·韦斯顿、威廉·布里尔顿和马克·斯密顿被提讯并被判死刑。安妮·博林和弟弟乔治·博林将在接下来的1536年5月13日被传讯。托马斯·克伦威尔没有写细节。事件恶劣至此，闻所未闻。①

　　安妮·博林因与这些人有牵连已获罪。她的情人的罪行就是她的罪行。接下来，安妮·博林也会被送上被告席，和弟弟乔治·博林一起接受上议院贵族的审判。法庭就设在伦敦塔，托马斯·霍华德担任审判长。托马斯·博林虽然愿意列席，但对他来说，这场悲剧已经够可怕，不用再雪上加霜了。因此，托马斯·博林未出席。人们也不用亲眼看到一个父亲给自己的孩子定罪，还是如此骇人听闻的罪行。亨利·珀西尽管因焦虑过度而身体抱恙，但还是出席了审判。其他二十五个贵族也各就各位了。

　　官方记录中只有诉讼程序概要。欧斯塔塞·沙皮向查理五世提供了更详细的描述，其中还包括一些未提到过的古怪细节。

---

① 托马斯·克伦威尔致约翰·沃洛普爵士和斯蒂芬·加德纳的信，1536年5月14日，《英国政府国内外纪事档案——亨利八世时期》，伦敦，1862年到1932年，第10卷，第359页。——原注

1536年5月15日，星期一，欧斯塔塞·沙皮写道，英格兰上议院判安妮·博林和乔治·博林为叛国罪，由托马斯·霍华德宣判。欧斯塔塞·沙皮还得知托马斯·博林准备协助审判。在其他人的审判中，他也进行了协助。那"该死的女人"和乔治·博林没有像其他人一样被带到威斯敏斯特法庭，而是被带到了伦敦塔的审判庭。不过，这件事并没有怎么保密，因为当时有两千多人出席。对安妮·博林的主要指控是，她与乔治·博林和其他同谋苟合，并且与亨利·诺里斯约定在亨利八世驾崩后嫁给他。这证明他们希望亨利八世驾崩。安妮·博林与亨利·诺里斯交换了勋章。这就可以证明他们是同伙。安妮·博林毒死了阿拉贡的凯瑟琳，还打算毒死玛丽·都铎公主。①对大多数指控，安妮·博林都坚决否认。其他指控，她都回答得似是而非，但承认曾给过弗朗西斯·韦斯顿和其他绅士钱。安妮·博林和乔治·博林还被指控嘲弄亨利八世，因为在许多方面，她对亨利八世表现得毫无爱意，并且厌倦了和他在一起生活。乔治·博林被指控与安妮·博林发生了关系。不过，除曾经和安妮·博林单独在一块待了好几个小时，还有其他一些荒唐小事之外，没有任何证据证明乔治·博林有罪。乔治·博林回答得天衣无缝。许多在场的人赌他会被无罪释放。

　　对乔治·博林的另一项指控是安妮·博林曾告诉乔治·博林的妻子简·博林亨利八世未尽到丈夫的责任。②这项指控并未在法庭上宣读，而是以书面形

---

① 欧斯塔塞·沙皮不在场，而是根据报告写的，并非确凿可信。在记录中没有发现这些指控的踪迹，但可能在诉状中提到过。——原注

② 历史学家为了使自己的叙述一致，假定自己对每个男人或女人的行为动机都有了解。事实可能很难确定，动机是根本无法确定的，除非得到承认，否则只能够凭直觉辨别。他们确信，对安妮·博林的指控是因亨利八世想娶简·西摩而捏造的。我不佯装自己有超凡的直觉，也不想妄称有智慧能越过我找到的文字材料做判断。在这种情况下，我有个大胆的猜想，只是一个猜想，我很久以前想到的，可以解释亨利八世婚姻中的某些不幸。据说，这些是安妮·博林对乔治·博林的夫人简·博林说的。在某种程度上，这可以证实我的猜想。亨利八世已经出现了最终导致他死亡的病症迹象。亨利八世的体质虚弱，别人和亨利八世自己都怀疑自己将来能否生出健康的孩子，或者还能不能生出孩子。安妮·博林觉得只有生下儿子，才能保住自己不稳定的地位。安妮·博林失望之际，绝望地求助于身边绅士，这是有可能的。作为假设来说，这种假设比把安妮·博林想象成另一个梅萨利纳更让人容易接受一点。在每一宗被指控的罪行中，据说都是安妮·博林主动的，并且这些绅士都是在过了一段时间后才屈服的。——原注

式递交给了乔治·博林,指示他不要公开,只说是或否。这让托马斯·克伦威尔和其他人非常恼火,因为他们不希望引人怀疑,以免损害亨利八世的利益。于是,乔治·博林大声地念了出来。①

乔治·博林还被指控说过暗示性的话语,暗示他怀疑伊丽莎白·都铎公主是否为亨利八世的亲生女儿,但乔治·博林没有对此作答。

姐弟俩是分别受审的,没有见面。安妮·博林被判活活烧死或斩首。当她听到对自己命运的安排时,平静地接受了,说自己已经准备好去死了,但很抱歉

安妮·博林被判死刑

---

① 《维也纳手稿》。——原注

那些无辜和忠诚的人会因自己而受苦。安妮·博林请求短暂地休息一会儿,以平息良心的不安。乔治·博林说,既然必须死,自己就不再申辩"无罪",而是承认自己该死,只要求用自己的财产来偿还债务。①

安妮·博林和乔治·博林受审两日后,即1536年5月17日,在伦敦塔外的塔丘上,那五个已被判死刑的绅士被处决。欧斯塔塞·沙皮写道,安妮·博林从伦敦塔的窗户亲眼看到他们被处死。这就是为了增加她的痛苦。乔治·博林声称自己无辜,所有对他的指控都是不成立的,他承认自己受了新教教派的污染,并且影响了其他人,理应被处死。他祈求全世界远离异端,祈求他的话能让无数的灵魂迷途知返、回归正途。②这很像欧斯塔塞·沙皮的作风。这也是一个警告,提醒人们不要轻易相信欧斯塔塞·沙皮编的各种故事。欧斯塔塞·沙皮说乔治·博林宣称自己未犯通奸罪这一点是假的,说乔治·博林宣称自己因异端而被处死这一点也是假的。乔治·博林只字未提过异端。他真正说的话在《赖奥思利纪事》中有准确记载。《赖奥思利纪事》与从伦敦发送给奥地利的玛格丽特的报告相符。③写报告的西班牙大使说,乔治·博林自称是"一个很好的天主教教徒"。可以看出,乔治·博林说话很小心,没有承认,也没有否认自己为之受罚的罪行。

> 我到这里来不是为了布道,而是为了赴死。即使法律不会放过我,我也会服从法律。我希望你们,特别是王宫里的大臣,只相信上帝,而不是世间浮华。我如果早这样做,现在也能像你们一般活着了。我也希望你们帮助我阐述上帝的真言,我一直努力用心地阅读和

---

① 欧斯塔塞·沙皮致查理五世的信,1536年5月19日,《西班牙档案》,伦敦,1877年,第5卷,第2部分,第122页。——原注
② 欧斯塔塞·沙皮致查理五世的书信,1536年5月19日,《西班牙档案》,伦敦,1877年,第5卷,第2部分,第128页。——原注
③ 《英国历史——从托马斯·沃尔西倒台到西班牙无敌舰队失败》,伦敦,朗曼斯格林出版社,1872年,第2卷,第483页。——原注

阐述它。但如果我能一直以阅读和阐述它时的赤诚与努力去遵守它、去行动、去生活，我也不会来这里。因此，我恳求你们都做践行人，并且一直这样生活下去，不要读着真言，却不按真言那么生活。至于我为之赴死的罪过，你们多听无益。但我恳求上帝，让我成为你们所有人引以为戒的例子，让你们所有人都能被我警醒。我衷心地请求你们所有人为我祈祷，如果我冒犯了你们，就原谅我。我也原谅你们所有人，愿上帝拯救亨利八世。①

在其他四个人中，马克·斯密顿和威廉·布里尔顿承认给他们的判决是公正的。威廉·布里尔顿补充说，哪怕让自己死一千次，也是自己罪有应得。亨利·诺里斯几乎没说话。总体来说，弗朗西斯·韦斯顿是在痛悔过去生活的罪孽。这五个人中没有一个人愤怒地否认说这是诬告。如果他们是无辜的，他们肯定会否认，尤其在安妮·博林和他们自身的名誉都受到损害的时候。

一个新教教徒观看了行刑仪式。他是亨利·诺里斯的追随者，也是威廉·布里尔顿的朋友和同学。这个新教教徒说，起初，他和所有其他朋友都不敢相信安妮·博林的行为竟如此恶劣。"就算在上帝面前能得到救赎，这个新教教徒也无法相信这骇人听闻的罪行，直到他听到他们临死时的讲话。除亨利·诺里斯先生几乎什么也没说之外，在某种程度上，其他人都算承认了。"②

在离开这个世界时，垂死的人犹豫不定，嘴上会挂着谎言。因此，在我看来，这五个先生并没有否认自己有罪，因为他们知道自己有罪。不幸的安妮·博林还活着，只要活着就还有希望。他们直接供认等于供出安妮·博林，他们没有那么做。但他们如果真的是无辜的，就这样接受惩罚，甚至不为自己或安妮·博林的清白辩护一句，就是这个离奇的故事里最无法解释的神秘一笔了。

---

① 《赖奥思利纪事》，伦敦，卡姆登出版协会，1875年，第1卷，第39页。——原注
② 君士坦丁纪念柱，《考古学》，剑桥，剑桥大学出版社，1831年，第23卷，第63页到第66页。——原注

接下来，还有更离奇的事情。

在审讯过程中，安妮·博林"像块石头般无动于衷，像是得到了某种至高荣誉似的，昂首挺胸"。她获准落座，坐下时向贵族鞠了一躬。她说得很少，"但她脸上写着的无辜多过言语，在场几乎没有哪个观众看了她的脸还会认为她有罪"。"她抗议说自己没有行为不端。"托马斯·霍华德宣判结果时，安妮·博林面不改色，只是说自己不会对判决提出异议，只会向上帝提起上诉。① 在刑台上，马克·斯密顿又重复了一遍自己的供词。安妮·博林听到这消息时，面色苍白地说："难道他没有供认他强加给我的罪名是子虚乌有的吗？唉，恐怕他的灵魂会因此备受煎熬了！"②

安妮·博林要求给自己一些时间来安抚自己的良心和寻求精神上的慰藉。安妮·博林自称是路德教会的教徒。在审判后的第二天，即1536年5月16日，星期二，托马斯·克兰默去了伦敦塔，听安妮·博林告解。随后，安妮·博林告诉托马斯·克兰默一些事情。如果这些事情是事实，那么安妮·博林与亨利八世的婚姻就是无效的。如果安妮·博林不是亨利八世的妻子，那从严格意义上讲，她与人私通就不能算是叛国罪了。托马斯·克兰默也许给了她希望，让她以为这份告解词也许可以救自己。后来，安妮·博林对威廉·金斯顿爵士说，自己期望能够得到赦免，并且去修女院当修女。③ 无论这份告解词的内容什么，反正第二天，即1536年5月17日，在自己的教区兰贝斯，托马斯·克兰默以司法审判的形式宣读了告解词。当时，有三个教会律师对此进行了讨论。他们认为安妮·博林从来就不是亨利八世的合法妻子。这一观点得到了大法官托马斯·奥德利、查尔斯·布兰登、约翰·德·维尔，以及一个主教组成的委员会的认可。这份告

---

① 《英国政府国内外纪事档案——亨利八世时期》，伦敦，1862年到1932年，1536年6月2日，第10卷，第430页。——原注
② 《英国政府国内外纪事档案——亨利八世时期》，伦敦，1862年到1932年，1536年6月2日，第10卷，第431页。——原注
③ 威廉·金斯顿致托马斯·克伦威尔的信，1536年5月16日，《英国政府国内外纪事档案——亨利八世时期》，伦敦，1862年到1932年，第10卷，第371页。——原注

解书本身就属于托马斯·克伦威尔说的"令人发指、不宜为人所知"的秘密,从未发表过。1536年6月28日,英格兰上议院和下议院神职人员代表会议批准了托马斯·克兰默的裁断,并且将裁断提交给议会,成为王位继承人新安排的依据。但新制定的法案只说:"上帝面前,没有什么秘密可隐藏。上帝已经让我们清楚、公开地看到在前一个法案的制定过程中未知的某些障碍。安妮·博林向托马斯·克兰默告解坦白了那些证明她的婚姻无效的事情发生的时间与经过。她的告解词也经过了司法审判。由此看来,安妮·博林与亨利八世的婚姻从来就不是良缘,而且也不合法。"

对如此异常的谜题,自然是猜想不断的。一些人说托马斯·克兰默宣布伊丽莎白·都铎公主是亨利·诺里斯的私生女,不是亨利八世的女儿,另一些人则重提亨利八世与安妮·博林的姐姐玛丽·博林私通的故事。欧斯塔塞·沙皮还加了一个自己都不相信,但对他来说一定是件好事的故事。他说:"许多人认为安妮·博林之所以如此肆意妄为,是因为大多数新教的主教都劝她不必忏悔。按照新教教派的教规,在丈夫亨利八世不能满足她时,她从别处寻求帮助,哪怕是从自己的亲属那里寻求帮助都是合法的。"[1]《赖奥思利纪事》中以肯定的口吻写道,1536年5月17日下午,在兰贝斯宫有托马斯·克兰默和法学博士出席的庄严法庭上,亨利八世和妻子安妮·博林离婚了,并且就在这个法庭上,曾通过一份秘密婚约。这份婚约是安妮·博林与亨利·珀西签订的。因此,安妮·博林被释放了,并且被宣布她从来都不是英格兰王国的合法王后。[2]

接受以上哪种猜测都有困难。欧斯塔塞·沙皮和之后的约翰·林加德博士一样,自然而然地认定对亨利八世最不光彩的假设是对的。一经权威证实,玛丽·博林的故事能立刻给亨利八世的离婚进程蒙上耻辱,并且确立玛丽·都铎

---

[1] 欧斯塔塞·沙皮致尼古拉·佩勒诺·德·格朗韦勒的信,1536年5月19日,《英国政府国内外纪事档案——亨利八世时期》,伦敦,1862年到1932年,第10卷,第380页。——原注
[2] 《赖奥思利纪事》,伦敦,卡姆登出版协会,1875年,第1卷,第40页到第41页。——原注

公主对王位的优先继承权。[1]但在《议会法案》中，玛丽·博林的故事被描述为1533年《继承权法案》通过时的未知事件。当时，这个所谓隐瞒事实真相的阴谋一直是天主教教派和议会反对派成员谈论的共同话题。《议会法案》说这一原因只是安妮·博林承认的事情。安妮·博林也许能供认自己的罪行，但对别人罪行的供认根本就不能称之为供认，除非有其他证据支持，否则没有任何效力。欧斯塔塞·沙皮认定亨利八世与玛丽·博林有奸情。这就等于要我们假设亨利八世在得知安妮·博林对自己的指控后，同意将这份指控当作法律调查的对象来坐实自己的耻辱。因此，这就等于亨利八世本人允许法院证实他犯了使自己蒙羞的罪行，并且还是一桩之前从未有其他人试图去证明的罪行。欧斯塔塞·沙皮怎么知道这就是安妮·博林离婚的原因呢？如果这个原因是被通报给议会的，那这个原因就已经成为英格兰王国的公共信息，不容再有人质疑。但如果它不是被通报的，而是由议会认可的，那它就是经由枢密院批准的。谁是欧斯塔塞·沙皮的线人，他们怎么知道的？根据欧斯塔塞·沙皮的假设，亨利八世、枢密院、议会和神职人员代表大会的行为都变成了无端的愚蠢行为，没有诱因，也没有必要。亨利八世只需否认这个故事的真实性，就不会再有什么进一步的事情发生了。与玛丽·博林私通的真正证据是，某一类人坚信，对亨利八世的每一个行为最有可能的解释就是那个最大限度结合愚蠢与邪恶理由的解释。争论这样的事是没有用的。毫无根据就相信的人是无法被有理有据地说服的。

　　与亨利·珀西有婚约这个解释倒没有那么荒唐，但有许多反对意见。几天前，亨利·珀西本人曾宣誓否认安妮·博林和自己之间曾有过任何婚约。他如果被发现做了伪证，将会受到惩罚，或者至少颜面尽失。然而，几个月后，在求恩

---

[1] 欧斯塔塞·沙皮的话值得保留。他对《议会法案》的叙述有误。《议会法案》并没有宣布玛丽·都铎公主是合法的，它将指定继承人的权力留给了亨利八世。如果亨利八世和简·西摩的婚姻中没有子嗣，《议会法案》规定亨利八世有权自己指定继承人。犯这么大错误表明欧斯塔塞·沙皮对任何符合自己愿望的故事都是不予深究、乐于接受的。欧斯塔塞·沙皮致尼古拉·佩勒诺·德·格朗韦勒的信，1536年7月8日。——原注

巡礼中，亨利·珀西得到了亨利八世的信任，并且当之无愧，因为他极度忠诚。关于亨利·诺里斯的故事是最不可能的。据起诉书中记载，安妮·博林的第一次罪行是在伊丽莎白·都铎公主出生四周后与亨利·诺里斯一起犯的，并且两人可能早就关系亲密。不过，对此事的说法明显欠缺清楚的解释。因为，如果这件事被公开，那么伊丽莎白·都铎公主是亨利八世的女儿这件事从此不可能有人承认，虽然亨利八世确实相信伊丽莎白·都铎公主真的是自己的女儿。

然而，这里再次没有证据。最有可能的解释是，存在一份与所有故事版本不一样的告解书，但因其内容太"令人发指"而被保密处理了。对安妮·博林这样一个女人的经历进行推测是徒劳的。

如果安妮·博林期待自己的告解书能救自己，那她就错了。在当时，与人暗自私通后嫁给亨利八世是推定的叛国罪，因为这玷污了王室血统。[①]1536年5月19日，星期五，悲剧结束。场地就是伦敦塔前的草地。外国人不能入内，但大量伦敦市民聚集在此，断头台修得很高，人人都能看到。大法官托马斯·奥德利、查尔斯·布兰登、年轻的亨利·菲茨罗伊[②]、托马斯·克伦威尔和枢密院其他成员都奉亨利八世之命出席行刑仪式。前一天，即1536年5月18日，安妮·博林一直坚持宣称自己是无辜的。到了1536年5月18日晚上，安妮·博林开始歇斯底里，胡言乱语，嬉笑怒骂。她说，人们会叫她"无头安妮王后"，然后"放声大笑"。1536年5月19日9时，安妮·博林被威廉·金斯顿爵士领出来，后面跟着四个侍女。她不断回头看，登上断头台时，她"惊讶不已、疲惫不堪"。

到了临刑前，安妮·博林抬眼望着天说："我遵从法律，接受法律审判。至于我受到的冒犯，我不怪任何人。上帝知道冒犯我的人是谁。我把他们交给上帝，恳求上帝怜悯我的灵魂。我恳求耶稣拯救我的君主和主人亨利八世。他是世上最虔诚、最高贵、最温柔的君主。"[③]然后，安妮·博林把头放在木块上，

---

① 凯瑟琳·霍华德的案件中明确规定了这一点。——原注
② 那时已病入膏肓。——原注
③ 《赖奥思利纪事》，伦敦，卡姆登出版协会，1875年，第1卷，第41页到第42页。——原注

安妮·博林被送上断头台

就这样结束了。她和乔治·博林，临死都没有否认她为之受罚的罪行。在被处死的六个人中，没有一个宣称自己是清白的。如果他们是无辜的，在人类历史上，这样完全不做争辩而赴死的例子恐怕空前绝后。

第 23 章

亨利八世与简·西摩结婚

在所有时代所有国家,人性都是一样的,但习俗明显各不相同。对19世纪80年代的英国人来说,如果一个人的妻子去世,总要过一段还说得过去的时间,才会谈论再娶之事。一个在欧洲激起这么大风浪的王后因通奸罪被处以死刑后,人们可能会期待欧洲各国王室能消停一段时间。然而,安妮·博林倒台后,欧洲各国王室并没有消停。就算亨利八世是当时的君主中最有趣、最受欢迎的一个,也不会有人比现在更急切地想与他联姻了。就算亨利八世是最虔诚的牧师,教皇也不会比现在更着急向他伸出友谊的橄榄枝了。他们甚至没有等到审判结果出来。安妮·博林因通奸罪被关进伦敦塔,一得知这一消息,人们就认为安妮·博林通奸是板上钉钉的事了。亨利八世会立即再找一个妻子也是理所当然的。弗朗索瓦一世和查理五世也争分夺秒,想早对方一步先下手为强。法兰西大使德因特维尔来英格兰是为了给弗朗西斯·韦斯顿说情。同时,他还身负使命,向亨利八世提出与一个法兰西公主联姻的请求。对这一示好行为,亨利八世当即回答说,不可能。据欧斯塔塞·沙皮说,亨利八世不客气地,也许是厌恶地补充说,自己已经体验过法兰西王国教育的影响了。[①]托马

---

① 欧斯塔塞·沙皮致查理五世书信,1536年6月6日。——原注

斯·克伦威尔也许对这些话已经习以为常,但对法兰西大使德因特维尔来说并非如此。和欧斯塔塞·沙皮说起此事时,托马斯·克伦威尔冷淡地补充说亨利八世不能与英格兰王国之外的人结婚,因为如果法兰西的公主就像上一个成为王后的公主,即阿拉贡的凯瑟琳一样行为不端,他们没法惩罚她。① 欧斯塔塞·沙皮和德因特维尔一样大吃一惊。他不解其中的讽刺之意,自然大吃一惊。欧斯塔塞·沙皮也接到了指示,要代表查理五世提出类似的请求。查理五世急于捞到好处,他预料到了安妮·博林的命运,在听到安妮·博林被捕的消息后,立即派了一个信使去找欧斯塔塞·沙皮,命令欧斯塔塞·沙皮抓住这个机会。1536年5月15日,即威斯敏斯特法庭审判安妮·博林和乔治·博林那日,查理五世写道:"如果约翰·汉纳特的消息是真的,既然上帝让安妮·博林可耻的一生被揭露,那么亨利八世可能更倾向于与我们谈判。也许我们有更好的基础来做对玛丽·都铎公主有利的安排。但你必须使出浑身解数阻止亨利八世与法兰西王国联姻。亨利八世应该更愿意选择一个自己的臣民结婚,要么是他已经表现出偏爱的那个女士,要么是其他人。"

查理五世刚写到这里,欧斯塔塞·沙皮的信使就送来了后续的消息。查理五世接着写道:"乔治·思罗格莫顿爵士刚来过,我从他那里听说了安妮·博林的事。据推测,她和同伙都会被处死。现在,那个向来装作情深义重、望子心切的亨利八世会立即结婚。法兰西王国一定会向亨利八世示好。无论是通过你自己,还是通过托马斯·克伦威尔,一定要努力为亨利八世安排与我的外甥女②葡萄牙公主玛丽亚·曼努埃拉联姻。根据遗嘱协议,玛丽亚·曼努埃拉坐拥四十万达克特的财产。同时,你还要提议让玛丽·都铎公主和我的妻弟③贝雅公爵葡萄牙的路易联姻。你要指出,这两场联姻会消除过去的不愉快,使我和亨利八世,以及我们各自的国家团结起来。你还要表明如果将来这两场婚姻中

---

① 欧斯塔塞·沙皮致查理五世书信,1536年6月6日。——原注
② 玛丽亚·曼努埃拉的母亲奥地利的凯瑟琳是查理五世的妹妹。——译者注
③ 葡萄牙的路易是查理五世的妻子葡萄牙的伊莎贝拉的弟弟。——译者注

葡萄牙公主玛丽亚·曼努埃拉

有人能生出来一个王子,年纪轻轻并经过精心栽培,英格兰王国将获得多大优势,我们完全有理由这么期许。要是你发现亨利八世不喜欢我们提议的联姻,你还可以提议亨利八世与我的外甥女①弗朗切斯科二世·斯福尔扎的遗孀丹麦的克里斯蒂娜联姻,她年轻漂亮,嫁妆丰厚。"②

1536年5月15日,尼古拉·佩勒诺·德·格朗韦勒同样热情洋溢地写了封信给欧斯塔塞·沙皮。"大使先生,我的好兄弟、好朋友,我收到了你的来信,听你的信使转述了你要告诉我的话。你做得很好,让我们知道了安妮·博林的事。这消息好比悦耳的音乐,欢笑的源泉。上帝在揭露那些作恶之人的罪孽。我们必然从中获利,同时需要按照查理五世的指示行事。请动用你所有勤奋和机敏吧,于公于私都会有巨大的利益随之而来。你忠心耿耿,竭尽心力,必然会得到应得的奖赏。"③

查理五世对亨利八世的再婚安排非常焦急。三天后,即1536年5月18日,查理五世又为了同一目的写了一封信。如果查理五世相信阿拉贡的凯瑟琳是被谋杀的,或者相信安妮·博林即将被执行死刑是因为亨利八世厌倦了,那他与亨利八世联姻的愿望真是奇怪。对查理五世和尼古拉·佩勒诺·德·格朗韦勒来说,就像对欧斯塔塞·沙皮来说一样,不幸的安妮·博林就是英格兰的梅萨利纳。④查理五世和整个同一时代的人都只把她看作一个丑行暴露并被绳之以法的邪恶女人。⑤

我们很快就可以看到各国寻求联姻的进展和结果。但在继续往后说前,我们需要先看一看罗马教廷在接到安妮·博林垮台消息时的反应。对保罗三世

---

① 丹麦的克里斯蒂娜的母亲奥地利的伊莎贝拉是查理五世的妹妹。——译者注
② 欧斯塔塞·沙皮致查理五世的信,1536年5月15日,《英国政府国内外纪事档案——亨利八世时期》,伦敦,1862年到1932年,第10卷,第370页。——原注
③ 《维也纳手稿》。——原注
④ 罗马皇帝克劳狄乌斯的妻子,婚内出轨,暗算丈夫,后被处以死刑。——译者注
⑤ 欧斯塔塞·沙皮致尼古拉·佩勒诺·德·格朗韦勒的信,1536年5月19日,《英国政府国内纪事档案——亨利八世时期》,伦敦,1862年到1932年,第10卷,第380页。——原注

来说，这也是欢笑的源泉。去年，即1535年冬天，欧斯塔塞·沙皮给罗马教廷送去一个故事。故事里，亨利八世说安妮·博林蛊惑了自己。保罗三世当真以为如此，觉得"女巫"安妮·博林被除掉时，她的蛊惑也就结束了。1536年5月17日，保罗三世派人叫来格雷戈里·迪·卡萨莱，告知他从英格兰王国听到的消息。保罗三世说，自己一直都觉得亨利八世有许多美好的品质，毫不怀疑这些品质现在会显现出来，因为亨利八世已经从不幸的婚姻中解脱出来了。这些品质会让亨利八世重新回到神圣的罗马天主教教会，成为保罗三世的盟友。然后，保罗三世和亨利八世可以用法律约束查理五世和弗朗索瓦一世，这样一来，恢复基督教世界和平的全部荣耀都将归于亨利八世本人。保罗三世说，亨利八世没有理由把自己当作敌人，因为自己一直努力做亨利八世的朋友。在离婚案中，自己曾与前任教皇克莱门特七世私下进行过申辩。在博洛尼亚，自己和查理五世争论了四个小时，试图说服查理五世不要干涉亨利八世的行为。尽管在英格兰王国，有那么多针对罗马教廷的暴力行为，但自己从来没有想过要冒犯亨利八世。自己把约翰·费希尔任命为枢机主教，只是为了建立总参议会，并且约翰·费希尔写了一本反对马丁·路德的博学著作。约翰·费希尔被处决时，自己被迫说了某些话，做了某些事情，但从来没有打算真的去执行这些事情。

如果保罗三世认为在离婚案中亨利八世是对的，那就很难理解他为什么要将亨利八世逐出教会，并且试图剥夺亨利八世的王位。格雷戈里·迪·卡萨莱问保罗三世是否要把他所说的话转告给亨利八世。保罗三世稍微思考了一下，说格雷戈里·迪·卡萨莱可以像他本人一样传达自己的话，可以告诉亨利八世，保罗三世对他很友好，他可以期望保罗三世会尽一切努力满足他的愿望。因此，格雷戈里·迪·卡萨莱写道，只要亨利八世有一点点暗示希望与保罗三世和解，保罗三世就会派一个教廷大使到英格兰，做一切可能做到的事情。在受到许多伤害后，罗马教廷的整体态度不允许保罗三世进一步行动，除非保罗三世确信采取的行动会受到欢迎。不过，他可以以格雷戈里·迪·卡萨莱的名义派人去英格兰，带着保罗三世的证明凭证。

如果安妮·博林是无辜的,那么自人类存在以来,没有哪次邪恶残忍的暗杀行动像这次安妮·博林被害一样,在暗杀行动结束后,大家都争相求获暗杀者的友谊。在英格兰王国,影响就是如此。除路德教教徒外,安妮·博林一直广受英格兰人民憎恨,而亨利八世因受到她残酷的伤害而得到了人们的尊重与同情。亨利八世赶着结婚一事也被容忍了,因为大家希望新王后能生出一个大家梦寐以求的儿子。甚至在安妮·博林的行为被揭露前,有一大群人,其中包括玛丽·都铎公主都希望看到亨利八世和安妮·博林分手,另娶一个受人尊敬的女人。简·西摩一直被当作阿拉贡的凯瑟琳的忠实朋友。阿拉贡的凯瑟琳去世以后,简·西摩也被当作玛丽·都铎公主的忠实朋友。如果欧斯塔塞·沙皮讲的是真的——因为欧斯塔塞·沙皮的话很可能是假的——那亨利八世已经注意到她了并对她青睐有加。在各方面,简·西摩都与安妮·博林相反。她五官朴素,面色苍白,身材矮小。简言之,简·西摩没有个人美貌,也不会矫揉造作。除年轻之外,她没有什么吸引人的。简·西摩大约二十五岁,既不机智,也不聪明,但她谦虚谨慎,沉默寡言,善解人意,深明事理,公平正直。她的年纪和她出现在王宫中的时机让她成为玛丽·都铎公主的支持者。也许正是这一点吸引了亨利八世。亨利八世是否曾认真考虑过废掉安妮·博林并请求简·西摩接替后位,这一点很值得怀疑。也没有人可以认定简·西摩不会把这样的提议看作是一种侮辱。安妮·博林的罪行被揭发后多久亨利八世有了这个打算,同样不得而知。①英格兰王国里里外外都认为,亨利八世必须娶某个人,并且必须马上结婚。亨利八世承认自己不愿意,"除非他的臣民要求他马上结婚"。

在欧斯塔塞·沙皮的信中,真相和谎言交织。对欧斯塔塞·沙皮讲的每个故事,我们都得持怀疑态度。然而,欧斯塔塞·沙皮总是相信并报道自己听

---

① 托马斯·克伦威尔写信给斯蒂芬·加德纳,告知他这桩婚事,说是"贵族和枢密院跪求他撮合"的。如果他们的恳求不过是一场闹剧,托马斯·克伦威尔就不会在私人信中向枢密院的委员这样自然地提及。《英国政府国内外纪事档案——亨利八世时期》,伦敦,1862年到1932年,第11卷,第16页。——原注

到的最骇人听闻的谣言。他说,每个人都因那个"该死的女人"伏法而欢欣鼓舞,但有一些人对亨利八世说三道四。欧斯塔塞·沙皮从权威人士那里听说,安妮·博林被捕前,在和亨利八世的一次谈话中,简·西摩催促亨利八世把玛丽·都铎公主接回王宫。亨利八世说简·西摩是个傻瓜,应该多考虑他们自己将来会生下来的孩子,而不是想着怎么提拔另一个孩子。简·西摩回答说,自己在拉拢玛丽·都铎公主时,是在为亨利八世着想,自己将来如果会有孩子,也是在为自己将来的孩子着想,也是在为整个国家着想,因为如果不这么做,英格兰人永远不会满意。这种谈话本身不太可能在安妮·博林被捕前进行,当然也不可能在其他人可能听到的地方进行。特别是欧斯塔塞·沙皮还承认,亨利八世公开表示,除非议会要求,否则自己不会娶任何人。人们想知道欧斯塔塞·沙皮那个可靠的权威人士是谁。不过,接下来,欧斯塔塞·沙皮对亨利八世个人行为的描述,其准确性是经得起检验的。

欧斯塔塞·沙皮说:"人们感到奇怪的是,亨利八世受了此等奇耻大辱,竟然还能在这样的时刻和女士四处吃喝玩乐,有时寻欢到午夜,在音乐与内室歌手的陪伴下,乘船尽兴而归。"大欧斯塔塞·沙皮接着说,"最近,在卡莱尔主教约翰·凯特的家中和几个女士一起进餐,亨利八世表现得兴高采烈。"第二天早上,约翰·凯特来告诉欧斯塔塞·沙皮亨利八世到访的事。约翰·凯特还说,亨利八世说自己写了一部关于安妮·博林所作所为的悲剧,并且要拿给他看。[①]人们对约翰·凯特知之甚少,只有威廉·金斯顿爵士说他们曾经一起玩过"格里克"纸牌游戏。恰巧,有一封与欧斯塔塞·沙皮的信写于同一天的信存世,描述的恰好是亨利八世在同一时期的行为。

当时,阿瑟·金雀花的朋友兼代理人约翰·胡西正在伦敦,替阿瑟·金雀花办事。因工作需要,他需要觐见亨利八世,但无法获准进宫。自安妮·博林被

---

① 欧斯塔塞·沙皮致查理五世的信,1536年5月19日,《英国政府国内外纪事档案——亨利八世时期》,伦敦,1862年到1932年,第10卷,第378页。——原注

捕之日起到她伏法以来，亨利八世一直处于完全与世隔绝的状态。约翰·胡西写道："这两周来，除在不可能有人来打扰的时候去花园或船上之外，亨利八世几乎未到过室外。既然安妮·博林的事已经过去了，希望我能见到他。"①

欧斯塔塞·沙皮非常聪明。可能有人认为他在公事报告或描述自己与某人谈话时有不足之处。他是如此不怀好意，在事实或可能性极大的问题上又是如此粗心大意，所以当他报道从"可靠权威人士"那里听到的丑闻时，人们根本无法相信他。

事实上，在两周的服丧期满前，亨利八世已经决定按照议会的建议娶简·西摩，并且立即结婚，以结束外国势力进一步的拉拢行为。没有任何迹象表明简·西摩自己有意攀附高枝。政府中有个强大的党派希望简·西摩接受这个几乎毫无吸引力的位置。简·西摩似乎毫不为难地默许了。弗朗索瓦一世和查理五世正要献上他们各自的公主，最简单，也不冒犯他们的答复就是亨利八世已与别人结婚。安妮·博林被斩首后的第二天，即1536年5月20日早晨，简·西摩被从水路秘密带到威斯敏斯特的宫殿并与亨利八世正式订婚。几天后，他们就结婚了。1536年5月25日，耶稣升天节，亨利八世拒绝了弗朗索瓦一世提出的联姻，说自己当时还没有结婚。1536年5月29日或1536年5月30日，简·西摩被正式介绍为王后。

欧斯塔塞·沙皮本期待这场婚姻会引起大家的普遍不满，但他失望了。在一片满意声中，并没有一丝不满的杂音。新王后简·西摩是大家的最爱。大家都知道她是玛丽·都铎公主的朋友，都希望看到玛丽·都铎公主重新夺回自己的权利。幸运的是，玛丽·都铎公主逃跑的计划从未实施过。她一直静静地注视着安妮·博林下台，并且把自己的命运托付给托马斯·克伦威尔。她知道托马斯·克伦威尔一直是自己的拥护者。她没有写信给托马斯·克伦威尔让他为自己

---

① 约翰·胡西致阿瑟·金雀花的信，1536年5月19日，《英国政府国内外纪事档案——亨利八世时期》，伦敦，1862年到1932年，第10卷，第385页。——原注

说情，因为正如她自己所说："我知道，只要安妮·博林还活着，就没有人敢为我说话。现在，她已经走了，愿上帝慈悲，原谅她！"①现在，是时候让玛丽·都铎公主重新得宠了。不过，玛丽·都铎公主必须做出某种让步，而这种让步的形式可能有些困难。亨利八世无法让一个公然违法乱纪的女儿重新获得王位继承权。托马斯·克伦威尔给玛丽·都铎公主拟了一封信的草稿，认为这封信足够了。在信中，玛丽·都铎公主要承认自己忤逆了父亲亨利八世，请求父亲亨利八世的祝福与原谅，并且承诺将来一定会听亨利八世的命令，祝贺他新婚，并且请求随侍新王后简·西摩左右。托马斯·克伦威尔把草稿给欧斯塔塞·沙皮看了，让玛丽·都铎公主抄写并送去给亨利八世。欧斯塔塞·沙皮反对说这投降投得太彻底了。托马斯·克伦威尔说，如果欧斯塔塞·沙皮愿意，可以进行修改。于是，欧斯塔塞·沙皮加了一条不太显眼的保留条款——玛丽·都铎公主承诺一切服从"上帝"。很明显，这封信是以最后这个版本送出去的。据说，亨利八世和新王后简·西摩都非常满意。现在，人们认为玛丽·都铎公主会恢复公主地位。只有新婚的简·西摩诞下一个儿子或女儿，玛丽·都铎公主才会被排除在王位继承人之外。但这并没有使欧斯塔塞·沙皮感到惊慌。他说："很多人都认为根本不用担心任何一种性别的孩子出生的问题。"

在耶稣升天节这日，欧斯塔塞·沙皮觐见亨利八世。这是自格林尼治会议上毫无意义的讨论以来，欧斯塔塞·沙皮的第一次觐见。与查理五世签订条约一事得以继续，因为得到了更有力的支持。亨利八世很仁慈。欧斯塔塞·沙皮告诉亨利八世，查理五世想解释清楚亨利八世抱怨过的那些行为，但在谈到这个可能使人再次感到不快的话题前，查理五世已指示自己先问问亨利八世是否愿意谈这个话题，并且承诺了会听从亨利八世的意见。很明显，亨利八世听着这话很满意，接着进行了一次长谈。欧斯塔塞·沙皮介绍了查理五世为亨利

---

① 玛丽·都铎公主致托马斯·克伦威尔的信，1536年5月26日，《英国政府国内外纪事档案——亨利八世时期》，伦敦，1862年到1932年。——原注

八世的新联姻提出的各种建议。亨利八世说欧斯塔塞·沙皮带来了好消息，而自己的愿望是看到所有基督教国家君主联合起来。如果查理五世是认真的，自己希望查理五世能给欧斯塔塞·沙皮必要的谈判权力，或者为此目的派遣全权代表。

当然，让玛丽亚·曼努埃拉与亨利八世联姻的提议已经被拒绝了。但后来，托马斯·克伦威尔说，葡萄牙的路易与玛丽·都铎公主联姻也许可以被接受，玛丽·都铎公主的地位是确保所有其他安排稳定进行的重要基础。至于"总参议会"问题，大家不应认为亨利八世想树立"自己的神"或想将自己与基督教世界其他国家隔离。亨利八世和所有人一样渴望建立一个总参议会，但总参议会必须由查理五世作为欧洲基督教国家的领头人来召集。可以看出，亨利八世作为英格兰教会的领袖，对过去或将来的事情都有自己的看法，甚至连咨询神职人员这种形式都没有怎么考虑。欧斯塔塞·沙皮无法做出回应，因为查理五世对此并不关心。欧斯塔塞·沙皮认为，总参议会一开始就必须由教皇掌管，一旦召集便可以自行决策。不过，他还是建议托马斯·克伦威尔把对查理五世如何召集参议会的构想写下来。托马斯·克伦威尔答应了。

一切似乎都很顺利。四天后，即1536年5月29日，简·西摩的结婚仪式完成。欧斯塔塞·沙皮再次见到了亨利八世。亨利八世问欧斯塔塞·沙皮是否有查理五世进一步的消息。欧斯塔塞·沙皮说有。查理五世接连寄来了好几封热切的信，有一封刚刚寄来，表达了对安妮·博林所作所为的悲痛和震惊，描述了他如何向枢密院讲述安妮·博林骇人听闻、忘恩负义的行为，并且感谢上帝揭露了这一阴谋，把亨利八世从这么大的危险中救了出来。亨利八世大方致谢，以最礼貌的方式回绝了与玛丽亚·曼努埃拉联姻的提议，并且对查理五世表达了无限感激。亨利八世把欧斯塔塞·沙皮带到另一个房间，把欧斯塔塞·沙皮介绍给新王后简·西摩。

欧斯塔塞·沙皮很有礼貌。在亨利八世的要求下，他亲吻并祝贺了简·西摩。欧斯塔塞·沙皮说，亨利八世能找到这么贤良淑德的妻子，查理五世肯定会很高兴的。欧斯塔塞·沙皮向简·西摩保证全英格兰人民都为她的结婚而欢欣鼓舞，自己把玛丽·都铎公主托付给她照顾，希望她能接受和平使者这个荣誉称号。

亨利八世替她回答说这是简·西摩的天性，简·西摩是决不会让自己去打仗的。

欧斯塔塞·沙皮知道亨利八世不会站在弗朗索瓦一世一边去打仗，危机已过。但亨利八世本来就不会去打仗，这并不是欧斯塔塞·沙皮希望听到的。查理五世想要的是亨利八世积极帮助自己对付法兰西王国。拟议条约的第四个条件是建立进攻和防御的联盟。亨利八世只是说自己会从中调停，如果在合理的条件下，法兰西王国仍不同意和平解决，自己会支持查理五世。①

和其他许多人一样，查理五世认为亨利八世之前的所有行为都是受安妮·博林蛊惑所致。查理五世原以为，亨利八世发现真相后，会放弃之前做过的一切，与保罗三世和好，再次真心诚意地回到老朋友身边。查理五世既惊讶又失望，说调解根本无济于事。如果亨利八世答应和自己一起对付法兰西王国，自己会承诺永远站在亨利八世一边，并且为英格兰王国的荣誉和利益担保。但查理五世拒绝与保罗三世反目来取悦亨利八世。如果亨利八世不归顺罗马教廷，也不将与保罗三世之间的分歧交给查理五世和总参议会来解决，那查理五世根本不能与他订立任何条约。不过，查理五世指示欧斯塔塞·沙皮继续以友好的方式谈判，争取时间，直到可以看到事态的发展方向为止。②

事情会如何演变是众所周知的。战争爆发了，法兰西人入侵意大利，查理五世无法驱逐他们，转而攻击普罗旺斯。在普罗旺斯，查理五世损失了大部分军队，惨败而归。

---

① 欧斯塔塞·沙皮致查理五世的信，1536年6月6日，《英国政府国内外纪事档案——亨利八世时期》，伦敦，1862年到1932年，第10卷，第440页。《西班牙档案》，伦敦，1877年，第5卷，第137页。——原注

② 欧斯塔塞·沙皮致查理五世的信，1536年6月30日，《英国政府国内外纪事档案——亨利八世时期》，伦敦，1862年到1932年，第10卷，第511页。——原注

亨利八世没有参与他们的战争。英格兰枢密院仔细考虑了欧洲的状况，听取了欧斯塔塞·沙皮的意见，也听取了法兰西大使安托万·德·卡斯泰尔诺的意见，结果是宣布中立。这是唯一公平、谨慎的做法。在这两个不忠实的朋友之间做选择，如果亨利八世承诺支持两人中的任何一个，他们的冲突都将以英格兰王国付出代价来结束。

第 24 章

宗教改革的影响

亨利八世曾为了安妮·博林与罗马教廷翻脸并破坏了基督教世界的统一。如今,安妮·博林的本性暴露,亨利八世是否会改变路线,回归罗马教廷共同体中,这是所有人都在思考的问题。保罗三世和欧洲各大国对此充满信心,相信自己收到的有关英格兰民众不满情绪的报告。托马斯·克兰默害怕英格兰王国回归罗马教廷。在第一次听说安妮·博林被捕时,托马斯·克兰默给亨利八世的信中几乎就承认了这一点。安妮·博林显然是路德教教徒,她的家人和她的派系都是路德教教会的。安妮·博林被捕的耻辱自然会延伸到路德教。离婚是点燃地雷的导火索,但爆发力来自英格兰国民的脾性。整个英格兰王国厌倦了为了钱而出卖法令,或者沦为欧洲大陆君主工具的圣轮法院;厌倦了无论贫富,都任意掠夺的、不公正的英格兰教会法庭;厌倦了神职人员有托马斯·贝克特为他们赢得的豁免权保护。除自己接受的法律外,神职人员不受任何法律约束。神职人员的生活成为丑闻,职业成为犯罪。信徒虔诚地交给信任的神职人员的财产没有用在神圣的事上,而是被奢侈挥霍,用于放纵享乐。对神职人员强制改革,他们的回应是不忠和背叛。现在,神职人员被强迫服从王权政府,受到法律控制。神职人员会因自己的罪行而受到惩罚,尽管神圣的职业曾经让神职人员可以要求豁免权,但现在神职人员不得不接受普通公民的地位。

神职人员中的高级教士再也不能利用职权随意抓捕和烧死惹他们厌恶的传教士，也不能再以异端的名义监禁或摧毁那些敢于揭露他们真相的勇猛之人。

长久以来享受的特权受到侵犯，神职人员感到气愤，谴责那些限制自己特权的法规在亵渎神灵。神职人员密谋煽动保罗三世将自己的君主亨利八世逐出教会，恳求天主教大国入侵自己的国家，用武力镇压改革者。亨利八世曾是神职人员打着行善的幌子羞辱人民的工具，现在既不打算把国家的内部利益交给外国主教权威，也不打算让国内这群黑袍教士收回他们长期滥用的权力。

托马斯·克伦威尔的专员仍然忙于视察各宗教院所，每天都报告它们的新情况。这些宗教院所的人本应是神的特别仆人，现在却成了魔鬼的特别仆人。保罗三世急切地恳求亨利八世回归罗马天主教教会，信誓旦旦地说自己一直是亨利八世的朋友，并且一直认为亨利八世在离婚案中是对的，他桌上却放着一份要废黜亨利八世的教皇诏书。这本身就足以证明他是否适合担任基督教世界的最高法官。同样，查理五世也不值得信任，因为他装作与亨利八世友情深厚，其实背后有所保留。在自己的王国里，亨利八世做了一项有益的工作，并且打算继续坚持下去。保罗三世想怎样可以自便。欧洲大陆的君主可能会争吵或和解，召集他们的总参议会，按照他们自己喜欢的方式解决他们自己的事情，英格兰王国管好自己就已经足够了。亨利八世武装人民，加固了海岸防线，壮大了海军。相信英格兰王国的人民，或者这个国家更高贵的那部分人民，都忠于亨利八世，认可他做的一切，随时准备支持他。亨利八世不畏惧外来攻击。如果国内有造反情绪，如果神职人员因受到法令牵制而叛变，如果拥有古老血统的贵族对宗教自由的发展感到惊恐，因为他们不能再以旧的方式对待宗教自由而感到不满，那么亨利八世相信自己是在为国家的真正利益而行动，议会会支持自己，自己可以控制住教会和贵族。全世界应该看到，亨利八世进行的宗教改革并不是一起家庭丑闻造成的微不足道的意外，而是改革的第一步，这场改革是经过深思熟虑后严格执行的，目的是使整个英格兰永远摆脱意大利高级教士的压制，摆脱国内腐化堕落的迷信带来的有害影响。

安妮·博林被处决后召集议会就是亨利八世对英格兰人民有信心的最有力证明。亨利八世还有很多错误要承认，也有很多请求要提出。他不得不承认自己要求与兄长威尔士亲王阿瑟·都铎的妻子阿拉贡的凯瑟琳分手是正确的，但严重看错了自己选来接替王后位置的安妮·博林。他希望确立的继承权被自己弄得比以前更加复杂。现在，亨利八世有三个孩子，严格来说都是私生子。亨利·菲茨罗伊是亨利八世唯一为人所知的真正交往过的情妇生下的儿子。现在，亨利·菲茨罗伊十八岁了，他接受的是王子的教育，但没有法律承认的地位。伊丽莎白·都铎公主的母亲安妮·博林承认在与亨利八世结婚前就已经订婚。许多人怀疑伊丽莎白·都铎公主不是亨利八世亲生的女儿。大家认为玛丽·都铎公主继承王位是最好的，因为尽管她母亲阿拉贡的凯瑟琳与亨利八世的婚姻被宣布为不合法，但她的确是亨利八世与阿拉贡的凯瑟琳亲生的。在这种特殊情况下，议会将怎么做无法确定，不得不仓促进行议员选举。1536年5月7日，选举令发出。议会会议定于1536年6月8日举行。英格兰王国政府可以影响或控制某些地方的选举。在坎特伯雷，候选代表由托马斯·克伦威尔提名。① 1832年《改革法案》通过前，候选代表都由选区的赞助人提名。然而，从一件事就说英格兰王国政府可以随心所欲、为所欲为是荒谬的。即使有闲暇时间采取预防措施并尽最大努力施展权力，英格兰王国政府也只能通过贵族和土地所有者及市政委员会的领导人来影响绝大多数选区的选举结果。英格兰王国政府只有四周的时间来行动，在此期间还要审判安妮·博林和执行处决，还有亨利八世要结婚。亨利八世再聪明绝顶、勤勉努力也不能保证下议院真正臣服于自己。只有一点很清楚，就英格兰王国人民的整体意见来说，定安妮·博林的罪非但没有削弱亨利八世的声望，反倒提高了他的声望。作为王后，安妮·博林一直令人畏惧和厌恶。大家都认为安妮·博林受到惩罚是正义得以彰显的体现。人们同情亨利八世，因为他碰到了如此令人发指、忘恩负义的人。

---

① 《英国政府国内外纪事档案——亨利八世时期》，伦敦，1862年到1932年，1536年6月6日，第10卷，第389页。——原注

我们对这届议会的议事细节知之甚少。这届议会通过的法案仍然存在，但辩论细节已经失传。这届议会必须处理的主要难题涉及安妮·博林的审判和王位继承权的处置。在真正重要的问题，即亨利八世和立法机构决定推进改革的问题上，所有疑虑都迅速消除了。在没有反对票的情况下，有一项重申废除教皇权威的法案获得通过。另一项法案则剥夺了重罪神父获得庇护的权利。王位继承权是更棘手的问题。枢密院日复一日地辩论这个问题。托马斯·拉德克利夫曾提议，因为亨利八世的所有子女都是私生的，所以男性应优先于女性，王位应该由亨利·菲茨罗伊继承。[①]亨利·菲茨罗伊个人很受欢迎。在外貌和性格上，亨利·菲茨罗伊都像父亲亨利八世。据推测，亨利八世本人应该也赞成这种解决办法。在国外最受欢迎的是玛丽·都铎公主。玛丽·都铎公主和母亲阿拉贡的凯瑟琳都承受了不是因她们自身过错而造成的不幸，她们受到尊敬。玛丽·都铎公主更受人们的喜爱。人们认为她因为安妮·博林的阴谋而身处险境。新王后简·西摩是玛丽·都铎公主最坚定的拥护者。亨利八世即使对玛丽·都铎公主的试探忍耐到了极限，对她的爱也没有减少。亨利八世不可能不知道玛丽·都铎公主和欧斯塔塞·沙皮之间的通信往来。他可能还知道玛丽·都铎公主想逃离英格兰王国。现在正向亨利八世求和的保罗三世，本打算把亨利八世的王冠授予玛丽·都铎公主。但玛丽·都铎公主的品质就像亨利八世自己的一样，坚强、不可战胜。哪怕在愤怒中，亨利八世依然钦佩玛丽·都铎公主决心坚定。大家都期待着安妮·博林死后，玛丽·都铎公主会恢复原来的地位。很明显，亨利八世对玛丽·都铎公主写给自己的信很满意。托马斯·克伦威尔是玛丽·都铎公主的朋友。帮玛丽·都铎公主修改了信的欧斯塔塞·沙皮满怀胜利的信心。欧斯塔塞·沙皮原以为议会会通过一个法案宣布玛丽·都铎公主为下任王位继承人。不，欧斯塔塞·沙皮原以为这个法案已经通过了。对欧斯塔塞·沙皮来说，不幸的是，玛丽·都铎公主是否承认《至尊法案》的

---

① 欧斯塔塞·沙皮致查理五世书信，1536年6月6日，《英国政府国内外纪事档案——亨利八世时期》，伦敦，1862年到1932年，第10卷，第441页。——原注

问题必然会被重新提起。玛丽·都铎公主接受还是不接受《至尊法案》？《至尊法案》是为考验对宗教改革的忠诚度而实施的，并且附有《叛国罪法案》。只要拒绝遵守《至尊法案》这项对国家独立至关重要的法案，玛丽·都铎公主就不可能被放在离王位最近的位置。玛丽·都铎公主拒绝承认《至尊法案》就是承认如果亨利八世驾崩，王冠落到她头上，她就会毁掉亨利八世做的一切。玛丽·都铎公主以为"已经摆脱了麻烦"，以为在归顺信中有所保留就对得起自己的良心。欧斯塔塞·沙皮再次发现玛丽·都铎公主"极度困惑和愤怒"。玛丽·都铎公主有所保留的部分被发现了。托马斯·霍华德、托马斯·拉德克利夫、一个主教及其他枢密院委员都给玛丽·都铎公主送来消息，就像那些经常送去给阿拉贡的凯瑟琳却没有任何作用的消息一样，告诉她服从的必要性。欧斯塔塞·沙皮说，玛丽·都铎公主用机智的回答把他们弄糊涂了，当他们无法反驳玛丽·都铎公主的论点时，他们"告诉她，如果她是自己的女儿，他们会拿她的头撞墙，撞得像烤苹果一样软为止。"也许，这些话经过玛丽·都铎公主和欧斯塔塞·沙皮的嘴转述后，做了一些修辞性的补充。然而，原本希望消除的旧难题又被重提。托马斯·霍华德很有可能非常恼火，他正全力支持玛丽·都铎公主的继承权。玛丽·都铎公主"非常需要"写信给欧斯塔塞·沙皮征求意见。查理五世已经没有威胁的筹码。对亲神圣罗马帝国派来说，确保玛丽·都铎公主作为下一任王位继承人太重要了。他们不能允许自己鼓励玛丽·都铎公主考虑自己的良心。欧斯塔塞·沙皮坦率地回答说，如果亨利八世坚持，玛丽·都铎公主就必须按亨利八世要求的做。查理五世明确地这么说过。玛丽·都铎公主的生命是宝贵的，她必须隐藏她的真情实感，直到得以纠正英格兰王国的混乱状态时机到来。没有人明确地要求玛丽·都铎公主违背上帝或信仰，上帝看的是意图，而不是行为。

玛丽·都铎公主仍然犹豫不决。她有着都铎家族的固执，用自己的意愿对抗亨利八世的意愿。亨利八世非常生气，他本以为玛丽·都铎公主已经让步了，让他心烦意乱的家务事终于解决了。亨利八世对玛丽·都铎公主特别仁慈，并且很可能已经决定由人民的意愿来做主，依据法案任命玛丽·都铎公主为推定继承人。但玛丽·都铎公主似乎下定决心让亨利八世无法做到这一点。亨利八世怀疑有人暗中怂恿玛丽·都铎公主。托马斯·克伦威尔竟敢为玛丽·都铎公主的行为辩护。这更加激怒了亨利八世。亨利八世觉得，要对玛丽·都铎公主让步，就得放弃英格兰这片土地。约翰·赫西的夫人安妮·德·格雷被关进了伦敦塔。亨利·考特尼和威廉·菲茨威廉爵士被暂停出席枢密院会议。就连托马斯·克伦威尔也有四五天被暂停出席枢密院会议。简·西摩试图调解，但没有用。拒绝承认王权至高无上就是叛国，并且判罪是有充分理由的。作为英格兰王国的第一臣民，玛丽·都铎公主绝不能被允许否认这一点。亨利八世叫来了法官，让他们去考虑该怎么办，法庭上又是一片恐慌。法官建议，应起草一份严格的归顺书并要求玛丽·都铎公主签署。如果玛丽·都铎公主坚持拒绝，就要承担法律责任。玛丽·都铎公主克服或逃避这一难题的方式具有自己狂热坚持的信仰体系里最典型的特点。欧斯塔塞·沙皮起草了一份秘密抗议书，声明玛丽·都铎公主屈服是受武力所迫。有了这样的保障，欧斯塔塞·沙皮向玛丽·都铎公主保证说，就算她屈服了也不会真的算数，保罗三世不仅不会责怪她，而且会高度赞同。玛丽·都铎公主仍然不满意，直到欧斯塔塞·沙皮答应写信给神圣罗马帝国驻罗马教廷大使费尔南多·德·席尔瓦，让他从保罗三世那里要到一份秘密赦免令，让玛丽·都铎公主的良心得到充分慰藉为止。有了这些保障后，玛丽·都铎公主不屑地把自己的名字签在了法官准备的文件上，并且没有屈尊去读里面写了什么。欧斯塔塞·沙皮认为，这种明显的轻蔑，将来可以作为玛丽·都铎公主反悔的借口。[①]

在危机持续期间，对亨利八世的专横，枢密院常设会议胆小的贵族感到震惊，说这可能会使亨利八世失去王位。玛丽·都铎公主让步的秘密操作可能有人猜到了，他们没有忘记玛丽·都铎公主抵抗过。但玛丽·都铎公主已经签

---

① 欧斯塔塞·沙皮致查理五世的信，1536年7月1日，《西班牙档案》，伦敦，1877年，第5卷，第2部分，第184页。——原注

署了要求的文件。这已经足够了。在英格兰宫廷,大家都很高兴。欧斯塔塞·沙皮向托马斯·克伦威尔表示祝贺。托马斯·克伦威尔让欧斯塔塞·沙皮相信王冠会如他所愿落定。亨利八世和简·西摩坐马车去里士满看望玛丽·都铎公主。亨利八世给了玛丽·都铎公主一大笔钱,说现在她可以得到任何她喜欢的东西了。简·西摩给了玛丽·都铎公主一颗钻石。玛丽·都铎公主即将回宫,恢复原来的地位。现在,只剩下"一片乌云"。如果大家都知道,推定继承人心里厌恶自己正式默许的措施,就不应再指望整个国家会支持一项亨利八世死后就会逆转的政策。玛丽·都铎公主的行为让人几乎可以确定她的真实感受是什么。因此,有人认为,按照法律规定给玛丽·都铎公主的朋友期望她得到的地位并不安全。保罗三世可以帮人免除不便履行的义务。这种便利让口头默许成为一种不完善的保障。因此,在亨利八世目前的婚姻没有子嗣的情况下,议会没有将王位授予玛丽·都铎公主,而是让玛丽·都铎公主保有继承的权利,并且授权亨利八世指定自己的继承人。

然而,欧斯塔塞·沙皮能用这样的想法来安慰自己,现在,私生女伊丽莎白·都铎公主已经不是问题了。亨利·菲茨罗伊也因体质问题而病倒,都铎家族很多人都是因此丧命。事实上,几周后,亨利·菲茨罗伊就去世了。普遍的看法是亨利八世再也不会有孩子了。因此,玛丽·都铎公主的前途十分"安全"。1536年7月8日,欧斯塔塞·沙皮写道:"玛丽·都铎公主的待遇每天都在改善。她从来没有像现在这样自由过,也从来没有得到过像现在这样郑重其事的侍奉,甚至还是由那个私生女伊丽莎白·都铎公主的侍女来侍奉的。以后,除威尔士公主的名号以外,她什么都不缺了。①这也没什么关系,因为她以后拥有的会比以往拥有的更富足。"

---

① 欧斯塔塞·沙皮致查理五世的信,1536年7月8日,《西班牙档案》,伦敦,1877年,第5卷,第2部分,第221页。欧斯塔塞·沙皮用"威尔士公主"这个词,补充了一个奇怪的事实。欧斯塔塞·沙皮说:"就我所知,但凡有男性后代出生的希望,没有哪个国家会把威尔士的头衔颁给国王女儿的。正是托马斯·沃尔西,出于自己的心血来潮或别的什么心思,打破了这一规定,让阿拉贡的凯瑟琳和亨利八世的女儿成了'威尔士公主'。"——原注

事实上，现在，因为发誓放弃了信奉教皇的权威，所以除得到保罗三世的原谅之外，玛丽·都铎公主什么都不想要。欧斯塔塞·沙皮曾承诺保罗三世的赦免令很容易得到。查理五世自己也要求过，但费尔南多·德·席尔瓦不仅没有帮查理五世要到赦免令，而且还不敢和保罗三世谈这个问题。谋杀都柏林大主教约翰·阿伦的托马斯·菲茨杰拉德要求赦免令时，保罗三世倒是立即愉快地授予了。玛丽·都铎公主因起了假誓而良心不安，无以化解。拿到赦免令似乎有一些技术上的困难。"据说，除非玛丽·都铎公主在宣誓人面前宣誓撤回誓言，否则保罗三世的赦免令对她毫无用处。"也许还有一个原因，就是费尔南多·德·席尔瓦不完全信任保罗三世。费尔南多·德·席尔瓦担心，如果强行要求，这个秘密就会被泄露，玛丽·都铎公主的生命也会受到威胁。①

也许，时间和思考减轻了玛丽·都铎公主的懊悔，让她用不着保罗三世的赦免令了。1536年8月，托马斯·克伦威尔进一步安慰欧斯塔塞·沙皮，告诉他亨利八世觉得自己老了，对再生一个孩子不再寄予希望了，正在认真考虑让玛丽·都铎公主成为自己的继承人。②

亨利八世不能与年龄抗争，但在其他方面，他坚持实行自己的政策。宗教改革的第一个举措即将闭幕。最终，亨利八世得以掌控局面。随着林肯郡和约克郡叛乱再起，幕布将再次升起，接着是波兰人的背叛。但没有机会再讲一次了。这个故事我已经无法讲得比现在更好。那些也不是本书的主题。求恩巡礼是欧斯塔塞·沙皮煽动的，目的是惩罚亨利八世，阻止宗教改革的进展。在伊丽莎白一世时代，欧斯塔塞·沙皮的继任者效法了他的做法。他们得到的结果都是一样的，他们试图用战争手段维持的反宗教改革计划破灭。一批又一批人在刑台上死去，这些人幻想的希望与得到的承诺永远无法实现。

欧斯塔塞·沙皮提及的那些愿意从事反宗教改革事业的人物，那些只要

---

① 费尔南多·德·席尔瓦致查理五世的信，1536年8月4日，《西班牙档案》，伦敦，1877年，第5卷，第2部分，第221页。——原注
② 欧斯塔塞·沙皮致查理五世的信，1536年8月12日，《西班牙档案》。——原注

查理五世稍加帮助就可以将亨利八世从王位上赶下来的贵族、骑士,包括托马斯·达西男爵和约翰·赫西、罗切斯特主教约翰·希尔西、后来的亨利·考特尼、亨利·波尔及其母亲玛格丽特·波尔,一个接一个地躺进了血淋淋的坟墓。他们把自己的想象误认为事实,把自己的激情误认为理据,把一个无良大使的虚张声势误认为是叛国的坚实基础。在他们的梦中,他们看见查理五世的幽灵带着军队过来帮助自己。他们太兴奋了,无法放弃自己的希望。他们知道自己在人数上很庞大。他们的准备工作已经完成,成千上万的神职人员、绅士和自由民的怒火被点燃,投入讨伐大军的热情。火苗零星点点,时断时续地燃起,没有任何计划和目的。查理五世没有帮助他们,甚至从没有认真打算过帮助他们。因此,这场最初在英格兰北方各郡熊熊燃烧的大火在转为内战前就被扑灭了。曾经参与过此次叛乱的百姓受了一些惩罚,但都很轻。叛乱之根已经扎得很深,阴谋由来已久,领头者的打算是执行保罗三世的惩戒令并镇压所谓的异端。这次叛乱真是令人望而生畏。许多大贵族的忠诚并不是坚定不移的,如果不及时镇压,叛乱可能会席卷整个英格兰。那些拿起武器反对政府的人必须承担失败的后果,那些在叛乱中积极活跃的领头人物将受到无情的惩罚。在《英国历史——从托马斯·沃尔西倒台到西班牙无敌舰队失败》有关这一时期的记载中,我低估了被处决的人数。英格兰王国政府很注意,只挑选那些确实很突出的人物。在北方各大城市中,有将近三百人被分作二十五批或三十批绞死。为了以儆效尤并向人民表明神父的祭衣也救不了那些犯叛国罪的神父的命,亨利八世命令执法人员特别挑选参与叛乱的神父和修士处死。起义是以宗教的名义发起的,神职人员是煽动者中最热心的一群人。欧斯塔塞·沙皮告诉查理五世,在亨利八世的臣民中,神职人员最不满,也最愿意为外国军队入侵提供资金。因此,神职人员被理所当然地挑选出来接受惩罚。在林肯、约克、赫尔、唐克斯特、纽卡斯尔和卡莱尔,人们都见证了这样具有教育意义场面——几十个神父被吊在空中,乌鸦在他们的祭衣下面啄食。迷信的百姓需要一个严厉的教训:神职人员的豁免权已经不复存在,那些犯法的神父也会像普通人一样受罚。但必须清楚的是，如果这些人能够得逞，那么受苦的数百人将变成数千人。受害者是那些在《新约》里寻找更纯洁信仰的穷人。

当我们想到别的地方在新教事业建立前血流成河时，真正令人惊奇的是，亨利八世成功地完成了这场宗教改革，付出的生命代价几乎是微乎其微的。的确，欧斯塔塞·沙皮应该和亨利八世一起分享这一荣誉。天主教教徒如果乐意，可能会向议会施压，提出反对和抗议。一个像英格兰一样倾向于妥协的国家可能会毁了这些必然发生的变革。欧斯塔塞·沙皮的劝告诱使这些天主教教徒走上更危险、更难获得原谅的道路。他怂恿这些天主教教徒密谋，对国家的安定构成威胁。他把约翰·费希尔引向了断头台。他迫使英格兰政府通过了《至尊法案》防止有人叛国。就是因为这些，托马斯·莫尔和卡尔特修道院的修士才被处决。

也许，英格兰王国欠欧斯塔塞·沙皮及他在16世纪后期忠实的模仿者阿尔瓦罗·德·拉·夸德拉和伊尼戈·洛佩斯·德·门多萨·伊·苏尼加一次完整的成功改革。这是两个原则之间的英勇斗争——新原则和旧原则之间永远的角逐。天主教教徒可以合法地夸耀他们的殉道者，但新教教徒的殉道之路比天主教教徒的更远，更荣耀。16世纪，那些坚持认为英格兰王国的胜利是错误的人们，不必为那些在讲坛上、会议厅里、断头台上或火刑台上为人类取得精神自由的勇士的行为感到惭愧，因为宗教自由正是现在的法则。

考据1　教皇克莱门特七世

克莱门特七世出生时叫朱利奥·德·美第奇，1523年11月19日至1534年9月25日离世前一直是罗马天主教教皇、教皇国统治者。他是历史上"最惨的教皇"。克莱门特七世任教皇期间，政治、军事、宗教斗争一场接一场，其中有许多酝酿已久。这些斗争对基督教及世界政治局势产生了深远的影响。

1523年意大利文艺复兴末期，克莱门特七世当选教皇。当时，他是一位拥有很高声望的政治家。他分别于1513年到1521年、1522年到1523年任教皇利奥十世、教皇阿德里安六世的首席顾问，工作出色。1519年到1523年，他还是佛罗伦萨共和国的僭主。当时，新教革命四起，罗马天主教会面临瓦解，其他国家军队大举入侵意大利，克莱门特七世临危受命。开始，克莱门特七世想通过调解基督教各国领导人之间的矛盾来实现基督教世界的和平。后来，他又试图解放被其他国家军队占领的意大利，认为意大利被侵占威胁到了天主教会的自由。

16世纪20年代复杂的政治局势让克莱门特七世的努力都白费了。克莱门特七世继任教皇时，罗马天主教会已面临重重严峻挑战。北欧有马丁·路德的宗教改革；意大利有欧洲两大强国君主——神圣罗马帝国皇帝查理五世和法兰西王国弗朗索瓦一世的激烈权力角逐，双方都要求克莱门特七世选择立场；

东欧有奥斯曼土耳其帝国苏莱曼一世入侵；英格兰国王亨利八世的离婚案引起争议，导致英格兰与罗马天主教会决裂，这更加剧了克莱门特七世面临的问题。1527年，克莱门特七世与查理五世关系恶化，使罗马遭到暴力洗劫，克莱门特七世被监禁。摆脱圣安杰洛城堡的监禁生涯后，克莱门特七世几乎没有什么选择，只能牺牲罗马天主教会与意大利的独立地位，与监禁自己的查理五世结盟。

尽管教皇生涯充满磨难，但克莱门特七世是受人尊敬的虔诚信徒。他拥有"高贵的品格"，"神学与科学造诣深厚"。"如果生活在和平年代，凭借非凡的演讲才能与洞察力，克莱门特七世定能成为一位享有极高声誉的教皇。克莱门特七世虽然对欧洲政治局势洞察入微，却好像没有认识到"，在欧洲新兴的单一民族国家和新教教义面前，"教皇的地位已经发生了改变"。

圣安杰洛城堡

米开朗琪罗画的《最后的审判》

　　克莱门特七世为美第奇家族留下了非常重要的文化遗产。他委托拉斐尔、本韦努托·切利尼和米开朗琪罗创作了许多圣像艺术作品，其中就包括米开朗琪罗在西斯廷教堂画的《最后的审判》。在科学方面，1533年，克莱门特七世认同米科拉伊·哥白尼的日心说理论，比伽利略·加利莱伊因类似理论被以异端罪论处早九十九年。在教会事务方面，克莱门特七世因下令保护犹太人免受宗教裁判所迫害而为世人铭记，他批准了《圣方济各会分会嘉布遣会命令》，并从查理五世那里为马耳他骑士保下了马耳他岛。

早期生活

朱利奥·德·美第奇的一生,从一出生就注定是悲惨的。1478年4月26日,就在他出生前一个月,他的父亲朱利亚诺·德·美第奇——洛伦佐·德·美第奇的弟弟——在佛罗伦萨大教堂被家族敌人谋杀。人们将这次谋杀称为"帕齐阴谋"。1478年5月26日,朱利奥·德·美第奇于在佛罗伦萨出生,是私生子,他母亲的具体身份不得而知。有许多学者认为,朱利奥·德·美第奇的母亲叫

帕齐阴谋

菲奥雷塔·戈里尼，一位大学教授的女儿。朱利奥·德·美第奇与教父、建筑师老安东尼奥·达·圣加洛一起度过了人生中的头七年。

此后，洛伦佐·德·美第奇将朱利奥·德·美第奇当作亲生儿子抚养，与自己的孩子乔瓦尼·德·美第奇（后来成为教皇，称利奥十世）、皮耶罗·德·美第奇和朱利亚诺·德·美第奇一起在佛罗伦萨的美第奇宫接受像波利齐亚诺这样的人文主义者的教育，与米开朗琪罗这样的天才是同学。朱利奥·德·美第奇成了一个造诣颇高的音乐家。据说，他性格腼腆，外表英俊。

朱利奥·德·美第奇生性喜欢从事神职，但他是私生子，不能担任教会内的高级职务，因此洛伦佐·德·美第奇帮他铺好了从军之路。他不仅加入了医院骑士团，还成了卡普阿的大修道院院长。1492年，洛伦佐·德·美第奇去世，乔瓦尼·德·美第奇成为枢机主教，朱利奥·德·美第奇得以参与更多教会事务。朱利奥·德·美第奇在比萨大学学习教会法规，陪同乔瓦尼·德·美第奇参加了1492年的教皇选举枢机会议。这次会议上，罗德里戈·博尔贾当选，成为教皇亚历山大六世。

洛伦佐·德·美第奇的长子"不幸的皮耶罗"被流放后，美第奇家族于1494年被逐出佛罗伦萨。接下来的六年，乔瓦尼·德·美第奇和朱利奥·德·美第奇在欧洲四处漂泊，两次被捕。第一次是在德意志的乌尔姆，另一次是在法兰西王国的鲁昂。每次被捕都是"不幸的皮耶罗"将他们保释出来。1500年，二人回到意大利，集中精力在佛罗伦萨恢复美第奇家族的荣誉。直到1512年，在教皇尤利乌斯二世和阿拉贡国王斐迪南二世的军队的协助下，美第奇家族夺回了对佛罗伦萨的控制权。

亚历山德罗·德·美第奇的父亲的身份

1510年，美第奇家族成员住在罗马附近时，家中的仆人——据文件记载叫西莫内塔·达·科莱韦基奥——怀孕，最终生下了一个叫亚历山德罗·德·美第奇的男孩。由于这个男孩肤色较深，便有了"伊尔·莫罗"（即"摩尔人[①]"）这个绰号。官方承认亚历山德罗·德·美第奇是洛伦佐二世·德·美第奇的私生子，但无论是当时还是现在，各学者均认为亚历山德罗·德·美第奇是朱利奥·德·美第奇的私生子。有关亚历山德罗·德·美第奇血统的真相仍有争议。

不管亚历山德罗·德·美第奇的父亲是谁，在其短暂的一生中，朱利奥·德·美第奇当教皇时对他都极其偏爱，把他提升到伊波利托·德·美第奇

亚历山德罗·德·美第奇

---

① 摩尔人大多肤色较深。——译者注

伊波利托·德·美第奇

的职位之上,使他成为佛罗伦萨第一位世袭公爵——尽管伊波利托·德·美第奇与亚历山德罗·德·美第奇的资历相当。

枢机主教生涯

1513年3月,三十五岁的朱利奥·德·美第奇出现在世界舞台上。当时,他的堂兄乔瓦尼·德·美第奇当选为教皇,称利奥十世。直到1521年12月1日去世,利奥十世一直是教皇。

因为"博学、聪明、得体、勤勉",所以朱利奥·德·美第奇的声誉与职务迅速提升。就算在文艺复兴时期,这种提升速度也不常见。在利奥十世当选教皇后三个月内,朱利奥·德·美第奇被任命为佛罗伦萨大主教。1513年晚秋,利奥十世颁发了一份教皇特赦令,宣布朱利奥·德·美第奇的出生合法,为朱利奥·德·美第奇登上罗马天主教教会的更高职位清除了所有障碍。特赦令中声明，朱利奥·德·美第奇的父母是根据"在场人见证"结婚的。不管此事是否属实，在1513年9月23日的第一次枢机会议上，利奥十世将朱利奥·德·美第奇提升为枢机主教。1513年9月29日，朱利奥·德·美第奇被任命为多米尼加圣母玛利亚教堂的主教执事。这个位置是利奥十世专门替他腾出来的。

当时，威尼斯驻罗马教廷大使马可·米尼奥曾记录朱利奥·德·美第奇在利奥十世统治期间的声誉。在1519年给威尼斯参议院的信中，马可·米尼奥写道："枢机主教朱利奥·德·美第奇——教皇利奥十世的堂弟——是私生子，对教皇利奥十世拥有巨大的影响力。朱利奥·德·美第奇是一个非常有能力和威望的人。他与教皇利奥十世一起生活，凡重要之事必事先征求教皇利奥十世意见。他会回到佛罗伦萨，并统治这座城市。"

政治生涯

枢机主教朱利奥·德·美第奇直到1517年3月9日才被正式任命为教区副秘书长。实际上，利奥十世从一开始就与堂弟朱利奥·德·美第奇共同执政。最初，朱利奥·德·美第奇的职责主要是管理佛罗伦萨的教会事务和处理国际关系。1514年1月，英格兰国王亨利八世任命朱利奥·德·美第奇为英格兰护国枢机主教。1515年，法兰西国王弗朗索瓦一世任命朱利奥·德·美第奇为纳博讷大主教，1516年又任命他为法兰西护国枢机主教。英法两国的国王认识到朱利奥·德·美第奇同时作为两国的护国枢机主教会造成利益冲突，于是向他施加压力，要求他辞去在另一个国家的护国枢机主教职务。令他们沮丧的是，朱利奥·德·美第奇拒绝了，这是他典型的政治作风，保持独立，不听命于人。

朱利奥·德·美第奇对与他国的联盟毫无忠诚可言，这点在1521年弗朗索瓦一世和查理五世于意大利北部开战时最能体现出来。弗朗索瓦一世希望身为法兰西护国枢机主教的朱利奥·德·美第奇支持自己。然而，朱利奥·德·美第奇认为弗朗索瓦一世威胁到罗马天主教的独立，尤其是弗朗索瓦一世控制着伦巴第并利用《博洛尼亚政教条约》来控制法兰西的天主教会。当时，罗马天主教会希望查理五世能打击当时在德意志发展起来的路德教。因此，朱利奥·德·美第奇代表利奥十世与查理五世达成联盟协议，同意支持神圣罗马帝国对抗法兰西王国。1521年秋，在米兰和伦巴第，朱利奥·德·美第奇领导一支神圣罗马帝国与罗马教廷的联军打败了法兰西王国军队。朱利奥·德·美第奇希望利用与查理五世的联盟将教会及意大利从外国军队控制下解放出来的策略，后来证明在他成为教皇后带来了灾难性后果。在利奥十世统治期间，在各个想控制教会的竞争国家之间，朱利奥·德·美第奇这一策略巧妙地维持着各方权力的平衡。

朱利奥·德·美第奇代表利奥十世做的其他事情也很成功，因此"他是教皇利奥十世整个任期内教皇政策的主要推动者"。1515年，在"最重要的教会管理法案"中，他规范了布道，凡布道煽动革命者，都像吉罗拉莫·萨沃纳罗拉一样被以异端分子罪处以火刑。后来，朱利奥·德·美第奇组织主持了1517年的佛罗伦萨宗教会议，因此，他成了第一个执行第五届拉特兰宗教会议推荐改革措施的罗马教会成员。这些改革措施包括禁止神父携带武器、光顾酒馆，同时敦促神父每周参加忏悔。朱利奥·德·美第奇对艺术创作的资助备受赞誉。比如，他委托拉斐尔创作了《基督显圣》，委托米开朗琪罗创作了《美第奇教堂》等。金匠本韦努托·切利尼也称其有"极好的品味"。

佛罗伦萨共和国僭主

1519年，佛罗伦萨共和国统治者洛伦佐二世·德·美第奇去世后，朱利奥·德·美第奇在1519年到1523年统治佛罗伦萨，"用近乎专制的手段掌控整个国家事务"，并且"在落实公共利益基础方面做了很多工作"。美国总统约翰·亚当斯描述朱利奥·德·美第奇对佛罗伦萨的管理是"非常成功"。据约

洛伦佐二世·德·美第奇

翰·亚当斯记载,朱利奥·德·美第奇"简化了执法程序、选举程序,缩减了公共支出,让公民普遍感到非常满意"。

约翰·亚当斯写道,1521年利奥十世去世时,"(佛罗伦萨)大部分公民非常愿意也普遍希望国家继续由朱利奥·德·美第奇统治。所有公民的幸福感都源于朱利奥·德·美第奇对这个国家良好的治理。自洛伦佐二世·德·美第奇去世以来,朱利奥·德·美第奇已经得到了全体公民的普遍认可"。

在教皇阿德里安六世手下

1521年12月1日,利奥十世去世时,"人们普遍认为枢机主教朱利奥·德·美第奇将接替他的位置",但在1522年的教皇选举枢机会议上,枢机主教团选择了尼德兰的阿德里安六世为教皇。至于为什么会这样，历史学家保罗·斯特拉森写道："众所周知，（枢机主教朱利奥·德·美第奇）是利奥十世最能干的顾问，也是教皇财务管理人。利奥十世多次忽略堂弟朱利奥·德·美第奇的建议。人们普遍认为利奥十世深陷困境正是因为没有听从朱利奥·德·美第奇的建议造成的，而不是朱利奥·德·美第奇造成的。相反，朱利奥·德·美第奇似乎具备利奥十世不具备的一切：他英俊、体贴、端庄、有品位。尽管如此，许多人仍然坚决反对他当选教皇。"

在教皇选举枢机会议上，朱利奥·德·美第奇得到了大部分投票，但他的许多实力强大的敌人使选举陷入僵局。其中包括枢机主教弗朗切斯科·索代里尼。弗朗切斯科·索代里尼是佛罗伦萨人，他的家族在一场权力斗争中输给

阿德里安六世

了美第奇家族，因此，他"怀恨在心"。枢机主教蓬佩奥·科隆纳，一个希望自己能当选教皇的罗马贵族。还有一群"不愿意忘记利奥十世对自己国家国王弗朗索瓦一世的背叛"的法兰西枢机主教。

朱利奥·德·美第奇意识到自己的候选资格岌岌可危，于是，他选择了一个精明的战术。他谦虚地声明自己不配担任如此高的职务，而是推荐鲜为人知的弗莱米什学者枢机主教阿德里安·德代尔。阿德里安·德代尔是一个苦行僧，充满灵性，曾是查理五世的老师。朱利奥·德·美第奇确信，阿德里安·德代尔会落选，因为阿德里安·德代尔不仅默默无闻、缺乏政治素养，还不是意大利人。朱利奥·德·美第奇的无私推荐将向所有人证明，自己才是理想的候选人。不过，这一举动适得其反。朱利奥·德·美第奇的假意谦让被要求兑现，阿德里安·德代尔当选教皇，成为阿德里安六世。

在二十个月的教皇生涯中，阿德里安六世"似乎非常重视朱利奥·德·美第奇的意见……而与其他枢机主教则保持距离"。朱利奥·德·美第奇就这样在阿德里安六世的整个任期内"发挥着巨大的影响力"。轮流住在佛罗伦萨美第奇宫与罗马文书院宫的朱利奥·德·美第奇"生活得就像人们期望中的慷慨的美第奇家族后人那样，是一位艺术家和音乐家赞助人、穷人的保护者、奢华的主人"。

1522年暗杀阴谋

1522年，佛罗伦萨流言四起，说朱利奥·德·美第奇因为没有继任佛罗伦萨僭主的合法身份，所以准备放弃统治佛罗伦萨，让"人民自由统治"。这些流言被澄清后，一个由佛罗伦萨精英组成的派系策划了一个阴谋，准备暗杀朱利奥·德·美第奇，然后在其对手枢机主教弗朗切斯科·索代里尼的领导下建立自己的政府。弗朗切斯科·索代里尼赞成这阴谋，并劝说阿德里安六世和弗朗索瓦一世攻打美第奇家族，入侵美第奇家族的西西里盟友。不过，这个阴谋并未成功。阿德里安六世没有与朱利奥·德·美第奇决裂，而是将枢机主教弗朗切斯科·索代里尼囚禁了起来。之后，这次阴谋的主要策划者被"宣布为叛乱分子"，有些人"被捕并被斩首。这意味着朱利奥·德·美第奇在佛罗伦萨的领袖地位得到巩固"。

1523年当选教皇

1523年9月14日阿德里安六世去世后，朱利奥·德·美第奇顶住了法兰西国王的反对，最终在1523年11月19日的教皇选举枢机会议上成功当选，成为教皇，称克莱门特七世。

利奥十世任教皇期间拥有崇高的政治声誉。事实上，他获得了一位老谋深算的外交官所能获得的所有成就。然而，与他生活在同一时代的人认为他只顾追逐名利，对新教改革带来的危险漠不关心。

一上任，克莱门特七世就派卡普阿大主教尼古劳斯·冯·舍恩贝格去见弗朗索瓦一世、查理五世和亨利八世，以期结束意大利的战争。查理五世的首席书记官马里诺·卡拉乔洛写道："因为土耳其人威胁要攻占信仰基督教的国家，所以在克莱门特七世看来，作为教皇，让所有信奉基督教的国王之间实现和平是他作为教皇的首要职责。他恳求查理五世帮助他推进这项虔诚的事业。"但克莱门特七世的努力失败了。

欧洲大陆国家与美第奇家族的政治

1524年，弗朗索瓦一世征服米兰。在1524年到1525年的意大利战役中，弗朗索瓦一世逼克莱门特七世放弃同神圣罗马帝国与西班牙王国的联盟，于1525年1月连同其他意大利各国及威尼斯共和国与法兰西王国结盟。结盟条约最终确定：帕尔马和皮亚琴察划入教皇国，由美第奇家族统治佛罗伦萨，法兰

帕维亚战役

西军队可以自由进入那不勒斯。与法兰西结盟的做法本身是明智的，体现出了克莱门特七世的爱国热情，但克莱门特七世的热情很快就被浇灭了——因为他缺乏远见，经济不景气，自己处在很容易受强横的罗马贵族攻击的境地，克莱门特七世不得不求查理五世从中调解。1525年2月，弗朗索瓦一世在帕维亚战役中被打败囚禁，克莱门特七世与那不勒斯总督签署了同盟条约，这进一步拓展了他与查理五世的盟约。克莱门特七世对神圣罗马帝国的傲慢深感忧虑，打算在弗朗索瓦一世签订《马德里条约》（1526年）重获自由后再次与法兰西接洽：克莱门特七世、弗朗索瓦一世、威尼斯总督安德里亚·格里提、米兰公爵弗朗切斯科二世·斯福尔扎一起组成了干邑联盟。克莱门特七世向查理五世发了谴责书。查理五世在答复中将克莱门特七世称为"狼"，而不是"牧羊人"，并威胁将召集一个讨论路德教问题的委员会。

人们认为克莱门特七世和堂兄利奥十世一样对美第奇家族的人过于慷慨，包括给他们分配高至的枢机主教的职位，还分配土地、头衔和金钱，也因此耗尽了梵蒂冈的国库。这迫使罗马教廷在克莱门特七世死后采取改革措施，以防止这种裙带关系过度发展。

罗马之劫

克莱门特七世摇摆不定的政策激起了罗马教廷内部神圣罗马帝国派的反抗：蓬佩奥·科隆纳的士兵掠夺了梵蒂冈山，并以蓬佩奥·科隆纳的名义控制了整个罗马。因此，颜面尽失的克莱门特七世只得承诺教皇国再次与神圣罗马帝国结盟。但不久后，蓬佩奥·科隆纳未遵守承诺，离开了被围困的梵蒂冈，去了那不勒斯，并辞去了枢机主教职务。从此，克莱门特七世的命运也只能与亲法兰西派的命运连在一起，一起走向灭亡。

很快，克莱门特七世发现自己在意大利孤立无援。费拉拉公爵阿方索一世·德埃斯特向神圣罗马帝国军队提供大炮，致使意法联军与波旁公爵夏尔三世和乔治·冯·弗伦兹贝格率领的德意志雇佣步兵实力悬殊，使德意志雇佣步兵毫发无损地抵达罗马。

费拉拉公爵阿方索一世·德埃斯特

波旁公爵夏尔三世

夏尔三世在攻占城墙爬梯子时意外身亡。其麾下的士兵饥肠辘辘，没有军饷，没有向导，于1527年5月6日开始在罗马大肆劫掠。接下来大规模的谋杀、强奸与破坏公物事件终结了罗马文艺复兴时期的辉煌。克莱门特七世在军事上的决心与其在政治上的立场一样摇摆不定。不久（1527年6月6日），他被迫交出避难之所圣安杰洛城堡，并出城投降，并同意支付四十万达克特赎金换命。投

夏尔三世意外身亡

降的条件还包括割让帕尔马、皮亚琴察、奇维塔韦基亚、摩德纳给神圣罗马帝国。实际上,神圣罗马帝国只占领了摩德纳。与此同时,威尼斯趁克莱门特七世陷入困境占领了切尔维亚和拉韦纳。西吉斯蒙多·马拉泰斯塔则趁机回到了曾属于自己祖先的领地里米尼。

克莱门特七世被囚禁在圣安杰洛城堡六个月。他收买了一些神圣罗马帝国的军官,化装成小贩逃走。他前往奥尔维耶托,之后又去了维泰博避难。直到1528年10月,他才回到人口锐减、满目疮痍的罗马。

与此同时,佛罗伦萨共和国美第奇家族的敌人趁乱再次将克莱门特七世的家人驱逐出佛罗伦萨。

1529年6月,交战各方签署了《巴塞罗那和约》。教皇国收复了一些城市,查理五世同意恢复美第奇家族在佛罗伦萨的权力。1530年,被围困十一个月后,托斯卡纳投降,克莱门特七世任命其侄子私生子亚历山德罗·德·美第奇为公爵。随后,克莱门特七世采取了屈从于查理五世的政策,一方面试图诱使查理五世对德意志的路德教采取严厉的行动,另一方面试图回避查理五世要求成立一个总参议会来处理天主教国家事务的要求。

蓄 须

1527年,在被监禁的半年内,克莱门特七世蓄起了满脸胡须,以示对罗马被洗劫的哀悼。这与天主教教规相悖。天主教教规要求神职人员必须刮干净胡子,但在克莱门特七世之前就有先例。为哀悼博洛尼亚脱离教皇国,尤利乌斯二世在1511年到1512年留了九个月的胡子。

与尤利乌斯二世不同的是,克莱门特七世一直留着胡子,直到1534年去世。他的继任者保罗三世也学他留起了胡子,后来又有二十四位教皇效仿,直到1700年去世的因诺森特十二世为止。因此,克莱门特七世无意间成了一种延续一个多世纪风尚的发起人。

安科纳共和国

1532年，克莱门特七世占领了安科纳共和国。最终，安科纳共和国成了教皇国的一部分，结束了其作为一个重要的海上强国的历史。

英格兰宗教改革

到了16世纪20年代末，亨利八世想要废除自己与查理五世的姨妈阿拉贡的凯瑟琳的婚姻。亨利八世与阿拉贡的凯瑟琳的儿子还是婴儿时就去世了，这威胁到了都铎王朝的未来，尽管亨利八世与阿拉贡的凯瑟琳有一个女儿——玛丽·都铎。亨利八世声称，之所以没有男性继承人，是因为他的婚姻"在上帝的眼中是祸根"。阿拉贡的凯瑟琳是亨利八世的哥哥阿瑟·都铎的遗孀，与阿瑟·都铎没有子女，因此亨利八世和阿拉贡的凯瑟琳的结合并未违反《旧约》的教规。因为《旧约》只在兄弟与遗孀留有孩子的情况下才禁止信徒与兄弟遗孀结合。同时，尤利乌斯二世发布过特赦令特许亨利八世与阿拉贡的凯瑟琳结婚。亨利八世现在争辩说，这是错误的，他的婚姻从来没有生效过。1527年，亨利八世要求克莱门特七世宣布这段婚姻无效，但克莱门特七世拒绝了。克莱门特七世可能是因为迫于阿拉贡的凯瑟琳的外甥查理五世的压力才拒绝亨利八世的，因为克莱门特七世实际上是查理五世的囚徒。根据天主教教义，有效婚约在夫妻一方死亡前是不可解除的。因此，克莱门特七世不能宣布亨利八世与阿拉贡的凯瑟琳的婚姻无效，因为尤利乌斯二世已经特赦他们的婚姻为合法婚姻。亨利八世身边许多人希望他直接忽略克莱门特七世的意见。不过，1530年10月，神职人员与教会律师召开了一次会议，提出英格兰议会不能授权坎特伯雷大主教威廉·沃勒姆违反教皇禁令宣布亨利八世的婚姻无效。在英格兰议会中，约翰·费希尔主教是教皇的拥护者。

随后，在1532年年末或1533年年初，亨利八世与安妮·博林举行了结婚仪式。克莱门特七世忠实的朋友坎特伯雷大主教威廉·沃勒姆去世，亨利八世与安妮·博林的结合变得容易许多。之后，亨利八世说服克莱门特七世任命与博林家族交好的托马斯·克兰默为坎特伯雷大主教的继任人。克莱门特七世授予托马斯·克兰默晋升坎特伯雷大主教所需的教皇诏书，并要求托马斯·克兰默在祝圣礼前按照惯例宣誓效忠教皇。亨利八世的议会已经制定法律，宣布即使没有教皇的批准，国王也能任命主教。托马斯·克兰默不仅被任命为大主教，还事先声明他不同意宣誓效忠于教皇。托马斯·克兰默准备按照亨利八世的要求，宣布亨利八世与阿拉贡的凯瑟琳的婚姻无效。克莱门特七世的回应是将亨利八世和托马斯·克兰默逐出教会。

因此，1533年，英格兰王国通过《有条件限制的第一年圣俸上贡法案》，将教会收入的税收从教皇手中转移到了英格兰国王手里。《彼得便士法案》规定土地所有者每年向教皇支付一便士是非法的。这项法令还重申，在英格兰，"上帝之下没有谁高人一等，只有国王陛下"，而亨利八世的王权被克莱门特七世"无理且无情的篡夺和苛求"削弱。最终，亨利八世领导英格兰议会于1534年通过了《至尊法案》，建立了独立的英格兰教会，并脱离了罗马天主教教会。

文艺复兴时期

克莱门特七世是一个眼光敏锐的艺术赞助人，他委托米开朗琪罗为西斯廷教堂创作《最后的审判》，委托拉斐尔创作了代表作《基督显圣》，委托本韦努托·切利尼、尼科洛·马基雅维利和帕尔米贾尼诺等人创作了各自的著名作品。这时期的艺术风格也被叫作"克莱门特风格"，以精湛技法闻名。克莱门特七世因资助过本韦努托·切利尼而为后人铭记。

1533年，克莱门特七世的秘书约翰·阿尔布雷希特·维德曼斯特向克莱门特七世和两位枢机主教解释了哥白尼体系。克莱门特七世非常高兴，给了约翰·阿尔布雷希特·维德曼斯特一份珍贵的礼物。

最后岁月

在生命即将走向尽头时，克莱门特七世再次表明他倾向于与法兰西结盟。他筹谋美第奇家族与法兰西王室结盟的苦心在侄女凯瑟琳·德·美第奇与弗朗索瓦一世的儿子亨利二世订婚时算是终于有了回报。1533年9月3日，克莱门特七世发布了教皇诏书，交代如果他在罗马以外地方去世的善后事宜。1533年9月，他启程前往法兰西主持侄女凯瑟琳·德·美第奇的婚礼。婚礼于1533年10月28日在马赛举行。

1533年11月7日，克莱门特七世在马赛确定了四位新的枢机主教。这四个人都是法兰西人。他还分别与弗朗索瓦一世和查理五世单独进行了会晤。

疾病与死亡

1533年12月10日，克莱门特七世回到罗马后，说自己胃里不适且开始发烧。这是他的老毛病了。1533年8月月初，他病得很厉害，枢机主教阿戈斯蒂诺·特里武尔齐奥写信给弗朗索瓦一世，说克莱门特七世的医生担心他时日不多了。1533年9月23日，克莱门特七世写了一封长长的告别信给查理五世。就在临死前几日，他还委托米开朗琪罗为西斯廷教堂创作《最后的审判》。1534年9月25日，克莱门特七世去世。他活了五十六年零四个月，在位十年十个月零七天。

据说他死于误食了毒蘑菇，但他的症状和病程与这个猜测不相符，与他两个月内两次海上航行引发旧疾的症状与病程也不相符。用克莱门特七世的传记作家埃马纽埃尔·罗多尔纳基的话来说："按照当时的习俗，人们把他的死归因于中毒。"他的尸体被埋葬在圣彼得大教堂，后来被转移到罗马圣母堂内唱诗班礼拜堂的永久陵墓里。

遗留问题

人们普遍认为克莱门特七世任教皇期间是历史上最动荡的时期之一,人们对克莱门特七世的看法也很微妙。例如,与克莱门特七世同时代的弗朗切斯科·韦托里写道,克莱门特七世"历经千辛万苦,从一个伟大、受人尊敬的枢机主教变成了一个渺小且不受人尊敬的教皇",但他又说,"如果参考之前其他教皇的事迹,我们可以说,一百多年来,没有哪位教皇比克莱门特七世做得更好。然而,灾难是在他当教皇时发生的,而其他教皇,正如全世界看到的那样,虽然恶行累累,依然活得自在,死得安详。就算如此,我们也不应质疑上帝,我们的主人。惩罚或不惩罚,以什么方式惩罚,在什么时候惩罚,都由上帝做主"。

克莱门特七世任期内的灾难——罗马之劫及英格兰宗教改革,被视为基督教、欧洲和文艺复兴史上的转折点。现代历史学家肯尼斯·古文写道:"首先,我们必须在欧洲政治动态发生重大变化的背景下来看克莱门特七世的失败。意大利战争在16世纪20年代中期愈演愈烈,(天主教会和意大利)自治势在必行。这就需要大笔财政支出来部署常备军。作为短期目标,政治生存必然会比教会改革更重要,战争开支必然会使文化开支遭到削减。克莱门特七世推行的政策与他杰出的前任尤利乌斯二世和利奥十世的政策是一致的。但在16世纪20年代,这些政策注定会失败……克莱门特七世将重点转向教会改革。教会改革需要资源,需要世俗力量的合力支持,这是克莱门特七世这位第二个出自美第奇家族的教皇无法获得的。"

关于克莱门特七世带领意大利和天主教会与外国统治力量斗争的努力,历史学家弗雷德·多托洛写道:"人们可以看出,在位期间,克莱门特七世反对君主权力增长,有力地捍卫了教皇权力。这是一次外交斗争,甚至是一次宗教斗争,是为了维护旧基督教世界中神职人员独立于世俗国王的权威而进行的斗争。如果现代初期的新君主制让教皇权威沦为世俗权威的附属品,那宗教问题就只是个国家政策问题……克莱门特七世试图抑制皇权的扩张,维护罗马的独立与教皇特权。"

历史学家E.R.钱伯林总结克莱门特七世的教皇生涯时这样写道:"除了他的个人品质,克莱门特七世的一切都符合希腊悲剧对主角的设定,受害者被要求承受很久以前的错事带来的后果。他的前任们每多要求一项世俗权利,就会在致命的政治游戏中陷得更深一点。尽管每一次道德上的堕落都使教皇一步步远离广大基督教教徒,但这些基督教教徒,正是教皇汲取力量的来源。"现代历史学家詹姆斯·格拉布对克莱门特七世要宽容一些:"确实,在某个时候,考虑到他面临的困难,很难想象他会有什么更好的表现。当然,自教会分裂结束以来,他的前任们也遭遇过反抗,但有谁像克莱门特七世这样需要面对如此之多的战场,抵抗如此巨大的困难呢?他曾与神圣罗马帝国人、法兰西人、土耳其人、意大利的敌对势力、教皇国内部的躁动势力及罗马教廷内部根深蒂固的利益集团作战。宝贵的意大利自由(不受外国力量统治的自由)丧失本不可挽回,这似乎更像是一个必然结果,而不是克莱门特七世的失败造成的。他尽了最大的努力……"在评价克莱门特七世的个人性格时,《天主教百科全书》指出:"虽然克莱门特七世的私生活无可指责,且有许多很好的想法……尽管他的意图是好的,但所有英雄主义和伟大品质他都没有。"

考据 2　托马斯·克伦威尔

托马斯·克伦威尔（约1485年—1540年7月28日），第一代埃塞克斯伯爵，嘉德勋章骑士，枢密院顾问官，1534年到1540年担任亨利八世的首席大臣，1540年被亨利八世下令斩首。

托马斯·克伦威尔是英格兰宗教改革最坚定也是最有力的支持者之一。他参与策划废除亨利八世与阿拉贡的凯瑟琳的婚姻计划，让亨利八世可以合法迎娶安妮·博林。但在1534年，克莱门特七世没有批准亨利八世要求与阿拉贡的凯瑟琳离婚的要求，因此英格兰议会批准了亨利八世作为英格兰教会最高领袖的要求，赋予亨利八世取消自己婚姻的权力。随后，托马斯·克伦威尔坐上专为他设立的宗教特使及副主教职位，为英格兰教会制定了一条福音派改革路线。

掌权期间，托马斯·克伦威尔树敌颇多，包括他的前盟友安妮·博林。安妮·博林之所以垮台，托马斯·克伦威尔起了很重要的作用。后来，他因安排亨利八世与克莱沃的安娜公主结婚一事失势。他本希望这桩婚姻能给英格兰宗教改革注入新的活力，但亨利八世觉得自己的新娘不讨人喜欢。这对托马斯·克伦威尔来说是一场灾难。六个月后，这段婚姻被宣告无效。1540年7月28日，托马斯·克伦威尔被传讯，依据一项免司法程序褫夺公民权的法案，托马斯·克伦威尔因叛国罪和异端罪在伦敦塔丘被处决。后来，对失去这个首席大臣，亨利八世表示过很后悔。

早年生活

1485年前后，托马斯·克伦威尔出生在萨里的帕特尼。他的父亲沃尔特·克伦威尔做过铁匠、漂洗工和布商，拥有一家旅馆和一个酿酒厂。作为一个成功的商人，沃尔特·克伦威尔经常应邀担任陪审团成员，并于1495年当选沃帕特尼治安官。有人认为沃尔特·克伦威尔有爱尔兰血统。托马斯·克伦威尔的母亲，大家普遍认为叫凯瑟琳·马弗雷尔，来自斯塔福德郡一个公认的绅士家庭。1474年，凯瑟琳·马弗雷尔与沃尔特·克伦威尔结婚前，住在帕特尼当地一位律师——约翰·维尔贝克家里。

托马斯·克伦威尔有两个妹妹。大妹妹凯瑟琳·克伦威尔嫁给了来自威尔士的律师摩根·威廉姆斯；二妹妹伊丽莎白·克伦威尔嫁给了农民威廉·韦利菲德。凯瑟琳·克伦威尔和摩根·威廉姆斯的儿子理查德·威廉姆斯在舅舅托马斯·克伦威尔手下工作。1529年秋，理查德·威廉姆斯改名，叫理查德·克伦威尔。

托马斯·克伦威尔早年的生活鲜为人知。有人认为他出生在帕特尼山山顶上。帕特尼山在温布顿公地的边上。1878年，他的出生地还有记录可循：

> 传统观点一直认为托马斯·克伦威尔就出生在帕特尼山山顶上，上文引述的温布顿公地勘测记录在某种程度也证实了这一说法。因为据勘测记录记载：在那个地方有"一座旧农舍，位于里士满到旺兹沃斯的公路西边，是找到船锚酒吧的标志"。船锚酒吧现在叫绿人酒吧。

父 母

托马斯·克伦威尔曾对坎特伯雷大主教托马斯·克兰默说自己"年轻时是一个恶棍"。年轻时，托马斯·克伦威尔离开了家人，穿过英吉利海峡来到欧洲大陆。关于他在法兰西、意大利和其他低地国家活动的记载很粗略，而且有些自相矛盾。据记载，他一开始是一个雇佣兵，随法兰西军队进军意大利，1503年在意大利参加了加里利亚诺战役。这种说法源于意大利小说家马泰奥·班戴洛的短篇小说。在小说中，托马斯·克伦威尔是一个步兵的侍从，负责背着步兵的长矛和头盔，并不是一个士兵。

加里利亚诺战役

后来，这种说法被许多作家当作真事，尤其是约翰·福克斯，更是在1563年的《殉教者之书》中肯定了这种说法。迪尔梅德·麦卡洛克承认，马泰奥·班戴洛小说中关于托马斯·克伦威尔参战的细节详尽，并不像是杜撰的。不过，詹姆斯·盖尔德纳指出，尽管他承认托马斯·克伦威尔的出生年份尚不确定，但依然存在一种可能性，那就是马泰奥·班戴洛小说中加里利亚诺战役爆发时，托马斯·克伦威尔可能只有十三岁。在意大利期间，托马斯·克伦威尔在佛罗伦萨银行家弗朗切斯科·弗雷斯科巴尔迪家中做事。弗朗切斯科·弗雷斯

约翰·福克斯

枢机主教克里斯托弗·班布里奇

科巴尔迪在佛罗伦萨街头救了离开法兰西雇佣军的托马斯·克伦威尔。后来，托马斯·克伦威尔去了低地国家的一些主要商业中心，与一些英格兰商人一起生活，学习了几门语言，建立了自己的关系网。不知何时，托马斯·克伦威尔回到了意大利。罗马一家医院的记录表明，1514年6月，托马斯·克伦威尔曾在那里住院。梵蒂冈档案馆的文件则表明，他是约克大主教、枢机主教克里斯托弗·班布里奇的代理人，在罗马圣轮法院处理英格兰教会事务。

婚姻与子女

1514年到1515年某个时间，托马斯·克伦威尔曾回过英格兰。大约在1515年，托马斯·克伦威尔娶了伊丽莎白·怀克斯。伊丽莎白·怀克斯是英王近卫队卫兵托马斯·威廉姆斯的遗孀，也是帕特尼剪羊毛工人亨利·怀克斯的女儿。亨利·怀克斯曾担任亨利七世的礼仪官。托马斯·克伦威尔与伊丽莎白·怀克斯育有三个孩子：

格雷戈里·克伦威尔，第一代克伦威尔男爵，伊丽莎白·西摩第二任丈夫；

安妮·克伦威尔（1529年左右逝世）；

格蕾丝·克伦威尔（1529年左右逝世）。

托马斯·克伦威尔的妻子伊丽莎白·怀克斯于1529年早逝。人们认为他的女儿安妮·克伦威尔和格蕾丝·克伦威尔在母亲伊丽莎白·怀克斯去世后不久也去世了。她们可能都死于汗热病。托马斯·克伦威尔的遗嘱中有关于安妮·克伦威尔和格蕾丝·克伦威尔的内容，记录日期为1529年7月12日。后来，这些内容不知什么时候又被涂掉了。格雷戈里·克伦威尔1551年死于汗热病，只比父亲托马斯·克伦威尔多活了十一年。

托马斯·克伦威尔还有一个私生女，叫简·克伦威尔。我们对她的早年生活一无所知。小说家希拉里·曼特尔说："托马斯·克伦威尔确有一私生女，除了她的确存在一事，我们对她知之甚少。切斯特郡的档案中有关她的记录也极其含糊。"简·克伦威尔无人知晓的母亲生下她时，托马斯·克伦威尔因失去妻女深陷悲伤。据推测，简·克伦威尔应住在托马斯·克伦威尔家中，并受过教育。1539年，简·克伦威尔应该与格雷戈里·克伦威尔住在利兹城堡。托马斯·克伦威尔记录了他为简·克伦威尔买衣服等的花销。托马斯·克伦威尔是英格兰宫廷为数不多的没有情妇的人，所以他想让自己有私生女一事成为秘密。

简·克伦威尔嫁给了切斯特郡威勒尔区莱顿镇的威廉·霍夫。威廉·霍夫的父亲是理查德·霍夫。1534年到1540年，理查德·霍夫是托马斯·克伦威尔在切斯特郡的代理人。简·克伦威尔与丈夫威廉·霍夫一直都是坚定的罗马天主教信徒，他们和女儿爱丽丝·霍夫、女婿威廉·惠特莫尔还有外孙们，在伊丽莎白一世统治时期还被当作反抗者，也因此引起人们的关注。

律师、议员、托马斯·沃尔西的顾问

在1517年和1518年,托马斯·克伦威尔曾两次率领代表团前往罗马,从教皇利奥十世那里获得教皇诏书,以恢复林肯郡波士顿镇的大赦。

1520年,托马斯·克伦威尔在伦敦商业界和法律界站稳了脚跟。1523年,虽然他代表哪个选区尚未确定,但他已在下议院获得一个议员的席位。议会解散后,托马斯·克伦威尔给一位朋友写信,开玩笑说这届议会会议缺乏效率:

> 我和其他人一起忍受着这样的议会,会议整整开了十七周,我们争论的是战争、和平、冲突、争执,抱怨富有、贫穷、困苦、真理、虚假、争议、平等、欺骗、压迫、宽容、行动、权力、节制、背叛、谋杀、重罪与和解,以及如何在我们的国家建立并维持一个联邦政府。然而,总的来说,我们做的是前辈们一直想做、也一直在争论的事。也就是说,我们还是会这么争论下去,并且越争论离题越远。

1523年,托马斯·克伦威尔一度成为多塞特侯爵托马斯·格雷最信任的顾问。1524年年初,托马斯·克伦威尔成了大法官枢机主教托马斯·沃尔西的人——尽管他仍在从事私人法律业务。1524年,他成为格雷律师学院成员。托马斯·克伦威尔协助托马斯·沃尔西解散了近三十座修道院,筹集资金建立伊普斯维奇国王学院(1528年)和牛津枢机主教学院(1529年)。1529年,托马斯·沃尔西任命托马斯·克伦威尔为自己的顾问团成员,使托马斯·克伦威尔成为自己最资深和最值得信赖的顾问之一。然而,到了1529年10月月底,托马斯·沃尔西就下台了。托马斯·克伦威尔因帮托马斯·沃尔西镇压修道院而树敌颇多,但他决心不与托马斯·沃尔西一同倒下。他对当时还是礼仪官的托马斯·沃尔西的传记作者乔治·卡文迪什说:

> 我确实希望（上帝保佑）这一切没有发生。我的主人（指托马斯·沃尔西）被押去伦敦，押去宫廷，我只能另做打算。我或找人结婚，或在我重新开始前，将自己置身人群，看看谁能指控我不值得信任或行为不端。

乔治·卡文迪什承认，托马斯·克伦威尔为改善局势而采取的行动，都是在积极维护托马斯·沃尔西——"没有人可以说我主人坏话……他（托马斯·克伦威尔）会不由自主地这么回答。"——而不是与托马斯·沃尔西撇清关系，这种"真正忠诚"的表现只会提高托马斯·克伦威尔的声誉，尤其是让亨利八世对托马斯·克伦威尔另眼相看。

皇家宠儿

托马斯·克伦威尔成功克服了托马斯·沃尔西垮台给自己职业生涯带来的影响。到1529年11月，他以汤顿代表的身份在议会获得了一个席位，据说亨利八世很喜欢他。在这一届短暂的议会会议（1529年11月至12月）早期，托马斯·克伦威尔参与立法，限制不在岗神职人员从多个教区领取津贴，并废除罗马教廷特赦这种行为的权力。

1530年最后几周的某个时间，亨利八世任命托马斯·克伦威尔为枢密院成员。托马斯·克伦威尔在为亨利八世服务的职业生涯中担任过以下职务：

1524年，伦敦补贴专员；1534年，肯特补贴专员；1539年，《圣经》出版专员；1539年、1540年，王室土地出售专员。

1532年4月14日至1533年/1540年前后，与约翰·威廉姆斯一起任亨利八世国王珠宝库管事。

1532年7月16日，任汉纳珀办事员；1535年4月到1540年4月，与拉尔夫·萨德勒共同担任此职。

1533年4月12日到1540年4月12日，任财政大臣。

1533年到1540年，任布里斯托尔法官。

1533年9月12日，任威斯敏斯特大教堂管事；1534年2月14日到1535年5月，与罗伯特·罗思一起担任此职。

1535年5月，是埃德蒙顿勋爵、塞耶斯伯里勋爵、米德尔塞克斯勋爵；1537年12月，任埃塞克斯郡哈夫林阿特鲍尔勋爵；1536年6月，获得埃塞克斯里特尔庄园；1539年9月，获埃塞克斯雷利荣誉勋章。

1533年，与威廉·保莱特爵士联合担任皇家森林勘测员。

约1534年4月到1540年4月，内阁大臣。

1534年10月8日到1536年7月10日，主事官。

1534年到1540年，与理查德·克伦威尔联合任赫特福德郡赫特福德城堡总管；1535年到1540年7月28日，与理查德·威廉姆斯联合任格洛斯特郡伯克利城堡总管；1539年到1540年1月4日，任肯特郡利兹城堡总管。

1535年1月21日，修道院总督察。

1535年5月12日到1540年，埃塞克斯郡、赫特福德郡、米德尔塞克斯郡，兰开斯特公爵领地管事。

1535年5月12日到1540年，萨伏伊庄园管事；1535年到1540年，剑桥大学校长、高级管事和督导。

1535年到1540年，布里斯托尔、肯特郡、米德尔塞克斯郡、萨里治安法官；1536年到1540年，埃塞克斯和平专员；1537年到1540年，德比郡、威斯特摩兰郡和平专员；1538年到1540年，以上所有郡的治安法官。

1536年5月到1540年，索尔兹伯里荣誉教士。

1536年，议会上议院请愿书接收人。

1539年，议会审查员。

1536年7月2日到1540年，掌玺大臣。

1536年7月18日，副主教、宗教特使。

1537年到1540年，韦尔斯座堂主任。

1537年12月30日到1540年，特伦特北部艾尔郡郡长及大法官。

1538年11月2日到1540年，怀特岛总督。

1540年4月17日，掌礼大臣。

还有其他许多小职位。

安妮·博林

1527年以来，亨利八世一直试图废除与阿拉贡的凯瑟琳的婚姻，以便合法迎娶安妮·博林。在争取废除这场婚姻的行动中，出现了王权凌驾于教权之上的观点。到1531年秋，托马斯·克伦威尔与托马斯·奥德利密切合作，控制、监督英格兰的法律和议会事务，并成了枢密院核心成员。到了1532年春，托马斯·克伦威尔开始对下议院的选举施加影响。

现在称为宗教改革议会的第三次会议原定于1531年10月举行，但由于英格兰政府在最佳行动方案上犹豫不决，这次会议被推迟到了1532年1月15日举行。托马斯·克伦威尔此时支持王权至高无上的主张，通过激起1529年议会会议中的反神职人员的情绪来操纵下议院。1532年3月18日，下议院向亨利八世递交了一份请愿书，谴责神职人员滥用职权和教会法庭的权力，并形容亨利八世是教会"唯一的领袖、君主、保护者和捍卫者"。当面临议会报复的威胁时，神职人员投降了。1532年5月14日，议会休会。1532年5月16日，意识到挽救阿拉贡的凯瑟琳婚姻的战斗已经失败后，托马斯·莫尔爵士辞去了大法官的职务。托马斯·莫尔爵士从议会辞职标志着托马斯·克伦威尔和改革派在英格兰宫廷的胜利。

为表示感谢，亨利八世给予托马斯·克伦威尔位于威尔士边界的罗姆尼庄园（刚从被处决的白金汉公爵爱德华·斯塔福德手中没收），授予托马斯·克伦威尔三个较小的官职：1532年4月14日，国王珠宝库管事；1532年7月16日，汉纳珀办事员；1533年4月12日财政大臣。虽然这些官职俸禄不高，但这些任命表明了王室对托马斯·克伦威尔的青睐，让托马斯·克伦威尔在政府三大机构中担任职务——王室、大法官法庭和财政部。

1533年1月25日，亨利八世和安妮·博林结婚。历史学家认为，1532年11月14日，他们在加来秘密举行了婚礼。1533年5月23日，新任坎特伯雷大主教托马斯·克兰默宣布亨利八世和阿拉贡的凯瑟琳的婚姻无效；1533年5月28日，托马斯·克兰默宣布亨利八世和安妮·博林的婚姻有效。

1533年1月26日，托马斯·奥德利被任命为大法官，接替他出任下议院议长的是托马斯·克伦威尔的老朋友，也是枢机主教托马斯·沃尔西的前律师汉弗莱·温菲尔德。托马斯·克伦威尔通过操控议会补选进一步加强了对议会的

汉弗莱·温菲尔德

控制：自1532年夏天起，在时任御玺事务官托马斯·赖奥思利的协助下，托马斯·克伦威尔为议会空缺席位准备了一份候选名单，名单中全是他认为适合且顺从的"市民、骑士与公民"。

英格兰议会会议于1533年2月4日召开。会上，托马斯·克伦威尔提出了一项限制向罗马圣轮法院提起上诉的新法案，重申了英格兰政府长期以来的历史抱负，即英格兰是一个"帝国"，因此不受任何外部力量的约束。1533年3月30日，托马斯·克兰默被任命为坎特伯雷大主教，神职人员代表大会立即宣布亨利八世与阿拉贡的凯瑟琳的婚姻是非法的。1533年4月的第一个星期，议会通过了托马斯·克伦威尔提出的法案，即《限制上诉法案》，确保任何有关国王婚姻的裁决不会受到罗马教廷的质疑。1533年4月11日，托马斯·克兰默向亨利八世发出正式通知，告知亨利八世，就他与阿拉贡的凯瑟琳的婚姻是否有效一事将在一次教会法庭听证会上进行讨论。1533年5月10日，离婚案将在邓斯塔布尔修道院（靠近阿拉贡的凯瑟琳的住处安特希尔城堡）进行审判。

邓斯塔布尔修道院

1533年5月23日，托马斯·克兰默宣布法院的判决，亨利八世与阿拉贡的凯瑟琳的婚姻"无效……违反上帝的律法"。1533年5月28日，托马斯·克兰默宣布亨利八世与安妮·博林的婚姻合法，1533年6月1日，安妮·博林加冕为王后。

1533年12月，亨利八世授权托马斯·克伦威尔在英格兰全国各地的布道和宣传册中攻击克莱门特七世，使克莱门特七世名誉扫地。1534年，托马斯·克伦威尔监督召集了新一届议会，颁布法律，使英格兰与罗马教廷的最后联系正式断绝。托马斯·克兰默的裁决以立法形式呈现，包括确定王位继承权的《继承权法案》、重申王权至高无上地位的《特许法案》，以及将1532年神职人员服从王权纳入立法的《神职人员服从法案》。1534年3月30日，托马斯·奥德利批准了这些法案。

亨利八世的首席大臣

1534年4月，亨利八世批准托马斯·克伦威尔为内阁大臣兼首席大臣，托马斯·克伦威尔在这两个职位上干了一段时间，不过没有实权。托马斯·克伦威尔立即采取措施执行议会刚刚通过的法案。1534年3月30日，在两院议员解散前，按要求他们必须宣誓承认《继承权法案》。现在，亨利八世的所有臣民都被要求宣誓承认亨利八世与安妮·博林的婚姻合法，也因此间接承认了亨利八世拥有至高无上的新权力、英格兰教会与罗马教廷决裂。1534年4月13日，伦敦神职人员进行了宣誓。同一天，当监督宣誓的委员把誓词递到托马斯·莫尔爵士和罗切斯特主教约翰·费希尔面前，两人拒绝宣誓。托马斯·莫尔爵士当天就被拘留了，并于1534年4月17日被转移到了伦敦塔。1534年4月21日，约翰·费希尔加入了他的行列。1534年5月7日，托马斯·克伦威尔率领一个由监督宣誓委员组成的代表团去见约翰·费希尔和托马斯·莫尔爵士，劝说二人接受《继承权法案》，并以此作为被释放的条件，但失败了。一个月之内，约翰·费希尔和托马斯·莫尔爵士就被处决了。

1534年4月18日，伦敦所有市民都接到命令，要求他们宣誓承认《继承权法案》。英格兰全国各地都发布了类似的命令。1534年11月再次召开议会会议时，托马斯·克伦威尔提出了自1352年以来最重大的叛国法修正案。修正案规定，发表反王室言论，否认王室头衔或称国王为异端、暴君、异教徒、篡位者都是叛国行为。《至尊法案》进一步明确了国王作为教会领袖的地位，《初次收成税和什一税法案》大幅提高了向神职人员征收的税额。托马斯·克伦威尔还加强了自己对教会的控制。1535年1月21日，亨利八世任命他为皇家宗教特使兼副主教，并委托他组织对全国所有教堂、修道院和神职人员的巡访。在这个职位上，托马斯·克伦威尔于1535年进行了一次人口普查，以便政府能够更有效地对教会财产征税。

　　托马斯·克伦威尔作为宗教特使，"惠及万代的成就"，是他在1538年秋下达的指示：全国每个教区都应该妥善保存所有洗礼、婚姻和葬礼的记录。尽管这项措施的目的是为了驱逐再洗礼派教徒①，但事实证明，这项措施对后来的英国历史学家非常有益。

安妮·博林倒台

　　1536年2月4日宗教改革议会的最后一次会议召开。到1536年3月18日，两院通过了《取缔小型修道院法案》，取缔年总收入少于两百英镑的小修道院。这引发了托马斯·克伦威尔和安妮·博林之间的矛盾。安妮·博林曾是托马斯·克伦威尔最强大的盟友之一，她希望解散修道院后的收益用于教育和慈善事业，而不是进入亨利八世的金库。

　　安妮·博林指示自己的随行神职人员布道反对宗教特使托马斯·克伦威尔。在1536年4月2日耶稣受难日的布道中，约翰·斯基普在整个宫廷的人面前

---

① 来自低地国家和其他地方的宗教难民，他们不信奉婴儿洗礼。——译者注

谴责了托马斯·克伦威尔和枢密院成员。约翰·斯基普意在说服朝臣和枢密院成员抵抗住个人利益的诱惑，改变他们一直给亨利八世的建议。约翰·斯基普被召到枢密院，被指控心怀恶意、诽谤、自以为是、缺乏善心、煽动叛乱、叛国、不听从福音教诲、攻击"支撑英格兰联邦的栋梁"、煽动无政府状态。

安妮·博林在英格兰宫廷树敌颇多，不受人民待见，而且一直没有为亨利八世诞下男性继承人。亨利八世越来越受不了安妮·博林。在安妮·博林的敌人，特别是尼古拉·卡鲁和西摩家族的撮合下，亨利八世对年轻的简·西摩倾慕不已。安妮·博林被指控与宫廷乐师马克·西顿、亨利八世的侍从亨利·诺里斯爵士、亨利八世最亲密的朋友之一弗朗西斯·韦斯顿、威廉·布里尔顿及她的弟弟乔治·博林通奸。对此，历史学家的看法不一。神圣罗马帝国大使欧斯塔塞·沙皮写信给查理五世道：

> 他（托马斯·克伦威尔）已获亨利八世的授权和委托，负责起诉安妮·博林，并完成对她的审判。托马斯·克伦威尔为此费了不少心思……他开始着手策划此事。

尽管在安妮·博林倒台一事中托马斯·克伦威尔起了重要作用，并且托马斯·克伦威尔承认过对她怀恨在心，但欧斯塔塞·沙皮在信中说，托马斯·克伦威尔声称自己是按亨利八世的授意行事的。然而，大多数历史学家认为，安妮·博林之所以倒台并被处决都是托马斯·克伦威尔一手策划的。

1536年5月15日星期一，安妮·博林及弟弟乔治·博林受审。与他们一起被指控的其他四人在上一周周五，即1536年5月12日被判有罪，于1536年5月17日被处死。就在同一天，托马斯·克兰默宣布亨利八世与安妮·博林的婚姻无效，这一裁决使伊丽莎白·都铎公主变成私生女。1536年5月19日，安妮·博林被处死。1536年5月30日，亨利八世与简·西摩结婚。1536年6月8日，新一届议会通过了第二部《继承权法案》，确保简·西摩所生的孩子的王位继承权。

托马斯·克伦威尔男爵与掌玺大臣

1536年，托马斯·克伦威尔的权势到达顶峰。1536年7月2日，他接替安妮·博林的父亲托马斯·博林担任掌玺大臣，辞去了自1534年10月8日起担任的主事官。1536年7月8日，他被提升为克伦威尔男爵。

宗教改革

1535年，托马斯·克伦威尔精心策划，解散了一些修道院，并且巡访了与天主教教会有密切联系的大学和学院，许多被认定与"唯教皇派"和"迷信"有关的书籍被丢弃、销毁。这被称为"英国文学史上最严重的灾难"，连牛津大学的馆藏书都未能幸免于难。直到1602年，因为托马斯·博德利爵士的捐赠，牛津大学图书馆才有了相关藏书。

1536年7月，与罗马教廷决裂后，英格兰政府第一次尝试阐明宗教教义。在托马斯·克伦威尔和托马斯·克兰默的大力支持下，爱德华·福克斯在神职人员代表大会上提出了一些建议。后来，经亨利八世批准，这些建议被汇编成《戒律十条》，并于1536年8月印刷发行。托马斯·克伦威尔又颁布超出条款范围的强制执行令。1536年9月和10月，这引发了林肯郡和整个北方六郡的反抗。四处爆发的民间及神职人员起义，被称为"求恩巡礼"，得到了英格兰绅士阶层甚至贵族阶层的支持。

引发起义者不满的原因有很多，但最重要的是英格兰政府对修道院的压制。起义者们把错归咎于亨利八世的"邪恶顾问们"——主要指托马斯·克伦威尔和托马斯·克兰默。起义领导者之一是托马斯·达西。他在伦敦塔塔楼里接受审问时向托马斯·克伦威尔发出了一个预言性的警告："……那些像你们现在这样承受国王恩宠的人，最终的归宿与你们现在想要给我的归宿一样。"

镇压起义推动了进一步的宗教改革措施的实施。1537年2月，托马斯·克伦威尔以宗教特使名义召开了一个主教和学者的会议。会议由托马斯·克兰默和爱德华·福克斯协调组织。1537年7月之前，托马斯·克兰默和爱德华·福克斯起草了一份文件草稿——《基督教教徒要义》——通常被称作《主教书》。1537年10月，尽管亨利八世还没有完全同意，但该书已经开始流通。然而，枢密院的出现削弱了托马斯·克伦威尔在教会事务上取得政治影响力。枢密院是一个由贵族和官员组成的团体，成立的目的是镇压"求恩巡礼"。1537年8月5日，亨利八世为托马斯·克伦威尔颁发了嘉德骑士勋章，以此表明自己对托马斯·克伦威尔的支持，但托马斯·克伦威尔还是被迫接受了一个由他的保守派对手主导的行政机构的存在。

1538年1月，托马斯·克伦威尔开展了一场针对旧宗教的大规模运动，消除被反旧宗教派称之为"偶像崇拜"的隐患。这次运动中，大量雕像、圣坛屏和画像遭到破坏，最终以1538年9月坎特伯雷大教堂的圣托马斯·贝克特圣地被拆而告终。1538年9月月初，托马斯·克伦威尔制定了一套新的宗教特使禁令，对"朝圣、伪造遗物或画像或任何此类迷信活动"公开宣战，下令在每个教堂放置"一本完整的英文版《圣经》"。此外，1537年剩余的小修道院都"自愿"归顺英格兰政府后，较大一点的修道院也被"鼓励"于1538年归顺。1539年，英格兰议会会议立法要求这些修道院归顺，1540年所有修道院完成了归顺。

反对进一步的宗教改革

亨利八世对宗教变革的程度越来越不满，保守派在英格兰宫廷中的力量也越来越强大。托马斯·克伦威尔主动清剿敌人。1538年11月，他以叛国罪监禁了埃克塞特侯爵爱德华·内维尔爵士和尼古拉·卡鲁。判处埃克塞特侯爵爱德华·内维尔爵士和尼古拉·卡鲁有罪的证据是从在伦敦塔接受审讯的杰弗里·波尔爵士那里获得的。"精神崩溃"的杰弗里·波尔爵士获得了赦免，但其他人都被处死了。

迈尔斯·科弗代尔

　　1538年12月17日，法兰西的宗教裁判所大审判官禁止印刷迈尔斯·科弗代尔的《大圣经》。于是，托马斯·克伦威尔说服法兰西国王弗朗索瓦一世公开《大圣经》已完成部分，这样英格兰就可以继续印刷《大圣经》。《大圣经》第一版最终于1539年4月面世。出版《大圣经》是托马斯·克伦威尔的主要成就之一。《大圣经》是第一本官方认可的英语版《圣经》。

　　然而，亨利八世对进一步改革措施心存不满。英格兰议会成立了一个委员会来审查教义。1539年5月16日，托马斯·霍华德提出了六个问题供下议院审议。1539年6月28日议会会议结束前不久，这六个问题以《六条款法案》形式通过。《六条款法案》重申了对弥撒、圣礼和神职人员身份的传统看法。

克莱沃的安娜

　　1537年，在唯一的孩子爱德华·都铎——即位后称爱德华六世——出生不到两周后，简·西摩去世。1539年10月月初，因为托马斯·克伦威尔的建议，加上看了小汉斯·霍尔拜因为克莱沃的安娜画的肖像画，所以亨利八世最终同意了与克莱沃公爵威廉一世的姐姐克莱沃的安娜结婚。1539年12月27日，克莱沃的安娜抵达多佛尔。1540年元旦，亨利八世在罗切斯特与克莱沃的安娜见面，一见面就对她的外表感到非常不满："我不喜欢她！"1540年1月6日，他们的婚礼在格林尼治举行，但二人并未圆房。亨利八世说，他不可能和一个自己觉得很没吸引力的女人生活。

克莱沃公爵威廉一世

埃塞克斯伯爵

1540年4月18日，亨利八世授予托马斯·克伦威尔埃塞克斯伯爵的爵位和掌礼大臣高级宫廷职位。尽管有这些王室恩宠，但托马斯·克伦威尔担任亨利八世首席大臣的任期几乎结束了。亨利八世对娶克莱沃的安娜感到愤怒，这正是托马斯·克伦威尔的保守派对手，尤其是托马斯·霍华德推翻他的机会。

垮台与被处决

1536年，托马斯·克伦威尔用实际行动证明了自己是个老练的政治幸存者。然而，他并不能一直这么幸运。英格兰国内逐渐转向信仰新教，加上托马斯·克伦威尔于1540年1月一手策划的亨利八世与克莱沃的安娜之间的联姻注定会失败，托马斯·克伦威尔此付出了昂贵代价。一些历史学家认为，托马斯·克伦威尔的垮台，小汉斯·霍尔拜因负有部分责任，因为他提供了一幅非常讨人喜欢的克莱沃的安娜的画像。这可能欺骗了亨利八世。这幅长六十五厘米，宽四十八厘米的油画现在在巴黎卢浮宫展出。据说，当亨利八世见到克莱沃的安娜时，对她平淡无奇的外表感到十分震惊。托马斯·克伦威尔欺骗了亨利八世，说克莱沃的安娜是个美人。

起初，亨利八世曾向两位朝臣透露自己无法完成联姻，托马斯·克伦威尔是其中之一，另一个是托马斯·赖奥思利。托马斯·赖奥思利负责从加来一路陪同克莱沃的安娜前往英格兰。当大家都知道亨利八世对这桩婚姻感到不满时，托马斯·赖奥思利（也可能是伦敦主教埃德蒙·邦纳）把责任都推到了托马斯·克伦威尔的身上。托马斯·赖奥思利和埃德蒙·邦纳曾经都是托马斯·克伦威尔的朋友。他们的自私与不忠表明托马斯·克伦威尔的首席大臣的地位已经动摇。

法兰西王国与神圣罗马帝国酝酿已久的联盟（与英格兰王国的利益相悖）

未能实现。在托马斯·克伦威尔的积极推动下,托马斯·霍华德被派往弗朗索瓦一世的宫廷,向弗朗索瓦一世表达亨利八世支持他解决与查理五世之间悬而未决的争端。这次访问受到了弗朗索瓦一世的热烈欢迎。法兰西王国与神圣罗马帝国之间的政治局面的改变有利于英格兰王国,这也表明托马斯·克伦威尔早期寻求克莱沃公国支持的外交政策给亨利八世造成了不必要的麻烦。

早在1540年,托马斯·克伦威尔那些宗教信仰保守的贵族敌人——以托马斯·霍华德为首,在斯蒂芬·加德纳的协助下,认为英格兰的宗教向"极端教条主义"倒退。1540年整个春天的一系列议会辩论都是在讨论这个话题。他们在托马斯·霍华德的侄女凯瑟琳·霍华德的身上看到了扳倒敌人的机会,"她被

凯瑟琳·霍华德

他的伯父,阿谀奉迎的托马斯·霍华德,'体贴'地安置在了亨利八世的身边"。托马斯·霍华德和斯蒂芬·加德纳公然帮助凯瑟琳·霍华德与亨利八世幽会,当她"(大步走)向王座"时,两个阴谋家发现自己又朝政治权力的中心移动了一点点。安排取消亨利八世与克莱沃的安娜的婚姻,对托马斯·克伦威尔来说本是一件简单的事。但如果这么做的话,他会陷入更大的危险之中,因为这等于是为凯瑟琳·霍华德嫁给亨利八世扫清了障碍。不过,为了自己的利益,亨利八世不愿因为托马斯·克伦威尔未安排取消自己与克莱沃的安娜的婚姻就立即对托马斯·克伦威尔采取行动,因为托马斯·克伦威尔正负责两项重要的税收法案。

1540年6月10日,托马斯·克伦威尔在枢密院会议上被捕,被指控犯有各种罪名。他被囚禁在伦敦塔。他的敌人利用一切可以利用的机会羞辱他:他们甚至扯下了他的嘉德骑士勋章,说"叛徒不能戴"。托马斯·克伦威尔最初的反应是反抗:"这就是我忠心耿耿、兢兢业业得到的报酬!"他大声喊叫,怒气冲冲地指责称他为叛徒的枢密院成员们。一周后,上议院提出了《公民权利法案》,给托马斯·克伦威尔定了各种罪名,包括支持再洗礼派教徒、腐败、执法不严、以权谋私、保护被指控为异端的新教教徒,导致《六条款法案》无法执行,以及密谋与玛丽·都铎结婚。

托马斯·克伦威尔被指控与加来的圣礼派教徒有联系,他的所有荣誉都被取消了。直到与克莱沃的安娜的婚姻被废除,亨利八世才处决托马斯·克伦威尔。克莱沃的安娜非常识时务,高高兴兴地同意了与亨利八世解除婚姻,并且得到了亨利八世非常慷慨的回报。在最后一封写给亨利八世的信中,托马斯·克伦威尔支持废除这桩婚姻,希望能得到宽恕。他在信的结尾写道:"最仁慈的国王,我祈求您的怜悯、怜悯、怜悯。"

托马斯·克伦威尔未经审判就被判处死刑,失去了所有头衔和财产。1540年7月28日,就在亨利八世与凯瑟琳·霍华德结婚的同一天,托马斯·克伦威尔在塔山被公开斩首。托马斯·克伦威尔在刑台上做了祈祷和演讲,声称自己至死都是天主教教徒，否认自己帮助过异教徒。他必须要否认这一点，以此来保护自己的家人。关于他被处决的场景人们存有争议：虽然有人说刽子手很难砍断他的头，但也有人说这是虚构的，刽子手只一刀就砍断了他的头。后来，他的头被钉在了伦敦桥上。

爱德华·霍尔在谈到托马斯·克伦威尔垮台时写道：

> 许多人哀叹，但更多的人高兴，特别是那些曾经的宗教人士，或喜爱宗教人士的人。他们当晚一起设宴庆祝胜利。许多人希望这一天发生在七年前；还有一些人担心托马斯·克伦威尔虽然被囚禁但可能会逃掉，所以依然不快乐。其他从托马斯·克伦威尔那儿了解到实情的人都为他哀悼，并衷心地为他祈祷。事实上，托马斯·克伦威尔确实被某些神职人员憎恶，尤其是那些遭受过他毒打的神职人员。这些人必然会以其人之道还治其人之身。托马斯·克伦威尔的所有行为都表明他似乎不喜欢任何与教皇有关的东西，也不能忍受某些高级教士的傲慢。毫无疑问，不管还有没有其他原因，这些人的傲慢都是使托马斯·克伦威尔快速走向灭亡的原因之一。

后来，亨利八世开始后悔处死托马斯·克伦威尔，指责大臣们用"借口"和"不实的指控"将托马斯·克伦威尔赶下台。1541年3月3日，法兰西大使夏尔·德·马里亚克在一封通报信中写道，据说亨利八世现在很悔恨。

> 让他们（大臣们）以一些小过错为借口，提出了几项指控，将他有史以来最忠实的仆人处死。

据G.R.埃尔顿说，托马斯·克伦威尔被处死还有一个"神秘"因素。1540年4月，就在他上断头台前三个月，他才被封为埃塞克斯伯爵和掌礼大臣。亨利八世专横、性格多变,这样的性格在他任国王期间曾不止一次影响过他。这次亨利八世又任性妄为,击垮了托马斯·克伦威尔。

托马斯·克伦威尔掌权期间,娴熟地管理着王室财政大权,扩大了王室权力。1536年,他建立了土地没收法院,以处理因解散修道院给皇家金库带来的巨额财产。另外两个重要的金融机构,沃兹法院和第一年圣俸与什一税征收法院,都是因为他的功劳才创建的,尽管是在他死后建立起来的。托马斯·克伦威尔通过改革北方议会,提高了英格兰皇室在北方的权威,扩大了皇室权力,在爱尔兰推行了新教,制定了《1535年威尔士法案》和《1542年威尔士法案》中的法令,促进了国家稳定,并赢得了威尔士对国王至高无上地位的认可。16世纪30年代,他引入了重要的社会和经济改革,包括反对圈地、促进英格兰布料出口及1536年的贫困救济立法。

个人宗教信仰

尽管托马斯·克伦威尔对一般事务的态度是从政治的角度出发的,但学者们一致认为,至少在他掌权期间,他是一名新教教徒,具有路德教教徒的思想。对托马斯·克伦威尔来说,亨利八世的宗教改革肯定不仅仅是一场披着宗教外衣的司法革命。例如,在16世纪30年代中期,托马斯·克伦威尔提倡新教思想,以便与德意志路德教国家结成联盟,但他对新教事业的支持不够坚定。

1535年,托马斯·克伦威尔成功将坚定的宗教改革者如休·拉蒂默、爱德华·福克斯和尼古拉·沙克斯顿任命为主教;他鼓励和支持宗教改革者们的工作,如罗伯特·巴恩斯;他获得了出版《马太福音》的许可证,为印刷出版英译版的《圣经》提供了大量资金,并给英格兰每个教区发了一本。到1538年,托马斯·克伦威尔下令所有教堂都必须有一本英译版《圣经》。到1539年,修订版《大圣经》已广泛使用,扉页还有亨利八世、托马斯·克兰默及托马斯·克伦威尔的画像。

休·拉蒂默

1540年，托马斯·克伦威尔失宠时，被指控支持再洗礼派的事情被再次提起。虽然他不曾支持再洗礼派，但事实上，此事被当作指控托马斯·克伦威尔的罪证可以证明他同情福音派是出了名的。

历史地位

直到20世纪50年代，历史学家们都一直在贬低托马斯·克伦威尔的历史地位，说他不过是教条主义的政治仆从，是专制国王亨利八世的代理人。1911年的《大英百科全书》称"人民高估了他的权力"。然而，在《都铎革命》（1953年）一书中，杰弗里·埃尔顿将托马斯·克伦威尔描写成都铎革命政府的核心人物、杰出的天才，他解决了英格兰与罗马教廷决裂的事情，制定了法律与行政程序，重塑了宗教改革后的英格兰，才干远远超过亨利八世。杰弗里·埃尔顿写道，托马斯·克伦威尔负责将国王至高无上的地位转化为议会的条款，建立了强大的新政府机构来管理教会的土地，并在很大程度上消除了中央政府的中世纪特征。

后来的历史学家认同杰弗里·埃尔顿对托马斯·克伦威尔的历史重要性的看法，但不认同杰弗里·埃尔顿所谓的"革命"。莱瑟德写道："在巨大的反对声中，托马斯·克伦威尔确保大家都接受亨利八世拥有新权力，建立了一个更统一、更易于管理的王国，并暂时为王国政府提供了非常可观的土地收入。"迪尔梅德·麦卡洛克将伊丽莎白一世统治时期最重要的政治家和管理者的晋升，包括威廉·塞西尔和尼古拉·培根，归功于托马斯·克伦威尔在他们职业生涯初期对他们的影响和指导。

译名对照表

Abbess	女院长
Act for the Submission of the Clergy	《神职人员服从法案》
Act in Restraint of Appeals	《限制上诉法案》
Act of Parliament	《议会法案》
Act of Appeals	《上诉法案》
Act of Six Articles	《六条款法案》
Act of Succession	《继承权法案》
Act of Supremacy	《至尊法案》
Acts of Parliament	《国会法案》
Adam Otterburn	亚当·奥特本
Adrian Dedel	阿德里安·德代尔
Africa	非洲
Agostino Trivulzio	阿戈斯蒂诺·特里武尔齐奥
Aldermen	市参议员
Alessandro de'Medici	亚历山德罗·德·美第奇
Alexander III	亚历山大三世
Alfonso I d'Este	阿方索一世·德埃斯特
Alice Hough	爱丽丝·霍夫
Almighty God	万能的上帝
Almoner	施赈人员

Alonzo Sanchez	阿隆索·桑切斯
Alvaro de la Quadra	阿尔瓦罗·德·拉·夸德拉
Amadas	阿玛达斯
Ampthill	安特希尔
Ampthill Castle	安特希尔城堡
Anabaptists	再洗礼派
Anchor	船锚酒吧
Andrea de Burgo	安德烈亚·德·布尔戈
Andrea Griti	安德里亚·格里提
Anglo-Saxon	盎格鲁－撒克逊
Anne Boleyn	安妮·博林
Anne de Grey	安妮·德·格雷
Anne de Montmorency	安内·德·蒙莫朗西
Anne of Brittany	布列塔尼的安妮
Anne Pickering	安妮·皮克林
Anne Sandys	安妮·桑兹
Anne Shelton	安妮·谢尔顿
Annual Chapter	年度大会
Anselm of Canterbury	坎特伯雷的安塞尔姆
Antichrist	反基督者
Antoine de Castelnau	安托万·德·卡斯泰尔诺
Antoine Duprat	安托万·迪普拉
Antonio da Sangallo the Elder	安东尼奥·达·圣加洛
Antonio de Pulleo	安东尼奥·德·普利
Apostolic See	罗马教廷
Appellate Jurisdiction	上诉管辖权
Archbishop of Canterbury	坎特伯雷大主教
Archbishop of Capua	卡普阿大主教
Archbishop of Dublin	都柏林大主教
Archbishop of Rouen	鲁昂大主教
Archibishiop of Burgos	布尔戈斯大主教

Arthur Tudor	阿瑟·都铎
Arthur Darcy	阿瑟·达西
Arthur Plantagenet	阿瑟·金雀花
Ascension Day	耶稣升天节
Astrologers	占星家
Attila	阿提拉
Attorney	代理人
Augustin de Angustinius	奥古斯丁·德·安古斯蒂尼奥斯
Augustinian friar	奥斯定会修士
Avignon	阿维尼翁
Badajoz	巴达霍斯
Baptist	施洗者
Barbarossa	巴巴罗萨
Baron de Burgo	布尔戈男爵
Baron Hussey of Sleaford	斯利福德的赫西男爵
Baron Montagu	蒙塔古男爵
Baron Mountjoy	芒乔伊男爵
Bath	巴斯
Battle of Garigliano	加里利亚诺战役
Battle of Pavia	帕维亚战役
Benvenuto Cellini	本韦努托·切利尼
Berkeley Castle	伯克利城堡
Bernardo Salviati	贝尔纳多·萨尔维亚蒂
Bible	《圣经》
Bishop of Bath	巴斯主教
Bishop of Bayonne	巴约讷主教
Bishop of Carlisle	卡莱尔主教
Bishop of Durham	达勒姆主教
Bishop of Faenza	法恩扎主教
Bishop of Jaen	哈恩主教
Bishop of Llandaff	兰达夫主教

Bishop of Macon	梅肯主教
Bishop of Norwich	诺里奇主教
Bishop of Rochester	罗切斯特主教
Bishop of Salisbury	索尔兹伯里主教
Bishop of St. Asaph	圣阿瑟夫主教
Bishop of Tarbes	塔布主教
Bishop of Verona	维罗纳主教
Bishop of Winchester	温彻斯特主教
Bishop's Book	《主教书》
Bishops' courts	主教法庭
Boleyns	博林家族
Bologna	博洛尼亚
Boston Lincolnshire	林肯郡波士顿镇
Bridewell Palace	布赖德韦尔宫
Brief super Attentatis	《批准进攻简函》
Brussels	布鲁塞尔
Bull of Julius II	《尤里乌斯二世教皇诏书》
Burgundy	勃艮第
Cabinet	内阁
Caiaphas	该亚法
Calais	加来
Cambray	康布雷
Cambridge	剑桥
Canon	法政神父
Canonists	圣典学者
Capuchin Franciscan Order	《圣方济各会分会嘉布遣会命令》
Cardinal College	枢机主教学院
Cardinal of Lorraine Jean	洛林枢机主教让
Cardinal protector of England	英格兰护国枢机主教
Carlisle	卡莱尔
Carlo Capello	卡洛·卡佩洛

Carthusians	加尔都西会教士
Castile	卡斯蒂尔
Castle of St. Angelo	圣安杰洛城堡
Catherine Cromwell	凯瑟琳·克伦威尔
Catherine de'Medici	凯瑟琳·德·美第奇
Catherine Howard	凯瑟琳·霍华德
Catherine Maverell	凯瑟琳·马弗雷尔
Catherine of Aragon	阿拉贡的凯瑟琳
Catherine of York	约克的凯瑟琳
Censures	惩戒令
Cervia	切尔维亚
Chamberlain	宫务大臣
Chancellor	大法官
Chapel Royal	皇家礼拜堂
Charles Brandon	查尔斯·布兰登
Charles de Bourbon	查尔斯·德·波旁
Charles de Hémard de Denonville	夏尔·德·埃马尔·德·德农维尔
Charles de Marillac	夏尔·德·马里亚克
Charles Dickens	查尔斯·狄更斯
Charles II	查理二世
Charles II de Valois	瓦卢斯的查理二世
Charles III	查理三世
Charles III	夏尔三世
Charles III of Savoy	萨伏依公爵查理三世
Charles V	查理五世
Charterhouse	卡尔特修道院
Chelsea	切尔西
Chester	切斯特郡
Chief Commissioner	首席委员
Chief Minister	首席大臣
Chrism	圣油

Christina of Denmark	丹麦的克里斯蒂娜
Christopher Bainbridge	克里斯托弗·班布里奇
Church Court	教会法庭
Church Law	教会法
Church of England	英格兰国教教会
Church of St. Stephen	圣斯蒂芬大教堂
Cicero	西塞罗
Civil control	民事限制
Civitavecchia	奇维塔韦基亚
Clarencieulx	克拉伦西奥
Claudius	克劳狄乌斯
Clement VII	克莱门特七世
Clerk of the Signet	御玺事务官
College of Cardinals	枢机主教团
Collegiate	合议庭
Communidades	公社起义
Concordat of Bologna	《博洛尼亚政教条约》
Consecrated	祝圣
Consistroy	枢机会议
Constable	警官
Constitution of Clarendon	《克拉伦登法典》
Convention	国民公会
Convocation	神职人员代表大会
Copernican system	哥白尼体系
Coriolanus	科里奥拉努斯
Cornwall	康沃尔
Corsair-fleet	海盗舰队
Council of Cardinal Advisers	枢机主教顾问委员会
Council of the North	北方议会
Count de Cifuentes	西富恩特斯伯爵
Countess of Salisbury	索尔兹伯里女伯爵

Court at Blackfriars	多明我会法庭
Court of Augmentations	土地没收法院
Court of Rome	罗马法庭
Court of Wards	沃兹法院
Cranada	格拉纳达
Cranmers	克兰默们
Cromwells	克伦威尔们
Crowns	克朗
Crusader	十字军
Cuthbert Tunstall	卡思伯特·滕斯托尔
Dame Eleanor	埃莉诺·凯里
Decretal	教令
Derbyshire	德比郡
Desiderius Erasmus	德西迪里厄斯·伊拉斯谟
Diarmaid MacCulloch	迪尔梅德·麦卡洛克
Dispensations Act	《特许法案》
Divine law	神圣法
Divine laws	放宽神法
Doctrinal Radicalism	极端教条主义
Doncaster	唐克斯特
Dover	多佛尔
Dublin	都柏林
Ducats	达克特
Duchess of Norfolk	诺福克公爵夫人
Duke of Alba	阿尔瓦公爵
Duke of Beja	贝雅公爵
Duke of Bourbon	波旁公爵
Duke of Brittany	布列塔尼公爵
Duke of Clarence	克拉伦斯公爵
Duke of Cleves	克莱沃公爵
Duke of Ferrara	费拉拉公爵

Duke of Gueldres	格尔德公爵
Duke of Lancaster	兰开斯特公爵
Duke of Milan	米兰公爵
Duke of Norfolk	诺福克公爵
Duke of Orléans	奥尔良公爵
Duke of Richmond	里士满公爵
Duke of Suffolk	萨福克公爵
Duke of York	约克公爵
Dunstable	邓斯特布尔
Dunstable Priory	邓斯塔布尔修道院
Earl of Arundel	阿伦德尔伯爵
Earl of Derby	德比伯爵
Earl of Desmond	德斯蒙德伯爵
Earl of Leicester	莱斯特伯爵
Earl of Northumberland	诺森伯兰伯爵
Earl of Oxford	牛津伯爵
Earl of Surrey	萨里伯爵
Earl of Sussex	萨塞克斯伯爵
Earl of Warwick	沃里克伯爵
Earl of Westmorland	威斯特摩兰伯爵
Easter	复活节
Edmonton	埃德蒙顿
Edmund Bonner	埃德蒙·邦纳
Edmund Burke	埃德蒙·伯克
Edward Fox	爱德华·福克斯
Edward Hall	爱德华·霍尔
Edward III	爱德华三世
Edward IV	爱德华四世
Edward Lee	爱德华·李
Edward Neville	爱德华·内维尔
Edward Seymour	爱德华·西摩

Edward Stafford	爱德华·斯塔福德
Edward Stanley	爱德华·斯坦利
Edward V	爱德华五世
Eels of Melun	默伦的鳗鱼
Einbdurgh Review	《爱丁堡评论》
Eleanor Carey	埃莉诺·凯里
Eleanor of Austria	奥地利的埃莉诺
Eleanor Talbot	埃莉诺·塔尔博特
Elector of Saxony	萨克森选帝侯
Elizabeth Barton	伊丽莎白·巴顿
Elizabeth Blount	伊丽莎白·布朗特
Elizabeth Boleyn	伊丽莎白·博林
Elizabeth Cromwell	伊丽莎白·克伦威尔
Elizabeth Grey	伊丽莎白·格雷
Elizabeth I	伊丽莎白一世
Elizabeth Seymour	伊丽莎白·西摩
Elizabeth Stafford	伊丽莎白·斯塔福德
Elizabeth Woodville	伊丽莎白·伍德维尔
Elizabeth Wyckes	伊丽莎白·怀克斯
Eltham Palace	埃尔特姆宫
Emmanuel Rodocanachi	埃马纽埃尔·罗多尔纳基
Encyclopædia Britannica	《大英百科全书》
English Pale	帕莱地区
English Record Office	大英档案馆
English Reformation	英格兰宗教改革
Érard de la Marck	埃拉尔·德·拉·马克
Esher	伊舍
Esteban Gabriel Merino	埃斯特万·加夫列尔·梅里诺
Eustace Chapuys	欧斯塔塞·沙皮
Evangelicals	福音派信徒
Extreme unction	临终涂油礼

Farnese	法尔内塞
Federio Cesi	费代里奥·切西
Ferdinand I	斐迪南一世
Ferdinand II	斐迪南二世
Fernando Álvarez de Toledo	费尔南多·阿尔瓦雷斯·德·托莱多
Fernando de Silva	费尔南多·德·席尔瓦
Fifth Lateran Council	第五届拉特兰宗教会议
Fioretta Gorini	菲奥雷塔·戈里尼
Fitzweilliams	菲茨威廉姆斯们
Flanders	佛兰德斯
Florence Cathedral	佛罗伦萨大教堂
Florentine Synod	佛罗伦萨宗教会议
Florentines	佛罗伦萨人
Foxe	福克斯
Frances Grey	弗朗西丝·格雷
Francesco Frescobaldi	弗朗切斯科·弗雷斯科巴尔迪
Francesco II Sforza	弗朗切斯科二世·斯福尔扎
Francesco Soderini	弗朗切斯科·索代里尼
Francesco Vettori	弗朗切斯科·韦托里
Francis Bryan	弗朗西斯·布赖恩
Francis I	弗朗索瓦一世
Francis III	弗朗索瓦三世
Francis Weston	弗朗西斯·韦斯顿
Francisco de los Cobos y Molina	弗朗西斯科·德·洛斯·科沃斯·莫利纳
François de Tournon	弗朗索瓦·德·图尔农
Fray Diego Fernández	弗赖·迭戈·费尔南德斯
Fred Dotolo	弗雷德·多托洛
Frederick III	腓特烈三世
Gabriel de Gramont	加布里埃尔·德·格拉蒙
Galileo Galilei	伽利略·加利莱伊
Gambaro	甘巴罗

General	总长
General Council	总参议会
Genoa	热那亚
Gentleman usher	礼仪官
Geoffrey	杰弗里
Geoffrey Elton	杰弗里·埃尔顿
Geoffrey Pole	杰弗里·波尔
Georg von Frundsberg	乔治·冯·弗伦兹贝格
George Boleyn	乔治·博林
George Brown	乔治·布朗
George Cavendish	乔治·卡文迪什
George de Athequa	乔治·德·艾斯夸
George Plantagenet	乔治·金雀花
George Throgmorton	乔治·思罗格莫顿
Gerardo Molza	杰拉尔多·莫尔扎
Gertrude Blount	格特鲁德·布朗特
Gertrude Courtenay	格特鲁德·考特尼
Giacomo Simoneta	贾科莫·西蒙内塔
Gian Matteo Giberto	吉安·马泰奥·吉贝托
Gilbert Talboys	吉尔伯特·塔尔博伊斯
Gilles de La Pommeraye	吉勒·德·拉·波默雷
Giordano Bruno	焦尔达诺·布鲁诺
Giovanni de' Medici	乔瓦尼·德·美第奇
Giovanni Sanga	乔瓦尼·桑加
Girolamo Ghinucci	吉罗拉莫·吉努奇
Girolamo Savonarola	吉罗拉莫·萨沃纳罗拉
Giuliano de' Medici	朱利亚诺·德·美第奇
Giulio de' Medici	朱利奥·德·美第奇
Gleek	格里克
Gospel	福音书
Grand Juries	大陪审团

Grand Prior of Capua	卡普阿的大修道院院长
Gravesend	格雷夫森德
Gray's Inn	格雷律师学院
Great Bible	《大圣经》
Great Seal	英格兰国玺
Green Man	绿人
Gregory di Casale	格雷戈里·迪·卡萨莱
Gregory VII	格列高利七世
Greyfriars Church	灰衣修士教堂
Groom of the chamber	内侍官
Guillaume du Bellay	纪尧姆·迪·贝莱
Hampton Court	汉普顿宫
Hanaper	汉纳珀
Hans Holbein the Younger	小汉斯·霍尔拜因
Hatfield	哈特菲尔德
Havering-atte-Bower	哈夫林阿特鲍尔
Henry Courtenay	亨利·考特尼
Henry Fitzalan	亨利·菲查伦
Henry FitzRoy	亨利·菲茨罗伊
Henry Gray	亨利·格雷
Henry Howard	亨利·霍华德
Henry II	亨利二世
Henry Neville	亨利·内维尔
Henry Norris	亨利·诺里斯
Henry Percy	亨利·珀西
Henry Pole	亨利·波尔
Henry Standish	亨利·斯坦迪什
Henry VI	亨利六世
Henry VII	亨利七世
Henry VIII	亨利八世
Henry Wykes	亨利·怀克斯

Herod	希律王
Hertford Castle	赫特福德城堡
Hesse	黑森州
High Churchman	高教会派
Hilary Mantel	希拉里·曼特尔
Hildebrand	希尔德布兰特
Holy City	圣城
Honor Grenville	霍诺尔·格伦维尔
Honour of Rayleigh	雷利荣誉勋章
House of Burgundy	勃艮第家族
Howards	霍华德们
Hugh Latimer	休·拉蒂默
Humphrey Wingfield	汉弗莱·温菲尔德
Hungary	匈牙利王国
Iaypeople	平信徒
Iegem Christi	基督律法
Iegem Ecclessiæ	教会法
il Moro	伊尔·莫罗
Indians	印第安人
Íñigo López de Mendoza y Zúñiga	伊尼戈·洛佩斯·德·门多萨·伊·苏尼加
Innocent XII	因诺森特十二世
Inquisition	宗教裁判所
Institution of a Christian Man	《基督教教徒要义》
Interdict	禁令
Ippolito de Medici	伊波利托·德·美第奇
Ipswich	伊普斯维奇
Isabel of Aragon	阿拉贡的伊莎贝尔
Isabella d'Este	伊莎贝拉·德埃斯特
Isabella I	伊莎贝拉一世
Isabella Jordan	伊莎贝拉·乔丹
Isabella of Portugal	葡萄牙的伊莎贝拉

Island of Malta	马耳他岛
Italian League	意大利同盟
Italian Wars	意大利战争
Italy	意大利
Jacobin Club	雅各宾俱乐部
James Gairdner	詹姆斯·盖尔德纳
James Grubb	詹姆斯·格拉布
James V	詹姆斯五世
Jane Boleyn	简·博林
Jane Grey	简·格雷
Jane Seymour	简·西摩
Janissaries	土耳其禁卫军
Jean Calvin	让·加尔文
Jean du Bellay	让·迪·贝莱
Jehan Hannart	让·阿纳尔
Jeremiah	耶利米
Jews	犹太人
Joan of France	法兰西的若昂
Joanna of Castile	卡斯蒂尔的乔安娜
Johann Albrecht Widmannstetter	约翰·阿尔布雷希特·维德曼斯特
John Adams	约翰·亚当斯
John Alen	约翰·阿伦
John Beaufort	约翰·博福特
John Bell	约翰·贝尔
John Casale	约翰·卡萨莱
John Clerk	约翰·克拉克
John de Vere	约翰·德·维尔
John Fisher	约翰·费希尔
John Foxe	约翰·福克斯
John Frith	约翰·弗里思
John Grey of Groby	格罗比的约翰·格雷

John Haughton	约翰·霍顿
John Hussey	约翰·赫西
John Kite	约翰·凯特
John Knox	约翰·诺克斯
John Lingard	约翰·林加德
John of Gaunt	冈特的约翰
John Russel	约翰·拉塞尔
John Skip	约翰·斯基普
John Stokesley	约翰·斯托克斯利
John Wallop	约翰·沃洛普
John Weleck	约翰·维尔贝克
Judicial Committee of the Privy Council	枢密院司法委员会
Julius Caesar	尤里乌斯·恺撒
Julius II	尤利乌斯二世
Katherine Grey	凯瑟琳·格雷
Kenneth Gouwens	肯尼斯·古文
Kimbolton	金博尔顿
Kimbolton Castle	金博尔顿城堡
King's School	国王学院
Knight Order of the Garter	嘉德勋章骑士
Knights Hospitaller	医院骑士团
Knights of Malta	马耳他骑士团
Knights of the Garter	嘉德骑士
Lady Worcester	伍斯特女士
Lady-in-waiting	宫廷侍女
Lambeth	兰贝斯
Landsknechts	雇佣步兵
Languille	朗吉耶
League of Cognac	干邑联盟
Leeds Castle	利兹城堡
Leicester Abbey	莱斯特教堂

Leithhead	莱瑟德
Leonard Grey	伦纳德·格雷
Leviticus	《利未记》
Licentiate Alcaraz	森蒂亚特·阿尔卡拉斯
Liege	列日
Lincoln	林肯郡
Lombardy	伦巴第
Lope de Soria	洛佩·德·索里亚
Lord Chancellor	大法官
Lord Deputy of Ireland	爱尔兰总督
Lord High Admiral	海军大臣
Lord Privy Seal	掌玺大臣
Lord Treasurer	财务大臣
Lorenzo Campeggio	洛伦佐·坎佩焦
Lorenzo II de Medici	洛伦佐二世·德·美第奇
Lorenzo the Magnificent	洛伦佐·德·美第奇
Louis XII	路易十二
Louise of Savoy	萨伏依的路易丝
Louvre	卢浮宫
Low Countries	低地国家
Ludovico Falieri	卢多维科·法列里
Luís of Portugal	葡萄牙的路易
Lutherans	路德教
M.d'Intevelle	德因特维尔
Magaret of Austria	奥地利的玛格丽特
Magna Charta	《大宪章》
Mahomet	穆罕默德
Manor of More	穆尔庄园
Manor of Romney	罗姆尼庄园
Manuel I	埃曼努埃尔一世
Marchioness of Exeter	埃克塞特侯爵夫人

Marchioness of Pembroke	彭布罗克侯爵夫人
Marco Minio	马可·米尼奥
Margaret Carey	玛格丽特·凯里
Margaret Pole	玛格丽特·波尔
Margaret Tutor	玛格丽特·都铎
Margret Cranmer	玛格丽特·克兰默
Marguerite de Navarre	玛格丽特·德·纳瓦尔
Maria Manuela	玛丽亚·曼努埃拉
Maria of Aragon	阿拉贡的玛利亚
Maria of Austria	奥地利的玛利亚
Marino Caracciolo	马里诺·卡拉乔洛
Mark Seaton	马克·西顿
Mark Smeton	马克·斯密顿
Marquess of Dorset	多塞特侯爵
Marquess of Exeter	埃克塞特侯爵
Marseilles	马赛
Martin Luther	马丁·路德
Mary Boleyn	玛丽·博林
Mary of Hungary	匈牙利的玛丽
Mary Tutor	玛丽·都铎
Mass	弥撒
Matteo Bandello	马泰奥·班戴洛
Matthew's Bible	《马太福音》
Maximilian I	马克西米利安一世
Mayor	市长
Mediterranean	地中海
Melun	默伦市
Mendicant Orders	托钵修会
Mercurino di Gattinara	梅库里奥·迪·佳蒂纳拉
Messalina	梅萨利纳
Messer Floriano	梅塞尔·弗洛里亚诺

Messiah	弥赛亚
Messina	梅西纳
Micer Mai	米塞・马伊
Michael Throgmorton	迈克尔・思罗格莫顿
Michelangelo	米开朗琪罗
Middle classes	中产阶级
Middlesex	米德尔塞克斯郡
Milan	米兰
Miles Coverdale	迈尔斯・科弗代尔
Modena	摩德纳
Monition	训诫令
Mons Ambrogio	蒙斯・安布罗焦
Montfalconet	蒙法尔科内
Moor	摩尔人
Morgan Williams	摩根・威廉姆斯
Mortmain Acts	《莫特曼法案》
Mr.Brewer	布鲁尔先生
Mr.Gairdner	盖尔德纳先生
Nan Cobham	南・科巴姆
Naples	那不勒斯
Napolean Bonaparte	拿破仑・波拿巴
Narbonne	纳博讷
New World	新大陆
Niccolo Machiavelli	尼科洛・马基雅维利
Nicholas Bacon	尼古拉・培根
Nicholas Carew	尼古拉・卡鲁
Nicholas Ridley	尼古拉・里德利
Nicholas Shaxton	尼古拉・沙克斯顿
Nicolas Perrenot de Granvelle	尼古拉・佩勒诺・德・格朗韦勒
Nicolaus Copernicus	米科拉伊・哥白尼
Nikolaus von Schönberg	尼古劳斯・冯・舍恩贝格

Nore	诺尔河
Norfolk	诺福克
North Road	大北路
Nun of Kent	肯特修女
Nuncio	教廷大使
Orvieto	奥尔维耶托
Oxford	牛津
Pactolus	帕克托洛斯河
Padua	帕多瓦
Pagets	佩吉特们
Palace at Greenwich	格林尼治宫
Palace of Westminster	威斯敏斯特宫
Palazzo Medici	美第奇宫
Palencia	帕伦西亚
Papal Legate	教廷公使
Papal States	教皇国
Paris	巴黎
Parma	帕尔马
Parmigianino	帕尔米贾尼诺
Patriarchate	宗主教区
Patriarchs	宗主教
Paul III	保罗三世
Paul Strathern	保罗·斯特拉森
Pavia	帕维亚
Pazzi Conspiracy	帕齐阴谋
Peace of Barcelona	《巴塞罗那和约》
Pedro Ortiz	佩德罗·奥尔蒂斯
Perpignan	佩皮尼昂
Perugia	佩鲁贾
Peterborough Cathedral	彼得伯勒大教堂
Philip II	腓力二世

Philippe de Chabot	菲利普·德·沙博
Piacenza	皮亚琴察
Piero de' Medici	皮耶罗·德·美第奇
Piero the Unfortunate	"不幸的皮耶罗"
Pilgrimage of Grace	求恩巡礼
Plantagenet	金雀花王朝
Pole's Book	《波尔之书》
Poliziano	波利齐亚诺
Pompeo Colonna	蓬佩奥·科隆纳
Pope Adrian VI	教皇阿德里安六世
Pope Alexander VI	教皇亚历山大六世
Pope Julius II	教皇尤利乌斯二世
Pope Leo X	教皇利奥十世
Præmunire statute	《蔑视王权法令》
Praetorians	罗马禁卫军
Prebendary	荣誉教士
Prelates	高级教士
President of the Council	枢密院主席
Prime Minister	首相
Prince of Wales	威尔士亲王
Princess Dowager	王太后
Princess Elizabeth	伊丽莎白公主
Princess of Portugal	葡萄牙公主
Privy Councillor	枢密院官员
Privy Counsellor	枢密院顾问官
Prodigal Son	"回头的浪子"
Protestant	新教
Proteus	普洛透斯
Provence	普罗旺斯
Public men	公务人员
Puritans	清教徒

Putney Hill	帕特尼山
Queen's Head Tavern	女王头酒馆
Ralph Sadler	拉尔夫·萨德勒
Raphael	拉斐尔
Ravenna	拉韦纳
Reformation	宗教改革
Reginald Pole	雷金纳德·波尔
Republic of Venice	威尼斯共和国
Richard Hough	理查德·霍夫
Richard II	理查二世
Richard III	理查三世
Richard Neville	理查德·内维尔
Richard Nykke	理查德·尼克
Richard of Shrewsbury	施鲁斯伯里的理查
Richard Pate	理查德·佩特
Richard Sampson	理查德·桑普森
Richard Williams	理查德·威廉姆斯
Richmond	里士满
Richmond Park	里士满庄园
Rimini	里米尼
Robert Barnes	罗伯特·巴恩斯
Robert Broke	罗伯特·布罗克
Robert Dudley	罗伯特·达德利
Robert Southey	罗伯特·索锡
Robert Stillington	罗伯特·斯蒂林顿
Robert Wroth	罗伯特·罗思
Rodolfo Pio da Carpi	鲁道夫·皮奥·达·卡尔皮
Rodrigo Borgia	罗德里戈·博尔贾
Rodrigo Davalos	罗德里戈·达瓦洛
Roman Catholics	罗马天主教教徒
Roman Rota	圣轮法院

Rome	罗马
Roses	玫瑰家族
Rouen	鲁昂
Royal barge	皇家驳船
Royal Guard	皇家卫队
Royal licence	皇家许可证
Sacrament	圣餐
Sacraments	管理圣事
Saint	圣徒
Saint Alban	圣奥尔本
Saint Andrew's Day	圣安德鲁日
Saint Peter's Bassilica	圣彼得大教堂
Salisbury	索尔兹伯里
Samsons	参孙
Savoy	萨伏依
Savoy Manor	萨伏伊庄园
Saxon	萨克森
Sayesbery	塞耶斯伯里
Secretary of State	国务大臣
Seville	塞维利亚
Sicily	西西里
Sigismondo Malatesta	西吉斯蒙多·马拉泰斯塔
Simancas	锡曼卡斯
Simonetta da Collevecchio	西莫内塔·达·科莱韦基奥
Sir John Blount	约翰·布朗特
Sir Richard Page	理查德·佩奇爵士
Sistine Capel	西斯廷教堂
Six Articles Bill	《六条款议案》
Smalcaldic League	施马尔卡尔登同盟
Sorbonne	索邦神学院
Spaniard	西班牙人

Spanish Calendar	《西班牙档案》
St. Albans	圣奥尔本
St. Asaph	圣亚萨
St. Paul	圣保罗
St. Peter	圣彼得
St. Stephen	圣斯蒂芬
St. Thomas Becket	圣托马斯·贝克特
St.George's Day	圣乔治节
Staffordshire	斯塔福德郡
Star Chamber	星室法庭
State Papers	《英国政府档案》
Statute Book	《法令全书》
Statute of Provisors	《神职人员法案》
Statute of Treasons	《叛国罪法案》
Stephen Gardiner	斯蒂芬·加德纳
Swabian	斯瓦比亚人
Sweating sickness	汗热病
Swiss	瑞士人
Sylvester Darius	西尔维斯特·达赖厄斯
Tacitus	塔西佗
Taunton	汤顿
Temple Bar	坦普尔巴
The Last Judgment	《最后的审判》
The Tudor Revolution	《都铎革命》
Thomas Audley	托马斯·奥德利
Thomas Babington Macaulay	托马斯·巴宾顿·麦考利
Thomas Beckett	托马斯·贝克特
Thomas Bilney	托马斯·比尔尼
Thomas Bodley	托马斯·博德利
Thomas Boleyn	托马斯·博林
Thomas Burnet	托马斯·伯内特

Thomas Carlyle	托马斯·卡莱尔
Thomas Cranmer	托马斯·克兰默
Thomas Cromwell	托马斯·克伦威尔
Thomas Darcy	托马斯·达西
Thomas Dyngley	托马斯·丁利
Thomas Fisher	托马斯·费希尔
Thomas FitzGerald	托马斯·菲茨杰拉德
Thomas Grey	托马斯·格雷
Thomas Howard	托马斯·霍华德
Thomas More	托马斯·莫尔
Thomas Radclyffe	托马斯·拉德克利夫
Thomas Williams	托马斯·威廉姆斯
Thomas Wolsey	托马斯·沃尔西
Thomas Wriothesley	托马斯·赖奥思利
Thomas Wyatt	托马斯·怀亚特
Thomas Wynter	托马斯·温特
Tiberius	提比略
Toison d'or	托伊森·德尔
Tower of London	伦敦塔
Transfiguration	《基督显圣》
Treaty of Madrid	《马德里条约》
Tudors	都铎王朝
Tunis	突尼斯
Tuscan	托斯卡纳
Uberto Gambara	乌贝托·甘巴拉
Ulm	乌尔姆
University of Paris	巴黎大学
University of Pisa	比萨大学
Valladolid	巴利亚多利德
Vatican	梵蒂冈
Vatican Archives	梵蒂冈档案馆

Venetian Calendar	《威尼斯档案》
Venetians	威尼斯人
Venice	威尼斯
Vicar-general	副主教
Vice-Chancellor	副秘书长
Vicegerent	宗教特使
Vice-President	枢密院副主席
Vienna	维也纳
Viscount Lisle	莱尔子爵
Viscount of Lombecke	隆贝克子爵
Viscount Rochford	罗奇福德子爵
Viterbo	维泰博
Voltaire	伏尔泰
Wales Acts 1535	《1535年威尔士法案》
Wales Acts 1542	《1542年威尔士法案》
Walsingham	沃尔辛厄姆
Walter Cromwell	沃尔特·克伦威尔
Wandsworth	旺兹沃斯
Wars of the Roses	玫瑰战争
Wells	韦尔斯
Welsh Marches	威尔士边界
Westminster Hall	威斯敏斯特大厅
Westmorland	威斯特摩兰郡
Whig	辉格党
White Roses	白玫瑰家族
Whitsuntide	圣神降临周
Wilhelm I	威廉一世
William Benet	威廉·贝尼特
William Blount	威廉·布朗特
William Brereton	威廉·布里尔顿
William Butts	威廉·巴茨

William Cecil	威廉·塞西尔
William Dacre	威廉·戴克
William Fitzwilliam	威廉·菲茨威廉
William Hough	威廉·霍夫
William Kingston	威廉·金斯顿
William Knight	威廉·奈特
William Paget	威廉·佩吉特
William Paulet	威廉·保莱特
William Peto	威廉·佩托
William Sandys	威廉·桑兹
William Skeffington	威廉·斯凯芬顿
William the Silent	沉默者威廉
William Warham	威廉·沃勒姆
William Wellyfed	威廉·韦利菲德
William Whitmore	威廉·惠特莫尔
Wilton Abbey	威尔顿修道院
Wittenberg	维滕贝格
Wriothesley's Chronicle	《赖奥思利纪事》
Yeomanry	义勇骑兵队
Yeomen	自由民
Yeomen of Guard	皇家卫队
York Place	约克广场